20 世纪中国古代文化经典域外传播研究书系

张西平　　总主编

# 20 世纪中国古代文化经典在法国的传播编年

［法］安必诺（Angel Pino）
［法］何碧玉（Isabelle Rabut）
刘国敏　张明明　编著

中原出版传媒集团
大地传媒

大象出版社
·郑州·

图书在版编目（CIP）数据

20 世纪中国古代文化经典在法国的传播编年／（法）安必诺等编著.— 郑州：大象出版社，2018. 7
（20 世纪中国古代文化经典域外传播研究书系）
ISBN 978-7-5347-9688-3

Ⅰ.①2… Ⅱ.①安… Ⅲ.①中华文化—文化传播—研究—法国—20 世纪 Ⅳ.①G125

中国版本图书馆 CIP 数据核字（2018）第 009055 号

20 世纪中国古代文化经典域外传播研究书系
## 20 世纪中国古代文化经典在法国的传播编年
20 SHIJI ZHONGGUO GUDAI WENHUA JINGDIAN ZAI FAGUO DE CHUANBO BIANNIAN
［法］安必诺（Angel Pino） ［法］何碧玉（Isabelle Rabut） 刘国敏 张明明 编著

| | |
|---|---|
| 出 版 人 | 王刘纯 |
| 项目统筹 | 张前进 刘东蓬 |
| 责任编辑 | 李 爽 |
| 责任校对 | 马 宁 陶媛媛 倪玉秀 张迎娟 |
| 装帧设计 | 张 帆 |

| | |
|---|---|
| 出版发行 | 大象出版社（郑州市开元路 16 号 邮政编码 450044） |
| | 发行科 0371-63863551 总编室 0371-65597936 |
| 网 址 | www.daxiang.cn |
| 印 刷 | 郑州市毛庄印刷厂 |
| 经 销 | 各地新华书店经销 |
| 开 本 | 787mm×1092mm 1/16 |
| 印 张 | 31.25 |
| 字 数 | 477 千字 |
| 版 次 | 2018 年 7 月第 1 版 2018 年 7 月第 1 次印刷 |
| 定 价 | 110.00 元 |

若发现印、装质量问题，影响阅读，请与承印厂联系调换。
印厂地址 郑州市惠济区清华园路毛庄工业园
邮政编码 450044 电话 0371-63784396

# 总 序

张西平①

呈现在读者面前的这套"20世纪中国古代文化经典域外传播研究书系"是我2007年所申请的教育部哲学社会科学研究重大课题攻关项目的成果。

这套丛书的基本设计是：导论1卷，编年8卷，中国古代文化域外传播专题研究10卷，共计19卷。

中国古代文化经典在域外的传播和影响是一个崭新的研究领域，之前中外学术界从未对此进行过系统研究。它突破了以往将中国古代文化经典的研究局限于中国本土的研究方法，将研究视野扩展到世界主要国家，研究中国古代文化经典在那里的传播和影响，以此说明中国文化的世界性意义。

我在申请本课题时，曾在申请表上如此写道：

> 研究20世纪中国古代文化经典在域外的传播和影响，可以使我们走出"东方与西方""现代与传统"的二元思维，在世界文化的范围内考察中国文化的价值，以一种全球视角来重新审视中国古代文化的影响和现代价值，揭示中国文化的普世性意义。这样的研究对于消除当前中国学术界、文化界所存在的对待中国古代文化的焦虑和彷徨，对于整个社会文化转型中的中国重新

---

① 北京外国语大学中国海外汉学研究中心（现在已经更名为"国际中国文化研究院"）原主任，中国文化走出去协同创新中心原副主任。

确立对自己传统文化的自信,树立文化自觉,都具有极其重要的思想文化意义。

通过了解20世纪中国古代文化经典在域外的传播与接受,我们也可以进一步了解世界各国的中国观,了解中国古代文化如何经过"变异",融合到世界各国的文化之中。通过对20世纪中国古代文化经典在域外传播和影响的研究,我们可以总结出中国文化向外部世界传播的基本规律、基本经验、基本方法,为国家制定全球文化战略做好前期的学术准备,为国家对外传播中国文化宏观政策的制定提供学术支持。

中国文化在海外的传播,域外汉学的形成和发展,昭示着中国文化的学术研究已经成为一个全球的学术事业。本课题的设立将打破国内学术界和域外汉学界的分隔与疏离,促进双方的学术互动。对中国学术来说,课题的重要意义在于:使国内学术界了解域外汉学界对中国古代文化研究的进展,以"它山之石"攻玉。通过本课题的研究,国内学术界了解了域外汉学界在20世纪关于中国古代文化经典的研究成果和方法,从而在观念上认识到:对中国古代文化经典的研究已经不再仅仅属于中国学术界本身,而应以更加开阔的学术视野展开对中国古代文化经典的研究与探索。

这样一个想法,在我们这项研究中基本实现了。但我们应该看到,对中国古代文化经典在域外的传播与影响的研究绝非我们这样一个课题就可以完成的。这是一个崭新的学术方向和领域,需要学术界长期关注与研究。基于这样的考虑,在课题设计的布局上我们的原则是:立足基础,面向未来,着眼长远。我们希望本课题的研究为今后学术的进一步发展打下坚实的基础。为此,在导论中,我们初步勾勒出中国古代文化经典在西方传播的轨迹,并从理论和文献两个角度对这个研究领域的方法论做了初步的探讨。在编年系列部分,我们从文献目录入手,系统整理出20世纪以来中国古代文化经典在世界主要国家的传播编年。编年体是中国传统记史的一个重要体裁,这样大规模的中国文化域外传播的编年研究在世界上是首次。专题研究则是从不同的角度对这个主题的深化。

为完成这个课题,30余位国内外学者奋斗了7年,到出版时几乎是用了10年时间。尽管我们取得了一定的成绩,这个研究还是刚刚开始,待继续努力的方向还很多。如:这里的中国古代文化经典主要侧重于以汉文化为主体,但中国古代文化是一个"多元一体"的文化,在其长期发展中,少数民族的古代文化经典已经逐步融合到汉文化的主干之中，成为中华文化充满活力、不断发展的动力和原因之一。由于时间和知识的限制，在本丛书中对中国古代少数民族的经典在域外的传播研究尚未全面展开，只是在个别卷中有所涉猎。在语言的广度上也待扩展，如在欧洲语言中尚未把西班牙语、瑞典语、荷兰语等包括进去，在亚洲语言中尚未把印地语、孟加拉语、僧伽罗语、乌尔都语、波斯语等包括进去。因此，我们只是迈开了第一步，我们希望在今后几年继续完成中国古代文化在使用以上语言的国家中传播的编年研究工作。希望在第二版时，我们能把编年卷做得更好，使其成为方便学术界使用的工具书。

中国文化是全球性的文化，它不仅在东亚文化圈、欧美文化圈产生过重要影响，在东南亚、南亚、阿拉伯世界也都产生过重要影响。因此，本丛书尽力将中国古代文化经典在多种文化区域传播的图景展现出来。或许这些研究仍待深化，但这样一个图景会使读者对中国文化的影响力有一个更为全面的认识。

中国古代文化经典的域外传播研究近年来逐步受到学术界的重视，据初步统计，目前出版的相关专著已经有十几本之多，相关博士论文已经有几十篇，国家社科基金课题及教育部课题中与此相关的也有十余个。随着国家"一带一路"倡议的提出，中国文化"走出去"战略也开始更加关注这个方向。应该说，这个领域的研究进步很大，成果显著。但由于这是一个跨学科的崭新研究领域，尚有不少问题需要我们深入思考。例如，如何更加深入地展开这一领域的研究？如何从知识和学科上把握这个研究领域？通过什么样的路径和方法展开这个领域的研究？这个领域的研究在学术上的价值和意义何在？对这些问题笔者在这里进行初步的探讨。

## 一、历史：展开中国典籍外译研究的基础

根据目前研究，中国古代文化典籍第一次被翻译为欧洲语言是在1592年，由来自西班牙的传教士高母羡（Juan Cobo，1546—1592）[①]第一次将元末明初的中国

---

[①] "'Juan Cobo'，是他在1590年寄给危地马拉会友信末的落款签名，也是同时代的欧洲作家对他的称呼；'高母羡'，是1593年马尼拉出版的中文著作《辩正教真传实录》一书扉页上的作者；'羡高茂'，是1592年他在翻译菲律宾总督致丰臣秀吉的回信中使用的署名。"蒋薇：《1592年高母羡（Fr.Juan Cobo）出使日本之行再议》，硕士论文抽样本，北京：北京外国语大学；方豪：《中国天主教史人物传》（上），北京：中华书局，1988年，第83—89页。

文人范立本所编著的收录中国文化先贤格言的蒙学教材《明心宝鉴》翻译成西班牙文。《明心宝鉴》收入了孔子、孟子、庄子、老子、朱熹等先哲的格言,于洪武二十六年(1393)刊行。如此算来,欧洲人对中国古代文化典籍的翻译至今已有424年的历史。要想展开相关研究,对研究者最基本的要求就是熟知西方汉学的历史。

仅仅拿着一个译本,做单独的文本研究是远远不够的。这些译本是谁翻译的?他的身份是什么?他是哪个时期的汉学家?他翻译时的中国助手是谁?他所用的中文底本是哪个时代的刻本?……这些都涉及对汉学史及中国文化史的了解。例如,如果对《明心宝鉴》的西班牙译本进行研究,就要知道高母羡的身份,他是道明会的传教士,在菲律宾完成此书的翻译,此书当时为生活在菲律宾的道明会传教士学习汉语所用。他为何选择了《明心宝鉴》而不是其他儒家经典呢?因为这个本子是他从当时来到菲律宾的中国渔民那里得到的,这些侨民只是粗通文墨,不可能带有很经典的儒家本子,而《菜根谭》和《明心宝鉴》是晚明时期民间流传最为广泛的儒家伦理格言书籍。由于这是以闽南话为基础的西班牙译本,因此书名、人名及部分难以意译的地方,均采取音译方式,其所注字音当然也是闽南语音。我们对这个译本进行研究就必须熟悉闽南语。同时,由于译者是天主教传教士,因此研究者只有对欧洲天主教的历史发展和天主教神学思想有一定的了解,才能深入其文本的翻译研究之中。

又如,法国第一位专业汉学家雷慕沙(Jean Pierre Abel Rémusat,1788—1832)的博士论文是关于中医研究的《论中医舌苔诊病》(*Dissertatio de glossosemeiotice sive de signis morborum quae è linguâ sumuntur, praesertim apud sinenses*,1813,Thése,Paris)。论文中翻译了中医的一些基本文献,这是中医传向西方的一个重要环节。如果做雷慕沙这篇文献的研究,就必须熟悉西方汉学史,因为雷慕沙并未来过中国,他关于中医的知识是从哪里得来的呢?这些知识是从波兰传教士卜弥格(Michel Boym,1612—1659)那里得来的。卜弥格的《中国植物志》"是西方研究中国动植物的第一部科学著作,曾于1656年在维也纳出版,还保存了原著中介绍的每一种动植物的中文名称和卜弥格为它们绘制的二十七幅图像。后来因为这部著作受到欧洲读者极大的欢迎,在1664年,又发表了它的法文译本,名为《耶稣会士卜弥格神父写的一篇论特别是来自中国的花、水果、植物和个别动物的论文》。……

荷兰东印度公司一位首席大夫阿德列亚斯·克莱耶尔(Andreas Clayer)……1682年在德国出版的一部《中医指南》中,便将他所得到的卜弥格的《中医处方大全》《通过舌头的颜色和外部状况诊断疾病》《一篇论脉的文章》和《医学的钥匙》的部分章节以他的名义发表了"①。这就是雷慕沙研究中医的基本材料的来源。如果对卜弥格没有研究,那就无法展开对雷慕沙的研究,更谈不上对中医西传的研究和翻译时的历史性把握。

这说明研究者要熟悉从传教士汉学到专业汉学的发展历史,只有如此才能展开研究。西方汉学如果从游记汉学算起已经有七百多年的历史,如果从传教士汉学算起已经有四百多年的历史,如果从专业汉学算起也有近二百年的历史。在西方东方学的历史中,汉学作为一个独立学科存在的时间并不长,但学术的传统和人脉一直在延续。正像中国学者做研究必须熟悉本国学术史一样,做中国文化典籍在域外的传播研究首先也要熟悉域外各国的汉学史,因为绝大多数的中国古代文化典籍的译介是由汉学家们完成的。不熟悉汉学家的师承、流派和学术背景,自然就很难做好中国文化的海外传播研究。

上面这两个例子还说明,虽然西方汉学从属于东方学,但它是在中西文化交流的历史中产生的。这就要求研究者不仅要熟悉西方汉学史,也要熟悉中西文化交流史。例如,如果不熟悉元代的中西文化交流史,那就无法读懂《马可·波罗游记》;如果不熟悉明清之际的中西文化交流史,也就无法了解以利玛窦为代表的传教士汉学家们的汉学著作,甚至完全可能如堕烟海,不知从何下手。上面讲的卜弥格是中医西传第一人,在中国古代文化典籍西传方面贡献很大,但他同时又是南明王朝派往梵蒂冈教廷的中国特使,在明清时期中西文化交流史上占有重要的地位。如果不熟悉明清之际的中西文化交流史,那就无法深入展开研究。即使一些没有来过中国的当代汉学家,在其进行中国典籍的翻译时,也会和中国当时的历史与人物发生联系并受到影响。例如20世纪中国古代文化经典最重要的翻译家阿瑟·韦利(Arthur David Waley, 1889—1966)与中国作家萧乾、胡适的交往,都对他的翻译活动产生过影响。

历史是进行一切人文学科研究的基础,做中国古代文化经典在域外的传播研

---

① 张振辉:《卜弥格与明清之际中学的西传》,《中国史研究》2011年第3期,第184—185页。

究尤其如此。

中国学术界对西方汉学的典籍翻译的研究起源于清末民初之际。辜鸿铭对西方汉学家的典籍翻译多有微词。那时的中国学术界对西方汉学界已经不陌生，不仅不陌生，实际上晚清时期对中国学问产生影响的西学中也包括汉学。① 近代以来，中国学术的发展是西方汉学界与中国学界互动的结果，我们只要提到伯希和、高本汉、葛兰言在民国时的影响就可以知道。② 但中国学术界自觉地将西方汉学作为一个学科对象加以研究和分梳的历史并不长，研究者大多是从自己的专业领域对西方汉学发表评论，对西方汉学的学术历史研究甚少。莫东言的《汉学发达史》到1936年才出版，实际上这本书中的绝大多数知识来源于日本学者石田干之助的《欧人之汉学研究》③。近30年来中国学术界对西方汉学的研究有了长足进展，个案研究、专书和专人研究及国别史研究都有了重大突破。像徐光华的《国外汉学史》、阎纯德主编的《列国汉学史》等都可以为我们的研究提供初步的线索。但应看到，对国别汉学史的研究才刚刚开始，每一位从事中国典籍外译研究的学者都要注意对汉学史的梳理。我们应承认，至今令学术界满意的中国典籍外译史的专著并不多见，即便是国别体的中国典籍外译的专题历史研究著作都尚未出现。④ 因为这涉及太多的语言和国家，绝非短期内可以完成。随着国家"一带一路"倡议的提出，了解沿路国家文化与中国文化之间的互动历史是学术研究的题中应有之义。但一旦我们翻阅学术史文献就会感到，在这个领域我们需要做的事情还有很多，尤其需要增强对沿路国家文化与中国文化互动的了解。百年以西为师，我们似乎忘记了家园和邻居，悲矣！学术的发展总是一步步向前的，愿我们沿着季羡林先生开辟的中国东方学之路，由历史而入，拓展中国学术发展的新空间。

---

① 罗志田：《西学冲击下近代中国学术分科的演变》，《社会科学研究》2003年第1期。
② 桑兵：《国学与汉学——近代中外学界交往录》，北京：中国人民大学出版社，2010年；李孝迁：《葛兰言在民国学界的反响》，《华东师范大学学报》（哲学社会科学版）2010年第4期。
③ [日]石田干之助：《欧人之汉学研究》，朱滋萃译，北京：北平中法大学出版社，1934年。
④ 马祖毅、任荣珍：《汉籍外译史》，武汉：湖北教育出版社，1997年。这本书尽管是汉籍外译研究的开创性著作，但书中的错误颇多，注释方式也不规范，完全分不清资料的来源。关键在于作者对域外汉学史并未深入了解，仅在二手文献基础上展开研究。学术界对这本书提出了批评，见许冬平《〈汉籍外译史〉还是〈汉籍歪译史〉？》，光明网，2011年8月21日。

## 二、文献：西方汉学文献学亟待建立

张之洞在《书目答问》中开卷就说："诸生好学者来问应读何书,书以何本为善。偏举既嫌挂漏,志趣学业亦各不同,因录此以告初学。"① 学问由目入,读书自识字始,这是做中国传统学问的基本方法。此法也同样适用于中国文化在域外的传播研究及中国典籍外译研究。因为19世纪以前中国典籍的翻译者以传教士为主,传教士的译本在欧洲呈现出非常复杂的情况。17世纪时传教士的一些译本是拉丁文的,例如柏应理和一些耶稣会士联合翻译的《中国哲学家孔子》,其中包括《论语》《大学》《中庸》。这本书的影响很大,很快就有了各种欧洲语言的译本,有些是节译,有些是改译。如果我们没有西方汉学文献学的知识,就搞不清这些译本之间的关系。

18世纪欧洲的流行语言是法语,会法语是上流社会成员的标志。恰好此时来华的传教士由以意大利籍为主转变为以法国籍的耶稣会士为主。这些法国来华的传教士学问基础好,翻译中国典籍极为勤奋。法国传教士的汉学著作中包含了大量的对中国古代文化典籍的介绍和翻译,例如来华耶稣会士李明返回法国后所写的《中国近事报道》(*Nouveaux mémoires sur l'état présent de la Chine*),1696年在巴黎出版。他在书中介绍了中国古代重要的典籍"五经",同时介绍了孔子的生平。李明所介绍的孔子的生平在当时欧洲出版的来华耶稣会士的汉学著作中是最详细的。这本书出版后在四年内竟然重印五次,并有了多种译本。如果我们对法语文本和其他文本之间的关系不了解,就很难做好翻译研究。

进入19世纪后,英语逐步取得霸主地位,英文版的中国典籍译作逐渐增加,版本之间的关系也更加复杂。美国诗人庞德在翻译《论语》时,既参照早年由英国汉学家柯大卫(David Collie)翻译的第一本英文版"四书"②,也参考理雅各的译本,如果只是从理雅各的译本来研究庞德的翻译肯定不全面。

20世纪以来对中国典籍的翻译一直在继续,翻译的范围不断扩大。学者研

---

① 〔清〕张之洞著,范希曾补正:《书目答问补正》,上海:上海古籍出版社,2001年,第3页。
② David Collie, *The Four Books*, Malacca: Printed at Mission Press, 1828.

究百年的《论语》译本的数量就很多,《道德经》的译本更是不计其数。有的学者说世界上译本数量极其巨大的文化经典文本有两种,一种是《圣经》,另一种就是《道德经》。

这说明我们在从事文明互鉴的研究时,尤其在从事中国古代文化经典在域外的翻译和传播研究时,一定要从文献学入手,从目录学入手,这样才会保证我们在做翻译研究时能够对版本之间的复杂关系了解清楚,为研究打下坚实的基础。中国学术传统中的"辨章学术,考镜源流"在我们致力于域外汉学研究时同样需要。

目前,国家对汉籍外译项目投入了大量的经费,国内学术界也有相当一批学者投入这项事业中。但我们在开始这项工作时应该摸清世界各国已经做了哪些工作,哪些译本是受欢迎的,哪些译本问题较大,哪些译本是节译,哪些译本是全译。只有清楚了这些以后,我们才能确定恰当的翻译策略。显然,由于目前我们在域外汉学的文献学上做得不够理想,对中国古代文化经典的翻译情况若明若暗。因而,国内现在确立的一些翻译计划不少是重复的,在学术上是一种浪费。即便国内学者对这些典籍重译,也需要以前人的工作为基础。

就西方汉学而言,其基础性书目中最重要的是两本目录,一本是法国汉学家考狄编写的《汉学书目》(*Bibliotheca sinica*),另一本是中国著名学者、中国近代图书馆的奠基人之一袁同礼1958年出版的《西文汉学书目》(*China in Western Literature: a Continuation of Cordier's Bibliotheca Sinica*)①。

从西方最早对中国的记载到1921年西方出版的关于研究中国的书籍,四卷本的考狄书目都收集了,其中包括大量关于中国古代文化典籍的译本目录。袁同礼的《西文汉学书目》则是"接着说",其书名就表明是接着考狄来做的。他编制了1921—1954年期间西方出版的关于中国研究的书目,其中包括数量可观的关于中国古代文化典籍的译本目录。袁同礼之后,西方再没有编出一本类似的书目。究其原因,一方面是中国研究的进展速度太快,另一方面是中国研究的范围在快速扩大,在传统的人文学科的思路下已经很难把握快速发展的中国研究。

当然,国外学者近50年来还是编制了一些非常重要的专科性汉学研究文献

---

① 书名翻译为《西方文学作品里的中国书目——续考狄之汉学书目》更为准确,《西文汉学书目》简洁些。

目录,特别是关于中国古代文化经典的翻译也有了专题性书目。例如,美国学者编写的《中国古典小说研究与欣赏论文书目指南》①是一本很重要的专题性书目,对于展开中国古典文学在西方的传播研究奠定了基础。日本学者所编的《东洋学文献类目》是当代较权威的中国研究书目,收录了部分亚洲研究的文献目录,但涵盖语言数量有限。当然中国学术界也同样取得了较大的进步,台湾学者王尔敏所编的《中国文献西译书目》②无疑是中国学术界较早的西方汉学书目。汪次昕所编的《英译中文诗词曲索引:五代至清末》③、王丽娜的《中国古典小说戏曲名著在国外》④是新时期第一批从目录文献学上研究西方汉学的著作。林舒俐、郭英德所编的《中国古典戏曲研究英文论著目录》⑤,顾钧、杨慧玲在美国汉学家卫三畏研究的基础上编制的《〈中国丛报〉篇名目录及分类索引》,王国强在其《〈中国评论〉(1872—1901)与西方汉学》中所附的《中国评论》目录和《中国评论》文章分类索引等,都代表了域外汉学和中国古代文化外译研究的最新进展。

从学术的角度看,无论是海外汉学界还是中国学术界在汉学的文献学和目录学上都仍有继续展开基础性研究和学术建设的极大空间。例如,在17世纪和18世纪"礼仪之争"后来华传教士所写的关于在中国传教的未刊文献至今没有基础性书目,这里主要指出傅圣泽和白晋的有关文献就足以说明问题。⑥ 在罗马传信部档案馆、梵蒂冈档案馆、耶稣会档案馆有着大量未刊的耶稣会士关于"礼仪之争"的文献,这些文献多涉及中国典籍的翻译问题。在巴黎外方传教会、方济各传教会也有大量的"礼仪之争"期间关于中国历史文化研究的未刊文献。这些文献目录未整理出来以前,我们仍很难书写一部完整的中国古代文献西文翻译史。

由于中国文化研究已经成为一个国际化的学术事业,无论是美国亚洲学会的

---

① Winston L. Y. Yang, Peter Li and Nathan K. Mao, *Classical Chinese Fiction: A Guide to Its Study and Appreciation—Essays and Bibliographies*, Boston: G. K. Hall & Co., 1978.
② 王尔敏编:《中国文献西译书目》,台北:台湾商务印书馆,1975年。
③ 汪次昕编:《英译中文诗词曲索引:五代至清末》,台北:汉学研究中心,2000年。
④ 王丽娜:《中国古典小说戏曲名著在国外》,上海:学林出版社,1988年。
⑤ 林舒俐、郭英德:《中国古典戏曲研究英文论著目录》(上),《戏曲研究》2009年第3期;《中国古典戏曲研究英文论著目录》(下),《戏曲研究》2010年第1期。
⑥ [美]魏若望:《耶稣会士傅圣泽神甫传:索隐派思想在中国及欧洲》,吴莉苇译,郑州:大象出版社,2006年;[丹]龙伯格:《清代来华传教士马若瑟研究》,李真、骆洁译,郑州:大象出版社,2009年;[德]柯兰霓:《耶稣会士白晋的生平与著作》,李岩译,郑州:大象出版社,2009年;[法]维吉尔·毕诺:《中国对法国哲学思想形成的影响》,耿昇译,北京:商务印书馆,2000年。

中国学研究网站所编的目录，还是日本学者所编的目录，都已经不能满足学术发展的需要。我们希望了解伊朗的中国历史研究状况，希望了解孟加拉国对中国文学的翻译状况，但目前没有目录能提供这些。袁同礼先生当年主持北平图书馆工作时曾说过，中国国家图书馆应成为世界各国的中国研究文献的中心，编制世界的汉学研究书目应是我们的责任。先生身体力行，晚年依然坚持每天在美国国会图书馆的目录架旁抄录海外中国学研究目录，终于继考狄之后完成了《西文汉学书目》，开启了中国学者对域外中国研究文献学研究的先河。今日的中国国家图书馆的同人和中国文献学的同行们能否继承前辈之遗产，为飞出国门的中国文化研究提供一个新时期的文献学的阶梯，提供一个真正能涵盖多种语言，特别是非通用语的中国文化研究书目呢？我们期待着。正是基于这样的考虑，10年前我承担教育部重大攻关项目"20世纪中国古代文化经典在域外的传播与影响"时，决心接续袁先生的工作做一点尝试。我们中国海外汉学研究中心和北京外国语大学与其他院校学界的同人以10年之力，编写了一套10卷本的中国文化传播编年，它涵盖了22种语言，涉及20余个国家。据我了解，这或许是目前世界上第一次涉及如此多语言的中国文化外传文献编年。

尽管这些编年略显幼稚，多有不足，但中国的学者们是第一次把自己的语言能力与中国学术的基础性建设有机地结合起来。我们总算在袁同礼先生的事业上前进了一步。

学术界对于加强海外汉学文献学研究的呼声很高。李学勤当年主编的《国际汉学著作提要》就是希望从基础文献入手加强对西方汉学名著的了解。程章灿更是提出了十分具体的方案，他认为如果把欧美汉学作为学术资源，应该从以下四方面着手："第一，从学术文献整理的角度，分学科、系统编纂中外文对照的专业论著索引。就欧美学者的中国文学研究而言，这一工作显得相当迫切。这些论著至少应该包括汉学专著、汉籍外译本及其附论（尤其是其前言、后记）、各种教材（包括文学史与作品选）、期刊论文、学位论文等几大项。其中，汉籍外译本与学位论文这两项比较容易被人忽略。这些论著中提出或涉及的学术问题林林总总，如果并没有广为中国学术界所知，当然也就谈不上批判或吸收。第二，从学术史角度清理学术积累，编纂重要论著的书目提要。从汉学史上已出版的研究中国文学的专著中，选取有价值的、有影响的，特别是有学术史意义的著作，每种写一篇两三千字的书目提要,述其内容大要、方法特点,并对其作学术史之源流梳理。对这些海外汉学文献的整理,就是学术史的建设,其道理与第一点是一样的。第三,从学术术语与话语沟通的角度,编纂一册中英文术语对照词典。就中国文学研究而言,目前在世界范围内,英语与汉语是两种最重要的工作语言。但是,对于同一个中国文学专有名词,往往有多种不同的英语表达法,国内学界英译中国文学术语时,词不达意、生拉硬扯的现象时或可见,极不利于中外学者的沟通和中外学术的交流。如有一册较好的中英文中国文学术语词典,不仅对于中国研究者,而且对于学习中国文学的外国人,都有很大的实用价值。第四,在系统清理研判的基础上,编写一部国际汉学史略。"[1]

历史期待着我们这一代学人,从基础做起,从文献做起,构建起国际中国文化研究的学术大厦。

## 三、语言:中译外翻译理论与实践有待探索

翻译研究是做中国古代文化对外传播研究的重要环节,没有这个环节,整个研究就不能建立在坚实的学术基础之上。在翻译研究中如何创造出切实可行的中译外理论是一个亟待解决的问题。如果翻译理论、翻译的指导观念不发生变革,一味依赖西方的理论,并将其套用在中译外的实践中,那么中国典籍的外译将不会有更大的发展。

外译中和中译外是两种翻译实践活动。前者说的是将外部世界的文化经典翻译成中文,后者说的是将中国古代文化的经典翻译成外文。几乎每一种有影响的文化都会面临这两方面的问题。

中国文化史告诉我们,我们有着悠久的外译中的历史,例如从汉代以来中国对佛经的翻译和近百年来中国对西学和日本学术著作的翻译。中国典籍的外译最早可以追溯到玄奘译老子的《道德经》,但真正形成规模则始于明清之际来华的传教士,即上面所讲的高母羡、利玛窦等人。中国人独立开展这项工作则应从晚清时期的陈季同和辜鸿铭算起。外译中和中译外作为不同语言之间的转换有

---

[1] 程章灿:《作为学术文献资源的欧美汉学研究》,《文学遗产》2012年第2期,第134—135页。

共同性,这是毋庸置疑的。但二者的区别也很明显,目的语和源语言在外译中和中译外中都发生了根本性置换,这种目的语和源语言的差别对译者提出了完全不同的要求。因此,将中译外作为一个独立的翻译实践来展开研究是必要的,正如刘宓庆所说:"实际上东方学术著作的外译如何解决文化问题还是一块丰腴的亟待开发的处女地。"①

由于在翻译目的、译本选择、语言转换等方面的不同,在研究中译外时完全照搬西方的翻译理论是有问题的。当然,并不是说西方的翻译理论不可用,而是这些理论的创造者的翻译实践大都是建立在西方语言之间的互译之上。在此基础上产生的翻译理论面对东方文化时,特别是面对以汉字为基础的汉语文化时会产生一些问题。潘文国认为,至今为止,西方的翻译理论基本上是对印欧语系内部翻译实践的总结和提升,那套理论是"西西互译"的结果,用到"中西互译"是有问题的,"西西互译"多在"均质印欧语"中发生,而"中西互译"则是在相距遥远的语言之间发生。因此他认为"只有把'西西互译'与'中西互译'看作是两种不同性质的翻译,因而需要不同的理论,才能以更为主动的态度来致力于中国译论的创新"②。

语言是存在的家园。语言具有本体论作用,而不仅仅是外在表达。刘勰在《文心雕龙·原道》中写道:"文之为德也大矣,与天地并生者何哉?夫玄黄色杂,方圆体分,日月叠璧,以垂丽天之象;山川焕绮,以铺理地之形:此盖道之文也。仰观吐曜,俯察含章,高卑定位,故两仪既生矣。惟人参之,性灵所钟,是谓三才。为五行之秀,实天地之心。心生而言立,言立而文明,自然之道也。傍及万品,动植皆文:龙凤以藻绘呈瑞,虎豹以炳蔚凝姿;云霞雕色,有逾画工之妙;草木贲华,无待锦匠之奇。夫岂外饰,盖自然耳。至于林籁结响,调如竽瑟;泉石激韵,和若球锽:故形立则章成矣,声发则文生矣。夫以无识之物,郁然有彩,有心之器,其无文欤?"③刘勰这段对语言和文字功能的论述绝不亚于海德格尔关于语言性质的论述,他强调"文"的本体意义和内涵。

---

① 刘宓庆:《中西翻译思想比较研究》,北京:中国对外翻译出版公司,2005年,第272页。
② 潘文国:《中籍外译,此其时也——关于中译外问题的宏观思考》,《杭州师范学院学报》(社会科学版)2007年第6期。
③ 〔南朝梁〕刘勰著,周振甫译注:《文心雕龙选译》,北京:中华书局,1980年,第19—20页。

中西两种语言,对应两种思维、两种逻辑。外译中是将抽象概念具象化的过程,将逻辑思维转换成伦理思维的过程;中译外是将具象思维的概念抽象化,将伦理思维转换成逻辑思维的过程。当代美国著名汉学家安乐哲(Roger T. Ames)与其合作者也有这样的思路:在中国典籍的翻译上反对用一般的西方哲学思想概念来表达中国的思想概念。因此,他在翻译中国典籍时着力揭示中国思想异于西方思想的特质。

语言是世界的边界,不同的思维方式、不同的语言特点决定了外译中和中译外具有不同的规律,由此,在翻译过程中就要注意其各自的特点。基于语言和哲学思维的不同所形成的中外互译是两种不同的翻译实践,我们应该重视对中译外理论的总结,现在流行的用"西西互译"的翻译理论来解释"中西互译"是有问题的,来解释中译外问题更大。这对中国翻译界来说应是一个新课题,因为在"中西互译"中,我们留下的学术遗产主要是外译中。尽管我们也有辜鸿铭、林语堂、陈季同、吴经熊、杨宪益、许渊冲等前辈的可贵实践,但中国学术界的翻译实践并未留下多少中译外的经验。所以,认真总结这些前辈的翻译实践经验,提炼中译外的理论是一个亟待努力开展的工作。同时,在比较语言学和比较哲学的研究上也应着力,以此为中译外的翻译理论打下坚实的基础。

在此意义上,许渊冲在翻译理论及实践方面的探索尤其值得我国学术界关注。许渊冲在20世纪中国翻译史上是一个奇迹,他在中译外和外译中两方面均有很深造诣,这十分少见。而且,在中国典籍外译过程中,他在英、法两个语种上同时展开,更是难能可贵。"书销中外五十本,诗译英法唯一人"的确是他的真实写照。从陈季同、辜鸿铭、林语堂等开始,中国学者在中译外道路上不断探索,到许渊冲这里达到一个高峰。他的中译外的翻译数量在中国学者中居于领先地位,在古典诗词的翻译水平上,更是成就卓著,即便和西方汉学家(例如英国汉学家韦利)相比也毫不逊色。他的翻译水平也得到了西方读者的认可,译著先后被英国和美国的出版社出版,这是目前中国学者中译外作品直接进入西方阅读市场最多的一位译者。

特别值得一提的是,许渊冲从中国文化本身出发总结出一套完整的翻译理论。这套理论目前是中国翻译界较为系统并获得翻译实践支撑的理论。面对铺天盖地而来的西方翻译理论,他坚持从中国翻译的实践出发,坚持走自己的学术道路,自成体系,面对指责和批评,他不为所动。他这种坚持文化本位的精神,这种坚持从实践出发探讨理论的风格,值得我们学习和发扬。

许渊冲把自己的翻译理论概括为"美化之艺术,创优似竞赛"。"实际上,这十个字是拆分开来解释的。'美'是许渊冲翻译理论的'三美'论,诗歌翻译应做到译文的'意美、音美和形美',这是许渊冲诗歌翻译的本体论;'化'是翻译诗歌时,可以采用'等化、浅化、深化'的具体方法,这是许氏诗歌翻译的方法论;'之'是许氏诗歌翻译的意图或最终想要达成的结果,使读者对译文能够'知之、乐之并好之',这是许氏译论的目的论;'艺术'是认识论,许渊冲认为文学翻译,尤其是诗词翻译是一种艺术,是一种研究'美'的艺术。'创'是许渊冲的'创造论',译文是译者在原诗规定范围内对原诗的再创造;'优'指的是翻译的'信达优'标准和许氏译论的'三势'(优势、劣势和均势)说,在诗歌翻译中应发挥译语优势,用最好的译语表达方式来翻译;'似'是'神似'说,许渊冲认为忠实并不等于形似,更重要的是神似;'竞赛'指文学翻译是原文和译文两种语言与两种文化的竞赛。"①

许渊冲的翻译理论不去套用当下时髦的西方语汇,而是从中国文化本身汲取智慧,并努力使理论的表述通俗化、汉语化和民族化。例如他的"三美"之说就来源于鲁迅,鲁迅在《汉文学史纲要》中指出:"诵习一字,当识形音义三:口诵耳闻其音,目察其形,心通其义,三识并用,一字之功乃全。其在文章,则写山曰崚嶒嵯峨,状水曰汪洋澎湃,蔽芾葱茏,恍逢丰木,鳟鲂鳗鲤,如见多鱼。故其所函,遂具三美:意美以感心,一也;音美以感耳,二也;形美以感目,三也。"②许渊冲的"三之"理论,即在翻译中做到"知之、乐之并好之",则来自孔子《论语·雍也》中的"知之者不如好之者,好之者不如乐之者"。他套用《道德经》中的语句所总结的翻译理论精练而完备,是近百年来中国学者对翻译理论最精彩的总结:

　　译可译,非常译。

　　忘其形,得其意。

　　得意,理解之始;

　　忘形,表达之母。

---

① 张进:《许渊冲唐诗英译研究》,硕士论文抽样本,西安:西北大学,2011年,第19页;张智中:《许渊冲与翻译艺术》,武汉:湖北教育出版社,2006年。

② 鲁迅:《鲁迅全集》(第九卷),北京:人民文学出版社,2005年,第354—355页。

  故应得意，以求其同；
  故可忘形，以存其异。
  两者同出，异名同理。
  得意忘形，求同存异；
  翻译之道。

  2014 年，在第二十二届世界翻译大会上，由中国翻译学会推荐，许渊冲获得了国际译学界的最高奖项"北极光"杰出文学翻译奖。他也是该奖项自 1999 年设立以来，第一个获此殊荣的亚洲翻译家。许渊冲为我们奠定了新时期中译外翻译理论与实践的坚实学术基础，这个事业有待后学发扬光大。

## 四、知识：跨学科的知识结构是对研究者的基本要求

  中国古代文化经典在域外的翻译与传播研究属于跨学科研究领域，语言能力只是进入这个研究领域的一张门票，但能否坐在前排，能否登台演出则是另一回事。因为很显然，语言能力尽管重要，但它只是展开研究的基础条件，而非全部条件。

  研究者还应该具备中国传统文化知识与修养。我们面对的研究对象是整个海外汉学界，汉学家们所翻译的中国典籍内容十分丰富，除了我们熟知的经、史、子、集，还有许多关于中国的专业知识。例如，俄罗斯汉学家阿列克谢耶夫对宋代历史文学极其关注，翻译宋代文学作品数量之大令人吃惊。如果研究他，仅仅俄语专业毕业是不够的，研究者还必须通晓中国古代文学，尤其是宋代文学。清中前期，来华的法国耶稣会士已经将中国的法医学著作《洗冤集录》翻译成法文，至今尚未有一个中国学者研究这个译本，因为这要求译者不仅要懂宋代历史，还要具备中国古代法医学知识。

  中国典籍的外译相当大一部分产生于中外文化交流的历史之中，如果缺乏中西文化交流史的知识，常识性错误就会出现。研究 18 世纪的中国典籍外译要熟悉明末清初的中西文化交流史，研究 19 世纪的中国典籍外译要熟悉晚清时期的中西文化交流史，研究东亚之间文学交流要精通中日、中韩文化交流史。

  同时，由于某些译者有国外学术背景，想对译者和文本展开研究就必须熟悉

译者国家的历史与文化、学术与传承,那么,知识面的扩展、知识储备的丰富必不可少。

目前,绝大多数中国古代文化外译的研究者是外语专业出身,这些学者的语言能力使其成为这个领域的主力军,但由于目前教育分科严重细化,全国外语类大学缺乏系统的中国历史文化的教育训练,因此目前的翻译及其研究在广度和深度上尚难以展开。有些译本作为国内外语系的阅读材料尚可,要拿到对象国出版还有很大的难度,因为这些译本大都无视对象国汉学界译本的存在。的确,研究中国文化在域外的传播和发展是一个崭新的领域,是青年学者成长的天堂。但同时,这也是一个有难度的跨学科研究领域,它对研究者的知识结构提出了新挑战。研究者必须走出单一学科的知识结构,全面了解中国文化的历史与文献,唯此才能对中国古代文化经典的域外传播和中国文化的域外发展进行更深入的研究。当然,术业有专攻,在当下的知识分工条件下,研究者已经不太可能系统地掌握中国全部传统文化知识,但掌握其中的一部分,领会其精神仍十分必要。这对中国外语类大学的教学体系改革提出了更高的要求,中国历史文化课程必须进入外语大学的必修课中,否则,未来的学子们很难承担起这一历史重任。

## 五、方法:比较文化理论是其基本的方法

从本质上讲,中国文化域外传播与发展研究是一种文化间关系的研究,是在跨语言、跨学科、跨文化、跨国别的背景下展开的,这和中国本土的国学研究有区别。关于这一点,严绍璗先生有过十分清楚的论述,他说:"国际中国学(汉学)就其学术研究的客体对象而言,是指中国的人文学术,诸如文学、历史、哲学、艺术、宗教、考古等等,实际上,这一学术研究本身就是中国人文学科在域外的延伸。所以,从这样的意义上说,国际中国学(汉学)的学术成果都可以归入中国的人文学术之中。但是,作为从事于这样的学术的研究者,却又是生活在与中国文化很不相同的文化语境中,他们所受到的教育,包括价值观念、人文意识、美学理念、道德伦理和意识形态等等,和我们中国本土很不相同。他们是以他们的文化为背景而从事中国文化的研究,通过这些研究所表现的价值观念,从根本上说,是他们的'母体文化'观念。所以,从这样的意义上说,国际中国学(汉学)的学术成果,其

实也是他们'母体文化'研究的一种。从这样的视角来考察国际中国学(汉学),那么,我们可以说,这是一门在国际文化中涉及双边或多边文化关系的近代边缘性的学术,它具有'比较文化研究'的性质。"①严先生的观点对于我们从事中国古代文化典籍外译和传播研究有重要的指导意义。有些学者认为西方汉学家翻译中的误读太多,因此,中国文化经典只有经中国人来翻译才忠实可信。显然,这样的看法缺乏比较文学和跨文化的视角。

"误读"是翻译中的常态,无论是外译中还是中译外,除了由于语言转换过程中知识储备不足产生的误读②,文化理解上的误读也比比皆是。有的译者甚至故意误译,完全按照自己的理解阐释中国典籍,最明显的例子就是美国诗人庞德。1937年他译《论语》时只带着理雅各的译本,没有带词典,由于理雅各的译本有中文原文,他就盯着书中的汉字,从中理解《论语》,并称其为"注视字本身",看汉字三遍就有了新意,便可开始翻译。例如"《论语·公冶长第五》,'子曰:道不行,乘桴浮于海。从我者,其由与?子路闻之喜。子曰:由也,好勇过我,无所取材。'最后四字,朱熹注:'不能裁度事理。'理雅各按朱注译。庞德不同意,因为他从'材'字中看到'一棵树加半棵树',马上想到孔子需要一个'桴'。于是庞德译成'Yu like danger better than I do. But he wouldn't bother about getting the logs.'(由比我喜欢危险,但他不屑去取树木。)庞德还指责理雅各译文'失去了林肯式的幽默'。后来他甚至把理雅各译本称为'丢脸'(an infamy)"③。庞德完全按自己的理解来翻译,谈不上忠实,但庞德的译文却在美国和其他西方国家产生了巨大影响。日本比较文学家大塚幸男说:"翻译文学,在对接受国文学的影响中,误解具有异乎寻常的力量。有时拙劣的译文意外地产生极大的影响。"④庞德就是这样的翻译家,他翻译《论语》《中庸》《孟子》《诗经》等中国典籍时,完全借助理雅各的译本,但又能超越理雅各的译本,在此基础上根据自己的想法来翻译。他把《中庸》翻

---

① 严绍璗:《我对国际中国学(汉学)的认识》,《国际汉学》(第五辑),郑州:大象出版社,2000年,第11页。
② 英国著名汉学家阿瑟·韦利在翻译陶渊明的《责子》时将"阿舒已二八"翻译成"A-Shu is eighteen",显然是他不知在中文中"二八"是指16岁,而不是18岁。这样知识性的翻译错误是常有的。
③ 赵毅衡:《诗神远游:中国如何改变了美国现代诗》,成都:四川文艺出版社,2013年,第277—278页。
④ [日]大塚幸男:《比较文学原理》,陈秋峰、杨国华译,西安:陕西人民出版社,1985年,第101页。

译为 Unwobbling Pivot(不动摇的枢纽),将"君子而时中"翻译成"The master man's axis does not wobble"(君子的轴不摇动),这里的关键在于他认为"中"是"一个动作过程,一个某物围绕旋转的轴"①。只有具备比较文学和跨文化理论的视角,我们才能理解庞德这样的翻译。

从比较文学角度来看,文学著作一旦被翻译成不同的语言,它就成为各国文学历史的一部分,"在翻译中,创造性叛逆几乎是不可避免的"②。这种叛逆就是在翻译时对源语言文本的改写,任何译本只有在符合本国文化时,才会获得第二生命。正是在这个意义上,谢天振主张将近代以来的中国学者对外国文学的翻译作为中国近代文学的一部分,使它不再隶属于外国文学,为此,他专门撰写了《中国现代翻译文学史》③。他的观点向我们提供了理解被翻译成西方语言的中国古代文化典籍的新视角。

尽管中国学者也有在中国典籍外译上取得成功的先例,例如林语堂、许渊冲,但这毕竟不是主流。目前国内的许多译本并未在域外产生真正的影响。对此,王宏印指出:"毋庸讳言,虽然我们取得的成就很大,但国内的翻译、出版的组织和质量良莠不齐,加之推广和运作方面的困难,使得外文形式的中国典籍的出版发行多数限于国内,难以进入世界文学的视野和教学研究领域。有些译作甚至成了名副其实的'出口转内销'产品,只供学外语的学生学习外语和翻译技巧,或者作为某些懂外语的人士的业余消遣了。在现有译作精品的评价研究方面,由于信息来源的局限和读者反应调查的费钱费力费时,大大地限制了这一方面的实证研究和有根有据的评论。一个突出的困难就是,很难得知外国读者对于中国典籍及其译本的阅读经验和评价情况,以至于影响了研究和评论的视野和效果,有些译作难免变成译者和学界自作自评和自我欣赏的对象。"④

王宏印这段话揭示了目前国内学术界中国典籍外译的现状。目前由政府各部门主导的中国文化、中国学术外译工程大多建立在依靠中国学者来完成的基本思路上,但此思路存在两个误区。第一,忽视了一个基本的语言学规律:外语再

---

① 赵毅衡:《诗神远游:中国如何改变了美国现代诗》,成都:四川文艺出版社,2013 年,第 278 页。
② [美]乌尔利希·韦斯坦因:《比较文学与文学理论》,刘象愚译,沈阳:辽宁人民出版社,1987 年,第 36 页。
③ 谢天振:《中国现代翻译文学史》,上海:上海外语教育出版社,2004 年。
④ 王宏印:《中国文化典籍英译》,北京:外语教学与研究出版社,2009 年,第 6 页。

好,也好不过母语,翻译时没有对象国汉学家的合作,在知识和语言上都会遇到不少问题。应该认识到林语堂、杨宪益、许渊冲毕竟是少数,中国学者不可能成为中国文化外译的主力。第二,这些项目的设计主要面向西方发达国家而忽视了发展中国家。中国"一带一路"倡议涉及60余个国家,其中大多数是发展中国家,非通用语是主要语言形态[1]。此时,如果完全依靠中国非通用语界学者们的努力是很难完成的[2],因此,团结世界各国的汉学家具有重要性与迫切性。

莫言获诺贝尔文学奖后,相关部门开启了中国当代小说的翻译工程,这项工程的重要进步之一就是面向海外汉学家招标,而不是仅寄希望于中国外语界的学者来完成。小说的翻译和中国典籍文化的翻译有着重要区别,前者更多体现了跨文化研究的特点。

以上从历史、文献、语言、知识、方法五个方面探讨了开展中国古代文化典籍域外传播研究必备的学术修养。应该看到,中国文化的域外传播以及海外汉学界的学术研究标示着中国学术与国际学术接轨,这样一种学术形态揭示了中国文化发展的多样性和丰富性。在从事中国文化学术研究时,已经不能无视域外汉学家们的研究成果,我们必须与其对话,或者认同,或者批评,域外汉学已经成为中国学术与文化重建过程中一个不能忽视的对象。

在世界范围内开展中国文化研究,揭示中国典籍外译的世界性意义,并不是要求对象国家完全按照我们的意愿接受中国文化的精神,而是说,中国文化通过典籍翻译进入世界各国文化之中,开启他们对中国的全面认识,这种理解和接受已经构成了他们文化的一部分。尽管中国文化于不同时期在各国文化史中呈现出不同形态,但它们总是和真实的中国发生这样或那样的联系,都说明了中国文化作为他者存在的价值和意义。与此同时,必须承认已经融入世界各国的中国文化和中国自身的文化是两种形态,不能用对中国自身文化的理解来看待被西方塑形的中国文化;反之,也不能以变了形的中国文化作为标准来判断真实发展中的

---

[1] 在非通用语领域也有像林语堂、许渊冲这样的翻译大家,例如北京外国语大学亚非学院的泰语教授邱苏伦,她已经将《大唐西域记》《洛阳伽蓝记》等中国典籍翻译成泰文,受到泰国读者的欢迎,她也因此获得了泰国的最高翻译奖。
[2] 很高兴看到中华外译项目的语种大大扩展了,莫言获诺贝尔文学奖后,中国小说的翻译也开始面向全球招标,这是进步的开始。

中国文化。

在当代西方文化理论中，后殖民主义理论从批判的立场说明西方所持有的东方文化观的特点和产生的原因。赛义德的理论有其深刻性和批判性，但他不熟悉西方世界对中国文化理解和接受的全部历史，例如，18世纪的"中国热"实则是从肯定的方面说明中国对欧洲的影响。其实，无论是持批判立场还是持肯定立场，中国作为西方的他者，成为西方文化眼中的变色龙是注定的。这些变化并不能改变中国文化自身的价值和它在世界文化史中的地位，但西方在不同时期对中国持有不同认知这一事实，恰恰说明中国文化已成为塑造西方文化的一个重要外部因素，中国文化的世界性意义因而彰显出来。

从中国文化史角度来看，这种远游在外、已经进入世界文化史的中国古代文化并非和中国自身文化完全脱离关系。笔者不认同套用赛义德的"东方主义"的后现代理论对西方汉学和译本的解释，这种解释完全隔断了被误读的中国文化与真实的中国文化之间的精神关联。我们不能跟着后现代殖民主义思潮跑，将这种被误读的中国文化看成纯粹是西方人的幻觉，似乎这种中国形象和真实的中国没有任何关系。笔者认为，被误读的中国文化和真实的中国文化之间的关系，可被比拟为云端飞翔的风筝和牵动着它的放风筝者之间的关系。一只飞出去的风筝随风飘动，但线还在，只是细长的线已经无法解释风筝上下起舞的原因，因为那是风的作用。将风筝的飞翔说成完全是放风筝者的作用是片面的，但将飞翔的风筝说成是不受外力自由翱翔也是荒唐的。

正是在这个意义上，笔者对建立在19世纪实证主义哲学基础上的兰克史学理论持一种谨慎的接受态度，同时，对20世纪后现代主义的文化理论更是保持时刻的警觉，因为这两种理论都无法说明中国和世界之间复杂多变的文化关系，都无法说清世界上的中国形象。中国文化在世界的传播和影响及世界对中国文化的接受需要用一种全新的理论加以说明。长期以来，那种套用西方社会科学理论来解释中国与外部世界关系的研究方法应该结束了，中国学术界应该走出对西方学术顶礼膜拜的"学徒"心态，以从容、大度的文化态度吸收外来文化，自觉坚守自身文化立场。这点在当下的跨文化研究领域显得格外重要。

学术研究需要不断进步，不断完善。在10年内我们课题组不可能将这样一个丰富的研究领域做得尽善尽美。我们在做好导论研究、编年研究的基础性工作之外，还做了一些专题研究。它们以点的突破、个案的深入分析给我们展示了在跨文化视域下中国文化向外部的传播与发展。这是未来的研究路径，亟待后来者不断丰富与开拓。

这个课题由中外学者共同完成。意大利罗马智慧大学的马西尼教授指导中国青年学者王苏娜主编了《20世纪中国古代文化经典在意大利的传播编年》，法国汉学家何碧玉、安必诺和中国青年学者刘国敏、张明明一起主编了《20世纪中国古代文化经典在法国的传播编年》。他们的参与对于本项目的完成非常重要。对于这些汉学家的参与，作为丛书的主编，我表示十分的感谢。同时，本丛书也是国内学术界老中青学者合作的结果。北京大学的严绍璗先生是中国文化在域外传播和影响这个学术领域的开拓者，他带领弟子王广生完成了《20世纪中国古代文化经典在日本的传播编年》；福建师范大学的葛桂录教授是这个项目的重要参与者，他承担了本项目2卷的写作——《20世纪中国古代文学在英国的传播与影响》和《中国古典文学的英国之旅——英国三大汉学家年谱：翟理斯、韦利、霍克思》。正是由于中外学者的合作，老中青学者的合作，这个项目才得以完成，而且展示了中外学术界在这些研究领域中最新的研究成果。

这个课题也是北京外国语大学近年来第一个教育部社科司的重大攻关项目，学校领导高度重视，北京外国语大学的欧洲语言文化学院、亚非学院、阿拉伯语系、中国语言文学学院、哲学社会科学学院、英语学院、法语系等几十位老师参加了这个项目，使得这个项目的语种多达20余个。其中一些研究具有开创性，特别是关于中国古代文化在亚洲和东欧一些国家的传播研究，在国内更是首次展开。开创性的研究也就意味着需要不断完善，我希望在今后的一个时期，会有更为全面深入的文稿出现，能够体现出本课题作为学术孵化器的推动作用。

北京外国语大学中国海外汉学研究中心（现在已经更名为"国际中国文化研究院"）成立已经20年了，从一个人的研究所变成一所大学的重点研究院，它所取得的进步与学校领导的长期支持分不开，也与汉学中心各位同人的精诚合作分不开。一个重大项目的完成，团队的合作是关键，在这里我对参与这个项目的所有学者表示衷心的感谢。20世纪是动荡的世纪，是历史巨变的世纪，是世界大转机的世纪。

20世纪初，美国逐步接替英国坐上西方资本主义世界的头把交椅。苏联社会主义制度在20世纪初的胜利和世纪末苏联的解体成为本世纪最重要的事件，并影响了历史进程。目前，世界体系仍由西方主导，西方的话语权成为其资本与意识形态扩张的重要手段，全球化发展、跨国公司在全球更广泛地扩张和组织生产正是这种形势的真实写照。

20世纪后期，中国的崛起无疑是本世纪最重大的事件。中国不仅作为一个政治大国和经济大国跻身于世界舞台，也必将作为文化大国向世界展示自己的丰富性和多样性，展示中国古代文化的智慧。因此，正像中国的崛起必将改变已有的世界政治格局和经济格局一样，中国文化的海外传播，中国古代文化典籍的外译和传播，必将把中国思想和文化带到世界各地，这将从根本上逐渐改变19世纪以来形成的世界文化格局。

20世纪下半叶，随着中国实施改革开放政策和国力增强，西方汉学界加大了对中国典籍的翻译，其翻译的品种、数量都是前所未有的，中国古代文化的影响力进一步增强①。虽然至今我们尚不能将其放在一个学术框架中统一研究与考量，但大势已定，中国文化必将随中国的整体崛起而日益成为具有更大影响的文化，西方文化独霸世界的格局必将被打破。

世界仍在巨变之中，一切尚未清晰，意大利著名经济学家阿锐基从宏观经济与政治的角度对21世纪世界格局的发展做出了略带有悲观色彩的预测。他认为今后世界有三种结局：

> 第一，旧的中心有可能成功地终止资本主义历史的进程。在过去500多年时间里，资本主义历史的进程是一系列金融扩张。在此过程中，发生了资本主义世界经济制高点上卫士换岗的现象。在当今的金融扩张中，也存在着产生这种结果的倾向。但是，这种倾向被老卫士强大的立国和战争能力抵消了。他们很可能有能力通过武力、计谋或劝说占用积累在新的中心的剩余资本，从而通过组建一个真正全球意义上的世界帝国来结束资本主义历史。
>
> 第二，老卫士有可能无力终止资本主义历史的进程，东亚资本有可能渐

---

① 李国庆：《美国对中国古典及当代作品翻译概述》，载朱政惠、崔丕主编《北美中国学的历史与现状》，上海：上海辞书出版社，2013年，第126—141页；[美]张海惠主编：《北美中国学：研究概述与文献资源》，北京：中华书局，2010年；[德]马汉茂、[德]汉雅娜、张西平、李雪涛主编：《德国汉学：历史、发展、人物与视角》，郑州：大象出版社，2005年。

渐占据体系资本积累过程中的一个制高点。那样的话,资本主义历史将会继续下去,但是情况会跟自建立现代国际制度以来的情况截然不同。资本主义世界经济制高点上的新卫士可能缺少立国和战争能力,在历史上,这种能力始终跟世界经济的市场表层上面的资本主义表层的扩大再生产很有联系。亚当·斯密和布罗代尔认为,一旦失去这种联系,资本主义就不能存活。如果他们的看法是正确的,那么资本主义历史不会像第一种结果那样由于某个机构的有意识行动而被迫终止,而会由于世界市场形成过程中的无意识结果而自动终止。资本主义(那个"反市场"[anti-market])会跟发迹于当代的国家权力一起消亡,市场经济的底层会回到某种无政府主义状态。

  最后,用熊彼特的话来说,人类在地狱般的(或天堂般的)后资本主义的世界帝国或后资本主义的世界市场社会里窒息(或享福)前,很可能会在伴随冷战世界秩序的瓦解而出现的不断升级的暴力恐怖(或荣光)中化为灰烬。如果出现这种情况的话,资本主义历史也会自动终止,不过是以永远回到体系混乱状态的方式来实现的。600年以前,资本主义历史就从这里开始,并且随着每次过渡而在越来越大的范围里获得新生。这将意味着什么?仅仅是资本主义历史的结束,还是整个人类历史的结束?我们无法说得清楚。①

  就此而言,中国文化的世界影响力从根本上是与中国崛起后的世界秩序重塑紧密联系在一起的,是与中国的国家命运联系在一起的。国衰文化衰,国强文化强,千古恒理。20世纪已经结束,21世纪刚刚开始,一切尚在进程之中。我们处在"三千年未有之大变局之中",我们期盼一个以传统文化为底蕴的东方大国全面崛起,为多元的世界文化贡献出她的智慧。路曼曼其远矣,吾将上下求索。

张西平

2017年6月6日定稿于游心书屋

---

① [意]杰奥瓦尼·阿锐基:《漫长的20世纪——金钱、权力与我们社会的根源》,姚乃强等译,南京:江苏人民出版社,2001年,第418—419页。

# 目 录

导　言　1

凡　例　1

**编年正文**　1
  公元 1900 年（光绪二十六年）　2
  公元 1901 年（光绪二十七年）　10
  公元 1902 年（光绪二十八年）　14
  公元 1903 年（光绪二十九年）　18
  公元 1904 年（光绪三十年）　19
  公元 1905 年（光绪三十一年）　21
  公元 1906 年（光绪三十二年）　29
  公元 1907 年（光绪三十三年）　30
  公元 1908 年（光绪三十四年）　31
  公元 1909 年（宣统元年）　32
  公元 1910 年（宣统二年）　35
  公元 1911 年（宣统三年）　39

| | |
|---|---|
| 公元 1912 年 | 40 |
| 公元 1913 年 | 44 |
| 公元 1914 年 | 46 |
| 公元 1915 年 | 49 |
| 公元 1916 年 | 50 |
| 公元 1917 年 | 51 |
| 公元 1918 年 | 52 |
| 公元 1919 年 | 59 |
| 公元 1920 年 | 66 |
| 公元 1921 年 | 69 |
| 公元 1922 年 | 71 |
| 公元 1923 年 | 75 |
| 公元 1924 年 | 79 |
| 公元 1925 年 | 81 |
| 公元 1926 年 | 89 |
| 公元 1927 年 | 92 |
| 公元 1928 年 | 93 |
| 公元 1929 年 | 95 |
| 公元 1930 年 | 98 |
| 公元 1931 年 | 101 |
| 公元 1932 年 | 103 |
| 公元 1933 年 | 104 |
| 公元 1934 年 | 107 |
| 公元 1935 年 | 110 |
| 公元 1936 年 | 113 |
| 公元 1937 年 | 114 |
| 公元 1938 年 | 116 |
| 公元 1939 年 | 117 |
| 公元 1940 年 | 118 |

| | |
|---|---|
| 公元 1941 年 | 122 |
| 公元 1942 年 | 126 |
| 公元 1943 年 | 127 |
| 公元 1944 年 | 128 |
| 公元 1945 年 | 130 |
| 公元 1946 年 | 140 |
| 公元 1947 年 | 143 |
| 公元 1948 年 | 145 |
| 公元 1949 年 | 147 |
| 公元 1950 年 | 148 |
| 公元 1951 年 | 150 |
| 公元 1952 年 | 153 |
| 公元 1953 年 | 157 |
| 公元 1954 年 | 159 |
| 公元 1955 年 | 162 |
| 公元 1956 年 | 164 |
| 公元 1957 年 | 165 |
| 公元 1958 年 | 168 |
| 公元 1959 年 | 170 |
| 公元 1960 年 | 178 |
| 公元 1961 年 | 181 |
| 公元 1962 年 | 183 |
| 公元 1963 年 | 186 |
| 公元 1964 年 | 190 |
| 公元 1965 年 | 192 |
| 公元 1966 年 | 195 |
| 公元 1967 年 | 199 |
| 公元 1968 年 | 203 |
| 公元 1969 年 | 205 |

| | |
|---|---|
| 公元 1970 年 | 214 |
| 公元 1971 年 | 218 |
| 公元 1972 年 | 220 |
| 公元 1973 年 | 223 |
| 公元 1974 年 | 226 |
| 公元 1975 年 | 229 |
| 公元 1976 年 | 233 |
| 公元 1977 年 | 237 |
| 公元 1978 年 | 241 |
| 公元 1979 年 | 246 |
| 公元 1980 年 | 253 |
| 公元 1981 年 | 257 |
| 公元 1982 年 | 262 |
| 公元 1983 年 | 266 |
| 公元 1984 年 | 271 |
| 公元 1985 年 | 278 |
| 公元 1986 年 | 285 |
| 公元 1987 年 | 288 |
| 公元 1988 年 | 293 |
| 公元 1989 年 | 296 |
| 公元 1990 年 | 301 |
| 公元 1991 年 | 308 |
| 公元 1992 年 | 316 |
| 公元 1993 年 | 320 |
| 公元 1994 年 | 325 |
| 公元 1995 年 | 331 |
| 公元 1996 年 | 338 |
| 公元 1997 年 | 342 |
| 公元 1998 年 | 348 |

公元 1999 年　　353

**附录 I**　　367

**附录 II**　　382

**专名索引**（以汉语拼音为序）　　406

**中文人名索引**（以汉译姓氏拼音字母为序）　　413

**西文人名索引**（以西文姓氏字母为序）　　426

**中文参考文献**　　452

**法文参考文献**　　456

**后　记**　　459

# 导　言

　　如果能在蒙田（Michel de Montaigne）等处追索亲近中国（sinophilie）的些许证据的话，那么，人所共知，法国与"中央帝国"最初的真正接触始自17世纪末法王路易十四（Louis XIV）派遣耶稣会传教士至康熙宫廷。受益于这些交流，时人所谓的"中国风物"（chinoiseries）——瓷器、玉器、漆器、屏风、扇子——开始进入法国王室的居所。而另有一些从中国带来的书写品——字典、百科全书、中国历史地理著作、碑铭学或目录学文集——后来则构成了法国汉学诞生期的文献基础。1697年，白晋（Joachim Bouvet）神父从北京返欧，行囊中携有50余册康熙皇帝送给路易十四的书籍，这些书被编入皇家图书馆，构成了该馆汉学馆藏的雏形，这个藏书系列很快发展成几千卷。

　　18世纪，当中国品位在装饰艺术中居于统治地位之时，中国文学通过一部13世纪的戏剧进入了法国。该剧名为《赵氏孤儿》（*L'Orphelin de la famille Tchao*），伏尔泰（Voltaire）受之启发写作了一部悲剧，原剧也借以传至后世。此外，人们知道，启蒙时代的哲人们在关于宗教、国家、道德的讨论中是如何运用他们所想象的中国范式的。

　　19世纪，法国对中国所表现出的兴趣换上了一张令人不快的面孔：一个强大帝国通过强力施加其统治。在诸多可悲的事件中，可以想及1860年圆明园的洗劫事件。但也是在19世纪，最初的汉学研究专门机构得以创立。1814年，法兰西学院设立"汉文与鞑靼文、满文语言文学讲席"（« La Chaire de langues et littératures chinoises et tartares-mandchoues »）。三十年后，1843 年，现代汉语讲席在东方语言学院（École des langues orientales）设立。当时教师的汉语言文化知识均来自书本，他们特别关注古汉语或白话文学。20 世纪初，已计有选自蒲松龄《聊斋志异》故事的多种译作。

***

通过三个组成部分——关于古代中国的文章、著作（包括翻译）的历年目录，汉学家或汉学机构（杂志、汉学中心）发展历程中发生的可观性事件的编年记录，关于最为著名的汉学家的主要作品和传记的备注——本书力图勾勒 20 世纪法国接受中国文化的进展图景。

"书（文）目录"不包括 20 世纪法国汉学的全部著作。为了合乎丛书体例，我们选取了涉及中国古代（截至清末）作品的研究（包括文本、碑铭及绘画、雕塑等形式），关于中国历史或外交的大量研究未被收入。至于哲学、科学、法律等领域，只有当某研究立足于明确文本或包括这类文本的翻译时，才被纳入考虑范围。尽管并不完备，本书忠实呈现了法国研究者（或以法文发表著作的研究者）的兴趣点以及他们从事中国文化研究这一广阔领域的研究方式。

可注意到，汉学研究的一部分（特别是一些博士论文）是由留法的中国学生完成的。如果说，20 世纪头二十年间，完成答辩的博士论文绝大多数是由偏好政治、外交、法律主题的非中国人撰写的，那么，最初一批中国留学生的抵达、1921 年里昂中法大学（Institut franco-chinois）的创建则引发了留法中国人完成大学论文的热潮。这主要发生在里昂和巴黎，但也见于其他大学，20 世纪二三十年代，中国留学生的博士论文占中国研究论文的压倒性多数。要等到 20 世纪 50 年代中期，非中国人所完成的研究才开始等同或超过中国人所完成的论文数量。

19 世纪末 20 世纪初几年是探险者的时代。1906 年，巴科（Jacques Bacot）从东京湾（Tonkin）赴西藏；1906 年至 1909 年间，伯希和（Paul Pelliot）完成了一次中亚长途旅行。在世纪之交，得益于伯希和、沙畹（Édouard Chavannes）[谢阁兰（Victor Segalen）本人也参加了1914年的考古团]的贡献，考古学成为一个重要领域。如同在世界其他地区一样，参与殖民扩张的军人们有时会转变成探险者，奥龙（Henry d'Ollone）将军即属此例，他完成了关于中国的非汉族民众的多项研究。这股势头被第一次世界大战截断，但敦煌的发现继续滋养汉学直到今日，无论是在宗教研究领域，还是医学或文学 [ 如20世纪50年代戴密微（Paul Demiéville）关于汉语白话文学发端的研究 ] 乃至经济领域。

在20世纪上半叶的汉学家中，有一定数量的传教士。他们完成了一些关于汉族以外民族（特别在云南）的人种志著作，如外方传教团（Missions étrangères）的利耶塔尔（Alfred Liétard）关于傈僳人的研究。同一时代，其他同类研究在法属印度支那展开，如关于上东京湾（Haut-Tonkin）傈僳人的研究。一些出版物也来自传教士，如辅仁大学1935年创办的《华裔学志》（*Monumenta serica*）。宗教人士对汉学研究的贡献远不限于20世纪上半叶。例如，奥拉托利（Oratorien）会士黄家诚（François Houang）除关于佛教和基督教的作品外，还完成了《道德经》的翻译（刊印于1949年）及严复论文的翻译（发表于1977年）。

在当地设立的多个机构参与了汉学研究和出版的发展。法兰西远东学院（École française d'Extrême-Orient）创建于1900年，前身是印度支那考古团（Mission archéologique d'Indochine），不久后定址河内（Hanoi）。20世纪40年代另有巴黎大学北京汉学研究所（Centre d'études sinologiques de l'Université de Paris à Pékin）成立。

或许，应将殖民扩张背景同20世纪上半叶汉学对于中国周边地区的特别兴趣联系起来：中亚之于伯希和，蒙古之于韩百诗（Louis Hambis），印度、阿拉伯-波斯与中国之间的交通等。事实上，关于古代中国的研究是在一个更为广阔的范围内进行的，这个范围从中亚延伸到东南亚，通过佛教延伸到印度，在20世纪初犹然。20世纪上半叶许多著名汉学家（如戴密微）同时也是梵文学者，同上一世纪的儒莲（Stanislas Julien）一样。1890年创建的《通报》（*T'oung Pao*）的研究领域包括中国之外的朝鲜、日本、印度支那和中亚；而始自1822年的《亚细亚学报》（*Journal Asiatique*），其标题本身即清楚地宣告着其东方学使命。

哲学与宗教流派研究曾是法国汉学的专属领域。传教士 [ 包括顾赛芬

（Séraphin Couvreur）、戴遂良（Léon Wieger）] 对此贡献很大，但并非仅有的研究者。中国"三教"之中，道教和佛教集中了大部分研究，相形之下，儒家（confucianisme）研究则晦而不显，尽管 20 世纪末儒家的复兴刚刚引发了相关研究的一定进展。在哲学和神秘主义之间，《易经》是被讨论得最多的主题，至少有 9 部作品致力于此。庄子思想也一直是大量研究的主题。文学与宗教（特别是道教和佛教）的关系至今仍是被持续关注的对象，戴密微曾是该领域的推动者。一些研究还涉及中国的外来宗教（除佛教外），如摩尼教、伊斯兰教。

书法和艺术（绘画、陶瓷、雕塑、音乐等）构成法国汉学偏好的另一领域。对艺术的研究或始自在中国旅行期间的现场记录，如瑞典人喜仁龙（Osvald Siren）之例；或始自法国博物馆 [ 特别是塞努奇博物馆（Musée Cernuschi）或吉美博物馆（Musée Guimet）] 汇集的藏品或私人收藏。

文学较晚才成为大量研究的主题，尽管儒莲等汉学大家从 19 世纪开始即对此发生兴趣。从 20 世纪 20 年代特别是 20 世纪 30 年代，文学开始在涉及法律或外交关系——这些在当时是居统治地位的主题——的大学研究之外占有一个位置。当时，此类研究基本上由中国留学生展开。在曾仲鸣（Tsen Tsongming）关于中国诗史的论文（1923）之后，是吴益泰（Ou Itaï）对中国小说的总体研究（1933），几乎同时完成答辩的有关于古代戏剧、《儒林外史》（1933）的早期论文，其后则有关于《西厢记》和《红楼梦》（1934）的论文。最初由非中国人撰写的中国文学概论性著作来自苏利耶·德·莫朗（George Soulié de Morant）和马古烈（Georges Margouliès），此后出现了对一部作品或一位作者深入的专题研究。总体而言，文学研究从 20 世纪 50 年代起开始占据重要位置。传教士也参与了此类研究，如震旦大学（Université L'Aurore）的托斯唐（Henri Tosten）和贝尔佩尔（Bruno Belpaire），需要提及的还有耶稣会士和斯格脱（Scheutistes）会士在现代文学研究方面的先锋作用。

考虑到文本上的困难，汉学家在翻译方面的成绩是很可观的。20 世纪初，基本上是诗歌（有时系匿名作者所作）和短篇小说（特别是选自《聊斋志异》或《今古奇观》的故事）的翻译。此后，从 20 世纪 60 年代末开始出现古典小说名著的译作。古代经典的翻译则以顾赛芬（《礼记》、《诗经》、"四书"）和沙畹（《司马迁〈史记〉》）的翻译为发端。20 世纪末，两人译作被重刊的同时，一些新文本也被推介给法国公众,如《列子》《荀子》《韩非子》及《吕氏春秋》。此外,还要算入大量佛经和医论的翻译。纵观整个 20 世纪,除诗(特别是唐诗)和白话小说(特别是蒲松龄的作品)外,被翻译最多的文本始终是哲学典籍,《易经》《道德经》《论语》《庄子》《孙子》,每一部都拥有多个全译本或节译本。对古典文学或哲学作品翻译贡献最大的,当属比较文学专家艾田蒲(René Étiemble)于 1956 年创设的"认识东方"(Connaissance de l'Orient)系列,该系列一直由巴黎伽利玛(Gallimard)出版社出版。截至 1999 年,已出书 30 种,这尚不包括收入其中的现代作家(鲁迅、郭沫若)的作品。此后又收入了 4 种作品。该系列包括徐霞客、干宝、张岱和李贺等人的重要著作。其他一些出版社如菲利普·毕基耶(Philippe Picquier,阿尔勒)、聚尔玛(Zulma,巴黎)也出版了若干古典作品。

其余的研究涉及多个领域:社会史、行政政治史、医学、科学技术、数学(该领域的发展相对成熟)、占卜等。

中国对于启蒙时代的欧洲曾具有持续的吸引力,被通过不同进路研究。首先是在思想领域,自从 1932 年毕诺(Virgile Pinot)的论文《中国和法国哲学思想的形成(1640—1740)》(« La Chine et la formation de l'esprit philosophique en France (1640—1740) »)出版之后即如此。此外也在装饰艺术领域,例如贝莱维奇-斯坦科维奇(Hélène Belevitch-Stankevitch)1910 年的论文《路易十四时代法国的中国品味》(« Le Goût chinois en France au temps de Louis XIV »)。"书(文)目录"给出了若干例子,尽管这些研究多少超出了严格意义上作品研究的范围。Hung Cheng Fu 的博士论文于 1934 年完成答辩,他在文中研究了中国对法国文学的影响,集中探讨了 1815 年至 1930 年这一时段。很合乎逻辑的是,一些研究取径相反,讨论法国之于中国的影响。例如,1902 年,巴莱罗(Eugène Ballero)在巴黎大学(Université de Paris)答辩通过了一篇题为《19、20 世纪中国面对法国影响之开放》(« Ouverture de la Chine à l'influence française au cours des XIX$^e$ et XX$^e$ siècles »)的论文。真正的比较研究稍后开始,例如,在哲学方面,讨论中国和希腊的诡辩派。"书(文)目录"也收入了若干文学方面的"中国风物",如勒鲁瓦(Jérôme Leroy)编于 2000 年的《中国故事集》(Histoires de Chine)选集或盖龙(Henri Ghéon)1934 年出版的《老王的三种智慧》(Les

*Trois sagesses du vieux Wang*），后者于 1926 年 12 月 1 日在作坊剧场（Théâtre de l'atelier）首演。

20 世纪最初几十年间，汉学研究呈现出一种不系统的特征，表面上看有偶然成分。人们撰写关于某个碑铭或某则中国古代小说的文章。几乎源源不断的新文本或文献鼓励着这条分析进路，这尤其反映在《通报》或《法兰西远东学院学报》（*Bulletin de l'École française d'Extrême-Orient*）刊载的文章上。尽管面临一种更为综括性的研究方式的竞争，分析性研究仍然持续着。汉学在该发展阶段，书目清单类著作（无论编纂中文还是西文资源）同样发挥着重要作用，如考狄（Henri Cordier）之例。1950 年代，借助一系列名为《中国面面观》（*Aspects de la Chine*）的无线电广播漫谈，中国文化开始走出博学之士的狭窄圈子，这套广播稿随后在法国大学出版社（Presses Universitaires de France）结集出版。此后，1968 年开始出版的《通用百科全书》（*Encyclopedia Universalis*），成为其他百科全书类著作的前奏。

\*\*\*

纵观一个世纪，法国汉学经历了不断演变。20 世纪初，与法国在印度支那乃至中国土地上的势力、科学考古团、传教士工作紧密相连，法国汉学在很大程度上以实地汉学的形态存在；而在 20 世纪下半叶，则基本转变为大学化的学术。如果说，20 世纪 20 年代至 20 世纪 40 年代的三十年间，大多数博士级别的汉学研究是由中国留学生完成，那么，特别是从 20 世纪 60 年代开始，至 1970 年犹然，汉语学习的进展则允许越来越多的非中国人完成高水平的研究。我们也可就研究学科得出一些结论：起先很大程度上集中于法学、人种学、考古学或国际关系，慢慢则扩展至哲学、文学和艺术。本书也揭示了法国人兴趣点的稳定部分，特别是他们对于古典诗歌、《道德经》或《易经》的品味，即便古代中国研究如今受到现当代中国研究的竞争，这些兴趣仍继续保持着。总之，本书若能实现其目标，则既可向中国读者传授中国文化在域外被理解的方式，也可向法国读者揭示其迷恋之物及其好奇心的边界。

# 凡 例

1. 本书所收主要为 20 世纪中国古代文化经典在法国的传播情况，时段限定为 1900 年至 1999 年。按年排序，每一年内设"大事记""书（文）目录""备注"三部分。书后设两个附录："20 世纪法兰西公学院（Collège de France）所开课程（自二战结束起）""20 世纪高等研究实践学院（École pratique des hautes études）所开课程（自二战结束起）"。全书正文后附有"专名索引（以汉语拼音为序）""中文人名索引（以汉译姓氏拼音字母为序）""西文人名索引（以西文姓氏字母为序）"。所谓"专名"，主要包括地名、机构名、杂志名。"人名索引"偶有日文名，为免读者不识假名原音，按汉语拼音顺序排列。

2. 本书"书（文）目录"部分收录历年出版或发表的著作、译作、论文、译文。同年问世的书、文，按作／编／译者姓氏西文字母顺序混合编排；对于同一作者的书、文，一般按书、文题名的西文字母顺序排列；如书、文之间有内容上的承接关系，则按此承接关系排列。书、文法文原名，按法国学术著作惯例，著作名以斜体标注，文章名以正体外加"« »"标注。

3. 外国人名翻译按照以下原则：有公认中文名（主要为自起中文名、通行译名）者用该中文名；若无中文名，则尽量参照新华通讯社译名室编《法语姓名译名手册》（商务印书馆，1996 年版）、《英语姓名译名手册》（第二次修订本，商务印书馆，1989 年版）、《德语姓名译名手册》（修订本，商务印书馆，

1999年版），将外文原名音译为"标准"的中文名。外国地名尽量参照中国地名委员会编《外国地名译名手册》（商务印书馆，1983年版）音译。需要特别指出的是，一些华人人名、汉语专名暂无法觅得原名，姑且保留西文转写的方式，而不以近音汉字妄译，留待日后补正。

4. 在法国，对于中文名的转写，自20世纪初以降，法国学者微席叶（Arnold Vissière，1858—1930）所初创的"EFEO系统"（得名于法兰西远东学院 École française d'Extrême-Orient）被奉为主要标准，1970年代以来，该系统逐渐被自1958年起通行于中国本土的"拼音字母"所取代。本书所关注的时段跨越百年，记述对象对书名、人名、地名的标注与转写方式不免有异，此次汇集各方资料成书，对于书名，出版社按出版规范进行了统一；对于人名、地名，则照录前辈学者不同的拼写方式，以存其真。"备注"中部分信息借鉴百度等网络数据库资源，并经核实后转载。

编年正文

# 公元 1900 年（光绪二十六年）

## 一、大事记

1. 1 月 20 日，印度支那考古团更名为"法兰西远东学院（École française d'Extrême-Orient）"。

2. 里昂大学开设第一个汉语教授职位，担任这一职务的是汉学家古恒（Maurice Courant）。

3. 宋嘉铭（Camille Auguste Jean Sainson）获本年度儒莲奖。

## 二、书（文）目录

1. Chavannes, Édouard 译，« Les Inscriptions de Wang Hiuen-ts'e »（《王玄策刻石》），traduites par M. Chavannes, *Journal Asiatique*, 9ᵉ série, vol. 15, 1900, pp. 332-341.

2. Chavannes, Édouard 译，Les Mémoires historiques *de Se-Ma Ts'ien*（《司

马迁〈史记〉》），traduits et annotés par Édouard Chavannes, Paris, E. Leroux, 1895-1905, 5 tomes en 6 volumes. （T. 1, Introduction ; Chapitres I-IV ; 1895, CCXLIX-365 pp..T. 2, Chapitres V-XII ; 1897, 615 pp..T. 3, 1$^{re}$ partie, Chapitres XIII-XXII ; 1898, 200 pp. T. 3, 2$^e$ partie, Chapitres XXIII ; 1899, pp. 202-706. T. 4, Chapitres XXXIXLII; 1900, 394 pp.. T. 5, Chapitres XLIII-XLVII ; 1905, 492 pp.）（Rééd. : Paris, A. Maisonneuve, 1967-1969, 6 vol.）

3. Chavannes, Édouard, « Une inscription du royaume de Nan-tchao »（《南诏国铭文一种》）, *Journal Asiatique*, 9$^e$ série, vol. 16, 1900, pp. 381-450.

4. Halphen, Jules 译, *Miroir des fleurs* : *guide pratique du jardinier amateur en Chine au XVII$^e$ siècle*, par Tchen Hao-tseu（陈淏子《秘传花镜》）; traduit du chinois par J. Halphen, E. Plon, Nourrit et cie, Paris, IV-280 pp.

5. Vissière, Arnold 译, « L'Odyssée d'un prince chinois : Hang hai yin ts'ao, essais poétiques sur un voyage en mer »（《航海吟草》）, par le septième prince, père de l'empereur Kouang-siu, traduits et annotés par Arnold Vissière, *T'oung Pao*, vol. 1, fasc. 1, 1900, pp. 33-62.

6. Vissière, Arnold 译, « L'Odyssée d'un prince chinois : Hang hai yin ts'ao, essais poétiques sur un voyage en mer »（《航海吟草》）, par le septième prince, père de l'empereur Kouang-siu, traduits et annotés par Arnold Vissière, *T'oung Pao*, vol. 1, fasc. 2, 1900, pp. 125-148.

7. Vissière, Arnold 译, « L'Odyssée d'un prince chinois : Hang hai yin ts'ao, essais poétiques sur un voyage en mer »（《航海吟草》）, par le septième prince, père de l'empereur Kouang-siu, traduits et annotés par Arnold Vissière, *T'oung Pao*, vol. 1, fasc. 3, 1900, pp. 189-218.

## 三、备注

1. 法兰西远东学院是法国一所专门研究南亚、东南亚和东亚文明的国家机构，研究范围涉及历史学、人类学、民俗学、考古学、艺术、文献学等。前身是"印度支那考古团"。"印度支那考古团"依据1898年12月5日法令创立，负有如下使命：（1）从事印度支那半岛的考古发掘和文献研究工作，应用各种方法推进对于印度支那的历史、文物古迹和民族语言的了解；（2）为邻近地区及其文明的学术研究做出贡献，诸如印度、中国、马来西亚。除此以外，考古团还要对书面和口头文学、历史纪年、风俗习惯及语言等诸多方面进行调查。依据1900年1月20日法令，"印度支那考古团"改组为"法兰西远东学院"。1902年，法兰西远东学院随同总督府大部分行政机构迁至河内（原校址设于西贡），1950年因越南战争迁至巴黎。

法兰西远东学院并非一所大学，也不隶属于任何一所大学。它是五个高级研究机构中的一个。这五个机构各自以法国以外的某个文化领域作为自己的研究方向，它们分别是：专门研究希腊的雅典法兰西学院、专门研究古罗马和意大利的罗马法兰西学院、专门研究埃及文化的开罗法兰西学院以及专门研究西班牙语世界的瓦莱斯奎兹学院。这五所学院在学术上都受法兰西碑铭与美文学院（Académie des Inscriptions et Belles-Lettres）的领导，行政上则是国民教育部的下属机构。法兰西远东学院的"成员"即研究人员向来不多，初创期间仅为3人；1999年有32人，分散在从印度到日本的广大地区。这个机构的发掘、修复、收藏、档案管理和调查等工作，过去和现在都需要求助于院外人士的合作，这些合作者有时被称为"通讯成员"（correspondants）。最初的通讯成员通常是殖民行政当局的官员和军人，也有平民或教会人士；既有专业人员，也有业余爱好者。现时法国远东学院在12个亚洲国家和地区设立了17个联络中心，分别是：

柬埔寨：金边、暹粒

中国：香港、北京、台北

印度：本地治里、浦那

印尼：雅加达

日本：京都、东京

韩国：首尔

老挝：万象

马来西亚：吉隆坡

缅甸：仰光

泰国：清迈、曼谷

越南：河内①

2. 里昂大学是第三个在法国开设中文课程的高等学府。第一个是法兰西学院，1814年开始开设中文课程；第二个是国立东方现代语言学院（École Nationale des Langues Orientales Vivantes），1843年开始开设中文课程。

3. 儒莲奖（Prix Stanislas Julien）是由法兰西学院颁发的汉学奖项。该奖以法国汉学家儒莲（1797—1873）的名字命名，于1872年创立，自1875年起每年颁发一次，被称为汉学界的"诺贝尔奖"。

历届获奖者：

1875年：理雅各（James Legge）

1876年：德理文（Hervey de Saint-Denys）

1877年：菲拉斯特尔（Paul-Louis-Félix Philastre）

1878年：薄乃德（Emil Bretschneider）

1879年：卫斯林（Willem Vissering）

1880年：考狄

1881年：罗谢（Émile Rocher）

1882年：迪·萨尔特尔（Octave du Sartel）

1883年：冉默德（Maurice Jametel）

1884年：晁德莅（Angelo Zottoli）

1885年：德·罗尼（Léon de Rosny）

1886年：顾赛芬

1887年：薛力赫（Gustave Schlegel，一名施古德）

1888年：德韦里亚（Jean-Gabriel Devéria）

1889年：（空缺）

1890年：德·米歇尔（Abel Des Michels）

1891年：顾赛芬

---

① 路易·加博（Louis Gabaude）著，许明龙译：《〈法国远东学院学报〉沿革简述》（« Brève histoire du Bulletin de l'École française d'Extrême-Orient »），《法国汉学》第四辑，北京：中华书局，1999年，第358~370页。戴路德著，耿昇译：《法兰西远东学院的汉学研究》，《法国中国学的历史与现状》，上海：上海辞书出版社，2010年12月，第634~639页。

1892 年：德·罗尼

1893 年：泰里安·德·拉库贝里（Albert Terrien de Lacouperie）

1894 年：高延（Jan Jakob Maria de Groot）、沙畹

1895 年：顾赛芬

1896 年：古恒

1897 年：沙畹

1898 年：翟理斯（Herbert Giles）、高延

1899 年：黄伯禄（Pierre Hoang）、艾蒂安（Étienne Zi）

1900 年：宋嘉铭

1901 年：博内（Jean Bonet）

1902 年：拉克鲁瓦（Désiré Lacroix）、高延

1903 年：古恒

1904 年：方殿华（Louis Gaillard）

1905 年：戴遂良

1906 年：拉盖（Émile Raguet）、小野藤太（Ono Tota）

1907 年：艾莫涅（Étienne Aymonier）、卡巴通（Antoine Cabaton）

1908 年：于贝（Édouard Huber）、福克（Alfred Forke）

1909 年：斯坦因（Aurel Stein）

1910 年：邓明德（Paul Vial）、米约（Stanislas Millot）、埃斯基罗尔（Joseph Esquirol）、维利亚特（Gustave Williatte）

1911 年：翟理斯

1912 年：萨维纳（F. M. Savina）、禄是遒（Henri Dore）、佩初兹（Raphaël Petrucci）

1913 年：古恒、卡昂（Gaston Cahen）

1914 年：德·维塞（Marinus Willem de Visser）、黄伯禄

1915 年：古恒

1916 年：高本汉（Bernard Karlgren）

1917 年：关野贞（Sekino Tadashi）

1918 年：管宜穆（Jérôme Tobar）

1919 年：库寿龄（Samuel Couling）

1920 年：葛兰言（Marcel Granet）

1921 年：佩初兹

1922 年：拉马斯（Henri Lamass）、文林士（C. A. S. Williams）

1923—1924 年：（空缺）

1925 年：鲍来思（Guy Boulais）

1926 年：葛兰言

1927 年：安特生（Johan Gunnar Andersson）

1928 年：马伯乐（Henri Maspero）

1929 年：高楠顺次郎（Takakusu Junjirō）

1930 年：格鲁塞（René Grousset）

1931 年：慕阿德（Arthur Christopher Moule）

1932 年：中央研究院历史语言研究所（Academia Sinica, Institute of History and Archaeology）

1933 年：戴何都（Robert des Rotours）

1934 年：万嘉德（Anastasius Van den Wyngaert）

1935 年：德·拉·瓦莱-普桑（Louis de la Vallée-Poussin）

1936 年：王静如

1937 年：洪业（William Hung）

1938 年：拉契涅夫斯基（Paul Ratchnevsky）

1939 年：格鲁塞

1940—1945 年：（空缺）

1946 年：拉莫特（Étienne Lamotte）

1947 年：德效骞（Homer H. Dubs）

1948 年：罗克（Josef Franz Karl Rock）

1949 年：冯友兰

1950 年：韦利（Arthur David Waley）

1951 年：曾祖森（Tjan Tjoe Som）

1952 年：羽田亨（Haneda Toru）

1953 年：柯立夫（Francis Cleaves）

1954 年：白乐日（Étienne Balazs）

1955 年：傅海波（Herbert Franke）

1956 年：（空缺）

1957 年：赖世和（Edwin O. Reischauer）

1958 年：（空缺）

1959 年：达迈（Louis-Charles Damais）

1960—1961：（空缺）

1962 年：饶宗颐

1963 年：霍克思（David Hawkes）

1964 年：（空缺）

1965 年：俄罗斯科学院东方学研究所（Institute of Oriental Studies of the Russian Academy of Sciences）

1967 年：倪德卫（David Nivison）

1968 年：（空缺）

1969 年：吉川幸次郎（Kôjirô Yoshikawa）

1970 年：（空缺）

1971 年：李克曼（Pierre Ryckmans）

1972 年：藤枝晃（Fujieda Akira）、谢和耐（Jacques Gernet）

1973 年：李约瑟（Joseph Needham）

1974 年：潘重规

1975 年：张心沧

1976 年：菲什曼（Olga Lazarevna Fishman）

1977 年：傅路德（Luther Carrington Goodrich）

1978 年：宫崎市定（Miyazaki Ichisada）

1979 年：葛瑞汉（A. C. Graham）

1980 年：汪德迈（Léon Vandermeersch）

1981 年：诺戈罗多娃（Eleonora Nowgorodowa）

1982 年：马若安（Jean-Claude Martzloff）

1983 年：赫美丽（Martine Vallette-Hémery）

1984 年：廖伯源

1985 年：施舟人（Kristofer Schipper）

1986 年：冯·费许尔（Charlotte von Verschuer）

1987 年：泽克尔（Dietrich Seckel）

1988 年：侯绿曦（Lucie Rault）

1989 年：贝罗贝（Alain Peyraube）

1990 年：毕来德（Jean-François Billeter）

1991 年：穆瑞明（Christine Mollier）

1992 年：巴罗（André Bareau）

1993 年：谭霞客（Jacques Dars）

1994 年：杨保筠

1995 年：郭丽英（Kuo Li-Ying）

1996 年：童丕（Éric Trombert）

1997 年：蒲芳莎（Françoise Bottéro）

1998 年：程艾兰（Anne Cheng）

1999 年：克瑙尔（Elfriede Regina Knauer）

2000 年：何谷理（Robert Hegel）

2001 年：李晓红 (Li Xiaohong)

2002 年：吕敏（Marianne Bujard）

2003 年：米盖拉（Michela Bussotti）

2004 年：蓝克利（Christian Lamouroux）

2005 年：伊懋可（Mark Elvin）

2006 年：拉绍（François Lachaud）

2007 年：太史文（Stephen Teiser）

2008 年：穆瑞明

2009 年：陆威仪（Mark Edward Lewis）

2010 年：罗柏松（James Robson）

2011 年：张磊夫（Rafe de Crespigny）

2012 年：马颂仁（Pierre Marsone）

2013 年：李范文

4. 1900 年，沙畹最终完成了关于王玄策出使印度的论文。其根据是几种唐碑，碑文记载着当时朝廷遣使吐蕃和尼婆罗借兵进攻摩羯陀国。这一年，沙畹还注意到立于云南大理的"南诏德化碑"。南诏是大理王朝的前身，此碑立于大历元年（766），即南诏赞普钟十五年。沙畹对此碑作了注解，写出了一篇有关南诏国历史的长文。

5. 1889 年，沙畹到达北京，进入法国驻华公使馆。他从这时起开始译注司马迁的《史记》，1890 年在北京出版了第 28 卷《封禅书》的法译本。沙畹在北京居住了三年，返回巴黎后，在亚细亚学会资助下出版了译注稿的三分之一①，即 150 卷中的 47 卷，至《孔子世家》止，分为五卷，于 1895—1901 年出版，1967 年迈松纳弗（Maisonneuve）出版社再版了五卷本；1969 年该出版社又出版了其补遗卷，作为第六卷，包括沙畹逝世之后留下的两三篇译文、一个改编过的总目录和一个自 1905 年以来出版《史记》译文版本的目录。沙畹《司马迁的传体史》全书由导论、注释和附录组成，其中几乎涉及了中国古代史提出的所有问题，并都提出自己尖锐的批判。该书是西方学者第一次用西方考据和历史批判方法对《史记》进行翻译和研究，所以为历来评论家所重视并给予极高的评价。但是令人遗憾的是，沙畹因研究范围过于广泛，无法将全部精力投入对《史记》的译注和研究，致使这部巨作没有最后完成。

# 公元 1901 年（光绪二十七年）

## 一、大事记

1. 9 月 29 日，夏鸣雷（Henri Havret）神父逝世。

---

① 沙畹在北京完成的全部《史记》译著手稿，现存吉美博物馆。这是一部初稿，没有注释。

2. 伯希和成为法兰西远东学院汉学教授。

3. 博内获本年度汉学儒莲奖。

4. 《法兰西远东学院学报》创办。

5. 考狄（1849—1924）《中国的中欧印刷术——17、18世纪西人在华所刻中文书目录》（*L'Imprimerie sino-européenne en Chine: bibliographie des ouvrages publiés en Chine par les Européens au XVII$^e$ et au XVIII$^e$ siècle*, Paris, Imprimerie nationale）再版，著译者增至77人，收录著作增至395种。

## 二、书（文）目录

1. Vissière, Arnold, « Le Navire à vapeur, poésie chinoise par le marquis Tseng »（《蒸汽船：曾侯爵作中国诗》）, *Chine et Sibérie*, n° 37, 1901.

2. Vissière, Arnold 译, « Un jugement au Céleste Empire »（《天国判决》）, *La Semaine politique et littéraire*, n° 21, 25 mai 1901.

## 三、备注

1. 夏鸣雷（1848—1901），号殷其，是一位法国传教士、汉学家。1848年11月15日生于Vassy-sur-Blaise（Haute-Marne），1872年4月19日加入耶稣会。1874年被派到中国，属于徐家汇的江南传道部。先是在芜湖传教，1891年在芜湖发生了反对教会的斗争，失落了研究手记等各类资料。随即被调至徐家汇教区。自1892年起，他创办了一部丛刊《汉学杂纂》（*Variétés sinologiques*），打算以此作为18—19世纪初在华耶稣会论文集《北京传教士关于中国的历史、科学、艺术、风俗、习惯的见闻录》（*Mémoires concernant l'Histoire, les Sciences, les Arts, les Mœurs, les Usages, etc. des Chinois : par les Missionnaires de Pékin*，1776—1814年间出版）的续作，这部丛刊先后一共出版了70辑，相继发表了江南传道部的各项研究成果。丛刊中还包括记述中国四千年编年史，研究吴、楚、秦、韩、魏、赵等国的分国史，研究张之洞所著《劝学篇》，论述朱熹的文章等。夏鸣雷晚年由于身体欠佳，在1898年夏天曾一度返回法国，后再次返华，1901

年在上海徐家汇任上逝世。

夏鸣雷的主要著作有：

*L'Île de Tsong-ming à l'embouchure du Yang-tse-kiang*（《崇明岛：位于长江口的一个岛屿》），*Variétés sinologiques* (1), Chang-Haï, Imprimerie de la Mission catholique à l'Orphelinat de T'ou-sè-wè, 1892, 59 pp. + 1 f. n. ch.

*La Province du Ngan-Hoei*（《安徽省》），*Variétés sinologiques* (2), Chang-Haï, Imprimerie de la Mission catholique à l'Orphelinat de T'ou-sè-wè, 1893, IV-130 pp. + 1 f. n. ch.

*La Stèle chrétienne de Si-ngan-fou*（《西安府大秦景教流行中国碑考》），Ière Partie, Fac-similé de l'inscription syro-chinoise, Chang-hai, Imprimerie de la Mission catholique à l'Orphelinat de T'ou-sè-wè, 1895, pp. VI-5-CVII, pp.IIe partie, Histoire du Monument.... Ibid, *Variétés sinologiques* (12), 1897, 420 pp.

其中，《西安府大秦景教流行中国碑考》共两卷，这部著作中不仅包括对碑文的研究，而且涉及唐代长安的都城制度、基督教在华的兴衰等方面，被视为重要力作。

此外，夏鸣雷和 S. J. 尚波（S. J. Chambeau）神父、中国耶稣会会士黄伯禄合编有《中国编年史杂集》（*Mélanges sur la chronologie chinoise*, I, II），最初载于 1920 年出版的《汉学杂纂》丛刊的第 52 辑，后于 1930 年在上海出版了两卷本。①

2.《法兰西远东学院学报》(以下简称《学报》)于 1901 年创刊。1901 年以来，法兰西远东学院每年都出版《学报》，除 1992 年外，《学报》均一年出版一次。在第一期的《告读者》中，《学报》宣布"致力于东亚文献学——或称远东文献学——研究，更为习用的'远东'一词，不但指东亚，还包括印度"。文献学研究是"最广义的文献学问题，即政治史、制度史、宗教史、文学史、考古学、语言学和人种学，总之是社会生活的一切方面"。《学报》旨在促使各个

---

① 参阅考狄（Henri Cordier）：《夏鸣雷》（« Le R. P. Henri Havret »），《通报》第 2 辑第 2 卷第 5 期，1901 年，第 386~387 页。黄长著、孙越生、王祖望主编：《欧洲中国学》，北京：社会科学文献出版社，2005 年，第 15~16 页。

相关地区（中国、日本、印度半岛）"迄今过于分散的专门研究彼此沟通"。《学报》起初每年出版数次，每次各出一"册"（fascicule）。一年之中所有的"册"合为一"卷"（tome）。每卷的页数多寡不等，多者可达 873 页（1932 年）。篇幅不固定，通常只有 500 页上下。发行对象为大学图书馆和研究亚洲的专门机构。每一卷的主要部分始终用于发表与法兰西远东学院的优选领域相关的论文，这些领域即上文所提到的考古学、铭文学、历史学、人种学、人类学、文献学、宗教史和文学史。《学报》长期设有《文萃》（*Notes et mélanges*）栏目，用来刊登简短的笔记或篇幅不大但内容翔实的文章，大多是某项考古的新发现、对某个词语的研究、对某件文物的报道，作者可在以后的论文或专著中详加论述。《学报》也报道法兰西远东学院的重要活动和亚洲研究界的重要事件，这部分内容起初归在《院讯》（*Chronique*）栏目中。另还设有《讣告》（*nécrologies*）和《书目》（*bibliographies*），这两个栏目刊登的是为法兰西远东学院做出过贡献的成员和合作者的噩耗和他们的著述目录。与这两个栏目相似的还有《通讯》（*correspondance*）和《行政文件》（*documents administratifs*），前者是一个有事则开、无事则关的栏目，后者则用来刊载法兰西远东学院及有关方面的文件名单。如同大多数学术期刊一样，《学报》自始至终辟有《书讯与书评》（*comptes rendus*）专栏，用来报道和评论有关亚洲的著述，每次被报道和评述的著述数量不等，有时也摘发刊登在其他学术刊物上的、与法兰西远东学院的研究范围和学科有关的文章。第二次世界大战之前，《学报》每年刊出一个详尽的"索引"（index）。《学报》于 1923 年刊发了本刊前 20 年的总索引，1932 年则刊发了此后 10 年的总索引。但这个传统未能坚持。①

3. 考狄《中国的中欧印刷术——十七、十八世纪西人在华所刻中文书目录》（也称为《十七、十八世纪西人在华所刻中文书目录》，以下简称《目录》）一书初刻于 1883 年，收入《东方杂纂》。初刻时并不完备，只收录 51 位作者的 196 种著述，主要以 13 种欧洲图书馆目录为依据编成，再版时作者利用了两

---

① 路易·加博（Louis Gabaude）著，许明龙译：《〈法国远东学院学报〉沿革简述》（« Brève histoire du *Bulletin de l'École française d'Extrême-Orient* »），《法国汉学》第四辑，北京：中华书局，1999 年，第 358~370 页。

种北京印制的中文目录:《天主圣教书目》和《历法格物穷理书目》。《目录》所收的390种中文著作中,宗教类著作275种,非宗教类著作115种,《目录》最后附有《教宗西师都五世致中国皇帝书》。该书再版后两年,伯希和于1903年在《法兰西远东学院学报》上发表书评,对全书做了一百余条校正,颇具参考价值。① "与晚出的徐宗泽名著《明清间耶稣会士译著提要》相比,考狄的《目录》尽管在规模上略为逊色,但还是有其不可替代之处。其一,徐著所收书目全部取自上海徐家汇藏书楼,而考狄《目录》主要依据的是欧洲的公、私书目,正可与徐书互补。其二,与费赖之《在华耶稣会士列传及书目》一样,徐书也只收耶稣会士的著译,而考狄《目录》除耶稣会士著作外,兼收方济各会、奥斯都会及多明我会会士的中文著作。《目录》在此一方面,更能代表西方来华传教士的全貌。" ②

# 公元1902年(光绪二十八年)

## 一、大事记

1. 1月3日,韩伯禄(Pierre Heude, 1836—1902)神父逝世。

2. 10月3日至10日,国际东方学家大会(Congrès International des Orientalistes)在河内召开,这是在亚洲首次召开的类似会议。

3. 法兰西远东学院随同总督府大部行政机构迁至河内(原校址设于西贡)。

4. 拉克鲁瓦、高延获本年度儒莲奖。

---

① 许光华著:《法国汉学史》,北京:学苑出版社,2009年,第172页。
② 李华川:《考狄〈十七、十八世纪西人在华所刻中文书目〉跋》,《清史论丛》,北京:中国广播影视出版社,2005年,第278~282页。

## 二、书（文）目录

1. Chavannes, Édouard, « Dix inscriptions chinoises de l'Asie centrale d'après les estampages de M. Ch.-E. Bonin »（《根据博南先生拓片看中亚出中国铭文十片》）, in *Mémoires présentés par divers savants à l'Académie des Inscriptions et Belles-Lettres*, 1<sup>re</sup> série, t. XI, 2<sup>e</sup> partie, Paris, Imprimerie nationale, 1902, 103 pp.

2. Courant, Maurice，*Catalogue des livres chinois, coréens, japonais, etc.*（《中国、朝鲜、日本等地书目》）, vol. 1, fasc. 1-3 (Histoire, géographie, administration, livres canoniques, philosophie, morale, littérature, œuvres d'imagination), Paris, E. Leroux, coll. Bibliothèque nationale (Département des manuscrits), 1902, VII-499 pp.

3. Pelliot, Paul, « Notes de bibliographie chinoise : I. Le *kou yi ts'ong chou* »《中国目录注释：I.〈古逸丛书〉》）, *Bulletin de l'École française d'Extrême-Orient*, t. 2, n° 4, octobre-décembre 1902, pp. 315-340.

## 三、备注

1. 韩伯禄，字石贞，1836 年 6 月 25 日出生于法国南特（Nantes），1856 年 11 月 4 日加入耶稣会。1868 年 1 月 9 日来华。作为一名科学家，韩伯禄神父曾多次去江苏和安徽以及华中地区收集动植物标本。他利用这些资料，于 1873 年在徐家汇建成了中国最早的自然博物馆，名叫"徐家汇博物馆"（Sikowei Museum），这也是中国第一座具有近代意义的博物馆。1930 年以后划归同属耶稣会的震旦大学，改名为震旦博物院。1892 年后，曾去菲律宾、苏门答腊、爪哇、摩鹿加和东南亚一带采集标本。1899 年再次去越南、柬埔寨、老挝等国，次年因劳累过度，病倒于河内。回沪两年后去世。平生收藏的动植物标本数以千计，当时在远东首屈一指。

韩伯禄遗著主要有：

*Conchyliologie fluviatile de la province de Nanking*（《南京地区河产贝类志》）, Paris, F. Savy, s. d. [1874—1885], 10 fascicules en 1 volume.

*Mémoires concernant l'histoire naturelle de l'empire chinois* par des Pères de la Compagnie de Jésus [publié par le P. P.-M. Heude]（《中华帝国自然史丛刊》），Chang-Hai, Imprimerie de la Mission catholique à l'Orphelinat de Tou-Sè-wè, 6 vol., [1880 —19??].①

2. 国际东方学家大会的创建人为法国国立高等学院的德·罗尼（1837—1914），并由他担任成立大会的会议主席。1873 年在巴黎举行了第一届国际东方学家大会（Le premier Congrès International des Orientalistes）。在这之后，历届国际东方学家大会的召开为在广泛领域内做出卓有成效的合作开拓了新天地。②

历届大会召开的时间、地点如下：

第二届：1874 年，伦敦

第三届：1876 年，圣彼得堡

第四届：1878 年，佛罗伦萨

第五届：1881 年，柏林

第六届：1883 年，莱顿

第七届：1886 年，维也纳

第八届：1889 年，斯德哥尔摩和克里斯丁亚娜

第九届：1891 年，伦敦

第十届：1894 年，日内瓦

第十一届：1897 年，巴黎

第十二届：1899 年，罗马

第十三届：1902 年，河内

第十四届：1905 年，阿尔及尔

第十五届：1908 年，哥本哈根

第十六届：1912 年，雅典

第十七届：1928 年，牛津

第十八届：1931 年，莱顿

---

① Henri Cordier, « Pierre Heude 韩伯禄 Han Pé-lo », *T'oung Pao*, 2ᵉ série, vol. 3, n° 1, 1902, pp. 38-39.
② 此后的相关信息笔者未能找到。

第十九届：1936 年，罗马

第二十届：1938 年，布鲁塞尔

第二十一届：1948 年，巴黎

第二十二届：1951 年，伊斯坦布尔

第二十三届：1954 年，剑桥

第二十四届：1957 年，慕尼黑

第二十五届：1960 年，莫斯科

第二十六届：1964 年，德里

第二十七届：1967 年，密执安大学

第二十八届：1971 年，堪培拉

第二十九届：1973 年，巴黎，此次大会决定将"国际东方学家大会"更名为"国际东方学和亚洲研究联合会"（International Union for Oriental and Asian Studies）

第三十届：1976 年，墨西哥，自本届起，"国际东方学家大会"改名为"国际亚洲和北非人文科学大会"（International Congress of Asian and North African Studies）

第三十一届：1983 年 8 月和 9 月，东京和京都

第三十二届：1987 年，汉堡，再次更名为"亚洲学北非学国际大会"（International Congress for Asian and North African Studies）

第三十三届：1990 年，多伦多

第三十四届：1993 年，香港

第三十五届：1997 年，布达佩斯

第三十六届：2000 年，洛杉矶

第三十七届：2004 年，莫斯科

第三十八届：2007 年，安卡拉

3. 1898 年法国工程师勒普兰斯 - 兰盖（Leprince-Ringuet）考察了龙门石窟，拍了不少照片，同时买到一张拓本。沙畹利用这些资料，结合王昶《金石萃编》写了《龙门志》的论文。同时他还译出了明代都穆《河朔访古记》中有关部分和龙门的一件 1865 年刻的碑文。

4. 伯希和的《中国目录注释》向人们介绍直到当时仍为西方汉学界所忽视

的汉文书目资料，尤其是在日本收藏的汉文古籍丛书（杨守敬的《古逸丛书》和陆心源的《十万卷楼丛书》）。

# 公元 1903 年（光绪二十九年）

## 一、大事记

1. 古恒获本年度儒莲奖。
2. 沙畹协助考狄主办《通报》，同年成为法兰西碑铭与美文学院院士。

## 二、书（文）目录

1. Chavannes, Édouard, « Les Saintes Instructions de l'empereur Hong-Wou (1368-1398) publiées en 1587 et illustrées par Tchong Houa-Min »（《1587 出版、钟化民制图的洪武皇帝（1368—1398）圣谕》），*Bulletin de l'École française d'Extrême-Orient*, t. 3, n° 4, octobre-décembre 1903, pp. 549-563.

2. Pelliot, Paul, « Les Mo-ni et le Houa-Hou-King »（《摩尼与〈化胡经〉》）*Bulletin de l'École française d'Extrême-Orient*, t. 3, n° 2, avril-juin 1903, pp. 318-327.

3. Pelliot, Paul, « Textes chinois sur Pānduranga »（《关于奔陁浪的汉文文本》），*Bulletin de l'École française d'Extrême-Orient*, t. 3, n° 4, octobre-décembre 1903, pp. 649-654.

## 三、备注

沙畹在《法兰西学院学报》上发表了《洪武皇帝的圣谕》一文，说明《圣谕图解》（1587 年刻）是进行道德规范教育的图文相配的教材，把它木刻印刷后可以发到各家各户，每月初一、十五都要由甲长或长者来宣讲圣谕，即使是文盲也能从图画上领会意义。这是中国皇帝通过官吏教化治民的一个例证。沙畹还在此刊发表了《两幅中国最古老的地图》（Les Deux plus anciens spécimens de la cartographie chinoise），研究了《禹迹图》和《华夷图》这两幅刻于1137年的地图。沙畹顺便还探讨了中国的地图历史，曾推测最早的地图可能在木简上面。他还指出分格绘制地图的原理及方法的功绩应归于裴秀（224—272），而不是通常所说的贾耽（730—805）。①

## 公元1904年（光绪三十年）

### 一、大事记

1. 方殿华获本年度儒莲奖。

2. 考狄《西人论中国书目》（Bibliotheca sinica : dictionnaire bibliographique des ouvrages relatifs à l'Empire chinois）第二版开始出版，直至1908年，并于1922—1924年又出了补遗，五卷本，基本将最初时期到1924年的国外中国学著作全数收入。

### 二、书（文）目录

1. Chavannes, Édouard, « Inscriptions et pièces de chancellerie chinoises de l'époque mongole »（《蒙古时代中国的铭文及官署文什》）, T'oung Pao, vol. 5, fasc. 4, 1904, pp. 357-447.

2. Chavannes, Édouard, « La Peinture chinoise au musée du Louvre »（《卢浮宫藏中国绘画》）, T'oung Pao, vol. 5, fasc. 3, 1904, pp. 310-331.

---

① 戴仁著，周长青、施安昌译：《沙畹和法国的中国碑铭学》，《法国汉学》第六辑，北京：中华书局，2002年4月，第587~601页。下文中有关沙畹的中国碑铭学的研究均参考此文。

3. Chavannes, Édouard 译,« Pei yuan lou : récit d'un voyage dans le nord, écrit sous les Song par Tcheou Chan »（宋周辉《北辕录》）, *T'oung Pao*, vol. 5, fasc. 2, 1904, pp. 163-192.

4. Sainson, Camille Auguste Jean 译, *Nan-tchao ye-che ou Histoire particulière du Nan-tchao*（《南诏野史》）, traduction d'une histoire de l'ancien Yunnan, accompagnée d'une carte et d'un lexique géographique et historique par Camille Sainson, Paris, E. Leroux, Publications de l'École des langues orientales vivantes (5$^e$ série；4), 1904, III-294 pp., carte.

## 三、备注

1. 伯希和撰写了《交广印度两道考》，这是一部有关中国在 8 世纪的两条交通路线的论著，其一是经云南从交州到印度和缅甸，其二是从广州经南海通向锡兰（Ceylon，今斯里兰卡）和科摩林角（Cape Cormorin）。此书掀起了有关东南亚古代地理、历史的一大批资料的讨论浪潮。

2.《西人论中国书目》（以下简称《书目》）于 1881—1885 年出版了第一版，1893—1895 年出了补遗。这本书是西方自 16 世纪中叶至 1921 年左右关于中国书的总目，包括用各种欧洲语言写成有关中国的专著和文章，甚至小启事和书评，不论在何地出版，差不多尽数包括。作者把西人研究中国各方面的著述和论文以及中国古代名著的译文分类列目，比较全面地反映了早期西人研究中国的状况，是西方汉学史上第一部比较完整的汉学书目，此书于 1880 年获法兰西碑铭与美文学院儒莲奖，为西方汉学领域之名著，至今仍是欧美研究中国问题学者的必读书。在前言中作者谈到该书的体例特点时说，书目分类有三种不同的方式，一是按照作者姓氏的字母编排，二是编年方式，三是按题材分类。考狄的《书目》基本上以题材分类，但作者取各家之长，试图将三种方式综合利用，加以编排，为查阅者提供方便。全书共分为五大部分，收入第一部分的是直接有关中国本土的作品，其中包括从总体上论述帝国的，有关中国地理、自然、社会发展史、宗教、科学、艺术、语言、文学、风俗习惯等；第二部分是西方人认识和了解中国的作品，如了解和报道过中国的罗马、阿拉伯等历史学家，从中世纪到作者那个时代到过中国的旅行家等人的作品；第三部分是中国外交史方面的；第四部分是有关华人的作品；第五部分是关于中国与周边地区和国家关系的作品。①

# 公元 1905 年（光绪三十一年）

## 一、大事记

1. 8 月，伯希和接受了主持西域科考探险团团长的任命。
2. 戴遂良获本年度儒莲奖。

## 二、书（文）目录

1. Charria, Sylvain, « Les Inscriptions lolo de Lou-k'iuan »(《禄劝的倮倮铭文》), *Bulletin de l'École française d'Extrême-Orient*, t. 5, n° 1-2, 1905, pp. 195-197.

2. Chavannes, Édouard 译, « Fables et Contes de l'Inde extraits du Tripitaka chinois »（《汉文三藏经印度寓言及故事选》）, in *Actes du XIV<sup>e</sup> Congrès international des orientalistes*, 5<sup>e</sup> section, 1<sup>re</sup> partie, Paris, E. Leroux, 1905, pp. 84-145.

3. Chavannes, Édouard, « Inscriptions et pièces de chancellerie chinoises de l'époque mongole »（《蒙古时代中国的铭文及官署文什》）, *T'oung Pao*, vol. 6, fasc. 1, 1905, pp. 1-42.

4. Chavannes, Édouard, « Les Pays d'Occident d'après le *Wei Lio* : avant-propos »(《根据〈尉缭〉看西方国家：前言》), *T'oung Pao*, vol. 6, fasc. 5, 1905, pp. 519-571.

5. Huart, Cl., « Inscriptions arabes et persanes des mosquées chinoises de K'ai-fong-fou et de Si-ngan-fou »（《开封府与西安府的中国清真寺的阿拉伯与波斯铭

---

① Henri Cordier, *Bibliotheca Sinica*, Préface de la première édition, t. I, Librairie Orientale & Américaine, 1904.

文》），*T'oung Pao*, vol. 6, fasc. 3, 1905, pp. 261-320.

6. Toussaint, G.-Ch, « Le *Tao tö king* gravé sur pierre : estampages »（《石刻〈道德经〉：拓片》），*T'oung Pao*, vol. 6, fasc. 2, 1905, pp. 229-236.

## 三、备注

1. 伯希和于1906年6月15日自巴黎出发，随行人员有地理学家瓦扬（Louis Vaillant）博士、摄影师努埃特（Charles Nouette）等。他们先乘火车，经过十天旅行后，便经莫斯科和奥伦堡，到达当时俄属突厥斯坦的首府塔什干。他们在塔什干停留了一个多月，等待那些从圣彼得堡船运来的大批行车设备。伯希和一行于1906年8月间，率一支由74匹马组成的马队出发，仅供驮行李的马就多达24匹之多。他们经过塔尔迪克达坂（Taldyq Dawan）山口，再沿柯尔克孜牧场前进，曾与阿尔泰山地区的柯尔克孜女王公之子阿萨姆（Assam）有过一次颇具学术氛围的交谈。他们最终从伊尔凯什坦（lrkechtan）越过俄中边界。再经过二十天的旅行，最终于1906年9月1日到达了喀什。这是他们计划中于中国从事考古发掘的第一站。伯希和一行在喀什逗留了六个多星期。在这一个多月的时间里，伯希和一行分别从地理学、考古学和语言学的角度，对该地区做了考察。其考察工作主要集中在四个遗址上：前伊斯兰教遗址（三仙洞）、图古曼（Tegurman）遗址、"古城"（Eski-chahr）遗址、"汗宫"遗址。1906年9月26日，伯希和考古探险团离开了"汗宫"，取道东南方向，前往墩库勒。9月27日，他们前往阿克噶什，在那里发掘了克孜尔炮台（Qyzrl-Tim）以及尕哈炮台（Qaqha Tim，Tim本指"墙"或"窣堵坡"）。经过在喀什地区一个多月的勘察之后，伯希和考古探险团于1906年10月26日离开了该绿洲西部的玉代克利克（Ordeklik，野鸭地），在那里搜集到了几种罕见的玉器残片之后，于该月28日到达了玛喇尔巴什（Maral-Bachi，今巴楚）。他们于29日到达图木舒克，在该地区一直停留到12月15日。伯希和在那里发现了库车绿洲西缘唯一的一处佛教大遗址群，他立即组织民工对该遗址进行了发掘。这项发掘工程每天雇用25—30名民工，共持续六个星期。他们对该遗址做了完整的平面测绘，出土了大批雕塑和木刻残片、几种奇形怪状的陶器。伯希和将发掘到的文物运往法国后，先在卢浮宫展出，后又入藏吉美博物馆，曾在法国乃至整个西方轰动一时。完成在图木舒克的发掘之后，伯希和考古探险团于 1906 年 12 月 15 日离开那里，经阿克苏和拜城，向他们的另一个重点目标库车绿洲前进，并于 1907 年 1 月 2 日到达库车。他们一行在库车共勘测发掘了八个月，直到 1907 年 9 月 3 日才离开那里，向乌鲁木齐前进。伯希和一行于 1907 年 10 月 9 日至 12 月 24 日逗留在乌鲁木齐。1907 年 12 月中旬，伯希和一行从乌鲁木齐出发，经吐鲁番、哈密和大海道而奔赴敦煌，于 1908 年 2 月 24 日到达敦煌。2 月 24 日，伯希和首次考察千佛洞，然后又返回敦煌县城，以借用那里收藏的雕版而印制了两套 1831 年出版的《敦煌县志》。1908 年 3 月 3 日，正是天主教封斋前的星期一，伯希和进入了他称之为"至圣所"的藏经洞。伯希和将藏经洞中一万五千至二万卷写本全部浏览一遍。他在摇曳的烛光下，利用三个星期的时间来完成这项工作。伯希和从他过手的全部文书中，劫走约三分之一，即六千余种。此外还有二百多幅唐代绘画与幡幢、织物、木制品、木制活字印刷字模和其他法器。从 1908 年 3 月 27 日起，伯希和结束了在藏经洞的工作，又开始了对敦煌石窟的考察。伯希和考古探险团完成了在敦煌的考察，于 1908 年 6 月 8 日离开沙州。他们于 6 月 8 日—30 日，共分十九程走完了从沙州到甘州的五百六十公里的路程。伯希和一行经安西州，过嘉峪关，越过万里长城，进入中原。他们分别于甜水井（6 月 10 日）、玉门县（6 月 15 日）和肃州（6 月 21 日）三个地点从事了天文观察。7 月 3 日，伯希和与努埃特率领满载文物的车队，沿官道前进。瓦扬为了从事地理人文考察，绕道甘南和西宁府。他先后经过万关堆子、马蹄寺、洪化城、永固城，于 7 月 5 日到达贾家庄和炒面庄。瓦扬先于 7 月 14 日到达西宁府，于 7 月 14—18 日之间考察了塔尔寺；后于 18—23 日，经临夏而到达兰州。他们一行于 8 月 2 日离开兰州，于同月 22 日到达西安。伯希和在西安用一个月的时间采购文物书籍。10 月 2 日，考古团到达郑州。两天后，到达北京。伯希和一行在北京稍作休整之后，瓦扬携带一大批自然史搜集品，乘船经广州返回法国。努埃特则陪同伯希和先赴南京，以拍摄两江总督和闽浙总督端方的那套珍贵收藏品，然后又赴无锡拍摄裴景福搜集的一套古画。这两项工作完成之后，努埃特于 1908 年 12 月乘船护送八十多箱雕刻品、绘画和写本返法。伯希和自己却前往印度支那，以重建已中断一段时间的联系。①

　　法国国立图书馆所藏敦煌文献材料，全部用伯希和的名字 Pelliot 标号，简作 P.，中文简称"伯"。各种文字资料又按语种大致作了分类的编号：Pelliot chinois 指汉文材料，Pelliot tibétain 指藏文材料，Pelliot ouigour 指回鹘文材料，Pelliot sogdien 指粟特文材料，Pelliot sanskrit 指梵文材料，Pelliot Si-hia 指西夏文材料。其基本情况现列表如下：

| 文献类型 | 书名 | 卷号 | 编写者 | 文献编号 | 出版单位 | 补充说明 |
|---|---|---|---|---|---|---|
| 敦煌汉文写本 | 《巴黎国家图书馆所藏伯希和敦煌汉文写本目录》（Catalogue des manuscrits chinois de Touen-Houang） | 第一卷 | 谢和耐、吴其昱（Wu Chi-Yu） | 2001—2500 | 1955年巴黎国家图书馆出版 | 《巴黎国家图书馆所藏伯希和敦煌汉文写本目录》共5卷6册（第二卷尚未出版，由于伯希和曾事先将编号1—2000留作藏文卷子编号，所以汉文写本从2001开始编号，现汉文卷子共计4040号 |
|  |  | 第二卷 | 隋丽玟、魏普贤等 | 2501—3000 | 尚未出版 |  |
|  |  | 第三卷 | 苏远鸣（Michel Soymié） | 3001—3500 | 圣·波利尼亚格基金会1983年出版 |  |
|  |  | 第四卷 | 苏远鸣 | 3501—4000 | 法兰西远东学院1991年出版 |  |
|  |  | 第五卷 | 苏远鸣 | 4001—6040 | 法兰西远东学院1995年出版 |  |
| 敦煌藏文写本 | 《巴黎国家图书馆所藏伯希和敦煌藏文写本目录》（Inventaire des manuscrits tibétains de Touen-Houang conservés à la Bibliothèque nationale） | 第一卷 | 拉露（Marcelle Lalou） | 1—849 | 巴黎国家图书馆分别于1939、1950、1961年出版 | 伯希和敦煌藏文写本共有2216个号。此外，还有大量的《无量寿宗要经》和《十万颂般若经》，即P.T.217—2224 和 P.T.3500—4450号等重复较多的藏文写经卷子 |
|  |  | 第二卷 |  | 850—1282 |  |  |
|  |  | 第三卷 |  | 1283—2216 |  |  |

---

① 耿昇：《伯希和西域探险与中国文物的外流》，《世界汉学》第三期，2005年，第98~120页。

续表

| 文献类型 | 书名 | 卷号 | 编写者 | 文献编号 | 出版单位 | 补充说明 |
|---|---|---|---|---|---|---|
| 敦煌回鹘文写本 | 《9—10世纪的敦煌回鹘文文献汇编》（*Manuscrits ouïgours du IX<sup>e</sup>-X<sup>e</sup> siècle de Touen-Houang*） | 两卷本 | 哈密顿（James Hamilton） | 伯希和敦煌回鹘文写本24个编号 | 法国彼特出版社(Peeters)1986年出版 | 其中由于不少回鹘文写本因与汉文写本写在一起，故被编入了汉文写本之中，所以形成了双重编号，而且对于回鹘文写本的断代问题，学界还颇有争议。法国学者菲诺（Louis Finot）、菲利奥札（Jean Filliozat）和为数不少的日本学者，都从事过这批写本的研究 |
| | 《回鹘文本善恶两王子的佛教故事》 | | 哈密顿 | P.3509 | 法国克林西克出版社1971年出版 | |
| 敦煌粟特文写本 | 《敦煌突厥-粟特文文献汇编》（图版本） | | 哈密顿、西姆斯-威廉姆斯（Sims-Williams）（合作转写、译注） | 共30个编号，本书中发表了伯希和敦煌粟特文写本5个编号 | 英国伦敦大学东方和非洲研究学院(School of Oriental and African Studies University of London)1990年出版 | 这其中也有一些是双重编号的，被编入汉文写本的P.3511—3521。伯希和曾与法国学者戈蒂奥（Robert Gauthiot）和邦弗尼斯特(Émile Benveniste)、英国学者亨宁斯（W. B. Hennines）等人合作，或各自单独从事过这批写本的研究 |
| 敦煌和西域梵文写本 | 《伯希和西域探险团所获梵文文献残卷》 | | 波利（B. Pauly） | 数量很大，但属于敦煌者只有13个编号 | 连载于《亚细亚学报》，1957—1966年 | 它们大部分被编入伯希和敦煌汉文写本的目录中。早年曾由菲诺、菲利奥札和日本学者们从事过研究 |

续表

| 文献类型 | 书名 | 卷号 | 编写者 | 文献编号 | 出版单位 | 补充说明 |
|---|---|---|---|---|---|---|
| 敦煌西域的"东伊朗文"写本（主要是龟兹语） | 尚未成书 | | 皮诺（Georges Pinault） | 旧编 AS1-19（共141件文书126编号），新编 NS1—508 和某些残卷（共527件文书），新编 509—1166号（共658件文书），此外还有小残卷393个编号 | | 除写本外，这其中还包括某些木简和题记，它们主要出土于新疆的都勒都尔-阿乎尔和图木舒克。法国早期学者列维、菲利奥扎及德国学者西格都对它们做过研究。经彼诺整理，这批特藏共有2000件左右。目前，彼彼正准备将它们汇编出版 |
| 西域于阗文写本 | 不明 | | 不明 | 共有近70个编号 | | 它们都被散编于汉文写本和藏文写本目录中。法国学者哈密顿和格勒奈（F. Grenet）、英国学者贝莱（H. W. Beilley）和德国埃梅里克（R. E. Emmerik）都对此进行过研究 |

伯希和于敦煌莫高窟北区 464、465 号窟猎取大量民族文献残片，其中包括 244 件西夏文残片，现藏于法国国家图书馆。2007 年，由北方民族大学与上海古籍出版社共同合作，整理结集、编纂出版《法藏敦煌西夏文献》。

伯希和在敦煌所作的考察笔记、题识录文以及他对经变画的考证、艺术风格、断代、窟形的研究文，已由旺迪埃-尼古拉（Nicole Vandier-Nicolas，1908—1987）和马亚尔（Monique Maillard）于 1980—1992 年分 6 册出版《伯希和敦煌石窟笔记》（法兰西学院亚洲研究所中亚和高地亚洲研究中心版）。伯希和考古探险团成员努埃特拍摄的敦煌壁画照片，于 1920—1926 年分 6 大卷出版，即《敦煌石窟图录》（法国亚细亚学会版）。但是，对于伯希和考古探险团留下的不计其数的档案，其整理工作是十分缓慢的。韩百诗在世时，曾制订计划将其陆续出版，但近 40 年间，才出版了寥寥数卷。随着一些重要研究人员的去世或退休，加上 1994 年法兰西学院亚洲研究所中亚和高地亚洲研究中心的解散，这套档案的出版工作吉凶难测，前途十分渺茫。对美术品的基础研究，其大致情况如表①：

| 类别 | 数量 | 研究成果 | 研究者 | 出版单位 | 补充说明 |
|---|---|---|---|---|---|
| 素描插图画和纸本画 | 不明 | 《舍利弗与六师外道》 | 旺迪埃-尼古拉 | 巴黎国家图书馆 1954 年版 | 前者所收为 P.4525 中的绘画，其余则都由后者发表 |
| | | 《敦煌白画》 | 饶宗颐 (Jao Tsung-I) | 巴黎国家图书馆 1978 年版 | 此书中发表了 216 幅幡画的图录和解说文字 |
| 幡画 | 200 多幅 | 《敦煌的幡画》（两卷本） | 马亚尔、热拉-贝札尔 (Robert Jera-Bezard) | 法兰西公学院 1974 年版 | 第 1 卷于 1994 年出版，共发表 99 幅绘画，第 2 卷拟发表 89 幅 |
| | | 《西域美术·吉美博物馆伯希和特藏》 | 贾立基 (Jean-François Jarrige)、秋山光和 (Akiyama Terukazu) | 法国国家科研中心 | 这批织物大都是作为经卷的包袱皮使用的，分藏于吉美博物馆和巴黎国家图书馆 |
| 织物残片 | 集中研究了 85 个编号 | 《吉美博物馆和国家图书馆所藏敦煌织物》 | 里布 (Krishna Riboud)、维雅尔 (Gabriel Vial) | 法兰西公学院 1970 年版 | |
| 木制品 | 100 多件 | 《吉美博物馆所藏伯希和敦煌木制品目录》 | 弗朗索瓦兹·戴奈斯 | 吉美博物馆 1976 年版 | |

---

① 赵晓星：《法国敦煌学史》，http://public.dha.ac.cn/content.aspx?id=729589034111。

续表

| 类别 | 数量 | 研究成果 | 研究者 | 出版单位 | 补充说明 |
| --- | --- | --- | --- | --- | --- |
| 图木舒克文物 | 雕塑248件、陶器5件、壁画15幅、杂物56个编号 | 《伯希和探险团考古档案》第2卷《图木舒克》 | 韩百诗主编 | 法兰西公学院1961—1964年版 | |
| 都勒都尔-阿乎尔和苏巴什文物 | 壁画22个号、黏土—陶土—柴泥雕塑38个号、木雕品31个号、考古木材7个号、活动装饰木制品55个号、玻璃和钱币等杂物7个号、印鉴6个号、金属物等15个号、陶器37个号、骨灰盒5个号 | 《伯希和探险团档考古案》第4卷《都勒都尔—阿乎尔和苏巴什》 | 阿拉德等人 | 法兰西公学院1982年版 | |
| 库车周围诸遗址文物 | 壁画5个号、柴泥和石膏雕塑2个号、杂物20个号、雕塑2个号、浮雕2个号、建筑类寺庙和千佛洞内物品12个号、各小遗址中的物品6个号、金属品26个号、各种材料的物品9个号 | 《库车地区诸遗址，龟兹文题记》 | 马亚尔、皮诺 | 法兰西公学院1987年版 | |

2. 沙里亚（Sylvain Charria）在《法兰西远东学院学报》上发表的这篇摩崖碑文，伯希和辨认出是彝族语（又叫"倮倮文"），但未能译释。次年，沙畹幸运地得到了刻在旁边的汉文碑拓本，于是进行了翻译解释，于1906年发表了《沙里亚先生抄录的三种铭文》（«Trois inscriptions relevées par M. Sylvain Charria»）。他认为这个碑是明嘉靖十二年（1533）刻的县令凤诏的家谱，讲述了云南武定县的历史情况，可补史志之缺。接着，沙畹又研究了两种道教碑铭。一是贵州永宁的"红岩碑"，他以为是伪刻。二是吕洞宾写的符篆，称"吕祖真迹"，原碑在河南汝宁府，这本是在云南的摹本。由此说明某些碑摹刻流行的现象。

3. 《石刻〈道德经〉：拓片》是图桑（Georges-Charles Toussaint）从北京白云观带回的。同年，沙畹发表了《石刻〈道德经〉：杜桑发表的拓本》，沙畹研究了其中按照赵孟頫墨迹、刻于1858年的《道德经》和《阴符经》。

# 公元1906年（光绪三十二年）

## 一、大事记

艾莫涅获本年度儒莲奖。

## 二、书（文）目录

Chavannes, Édouard, «Trois inscriptions relevées par M. Sylvain Charria» (《沙里亚先生抄录的三种铭文》), T'oung Pao, vol. 7, fasc. 5, 1906, pp. 671-701.

## 三、备注

无。

# 公元 1907 年（光绪三十三年）

## 一、大事记

沙畹重返中国，在中国北方诸省进行了考察。

## 二、书（文）目录

1. Alexeiev, V. M., *Description des monnaies chinoises et des amulettes monétaires qui se trouvent dans la section numismatique de l'Ermitage Impérial*（《皇家博物馆钱币部藏中国钱币及钱币护身符的描述》），Saint-Pétersbourg, Académie des Sciences, 1907, 74 pp.

2. Chavannes, Édouard, « Les Pays d'Occident d'après le *Heou Han chou* »（《根据〈后汉书〉看西域诸国》），*T'oung Pao*, vol. 8, fasc. 2, 1907, pp. 149-234.

3. Meybon, Charles M., « Un conte chinois du vi$^e$ siècle »（《6 世纪中国故事一则》），*Bulletin de l'École française d'Extrême-Orient*, t. 7, n° 3-4, juillet-décembre 1907, pp. 360-363.

4. Saussure, Léopold (de), « Le Texte astronomique du *Yao-tien* »（《〈尧典〉的天文学文本》），*T'oung Pao*, vol. 8, fasc. 3, 1907, pp. 301-390.

## 三、备注

沙畹在中国北方进行了长途旅行和考古活动。他先到辽宁考察了清帝祖先的陵墓，然后去鸭绿江畔看了高句丽"好大王碑"（刻于 414 年）。此碑赞颂了高句丽英主广开土王的功绩，记载了新罗与日本开战之事，所以，过去和现在它都受到韩国、日本的关注。古恒先将此碑用法文译出。沙畹在后来的五个月里从北京到泰安、曲阜、开封、洛阳，再西行至西安、乾州、太原、五台山、大同等地，行程中结识了许多文人与官吏，获得照片与刻石拓片数以千计。这次考察所收集的大量资料，为后来两卷本的著作《华北考古考察图谱》（*Mission archéologique en Chine septentrionale*）做了充分的准备。

# 公元 1908 年（光绪三十四年）

## 一、大事记

1. 1 月 27 日，马伯乐被任命为法兰西远东学院实习研究员。

2. 考狄入选法兰西学院，开始为《碑铭与美文学院公报》（*Comptes rendus de l'Académie des inscriptions et belles-lettres*）、《博学者报》（*Journal des Savants*）撰写文章。

## 二、书（文）目录

1. Chavannes, Édouard, « Inscriptions et pièces de chancellerie chinoises de l'époque mongole »（《蒙古时代中国的铭文及官署文什》），*T'oung Pao*, vol. 9, fasc. 3, 1908, pp. 297-428.

2. Chavannes, Édouard, « Note préliminaire sur les résultats archéologiques de la mission accomplie en 1907 dans la Chine du nord »（《1907 年中国北部考察团考古结果的预备性注释》），*Comptes rendus des séances de l'Académie des Inscriptions et Belles-Lettres*, mars 1908, pp. 187-203.

3. Chavannes, Édouard, « Note sur l'inscription joutchen »（《女真铭文注》），*T'oung Pao*, vol. 9, fasc. 2, 1908, pp. 263-265.

4. Chavannes, Édouard, « Un faux archéologique chinois »（《中国考古赝品》），*Journal Asiatique*, 10$^e$ série, vol. 11, 1908, pp. 501-510, pl.

5. Chavannes, Édouard, « Voyage archéologique dans la Mandchourie et dans la Chine septentrionale »（《在满洲及中国北部的考古旅行》）, *Bulletin du Comité de l'Asie française*, avril 1908, pp. 135-142. Repris dans le *T'oung Pao*, vol. 9, fasc. 4, 1908, pp. 503-528.

6. Cordier, Henri, « Les Mo-sos, Mo-sié »（《么些》）, *T'oung Pao*, vol. 9, fasc. 5, 1908, pp. 663-688.

7. Lévi, Sylvain, « L'Original chinois du sutra tibétain sur la Grande-Ourse »（《关于大熊座的西藏佛经的汉文原本》）, *T'oung Pao*, vol. 9, fasc. 3, 1908, pp. 453-454.

8. Pelliot, Paul, « Une bibliothèque médiévale retrouvée au Kan-sou »（《在甘肃发现的中世纪图书馆》）, *Bulletin de l'École française d'Extrême-Orient*, t. 8, n° 3-4, juillet-décembre 1908, pp. 501-529.

## 三、备注

无。

# 公元 1909 年（宣统元年）

## 一、大事记

1. 10 月 8 日，黄伯禄（Pierre Hoang，裴默）逝世。
2. 沙畹着手编写《华北考古记》。
3. 亨利·奥龙带领的使团在中国西部进行长途旅行，目的是调查非汉人地区。

## 二、书（文）目录

1. Chavannes, Édouard, « Note additionnelle sur l'inscription de Che Ch'eng (971 P. C.) »（《石城（971 年）铭文补注》）, *Journal Asiatique*, 10ᵉ série, vol. 14,

1909, pp. 511-514.

2. Chavannes, Édouard, « Note sur la peinture de Kou K'ai-tche conservée au British Museum »（《大英博物馆藏顾恺之画注释》）, *T'oung Pao*, vol. 10, fasc. 1, 1909, pp. 76-86.

3. Chavannes, Édouard, « Quatre inscriptions du Yun-nan (Mission du commandant d'Ollone »（《云南铭文四种（奥龙使团）》）, *Journal Asiatique*, 10$^e$ série, vol. 14, 1909, pp. 5-48.

4. Legendre, A. F., « Far West Chinois : races aborigènes ; Les Lolos ; Étude ethnologique et anthropologique »（《远西中国人：土著人种——倮倮人的人种学与人类学研究》）, *T'oung Pao*, vol. 10, fasc. 3, 1909, pp. 340-380.

5. Legendre, A. F., « Far West Chinois : races aborigènes ; Les Lolos ; Étude ethnologique et anthropologique »（《远西中国人：土著人种——倮倮人的人种学与人类学研究》）, *T'oung Pao*, vol. 10, fasc. 4, 1909, pp. 399-444.

6. Legendre, A. F., « Far West Chinois : races aborigènes ; Les Lolos ; Étude ethnologique et anthropologique »（《远西中国人：土著人种——倮倮人的人种学与人类学研究》）, *T'oung Pao*, vol. 10, fasc. 5, 1909, pp. 603-665.

7. Liétard, Alfred, « Notions de grammaire lo-lo (dialecte a-hi) »（《倮倮语法概念》）, *Bulletin de l'École française d'Extrême-Orient*, t. 9, n° 2, avril-juin 1909, pp. 285-314.

8. Liétard, Alfred, « Notes sur les dialectes lo-lo »（《倮倮方言笔记》）, *Bulletin de l'École française d'Extrême-Orient*, t. 9, n° 3, juillet-septembre 1909, pp. 549-572.

## 三、备注

1. 黄伯禄（1830—1909），名成亿，字志山，号斐默，洗名伯多禄，江苏海门人。幼年在私塾就读。1843年入张朴桥修道院，为首批修生之一。在修道院学习中文、拉丁文、哲学、神学等课程共十七年之久。1860年晋升铎品后，管理小修道院，教授拉丁文、哲学，后在上海、苏州、海门等地传教。1875年，任徐汇公学校长，兼管小修道院。三年后在董家渡从事写作。1878 年任主教秘书及神学顾问，并专务著作。平生著作之多，在中国神父中少有。

中文著作有：

*Tcheng kiao foung tchouan*《正教奉传》,in-8,ff.82,1877,1884 et 1890.

*Tsi chouo ts'iuen tchen*《集说诠真》,6 vol.in-8,ff.579,1880 et 1885.

*Cheng niu Fei-lo-me-natchouan*《圣女斐乐默纳传》,in-8,ff.35,1881.

*Han tou kiu yu*《函牍举隅》,10 vol, ff.491,1882.

*Tcheng kiao foung pao*《正教奉褒》,1883 et 1894,2 vol.in-8 de ff.162 et 167.

*Tch'eou tchen pien wang*《训真辨妄》,in-8,ff.107,1882 et 1890.

法文著作有：

*Catalogue des tremblements de terre signalés en Chine d'après des sources chinoises (1767 avant J.-C.-1895 après J.-C.)*《中国地震考》, Chang-hai, Imprimerie de la Mission catholique, 1909.

*Exposé du commerce public du sel*《官盐论》,Chang-hai, Impr. de la Mission catholique, 1898.

*Le mariage chinois au point de vue légal*《中国婚姻律》, par le P. Pierre Hoang ...Chang-Hai, Imprimerie de la Mission catholique, 1915.

*De Calendario Sinico et europaeo.-De Calendario Sinico variae notiones.-Calendarii sinici et europaei concordantia*《中西历日合璧》 auctore P. Petro Hoang. Zi-Ka Wei . ex Typographia missionis catholicae, in Orphanotrophio Tou-Sè-Wè, 1885. 有些收入光启社出版的法文版《汉学丛书》。①

2.《华北考古记》最后编为石刻研究文字两卷和相应的照片图版两册（计 488 幅）。第一卷侧重汉画像石，第二卷则以佛教雕刻为主。武梁祠画像，嵩山三阙，孝堂山，巩县石窟，刘家村、焦城村的石雕，龙门、云冈石窟等著名的石刻皆包括其中。沙畹还将有关的碑文与题记尽量翻译出来。这是一部集大成的著作，尽管当时已有很多西方学者写了介绍中国古代艺术的书籍，《华北考古记》无疑达到了极高的水平。

---

① Henri Cordier, «Pierre Hoang», *T'oung Pao*, 2ᵉ série, vol. 11, n° 1, 1910, p. 139.

3. 1906 年，由亨利·奥龙带领的使团在中国西部作长途旅行，目的是调查非汉人地区。他们从河内起程，经云、贵、川、青、甘、晋、内蒙古诸省，在五台山曾谒见达赖喇嘛，最后抵达北京。此行当中拓得彝、苗、回等少数民族文字碑刻，均十分珍贵。像成都清真寺的松潘墓碑，云南马太师、马雨亭和赛典赤墓碑，都与伊斯兰教有重要的关系。另外，位于四川雅安的汉代高颐阙也被访拓。返回法国后，奥龙获得一些学者的帮助，后来出版了三部有关著作（原计划是九部）：

*Recherches sur les musulmans chinois*（《中国伊斯兰教研究》），Paris, E. Leroux, 1911;

*Écritures des peuples non chinois de la Chine*（《中国少数民族的文字》），Paris, E. Leroux, 1912;

*Langues des peuples non chinois de la Chine*（《中国少数民族的语言》），Paris, E. Leroux, 1912.

沙畹也研究了其中的碑刻，如高颐阙，云南的汉"孟孝琚碑"（在昭通）、东晋"爨宝子碑"（405 年）和刘宋"爨龙颜碑"（458 年）。

# 公元 1910 年（宣统二年）

## 一、大事记

1. 3 月 12 日，罗浮宫博物馆（Musée du Louvre）正式开设伯希和特藏展厅。

2. 11 月 11 日，沙畹被推选为亚细亚学会（Société Asiatique）副会长。同年，沙畹出版《泰山：中国的山岳崇拜专论。附：古代中国的社神》（*Le T'ai chan : essai de monographie d'un culte chinois ; Appendice : Le dieu du sol dans la Chine antique*, Paris, Ernest Leroux, 1910）。

3. 邓明德获本年度儒莲奖。

## 二、书（文）目录

1. *Le Goût chinois en Europe au XVIII<sup>e</sup> siècle*（《18 世纪欧洲的中国品味》），Catalogue : meubles, tapisseries, bronzes, faïences, porcelaines, peintures et dessins, Musée des Arts Décoratifs, juin-octobre 1910, Paris, E. Lévy, 1910, 158 pp., 8 pl. h.-t.

2. Belevitch-Stankevitch，Hélène, *Le Goût chinois en France au temps de Louis XIV*（《路易十四时代法国的中国品味》），Thèse de doctorat : Lettres : Paris : 1910 (Paris, Jouve, 1910).

3. Belevitch-Stankevitch, Hélène, *Le Goût chinois en France au temps de Louis XIV*（《路易十四时代法国的中国品味》）, Paris, Jouve, 1910, XLIV- 272 pp.（Rééd. : Slatkine, Genève, 1970）.

4. Chavannes, Édouard 译, *Cinq cents contes et apologues extraits du Tripitaka chinois*（《汉文三藏经中的五百个故事和寓言》），et traduits en français par Édouard Chavannes, publié sous les auspices de la Société Asiatique, Paris, E. Leroux, 1910—1911, 3 vol., XX-428 pp., 449 pp. et 395 pp.

5. Cordier, Henri, *La Chine en France au XVIII<sup>e</sup> siècle*（《18 世纪法国人视野中的中国》），Paris, H. Laurens, Bibliothèque des curieux et des amateurs, 1910, 138 pp.-[16] pp. de pl., ill.

6. Courant, Maurice，*Catalogue des livres chinois, coréens, japonais, etc.*（《中国、朝鲜、日本等地书目》），vol. 2, fasc. 4 à 7 (Lexicographie, sciences et arts, taoïsme, bouddhisme), Paris, E. Leroux, coll. Bibliothèque nationale (Département des manuscrits), 1910, 823 pp.

7. Farjenel, Fernand, « Une inscription du Yunnan (Mission d'Ollone) traduite par M. Chavannes : étude critique »（《沙畹译云南铭文（奥龙使团）：批评研究》），*Journal of the Royal Asiatic Society*, 1910, pp. 1077-1102.

8. Laloy, Louis, *La Musique chinoise*（《中国音乐》），Paris, H. Laurens, coll. Les Musiciens célèbres, 1910, 128 pp., fig. et musique (rééd. : 1930).

9. Lepage, « L'Inscription en caractères inconnus du Rocher rouge »（《红岩未

知文字铭文》), *T'oung Pao*, vol. 11, fasc. 3, 1910, pp. 583-648.

10. Olonne, Henri (d'), « Stèle de Sa Lien, constitution des grands fiefs Lolos » (《萨连石碑：倮倮大封地的构成》), *Journal Asiatique*, 10ᵉ série, vol. 16, 1910, pp. 229-245, pl.

11. Tchang, Yi-Tchou, Hackin, Joseph, *La Peinture chinoise au Musée Guimet* (《吉美博物馆藏中国绘画》), préface Émile Guimet, Paris, P. Geuthner, coll. Annales du Musée Guimet (Bibliothèque d'art ; 4), 1910, XVI pp. de pl.-VII-97 pp.

12. Wieger, Léon, *Bouddhisme : extraits du* Tripitaka*, des commentaires, tracts, etc.* (《佛教：〈大藏经〉选注》), Hien Hien, Imprimerie de la mission catholique, 1910—1913, 2 vol., 453 pp., ill. [Comprend : Tome I, Vinaya : monachisme et discipline : (Hīnayāna, véhicule inférieur). Tome II, Les Vies chinoises du Buddha.Titre général du t. I : « Bouddhisme chinois » ; titre général du t. II : « Buddhisme ».Texte chinois et trad. française en regard.Le t. II contient le texte intégral du « Récit de l'apparition sur terre du Buddha des Sakya, compilé par Pao-tch'eng, moine chinois, au temps des Ming » ; suivi d'un 1ᵉʳ appendice de 145 pl. extrait de : « Illustrations de la vie du Buddha, dessinées et gravées par un artiste chinois pour le compte de Yu-fong... en l'an 1808 » ; un 2ᵉ appendice contient des extraits des principales vies chinoises du Bouddha, citées et non trad. dans ce volume].

## 三、备注

1. 考狄的《18世纪法国视野里的中国》(*La Chine en France au XVIIIᵉ siècle*)，与1883年的《18世纪中国视野的法国》相对应。该作原系考狄先生1908年11月20日在"碑铭与美文学会"巴黎年会上的讲演，后由作者整理成册，并附上十余幅珍贵插图，列入法国"寻珍爱好者书库"（Bibliothèque des curieux et des amateurs）出版。"在这部著作中，考狄以其丰富的东方学、汉学学养与知识，以目录学家、珍本收藏家所特有的眼光与见识，兴致勃勃地跟我们谈起18世纪法国和欧洲的'中国热''中国风'，告诉我们，这股崇尚中国的文化时尚是何时产生，怎样产生的；盛极一时的'中国事物''中国风尚'，又是如何勃兴、发展而成为统领18世纪欧洲新潮的'世纪风'……娓娓道来，如数家珍。"①

2. 沙畹以前有过两次登临泰山的经历并积累了资料，参考当地的方志，撰文详细谈论了祭祀、礼仪、祭品、民间信仰等事，同时还介绍了泰山的主要碑碣及摩崖铭文。如唐玄宗驾临岱岳，在岩石上镌下了《泰山铭》的鸿篇巨制（726年）。

"沙畹是指出应该将王公与其封地采邑相联系、诸侯与宗主相联系起来的第一人。但这一切不是像西方的中世纪一样，纯粹为一种世俗性的联系，而是一种宗教联系。每片采邑都拥有一尊特殊的神，也就是土地神或社神，他监视整个这片领土。但其权利不会超越界限，唯有王公才有权对他进行祭祀。完全如同附属王公处在宗主王公的统治之下，附属土地神也必须服从宗主国的土地神。除宗主和附庸王公的人员等级之外，还存在着一种同样也应分为宗主和附庸的土地神的神的等级。这就是为什么当中国的一个王朝被推翻时，新王朝便会改变土地神，驱逐旧土地神而确立他自己的土地神。人们为此在其祭坛上部再建一层披脊，以中断他与天之联系的办法，而杀死原有的土地神。这就是为什么在设立一片采邑封地时，宗主要赏赐其附庸一块泥土，取自他自己的土地神的祭坛上。沙畹详细地研究了这种宗教崇拜，指出了他在古代封建中国的重要意义。"② "沙畹对于近代历史科学中一切新的方法全能运用，对于史学的一切辅助科学又全是内行，并主张以整个中国文化与整个活动的中国社会为研究对象，其附于书后的论文《中国古代的社神》，实为西洋中国学界空前的杰作，他的重要性在于'启发后之学者，走上以社会学法研究汉学之途径'。"③

3. 沙畹撰译的《汉文三藏经中的五百个故事和寓言》（*Cinq cents contes et apologues extraits du Tripitaka chinois*）在1910—1911年间分三卷印出。1962年再版时，附有1934年出版的遗作一卷。

---

① 钱林森：《〈18世纪法国视野里的中国〉中译本序》，上海：上海书店出版社，2010年，第2页。
② Henri Maspero, « Édouard Chavannes », *T'oung Pao*, 2$^e$ série, vol. 21, n° 1, mars 1922, pp. 52-53.
③ 许光华：《法国汉学史》，北京：学苑出版社，2009年，第164页。

## 公元 1911 年（宣统三年）

### 一、大事记

1. 伯希和被法兰西公学院任命为中亚语文、历史和考古教授，并开设"中亚西亚历史、地理考古学"讲座，从此奠定其汉学学术地位。
2. 马伯乐担任法兰西远东学院教授，直至 1920 年。

### 二、书（文）目录

1. Arnáiz, Greg., Van berchem, Max, « Mémoire sur les antiquités musulmanes de Ts'iuan-Tcheou »（《泉州穆斯林古迹论》）, *T'oung Pao*, vol. 12, fasc. 5, 1911, pp. 677-727.

2. Chavannes, Édouard, « L'Inscription funéraire de Ts'ouan Pao-tseu : réponse à M. Farjenel »（《爨宝子碑：答法尔热纳尔先生》）, *Journal of the Royal Asiatic Society*, 1911, pp. 75-108.

3. Chavannes, Édouard, Pelliot, Paul 译, « Un traité manichéen retrouvé en Chine »（《在中国重新发现的一部摩尼教论著》）, traduit et annoté par MM. Éd. Chavannes et Paul Pelliot, *Journal Asiatique*, 10ᵉ série, vol. 18, 1911, pp. 499-617.

4. Liétard, Alfred, « Essai de dictionnaire Lo-Lo Français : dialecte A-Hi »（《倮倮语 - 法语初步字典》）, *T'oung Pao*, vol. 12, fasc. 1, 1911, pp. 1-37.

5. Liétard, Alfred, « Essai de dictionnaire Lo-Lo Français : dialecte A-Hi »（《倮倮语 - 法语初步字典》）, *T'oung Pao*, vol. 12, fasc. 2, 1911, pp. 123-156.

6. Liétard, Alfred, « Essai de dictionnaire Lo-Lo Français : dialecte A-Hi »（《倮倮语 - 法语初步字典》）, *T'oung Pao*, vol. 12, fasc. 3, 1911, pp. 316-346.

7. Liétard, Alfred, « Essai de dictionnaire Lo-Lo Français : dialecte A-Hi »（《倮

猓语-法语初步字典》），*T'oung Pao*, vol. 12, fasc. 4, 1911, pp. 544-558.

8. Liétard, Alfred, « Notions de grammaire Lo-Lo »（《猓猓语法概念》），*T'oung Pao*, vol. 12, fasc. 5, 1911, pp. 627-663.

## 三、备注

沙畹和伯希和合译发表的《在中国重新发现的一部摩尼教论著》一文，又译作《摩尼教流行中国考》，是由北京的学者刊行的一部汉文摩尼教论著的译本，伯希和在其后附上了一部他携归巴黎的残卷。这部著作疏释了京师图书馆所藏的摩尼教残经，并对摩尼教在中国的传播过程作了一个大致的勾勒。这篇文章分前、后两个部分，前一部分主要是疏释摩尼教的教义，后一部分则是对摩尼教在中国流行始末的论述。在后一部分中，作者搜集了《大唐古域记》《佛祖统记》《册府元龟》《通典》和"九姓回鹘可汗碑"等众多材料中有关摩尼教的记叙，按时间顺序加以排列并一一加以诠释。与中国学者王国维、陈垣等人对摩尼教的研究相比，此文能够自如地运用波斯文、康居文、突厥文及梵文等材料，因而显得研究范围较为宽阔，成为摩尼教研究中的名篇。

# 公元 1912 年

## 一、大事记

1. 7月5日，利耶塔（Alfred Liétard, 1872—1912）神父在云南昭通逝世。

2. 庞蒂埃与法斯凯尔（G. Charpentier et E. Fasquelle）出版社出版苏利耶·德·莫朗的译本《金莲》（*Lotus-d'or, roman adapté du chinois*），全书一册，294页，所据为张竹坡第一奇书本。1932年，李辰冬曾在《大公报》发表《〈金瓶梅〉法文译本》，予以评论。①

3. 葛兰言将研究中国家族组织结构和婚姻体制问题的文章——《中国古代婚俗考》（«Coutumes matrimoniales de la Chine antique»）寄给了沙畹，沙畹将该文发表在《通报》上，葛兰言从此走上了汉学之路。

4. 吉美博物馆从卢浮宫的代为保管品中，接收伯希和特藏中的部分考古学文献。

5. 佩初兹获本年度儒莲奖。

## 二、书（文）目录

1. Borel, Henri, *Wu Wei : fiction basée sur la philosophie de Lao Tse*（《无为：基于老子哲学的想象》）, traduit (du hollandais) avec l'autorisation de l'auteur par Pierre Bernard, Paris, Librarie Fischbacher, 1912, 112 pp., ill.

2. Chardin, Pacifique-Marie, *Monnaies d'Extrême-Orient, chinoises, coréennes, japonaises et annamites : notice explicative par le P. Pacifique Chardin, de la collection réunie par lui durant son séjour dans la province de Chantoung (1890-1900) et appartenant actuellement à M. Jules Scrive-Loyer* [《远东钱币：中国、朝鲜、日本、安南，沙尔丹注释，选自其居留山东省（1890—1900）期间所搜集而今属斯克里夫-鲁瓦耶先生的收藏》], Lille, R. Giard, 1912, VII-78 pp., fig.

3. Courant, Maurice, *Catalogue des livres chinois, coréens, japonais, etc.*（《中国、朝鲜、日本等地书目》）, vol. 3, fasc. 8 (Catholicisme), Paris, E. Leroux, coll. Bibliothèque nationale (Département des manuscrits), 1912, 232 pp.

4. Courant, Maurice, «Essai historique sur la musique classique des chinois avec un appendice relatif à la musique coréenne»（《中国古典音乐史论，附关于朝鲜音乐的附录》）, Thèse : Lettres : Lyon : 1912-1913 (Paris, Picard, 1912, 165 pp. ; in-8).

---

① 葛永海：《营建"金学"巴比塔——域外〈金瓶梅〉研究的学术理路与发展走向》，《文艺研究》2008年第7期，第67~76页。

5. Courant, Maurice, *Essai historique sur la musique classique des chinois, avec un appendice relatif à la musique coréenne*（《中国古典音乐史论，附关于朝鲜音乐的附录》）, fascicule séparé (n° 8), Paris, Delagrave, 1912, pp.72-241, inséré sous le titre « Chine et Corée » dans l'Encyclopédie de la musique et Dictionnaire du conservatoire, sous la direction d'Albert Lavignac, Paris, Delagrave, 1913-1931.

6. Liétard, Alfred, « Vocabulaire Français-Lo-Lo »（《法语-倮倮语词汇》）, *T'oung Pao*, vol. 13, fasc. 1, 1912, pp. 1-38.

7. Maspero, Henri, « Sur quelques textes anciens de chinois parlé »（《汉语口语的一些古代文本》）, *Bulletin de l'École française d'Extrême-Orient*, t. 14, n° 4, 1914, pp. 1-36.

8. Pelliot, Paul, « Autour d'une traduction sanscrite du *Tao tö king* »（《关于〈道德经〉的一个梵语翻译》）, *T'oung Pao*, vol. 13, fasc. 3, 1912, pp. 351-430.

9. Petrucci, Raphaël, « Le Kie tseu yuan houa tchouan »《芥子园画传》, *T'oung Pao*, vol. 13, fasc. 1, 1912, pp. 43-96.

10. Petrucci, Raphaël, « Le Kie tseu yuan houa tchouan »（《芥子园画传》）, *T'oung Pao*, vol. 13, fasc. 2, 1912, pp. 155-204.

11. Petrucci, Raphaël, « Le Kie tseu yuan houa tchouan »（《芥子园画传》）, *T'oung Pao*, vol. 13, fasc. 3, 1912, pp. 313-350.

12. Soulié de morant, George, *Essai sur la littérature chinoise*（《论中国文学》）, Paris, Mercure de France, 1912, 393 pp.

## 三、备注

1. 利耶塔尔 1872 年 12 月 31 日生于旧孔代（Vieux-Condé），1896 年 6 月 28 日加入巴黎外方传教会，7 月 29 日被派往中国。专门研究倮倮地区的语言。

主要著作有：

« Far West Chinois : races aborigènes ; Les Lolos ; Étude ethnologique et anthropologique »（《远西中国人：土著人种——倮倮人的人种学与人类学研究》）, *T'oung Pao*, vol. 10 : fasc. 3, 1909, pp. 340-380 ; fasc. 4, 1909, pp. 399-444 ; fasc. 5,

1909, pp. 603-665.

« Notions de grammaire lo-lo (dialecte A-Hi) »（《倮倮语法概念》）, *Bulletin de l'École française d'Extrême-Orient,* t. 9, n° 2, avril-juin 1909, pp. 285-314.

« Notes sur les dialectes lo-lo »（《倮倮方言笔记》）, *Bulletin de l'École française d'Extrême-Orient*, t. 9, n° 3, juillet-septembre 1909, pp. 549-572.

« Essai de dictionnaire Lo-Lo Français : dialecte A-Hi »（《倮倮语-法语字典》）, *T'oung Pao*, vol. 12 : fasc. 1, 1911, pp. 1-37 ; fasc. 2, 1911, pp. 123-156 ; fasc. 3, 1911, pp. 316-346 ; fasc. 4, 1911, pp. 544-558; fasc. 5, 1911, pp. 627-663.

« Vocabulaire Français-Lo-Lo »（《法语-倮倮语词汇》）,*T'oung Pao*, vol. 13, fasc. 1, 1912, pp. 1-38.

2. 伯希和在《通报》上发表的《关于〈道德经〉的一个梵语翻译》(« Autour d'une traduction sanscrite du *Tao tö king* »），论述了今已佚的《道德经》的梵文本。该文本是在玄奘关怀下为迦摩缕波（Kamarûpa）拘摩罗王（Kumâra）而主持编订的。

3. 马伯乐是第一位汇集了有关汉语口语最古老文献的学者，同时他又指出了古汉语的代词体系的一种词形变化的遗迹。同年，他发表的《安南语言历史语音研究》（*Études sur la phonétique historique de la langue annamite*），"奠定了东南亚比较语文学的基础，从而导致了对越南语大量借鉴的汉语音位学演变的研究"[①]。

---

[①] Paul Demiéville, « Aperçu historique des études sinologiques en France », *Acta Asiatica*：*Bulletin of the Institute of Eastern Culture*（Tokyo）, vol. 11, 1966, pp. 56-110.

# 公元 1913 年

## 一、大事记

1. 古恒、卡昂获本年度儒莲奖。

2. 葛兰言回法国，在法国高等研究实践学院继沙畹任"远东宗教"讲座的教授（Directeur d'études pour les religions d'Extrême-Orient）。

3. 沙畹成为彼得格勒科学院的通讯院士。

## 二、书（文）目录

1. Bacot, Jacques, Chavannes, Édouard, *Les Mo-so : Ethnographie des Mo-so, leurs religions, leur langue et leur écriture*（《摩梭人：摩梭人人种志及其宗教、语言与文字》）, par J. Bacot, avec les documents historiques et géographiques relatifs à Li-kiang par Éd. Chavannes, ouvrage contenant 41 planches de gravures hors texte et une carte, Leide, E. J. Brill, Collection de l'Institut ethnographique international de Paris, 1913, VI-218 pp., ill.

2. Chavannes, Édouard, « L'Exposition d'art bouddhique au musée Cernuschi »（《塞努奇博物馆佛教艺术展》）, *T'oung Pao*, vol. 14, fasc. 2, 1913, pp. 261-286.

3. Chavannes, Édouard, « Note sur de prétendus bas-reliefs de l'époque des Han »（《汉画像石辨伪》）, *T'oung Pao*, vol. 14, fasc. 5, 1913, pp. 809-814, 5 pl. hors texte.

4. Chavannes, Édouard 译, *Les Documents chinois découverts par Aurel Stein dans les sables du Turkestan oriental*（《斯坦因在新疆沙漠中发现的汉语文献》）, publiés et traduits par Édouard Chavannes, Oxford, Imprimerie de l'Université, 1913, XXIII-232 pp.

5. Chavannes, Édouard, Pelliot, Paul 译, « Un traité manichéen retrouvé en Chine »（《在中国重新发现的一部摩尼教论著》）, deuxième partie, traduit et annoté par MM. Éd. Chavannes et Paul Pelliot, *Journal Asiatique*, 11ᵉ série, vol. 1, 1913, pp. 99-199 et pp.261-394.

6. Couvreur, Séraphin 译, *Li Ki : Mémoires sur les bienséances et les cérémonies : texte chinois avec une double traduction en français et en latin*（《礼记》）, Imprimerie de la mission catholique (Cathasia), Ho Kien fou, 1913, 2 vol., XVI-788 pp. et 848 pp.

7. Pelliot, Paul, « À propos du *Keng tche t'ou* »（《关于〈耕织图〉》）, in *Mémoires concernant l'Asie orientale, Inde, Asie centrale, Extrême-Orient*, publiés par l'Académie des Inscriptions et Belles-Lettres, Paris, E. Leroux, t. 1 (sous la direction de MM. Sénart, Barth, Chavannes, Cordier), 1913, pp. 65-122.

8. Pelliot, Paul, « Les Prétendus Jades de Sou-tcheou (Kan-sou) »（《所谓肃州（甘肃）玉》）, *T'oung Pao*, vol. 14, fasc. 2, 1913, pp. 258-260.

## 三、备注

沙畹在《汉画像石辨伪》中谈到北京古玩店出售画像石，但其中也有赝品。由古董商汪涅克（Wannieck）从北京送来的一些平整的拓片，乃是精美的仿制品。同年，沙畹发表的《中国皇太子的教育》（« *L'Instruction d'un futur empereur de Chine* »）一文，是关于苏州文庙石碑的研究。这组刻石包括一幅中国地图、一张历史年表、一幅地方行政区图，上有苏州城。这些很特别的内容是南宋宁宗赵扩小时读书用的教材。刻碑的时间1247年则是后代理宗之时，显然是为了表示对父王的纪念。

# 公元 1914 年

## 一、大事记

1. 1月5日，于贝（1879—1914）逝世。
2. 8月28日，德-罗尼逝世。
3. 8月31日，帕尔米尔·科尔迪耶（Palmyr Cordier, 1871—1914）逝世。
4. 葛兰言在法国高等研究实践学院开设"中国宗教之研究纲要"讲座，从而确定了把中国宗教作为主要研究对象的学术生涯，同时，其中国文明观与研究方法论也基本形成。
5. 考狄成为第五届博学家学会大会主席。
6. 马伯乐到中国浙江省进行考察，其中心内容是围绕民族志方面进行调查。

## 二、书（文）目录

1. Chavannes, Édouard, *Six monuments de la sculpture chinoise*（《中国雕塑六种》），Bruxelles-Paris, G. Van Oest & Cie, coll. Ars asiatica (2), 1914, 40 pp., 52 pl.

2. Chavannes, Édouard, Petrucci, Raphaël, *La Peinture chinoise au Musée Cernuschi : avril-juin 1912*（《塞努奇博物馆藏中国绘画：1912年4—6月》），Bruxelles-Paris, G. Van Oest & Cie, coll. Ars asiatica (1), 1914, III-98 pp., 50 pl. h.-t.

3. Chavannes, Édouard, « Une version chinoise du conte bouddhique de Kalyânamkara et Pâpamkara »（《佛教善友和恶友故事的一个中国版本》），*T'oung Pao*, vol. 15, fasc. 4, 1914, pp. 469-500.

4. Couvreur, Séraphin 译, *Tch'ouen Ts'iou et Tso Tchouan*（《春秋左传》），texte chinois avec traduction française, Ho Kien Fou, Imprimerie de la Mission

参加在河内召开的国际东方学家代表大会。1907 年,他成为法兰西远东学院的教授,开设藏文课程。1908 年,他在河内出版了一本《梵文讲席学徒专用古典藏文文法》。1914 年 8 月 31 日逝世。①

# 公元 1915 年

## 一、大事记

古恒获本年度儒莲奖。

## 二、书(文)目录

Segalen, Victor, 《瓦赞、拉尔蒂格、谢阁兰使团(1914)在中国西部考古发现的首次展示》(« Premier Exposé des résultats archéologiques obtenus dans la Chine occidentale par la mission Voisins, Lartigue et Segalen (1914) »), *Journal Asiatique*, 11$^e$ série : vol. 5, 1915, pp. 467-486 ; vol. 6, 1915, pp. 281-306 ; vol. 7, 1916, pp. 369-424.

## 三、备注

无。

---

① Édouard Chavannes, « Le Dr. Palmyr Cordier », *T'oung Pao,* 2$^e$ série, vol. 15, n° 4, 1914, pp.551-552.

# 公元 1916 年

## 一、大事记

无。

## 二、书（文）目录

1. Couvreur, Séraphin 译, *Cérémonial*（《礼记》）, texte chinois avec traduction, Hien Hien, Imprimerie de la Mission Catholique, 1916, 667 pp.

2. Couvreur, Séraphin 译, *Cheu King*（《诗经》）, texte chinois avec traduction, 2ᵉ éd., Hien Hien, Imprimerie de la Mission Catholique, 1916, XXXII-409 pp., ill., cartes.

3. Couvreur, Séraphin 译, *Chou King*（《书经》）, texte chinois avec traduction, 2ᵉ éd., Imprimerie de la Mission Catholique, Hien Hien, 1916, 334 pp., ill., cartes.

4. Pelliot, Paul, « Le *Chou king* en caractères anciens et le *Chang chou che wen* »（《古文〈书经〉与〈尚书释文〉》）, in *Mémoires concernant l'Asie orientale, Inde, Asie centrale, Extrême-Orient*, publiés par l'Académie des Inscriptions et Belles-Lettres, Paris, E. Leroux, t. 2 (sous la direction de MM. Sénart, Chavannes, Cordier), 1916, pp. 123-177.

## 三、备注

无。

# 公元 1917 年

## 一、大事记

12月7日，邓明德（1855—1917）神父逝世。

## 二、书（文）目录

Petrucci, Raphaël 译，*Kiai-tseu-yuan houa tchouan : les enseignements de la peinture du Jardin grand comme un grain de moutarde; encyclopédie de la peinture chinoise*（《芥子园画传：中国绘画百科全书》），traduction et commentaires par Raphaël Petrucci, augmentés d'une préface, d'un dictionnaire biographique des peintres et d'un vocabulaire des termes techniques ; illustrés d'environ cinq cents gravures, Paris, H. Laurens, 1918, XII-519 pp., ill. (Ouvrage édité par Édouard Chavannes, après la mort du traducteur).

## 三、备注

邓明德1855年生于法国伊塞尔省（Isere），十三岁考入阿维尼翁（Avignon）传教学校，两年后为父母召回，备感痛苦，但不久双亲又许其重返学校。1876年加入巴黎外方传教会。三年后晋升司铎，并立即被派到中国云南传教。1880年4月29日抵达盐井县的龙溪接受传教训练及学习华语，五六个月后，派往漾濞实习，协助泰拉斯（Terrasse）神父，达五年之久。1885年，调至嵩明县得子村，在途中遇见服饰、语言等与汉人迥然不同的倮倮人，邓神父好奇心起，决意在倮倮人中传教。1887年在陆凉县天生关租屋居住，开始学习倮倮语；不久，移居路美邑——一个离路南县城约一小时路程的路南平原村落，这里的居民全是倮倮人撒尼族。撒尼族诚实温良而胆怯，但憎恶汉人，对邓神父则颇愿接近。几个月后，即和撒尼人相处极熟。此后，居于撒尼族中达三十年之久，直至去世。倮倮人不识汉字，学习经文与教理，均有问题。邓神父乃着手编著倮倮文字典，亲到香港指导铸造字模，并督导工人排印倮倮文教理问答与经文汇集，亲自校对。所编撰的书都非常浅近，经文亦极简单。1892 年 9 月某晚，为路美邑小偷刺伤，以心旁一枪受伤严重，在香港经六次手术，在法国又经两次手术，终告痊愈。1894 年重来中国。邓神父公送青年入修道院者甚多，以毕景星司铎（字徵祥）最为成功。曾希望办一所师范学校，未能实现。又曾办法文学校，二十年来亲自教授法文及数学、历史、地理等。1917 年 12 月 7 日，邓神父卒于青山口。遵遗言葬于维则。

主要著作有：

*Étude sur l'écriture des Lolos au Yunnan*（《云南倮倮文字考》），1890.

*Les Lolos : histoire et religion*（《倮倮人之历史与宗教》），1898.

*Dictionnaire francais-lolo*（《法倮字典》），1909.①

# 公元 1918 年

## 一、大事记

1. 1 月 29 日，沙畹在巴黎病世。
2. 考狄成为亚细亚学会副会长。

## 二、书（文）目录

1.Parmentier, Henri, « Anciens tambours de bronze »（《古代青铜鼓》），

---

① 方豪：《中国天主教史人物传》下册，香港：公教真理学会，1973 年，第 289 页。

*Bulletin de l'École française d'Extrême-Orient*, t. 18, n° 1, 1918, pp. 1-30.

2.Pelliot, Paul, « *Meou-Tseu* ou *Les Doutes levés* »（《〈牟子〉或〈理惑论〉》），*T'oung Pao*, vol. 19, fasc. 5, 1918, pp. 255-433.

## 三、备注

沙畹于 1865 年 10 月 5 日出身于法国里昂的一个富有文化教养的新教家庭。毕业于巴黎高等师范学院，主修康德哲学。在校期间，沙畹的气质和实力，使他脱颖而出，受到了高师院长佩柔（Georges Perrot, 1832—1914）的赏识。佩柔是法国著名的古代艺术史专家，特别是希腊古典艺术专家。他寄厚望于沙畹这位有家教、有潜力的学子，勉励他将治学方向定位于研究中国。沙畹受到院长的鼓励，及其他师长的指点，逐渐确定了研究中国的大方向，把专业方向从哲学改为汉学。1889 年 1 月 24 日，24 岁的沙畹以法国驻华

沙畹像（图像摘自《通报》1917 年刊）

使团译员身份涉洋东来，3 月 21 日到达北京。沙畹第一次来中国除了 1891 年短时间返国与爱丽丝成婚外，一共在中国生活了四年。期间结交了唐在礼（1880—1964）、唐在复（1878—1962）等中国友人。1891 年 1 月 24 日，沙畹首次登临泰山。同年，他在泰安买到了武氏墓刻石拓片，开始了碑铭的研究。1893 年，沙畹奉命回到巴黎，继德理文之后主持法兰西公学院"汉语及满语语言和文学"讲席，成为该讲席自 1814 年开办以来的第四位教授，是时沙畹年仅 28 岁。 12 月 5 日，在法兰西公学院发表就职讲演，题目是"中国文献的社会角色"。同时，他还在国立东方现代语言学院、索邦大学、法国高等研究实践学院的宗教科学系授课。1895 年沙畹任法国亚细亚学会秘书长并参加东方学杂志《通报》的编辑工作，并开始着手译注《史记》。1900 年 9 月 5 日，沙畹参加宗教史国际大会，在大会的远东组上宣读其论文《中国古代宗教中的社神》一文。1903 年协助考狄主办《通报》。这一年他还成为了法兰西学会会员。1904 年 7 月 8 日，

沙畹成为亚细亚协会的会员，并代表协会参加在阿尔及尔举行的第十四届国际东方学家代表大会。1906 年，沙畹成为上海亚洲文会的荣誉会员。1907 年 3 月 27 日至 1908 年 2 月 5 日，沙畹再次来到中国东北和华北地区冀、鲁、豫、陕、晋等省，考察文物古迹，历时十个月，时年 42 岁。他收购了大批图书，拍摄大批照片，获得刻石拓片数以千计。1909 年，他将资料整理成《华北考古图谱》若干卷，1909 至 1915 年陆续出齐，书中首次向西方学术界公布了大同云冈石窟和洛阳龙门石窟的珍贵照片。1910 年 11 月 11 日，他被推选为亚细亚学会的副主席。1913 年，沙畹成为彼得格勒科学院的通讯院士。1916 年，斯坦因又请他整理第三次中亚探险所获敦煌汉简及西域各地出土汉文文书，这项工作后由其弟子马伯乐最终完成。由于汉学研究的出色成绩，同年沙畹当选为英国皇家亚细亚协会会员。1917 年，当中国加入协约国一方参战时，他作为译员以流利的口语接待了中国的政治家代表团。1918 年，在巴黎病逝。

沙畹著述甚丰，他翻译注释《史记》，并对中国的佛教、道教、摩尼教、碑帖、古文字、西域史、突厥史、地理等领域都颇有研究，且成就斐然。同时他还是世界上最早整理研究敦煌与新疆文物的学者之一，法国敦煌学的先驱者。

沙畹的主要著作有：

*Le Traité sur les sacrifices Fong et Chan de Se Ma Ts'ien*（《封禅记》），extrait du Journal of the Peking Oriental Society, Peking, Typographie du Pei-T'ang, 1890, XXXI-95 pp.

*La Sculpture sur pierre en Chine au temps des deux dynasties Han*（《两汉时期的石刻》），Paris, Ernest Leroux, 1893.①

« Les inscriptions des Ts'in »（《秦代的碑铭》），*Journal Asiatique*, 1893, pp. 473-521.

« Du rôle social de la littérature chinoise »（《中国文学的社会功能》），*Revue bleue*, t. LII, 1893, pp. 774-782.

---

① 该书是沙畹的第一部碑铭学著作，由他第一次逗留中国期间搜集的一系列出自山东武氏祠和孝唐山石室的碑文资料所编成。沙畹在书中发表了 66 件石刻，他通过饰有图像的纪念碑和文学作品的相互比照加以阐释，并编有目录。

« Note préliminaire sur l'inscription de Kiu-yong koan »(《居庸关刻石的初步考释》), *Journal Asiatique*, 1894, pp. 354-373.①

*Mémoire composé à l'époque de la grande dynastie T'ang sur les religieux éminents qui allèrent chercher la loi dans les pays d'Occident*(《大唐西域求法高僧传》), Paris, Ernest Leroux, 1894, XXI-218 pp.

« Voyage des pèlerins bouddhistes : l'itinéraire d'Ou-K'ong, 751-790 »(《大唐西域求法高僧传——悟空行记(751-790)》), traduit et annoté par M. Sylvain Lévi et Éd. Chavannes, *Journal Asiatique*, IXᵉ série, vol. VI, 1895, pp. 341-384.

*Rapport annuel fait à la Société Asiatique dans la séance du 20 juin 1895*(《1895年6月20日,亚细亚协会年会报告》), extrait du *Journal Asiatique* (juillet-août 1895), Paris, Imprimerie nationale, 1895, 182 pp.

Les Mémoires historiques *de Se-ma Ts'ien*(《司马迁〈史记〉》), Paris, Ernest Leroux : tome premier (chapitres I-IV), 1895, pp.Ccxlix-367 ; tome second (chapitres V-XII), 1897, 621 pp. ; tome troisième, première partie (chapitres XIII-XXII), 1898, 200 pp. ; tome troisième, deuxième partie (chapitres XXIII-XXX), 1899, pp. 201-710 ; tome quatrième (chapitres XXXI-XLII), 1901, 559 pp. ; tome cinquième (chapitres XLIII-XLVII), 1905, 544 pp.

« Les Inscriptions chinoises de Bodh-Gaya »(《菩提伽耶的中文碑铭》), *Revue de l'histoire des religions*, vol. 34, n° 1, 1896, pp. 58.

« Le Nestorianisme et l'Inscription de Kara-Balgassoun »(《景教和哈喇和林遗址碑铭》), *Journal Asiatique*, 1897, pp. 43-85.②

« Voyageurs chinois, chez les Khitan et les Jou-tchen »(《中国旅行家游契丹女真记》), *Journal Asiatique*, mai-juin 1897, pp. 377-442, mai-juin 1898, pp. 361-

---

① 此书是沙畹与烈维合著。在同年11—12月期上发表了维吾尔铭文(pp. 546-550)。蒙文部由若什·郁特(Georges Huth)重加审定后,于1895年发表在《亚细亚学报》(*Journal Asiatique*, 1895, pp. 351-360)上。中文部分由沙畹根据佛藏重定后发表在《沙赫莱·阿赫莱士论文集》(*Mélanges Charles Harlez*, Leyde, 1896, pp. 60-81)中。
② 此碑于光绪十五年(1889)发现,内容记述回鹘历史及保义可汗时与唐朝的关系。唐长庆年间回鹘内宰相颉于迦思等立碑。与该碑同时发现的还有两种东突厥碑,"厥特勤碑"和"苾伽可汗碑",均突厥、汉文两体,题唐玄宗制书。

439.

« Les Inscriptions de Wang Hiuen-ts'e »（《王玄策刻石》）, *Journal Asiatique*, 9ᵉ série, vol. 15, 1900, pp. 332-341.

« Une inscription du royaume de Nan-tchao »（《南诏国的一个铭文》, *Journal Asiatique*, 9ᵉ série, vol. 16, 1900, pp. 381-450.

*Dix inscriptions chinoises de l'Asie centrale d'après les estampages de M. Ch.-E. Bonin*（《根据博南先生拓片看中亚中国铭文十片》）, extrait des *Mémoires présentés par divers savants à l'Académie des Inscriptions et Belles-Lettres*, 1ʳᵉ série, tome XI, IIᵉ partie, Paris, Imprimerie nationale, 1902, 103 pp. et pl.

« Les Défilé de Longmen »（《龙门志》）, *Journal Asiatique*, 1902, pp. 133-158.

*Documents sur les Tou-kiue (Turcs) occidentaux*（《西突厥资料》）, Saint-Pétersbourg, J. Glasounof, 1903, IV-378 pp.-[1] f. de dépl., carte.

« Les Deux plus anciens spécimens de la cartographie chinoise »（《两幅中国最古老的地图》）, *Bulletin de l'École française d'Extrême-Orient*, t. 3, 1903, pp. 214-247.

« Voyage de Song Yun dans l'Udyāna et le Gandhāra (518-522 p. C.) »（《宋云访乌场国和乾陀罗游记》）, *Bulletin de l'École française d'Extrême-Orient*, t. III, n° 3, juillet-septembre 1903, pp. 379-441.

« Les Saintes instructions de l'empereur Hong-Wou (1368-1398) publiées en 1587 et illustrées par Tchong Houa-Min »（《1587年出版、钟化民制图的洪武皇帝（1368—1398）圣谕》）, *Bulletin de l'École française d'Extrême-Orient*, t. III, n° 4, octobre-décembre 1903, pp. 549-563.

« Notes additionnelles sur les Tou-kiue (Turcs) occidentaux »（《西突厥资料续考》）, *T'oung Pao*, série II, vol. 5, 1904, pp. 1-110.

« Pei yuan lou : récit d'un voyage dans le nord, écrit sous les Song par Tcheou Chan »（《北辕录》）, *T'oung Pao*, vol. 5, fasc. 2, 1904, pp. 163-192.

« La Peinture chinoise au musée du Louvre »（《卢浮宫藏中国绘画》）, *T'oung Pao*, vol. 5, fasc. 3, 1904, pp. 310-331.

« Inscriptions et pièces de chancellerie chinoises de l'époque mongole »（《蒙古时代中国的铭文及官署文什》）, T'oung Pao, vol. 5, fasc. 4, 1904, pp. 357-447.

« Inscriptions et pièces de chancellerie chinoises de l'époque mongole »（《蒙古时代中国的铭文及官署文什》）, T'oung Pao, vol. 6, fasc. 1, 1905, pp. 1-42.

« Le Tao tö king gravé sur pierre, estampages publiés par G. Ch. Toussaint »（《石刻〈道德经〉杜桑发表的拓本》）, T'oung Pao, vol. 6, 1905, pp. 229-236.

« Les Pays d'Occident d'après le Wei Lio »（《根据〈尉缭〉看西方国家》）, T'oung Pao, vol. 6, fasc. 5, 1905, pp. 519-571.

Fables et Contes de l'Inde extraits du Tripitaka chinois（《汉文三藏经印度寓言故事选》）, extrait du tome I des Actes du XIV$^e$ congrès international des orientalistes, Paris, E. Leroux, 1905, 63 pp.

« Trois inscriptions relevées par M. Sylvain Charria »（《沙里亚先生抄录的三种铭文》）, T'oung Pao, vol. 7, fasc. 5, 1906, pp. 671-701.

« Les Pays d'Occident d'après le Heou Han chou »（《根据〈后汉书〉看西方国家》）, T'oung Pao, vol. 8, fasc. 2, 1907, pp. 149-234.

« Note préliminaire sur les résultats archéologiques de la mission accomplie en 1907 dans la Chine du nord »（《1907年中国北部考察团考古结果的预备性注释》）, Comptes rendus des séances de l'Académie des Inscriptions et Belles-Lettres, mars 1908, pp. 187-203.

« Note sur l'inscription joutchen »（《女真铭文注》）, T'oung Pao, vol. 9, fasc. 2, 1908, pp. 263-265.

« Un faux archéologique chinois »（《中国古物的赝品》）, Journal Asiatique, 10$^e$ série, vol. 11, 1908, pp. 501-510, pl.

« Voyage archéologique dans la Mandchourie et dans la Chine septentrionale »（《在满洲及中国北部的考古旅行》）, Bulletin du Comité de l'Asie française, avril 1908, pp. 135-142.

« Note sur la peinture de Kou K'ai-tche conservée au British Museum »（《大英博物馆藏顾恺之画注释》）, T'oung Pao, vol. 10, fasc. 1, 1909, pp. 76-86.

« Quatre inscriptions du Yun-nan (Mission du commandant d'Ollone) »（《云

南铭文四种（亚陆纳使团）》），*Journal Asiatique*, 10ᵉ série, vol. 14, 1909, pp. 5-48.

« Note additionnelle sur l'inscription de Che Ch'eng (971 p. C.) »（《石城（971年）铭文补注》），*Journal Asiatique*, 10ᵉ série, vol. 14, 1909, pp. 511-514.

*Cinq cents contes et apologues extraits du Tripitaka chinois*（《汉文三藏经中的五百个故事和寓言》），traduits en français, publié sous les auspices de la Société asiatique, Paris, E. Leroux, 1910-1911, 3 vol., XX-428, 449, 395 pp.

« L'Inscription funéraire de Ts'ouan Pao-tseu : réponse à M. Farjenel »（《爨宝子碑：答 Farjenel 先生》），*Journal of the Royal Asiatic Society*, janvier 1911, pp. 75-108.

« Un traité manichéen retrouvé en Chine »（《在中国重新发现的一部摩尼教论著》），*Journal Asiatique*, 10ᵉ série, vol. 18, 1911, pp. 499-617.

« L'Exposition d'art bouddhique au Musée Cernuschi »（《赛努奇博物馆佛教艺术展》），*T'oung Pao*, vol. 14, fasc. 2, 1913, pp. 261-286.

« Note sur de prétendus bas-reliefs de l'époque des Han »（《汉画像石辨伪》），*T'oung Pao*, vol. 14, fasc. 5, 1913, pp. 809-814.

*Les Documents chinois découverts par Aurel Stein dans les sables du Turkestan oriental*（《斯坦因在新疆沙漠中发现的中国文献》），traduits et annotés, Oxford, Imprimerie de l'Université, 1913, XXIII-232 pp., 37 pl.

*Six monuments de la sculpture chinoise*（《六种中国画像石》），Bruxelles-Paris, G. Van Oest & Cie, coll. Ars asiatica (2), 1914, 40 pp.-[52] f. de pl.

*La Peinture chinoise au Musée Cernuschi : avril-juin 1912*（《赛努奇博物馆藏中国绘画：1912 年 4—6 月》），Bruxelles-Paris, G. Van Oest & Cie, coll. Ars asiatica (1), 1914, V-100 pp., pl.

« Une version chinoise du conte bouddhique de Kalyânamkara et Pâpamkara »（《佛教故事善友和恶友的一个中国版本》），*T'oung Pao*, vol. 15, fasc. 4, 1914, pp. 469-500.

« Le Jet des dragons »（《投龙简》），*Mémoires concernant l'Asie orientale*, vol.3, Paris, 1919, pp. 53-220.①

2.《〈牟子〉或〈理惑论〉》是一名中国南方已皈依佛教，并于公元 200 年左右隐居交州的道教徒的一部护教性小册子。"伯希和 1905 年写道：'我完成了牟子一部著作的译本，但其注释尚未结束，我也不知道自己的著作什么时候才能公布于世。'事实上，伯希和用了十五年的时间，《〈牟子〉或〈理惑论〉》的研究论文才问世。这是伯希和发表的唯一一本完整著作的译本，其中包括了许多精彩绝伦的注释。它是佛教史和道教史上的一座丰碑宝藏。"②

# 公元 1919 年

## 一、大事记

1. 5 月 23 日，谢阁兰（1878—1919）逝世。
2. 11 月 19 日，顾赛芬（1835—1919）在献县逝世。
3. 法兰西公学院的汉学由原来的"汉文与鞑靼文、满文语言文学讲席"改名为"中国语言文学讲席"（La Chaire de langue et littérature chinoises）。
4. 考狄成为国立东方现代语言学院校长助理。

## 二、书（文）目录

1. Granet, Marcel（1884—1940），« Fêtes et chansons anciennes de la Chine »（《中国古代的节日与歌谣》）. Thèse de doctorat : Lettres : Paris : 1919 (Paris : E.

---

① Henri Cordier, « Édouard Chavannes », *T'oung Pao*, 2ᵉ série, vol. 18, n° 1-2, mars-mai, 1917, pp. 114-147; Henri Maspero,« Édouard Chavannes », *T'oung Pao*, 2ᵉ série, vol. 21, n° 1, mars 1922, pp.43-56; 戴仁：《沙畹和法国的中国碑铭学》，《法国汉学》第六辑，北京：中华书局，2002 年；许光华著：《法国汉学史》，北京：学苑出版社，2009 版，第 158~167 页。
② [法] 戴密微：《法国卓越的东方学家伯希和》，载戴仁著，耿昇译：《法国中国学的历史与现状》，上海：上海辞书出版社，2010 年，第 182 页。

Leroux, 1919 ; 1 vol. ; 301 pp.-[1] f. de pl. ; 26 cm).

2. Granet, Marcel, *Fêtes et chansons anciennes de la Chine*（《中国古代的节日与歌谣》）, Paris, E. Leroux, coll. Bibliothèque de l'École des hautes études (Sciences religieuses, 34), 1919, 301 pp.-[1] f. de pl. (Thèse de doctorat : Lettres : Paris : 1919).

## 三、备注

谢阁兰，1878 年出生在法国西部布雷斯特城一个正统而狭隘的天主教家庭，1898 年考入波尔多海军医学院，但是却爱上了文学、艺术，并先后结识诗人圣 - 保·鲁（St.-Pol Roux,1861—1940）、作家古尔蒙（Remy de Gourmont,1858—1918）。1902 年 10 月，他横渡大西洋，到了纽约、旧金山，抵达南太平洋法属波利尼西亚正式任职，他在那里工作的同时搜集了高更（Paul Gauguin）的遗画，醉心于当地毛利人骁勇善战的事迹及其传统艺术，于 1907 年写下小说《远古人》（*Les Immémoriaux*）。1908 年，谢阁兰开始学习中文。1909 年 3 月，谢阁兰以海军见习译员的身份接受了远赴中国的任命。1909 年 6 月 12 日，谢阁兰到达北京。随即结交在天津任法国领事的克洛代尔。1912 年 8 月 13 日，诗集《碑》出版。从纸张选择到印刷样本，包括书法字体及印章油墨，谢阁兰都做了精心设计，并亲自监制。首版 81 册印刷样本，采用高丽供纸，主要用于馈赠作家、政要名人等其他朋友。第 2 版于 1914 年发行，并在北京印刷发行珍藏系列。1914 年 2 月 1 日，谢阁兰随考察团从北京出发去河南洛阳，再从那里经黄河河谷西折入陕，考察西安附近已被定位但尚未被发掘的皇陵，然后一行人前往四川。6 月末，考古活动基本完成。1917 年 1 月，作为法国招募华工军事代表团的随团医生，谢阁兰再次回到中国。返回法国后，他完成了《中国——伟大的雕塑艺术》，但其健康却每况愈下。1918 年，他回到法国，重操旧业，开始行医。同时，他还在继续《中国——伟大的雕塑艺术》和《西藏》（*Tibet*）的创作。1919 年，由于患有精神抑郁，他在小镇埃尔瓜特入院疗养，并与本年的 5 月 23 日左右在镇上的小树林中不幸死去。

如果说克洛岱尔（Paul Claudel,1868—1955）是"滞留在中国的门槛"的话，那么谢阁兰则是"跨过了这道门槛，投身其中去再塑自我"的法国诗人。他在中国"找到了主题"，"找到了激发灵感的东西"。① 谢阁兰所写的并不是真实的中国，他也无意向西方读者介绍中国这个古老国度的"异国风情"，他描写的是一个虚构、幻想的中国，是试图借用这个富于东方神秘色彩的国度，来探索、展现他自己这个西方人的心路历程，他是试图"借华夏文明，发西人幽思"。

主要著作有：

*Les Immémoriaux*（《远古人》），Paris, Plon, 1907.

*Stèles*（《碑》），Pékin, 1912 (nouvelle édition, présentée par Simon Leys, éditions de la Différence, coll. Orphée, Paris, 1989).

*Peintures*（《画集》），Paris, Georges Crès et Cie, 1916.

*Mission archéologique en Chine*（《中国考古纪行》），en collaboration avec Gilbert de Voisins et Jean Lartigue, Paris, P. Geuthner, 1923—1924.

*Équipée : de Pékin aux marches Tibétaines*（《远足：从北京到西藏》），Paris, Plon, coll. Le beau voyage, 1929.

*Lettres de Chine*（《中国书简》），Paris, Plon, 1967.②

2. 顾赛芬，1835 年 1 月 14 日出生于法国的瓦雷纳（Varennes），在亚眠神学院（Séminaire d'Amiens）修完学业之后，于 1853 年 9 月 23 日加入了耶稣会进行见习。1867 年在瓦尔斯 (Vals) 和拉瓦尔 (Laval) 完成哲学和神学研究，并被授予"神父"称号。他在亚眠大学担任语法教授时，主动要求前往中国传教，于 1870 年 4 月 30 日来到中国，在河间府学习汉语，后到达献县，在直隶省河间府直隶东南教区任传教士（神甫）多年。在此期间，他还担任天文台的主管。1919 年 11 月 19 日，顾赛芬在献县逝世，享年八十四岁。顾赛芬一生著作颇丰，成就显著，曾获得过三次（1886 年、1891 年、1895 年）儒莲奖。

---

① [法]毛磊（Pierre Morel）：《在双方的对话中认识自己》，《跨文化对话》（第 4 辑），上海：上海文化出版社，2000 年。
② 谢阁兰的生平简介参阅：秦海鹰《中西文化交流史上的丰碑——谢阁兰和他的〈碑〉》，《法国研究》1992 年第 2 期，第 73~80 页；钱林森、刘小荣：《谢阁兰与中国文化——法国作家与中国文化系列之五》，《中国比较文学》1996 年第 4 期，第 52~63 页。许光华：《法国汉学史》，北京：学苑出版社，2009 年，第 201~206 页。

顾赛芬编写了一系列辞书，在编写辞书过程中建立了自己的拼音转录系统，1902年，法兰西远东学院开始使用这套拼音系统，沿用至20世纪中期。顾赛芬还翻译了大量的著作，大多都以拉丁文、法文双语翻译。顾赛芬的很多著作都曾多次再版，他的译著一般都是法语和拉丁语双语合璧。拉丁文的结构比较自由，译文可以更贴切地根据汉文原著逐字逐句进行翻译，并能对照印刷。顾赛芬的法文和拉丁文都优雅而无可挑剔，其诠释始终严格地忠实于朱熹的疏注，没有标新立异的解释或个人的评论，译本可靠而有用。

主要著作有：

*Dictionarium linguae Sinicae latinum, cum brevi interpretatione gallica, ex radicum ordine dispositum*（《汉拉字典》），Hien Hien, Imprimerie de la Mission Catholique, 1877, [4]-XII-781-[3] pp.（该字典按部首排列，并有法语的简注）

*Dictionnaire français-chinois contenant les expressions les plus usités de la langue mandarine*（《包括最常用的官话短语的法汉字典》），Hien Hien, Imprimerie de la Mission Catholique, 1884, [III]-XIX, 1007 pp.

*Langue mandarine du Nord : guide de la conversation français-anglais-chinois contenant un vocabulaire et des dialogues familiers*（《北方官话——法英汉会话指南》），Hien Hien, Imprimerie de la Mission Catholique, 1886, XI-204 pp.

*Dictionnaire chinois-francais*（《汉法字典》），Hien Hien, Imprimerie de la Mission Catholique, 1890, IV-1024-76 pp.①

*Dictionarium sinicum & latinum ex radicum ordine dispositum, selectis variorum scriptorum sententiis firmatum ac illustratum*（《汉拉字典》），Hien Hien, Imprimerie de la Mission Catholique,1892, XIV-1200 pp.②

---

① 1904年按笔画排列重新出版，改为《汉语古文词典》；1911年又按拼音排列出版。该字典以《字学举隅》《佩文韵府》《康熙字典》等为底本，其中例证大部分源自顾赛芬翻译中国古籍时所做的一系列卡片，另一部分则来自中国当时一些著作和官方文书等。读音参考《剔弊五方元音》，用他自己所创的拉丁化拼音系统进行注音。这本字典是从事中国古籍研究十分珍贵的工具书，具有深远的影响，在西方汉学界好评不断。戴密微曾说："他的《汉语古文词典》始终是我们所拥有的一部最优秀的西文汉语古文词汇工具书。"
② 1892年出版新的《汉拉字典》，依然是按部首排列。与1877年不同的是，这部字典添加了很多文人著作中的句子作为例句。

*Choix de documents, lettres officielles, proclamations, edits, mémoriaux, inscriptions*, texte chinois avec traduction en français et en Latin（《中国公函、诏令、奏议、觉书、碑文等文选》）, Hien Hien, Imprimerie de la Mission Catholique, 1894, V-560 pp.

*Les Quatre livres*（《四书》）, avec un commentaire abrégé en chinois, une double traduction en français et en latin et un vocabulaire des lettres et des noms propres, Hien Hien, Imprimerie de la Mission Catholique, 1895, VII-748 pp. (2$^e$ éd. 1910) :Livre I, *La Grande étude (Ta hio, Daxue)*（《大学》）、Livre II, *L'Invariable Milieu (Tchoung young, Zhongyong)*（《中庸》）、Livre III, *Entretiens de Confucius et de ses disciples (Louen yu, Lunyu)*（《论语》）、Livre IV, *Œuvres de Meng Tzeu (Meng Tzeu, Mengzi)*（《孟子》）.

*Cheu King*（《诗经》）, Hien Hien, Imprimerie de la Mission Catholique, 1896, XXXII-556 pp. (2$^e$ éd. 1926).

*Chou King (Shu jing), les Annales de la Chine*（《书经》）, Hien Hien, Imprimerie de la Mission Catholique, Hien Hien,1897, 464 pp., cartes (2$^e$ éd. 1927).

*Li Ki (Liji) ou Mémoires sur les bienséances et les cérémonies*（《礼记》）, Hien Hien, Imprimerie de la Mission Catholique, 1899, 2 vol., 788 et 708 pp. (2$^e$ éd. 1913).

*Petit Dictionnaire chinois-francais*（《小汉法字典》）, Hien Hien, Imprimerie de la Mission Catholique, 1903, XIV-736 pp.

*Dictionnaire classique de la langue chinoise*（《汉语古文词典》）, Hien Hien, Imprimerie de la Mission Catholique, 1904, XII-1080 pp.

*Tch'ouen Ts'iou et Tso Tchouan (Chunqiu zuozhuan)*（《〈春秋〉和〈左传〉》）, Hien Hien, Imprimerie de la Mission Catholique, 1914, 3 vol., 671, 585 et 828 pp.

*Cérémonial*（《仪礼》）, Hien Hien, Imprimerie de la Mission Catholique, 1916, 667 pp.

*Géographie ancienne et moderne de la Chine*（《古今中国地理》）, Hien Hien, Imprimerie de la Mission Catholique, 1917, [4]-424-[1] p., [1] f. de pl. dépl., carte.①

3. 葛兰言的博士论文有二：《中国古代的节日与歌谣》（*Fêtes et chansons anciennes de la Chine*）、《中国古代之媵制》（*La Polygynie sororale et le sororat dans la Chine féodale*）。

《中国古代的节日与歌谣》是葛兰言研究中国"异文化"的代表作。作者基于对欧美人类学方法和思想的整体反思，试图借助中国古典文献《诗经》和在其他文献中得以保留甚至在现代中国地方、基层人们的生活中仍然有所保留的歌谣、节庆等，来了解中国古代的宗教习俗和民族信仰。全书除引言和结论外，分为两部分，即《诗经的情歌》和《古代的节庆》，着重探讨了《诗经·国风》中的诗篇与中国古代节日、劳动、歌舞、爱情相生相成的关系，考察了中国上古时期朴野的习俗是如何转化为"文明的秩序"的。作者从《诗经》爱情诗的"乡野主题"入手，指出这些诗篇在抒发爱情时，总要借助于大自然的形象描绘，而这并非只是一种艺术手段，同时也是一种道德象征。古代一对飞过的鸟儿对人伦忠诚的启示远比今天强烈得多，而人的结合并不比一对鸟儿更高贵。乡野绝非作为背景而存在，在《诗经》中它们本身就是诗意的、富有启迪性的；而节日，也并非仅提供吟唱歌舞的日期，而是作为词语狂欢化了的诗意，人物交融、天人合一中即兴反复咏唱白热化的欢乐。葛兰言认为，当时的乡农并非为爱情而写诗或为写诗而体验爱情，而是他们本身就是诗意的、怀有爱情的，风俗节日占有极其重要的地位，它催生了庄严与狂欢、爱情与诗。所以葛兰言考察出中国古代的四个节日便大有深意了。这四个节日为郑国的春季节日、鲁国的春季节日、陈国的春季节日与春天的皇宫节日。他说："只要不坚持把《诗经》尊之为经，不把儒家的标准作为衡量价值的首要标准，那就没有任何理由一定要说，哪一首诗绘了恶习，哪一篇歌颂了德行，没有任何东西一定能证明，只有受到王政影响的地方，风尚才会纯正。这样一来，问题就简单多了，人们就会更加有把握地推断出所有的歌谣都表现了往昔正常的风尚习俗。"葛兰言

---

① 顾赛芬的生平及著作参阅 Paul Demiéville, « Aperçu historique des études sinologiques en France », *Choix d'études sinologiques*, 1973, p. 465. Henri Cordier, « Séraphin Couvreur, S. J., 顾赛芬, Kou Saî-fen », *T'oung Pao*, 2ᵉ série, vol. 19, n° 3/4 juillet 1918-octobre 1919, pp. 253-254. Séraphin Couvreur, *Dictionnaire classique de la langue chinoise*, Kuangchi Cultural Group, 1987, Pré.

通过对《诗经·国风》进行人类学、神话学等方面的分析，研究了中国远古时代原始祭祀的宗教学意义，书中大量引用了中国西南部少数民族的祭祀和恋爱时的歌舞作为证据。他在书中还批判了古代中国文献学和训诂学的研究方法，以为那些方法和著作中隐藏了历史的真相。他以跨文化和异文化的观点、多文化比较的方法，系统地探索了《诗经》的起源、本题内容和深层底蕴，其意义并不仅仅在于为某些诗篇增添一两种说解，而是为《诗经》乃至文学作品的研究提供了广阔的视野。①

在《中国古代之媵制》开篇，他首先回顾了此前学界对于"群婚"习俗的研究。在弗雷泽的基础上②，葛兰言区分了"续娶妻姐妹婚"与"姐妹共夫制"这两个概念。前者指的是一位男子有义务续娶他死去妻子的妹妹为妻；后者指在一次缔结婚姻时，一位男子同时迎娶两位或者更多的姐妹为妻。弗雷泽并没有区分这两者，而葛兰言认为这样的区分是必要的。在《导论：近代实例与民族学的类比》中提出本书的主题之后，葛兰言列举了"关于续娶妻姐妹婚的文本材料集合"，论述了"封建时代的中国社会"以及"封建贵族当中的一夫多妻制"，然后他探讨了"续娶妻姐妹婚制度的起源与历史"，最后得出结论，即续娶妻姐妹婚习俗对家庭制度史产生了影响。③

---

① 参阅[法]葛兰言著，赵丙祥、张宏明译：《古代中国的节庆与歌谣》，桂林：广西师范大学出版社，2005年11月。许光华著：《法国汉学史》，北京：学苑出版社，2009年，第187~188页。
② 最先提出"妻姐妹婚"这一概念并大量收集事例的人是弗雷泽。在弗雷泽看来，"妻兄弟婚"与"妻姐妹婚"是中国古代习俗的正反两面，而这证明了在中国古代一群兄弟娶一群姐妹的"群婚"风俗的存在。
③ 吴银玲：《葛兰言〈中国人的宗教〉研究》，中央民族大学2011年硕士论文。

# 公元 1920 年

## 一、大事记

1. 3月,巴黎高等汉学研究所（Institut des hautes études chinoises）正式成立。

2. 巴黎索邦大学开设汉语教学。

3. 伯希和继沙畹出任《通报》法方主编。

4. 葛兰言在巴黎大学文学院获博士学位,同年被聘为巴黎大学文学院讲师,主讲"中国文化"课程,并获本年度儒莲奖。

5. 马伯乐自河内返法定居。同年,马伯乐出版《唐代长安方言考》（*Le Dialecte de Tch'ang-ngan sous les T'ang*）。

6. 中法大学正式成立。

## 二、书（文）目录

1. Gauthiot, Robert, Pelliot, Paul 译, *Mission Pelliot en Asie Centrale*（《伯希和中亚使团》）, Série in-quarto, Paris, P. Geuthner, 1914-1946, 10 vol. : 1. Les grottes de Touen-Houang ; peintures et sculptures bouddhiques des époques des Wei, des T'ang et des Song. 2. *Le Sûtra des causes et des effets du bien et du mal*, éd. et tr. d'après les textes sogdien, chinois et tibétain, par Robert Gauthiot et Paul Pelliot. 3. Textes sogdiens ; édités, traduits et commentés. 4. Vessantara jataka, par E. Benveniste.

2. Pelliot, Paul, « Note sur les T'ou-yu-Houen et les Sou-p'i »（《关于吐谷浑和苏毗的笔记》）, *T'oung Pao*, vol. 20, fasc. 1-5, 1920, pp. 323-331.

3. Chang-Ling, Tsao [Toussaint Franz] 译, *La Flûte de jade, poésies chinoises*（《玉笛：中国诗》）, choisies et traduites par Tsao Chang-Ling, Paris, H. Piazza

Coll. Ex Oriente lux, 1920, 160 pp.

    4. Van hee, L., « Le *Hai-tao souan-king* de Lieou »（《刘著〈海岛算经〉》），*T'oung Pao*, vol. 20, fasc. 1-5, 1920, pp. 51-60.

## 三、备注

    1. 巴黎高等汉学研究所当时由法兰西共和国和中华民国总统最高层赞助。它的创建在很大程度上应归功于潘勒韦（Paul Painlevé）部长。其目的是发展法中之间的多种文化关系。汉学研究所最早由保罗·潘勒韦主持，其第一任所长是葛兰言，直到他于 1940 年逝世为止。伯希和继任其位，直到 1945 年为止。在第二次世界大战期间以及此后数年间，由于巴黎大学的资助，汉学研究所才得以运行。战后，戴何都领导该所的工作。在戴密微的帮助下，1959 年，该所获准正式归并巴黎大学。该所享有一笔正常预算，当时设在巴黎索邦大学（Sorbonne，即巴黎大学），该所的领导职务被委托给了韩百诗。1968 年，经过对法国大学的广泛调整之后，汉学研究所被置于法兰西学院的监护之下，设立在亚洲会馆内比较宽敞的场所。汉学研究所此后又相继由吴德明和侯思孟主持。这种局面一直维持到 1989 年，该研究所于这一时间与其他亚洲研究所一并被安置于它今天所处的新所址，当时由施舟人主持到 1992 年，然后将其位置传给了魏丕信（Pierre-Étienne Will）和戴仁（Jean-Pierre Drège）。

    汉学研究所的主要活动在于组织汉学课程和讲座。这些活动得到了法国与中国优秀专家们的协助。

    汉学研究所的另一项活动是出版学术著作。自 1934 年以来，该所于其《汉学研究所文库》中，共出版了大批法文汉学著作，至今已出版 29 卷，其中列有沙畹、白乐日、戴密微、戴何都和石泰安（Rolf Alfred Stein）的著作。此外还有一套《通检和书目》丛书。自 1975 年以来，又出版了一套叫作"汉学研究所论丛"的丛书，旨在发表优秀博士论文或同等水平的著作。

    汉学研究所的第三项重要活动（也可能是耗费精力最多的一项）是维持该所图书馆的运作。现在，全部藏书共包括近 10 万部著作，近 30 万册书。该图书馆向大学教授、科研人员和大学生们开放。汉学研究所图书馆每年增加近

2000 卷书，尚且不计偶尔出现的遗赠。尽管预算有限，使它无法获得范围更大的系列图书，但法国汉学研究所图书馆仍为欧洲最重要的汉学图书馆之一。①

2. 马伯乐在《唐代长安方言考》（ *Le dialecte de Tch'ang-ngan sous les T'ang* ）中极其成功地考证了古音系统的存在，并加以实例证明。"这是一部权威性论著，甚至直到今天仍是一部必不可缺的参考著作。""他……汇集了有关汉语口语最古老文献……同时又指出了古汉语的代词体系的一种词形变化的遗迹。"②

3. 中法大学成立于1920年，它是在1912年李煜瀛等人发起、建立的留法俭学会与法文预备学校和孔德学校的基础上组建的。最初设在北京西山碧云寺的法文预备学校扩充为文理两科，改称中法大学西山学院，是该大学创建之始。中法大学是一所私立大学，李煜瀛在中法大学成立后任该校董事会董事长，聘蔡元培为该校校长（后由李石曾、李书华、李麟玉任代理校长），铎尔孟担任大学协会董事部常务董事及法文教授。

1921年，在法国里昂成立中法大学海外部，称为"里昂中法大学"，同年，又在比利时设立晓露槐工业专修馆。

1924年，建立孔德学院、中法大学社会科学院。

1925年秋，移文科于北京东皇城根39号，改称"服尔德学院"。该院是承民国6年（1917）法文预备学校旧有之基础而起。同年，"理科"改称"居礼学院"，又将"生物研究所"改称为"陆谟克学院"。

1931年春，成立镭学研究所。同年9月成立医学院及高级中学、商业专科；同年，又改"服尔德学院"为"文学院"，改"居礼学院"为"理学院"，改"陆谟克学院"为"医学院"，改"孔德学院"为"社会科学院"，于同年12月在国民政府教育部呈报立案。

1938年夏，终被敌伪"勒令停办"。

1939年，李麟玉委派周发歧、李秉瑶两位教授绕道越南赴昆明，筹备复课

---

① 参阅[法]苏远鸣：《法国汉学五十年（1923—1970）》，戴仁编，耿昇译：《法国中国学的历史与现状》，上海：上海辞书出版社，2010年，第145~146页。[法]戴仁：《法国汉学研究所的历史与现状》，载戴仁编，耿昇译：《法国中国学的历史与现状》，上海：上海辞书出版社，2010年，第688~690页。

② [法]谢和耐、苏远鸣等：《游弋于多领域中的法国汉学家马伯乐》，戴仁编，耿昇译：《法国中国学的历史与现状》，上海：上海辞书出版社，2010年，第209页。

事宜，他们先在昆明建立中法大学附中。

1940 年，在昆明南菁中学旧址先安排中法大学理学院复课。

1941 年，文学院招收新生也在昆明复课。

1946 年夏，中法大学分别在北平、昆明招生。同年 10 月 19 日，学文、理、医三院各系在北平复课。

1949 年 10 月 1 日，中华人民共和国成立。不久，中法大学正式由政府接管，改称为"国立北京中法大学"，仍由李麟玉任校长。

1950 年夏，国立北京中法大学奉命与由解放区迁京的华北大学工学院合并，中法大学时代结束。①

# 公元 1921 年

## 一、大事记

1. 伯希和当选碑铭与美文学院院士。

2. 考狄成为大不列颠研究院（British Academy）通讯院士、荣誉兵团官员。同年，考狄出版《自古至清朝末年的中国通史及其对外关系史》（*Histoire générale de la Chine et de ses relations avec les pays étrangers depuis les temps les plus anciens jusqu'à la chute de la dynastie mandchoue*）。

3. 马伯乐进入法兰西公学院，继沙畹任"中国语言和文学"讲席教授。

4. 佩初兹获本年度儒莲奖。

5. 中法大学在里昂成立海外部，又称"里昂中法大学"。

---

① 张爱秀、吴翼飞、王庆林：《花开两朵　文化传承》，《北京青年报》2014 年 4 月 9 日。张祝基：《里昂有个中法大学》，《环球时报》2004 年 4 月 14 日。

## 二、书(文)目录

1. Belpaire, Bruno 译, *Quarante poésies de Li Tai Pé [Li Bai]*（《李太白诗四十首》）, texte, traduction et commentaire, par Bruno Belpaire, docteur en philosophie et lettres et docteur en philosophie thomiste, Paris, Imprimerie nationale, 1921, 63 pp.

2. Chavannes, Édouard 译, *Contes et légendes du bouddhisme chinois*（《中国佛教故事与传奇》）, trad. du chinois par Édouard Chavannes, préface et vocabulaire de Sylvain Lévi, bois dessinés et gravés par Andrée Karpelès, Paris, éditions Bossard, coll. Les classiques de l'Orient (4), Paris, 1921, 228 pp., ill.

3. Hoa, King-Chan 译, « L'Examen du génie protecteur de la ville »（《考城隍》）de P'u Sung-lin（蒲松龄）(extrait du *Liao-chai chih-i*), *La Chine*, n° 1, 1921, pp. 26-29.

4. Hoa, King-Chan 译, « Les Prunelles causent »（《瞳人语》）de P'u Sung-lin（蒲松龄）(extrait du *Liao-chai chih-i*), *La Chine*, n° 2, 1921, pp. 134-137.

5. Hoa, King-Chan 译, « La Fresque »（《画壁》）de P'u Sung-lin（蒲松龄）(extrait du *Liao-chai chih-i*), *La Chine*, n° 3, 1921, pp. 224-227.

6. Hoa, King-Chan 译, « Comment on plante un poirier »（《种梨》）de P'u Sung-lin（蒲松龄）(extrait du *Liao-chai chih-i*), *La Chine*, n° 4, 1921, pp. 276-277.

7. Hoa, King-Chan 译, « Le Taoïste du mont Lao »《崂山道士》）de P'u Sung-lin（蒲松龄）(extrait du *Liao-chai chih-i*), *La Chine*, n° 5, 1921, pp. 360-363.

8. Hoa, King-Chan 译, « Le Bonze de Tch'ang-ts'ing »（《长清僧》）de P'u Sung-lin（蒲松龄）(extrait du *Liao-chai chih-i*), *La Chine*, n° 6, 1921, pp. 463-465.

9. Imbert, Henri 译, *Si-cheu, la Vénus chinoise*（《西施：中国维纳斯》）, chansons, Pékin, Politique de Pékin (Collection de la *Politique de Pékin*), 1921, 15 pp., II pl.

10. Laloy, Louis 译, Le *Chagrin dans le palais de Han : drame chinois*（《汉宫秋》）, de Ma Tcheu Yuen（马致远）, adapté par Louis Laloy ; orné par René

Piot, Paris, Société littéraire de France, 1921, 76 pp., ill. (Représenté au Théâtre des arts, le 2 juin 1911).

11. Laloy, Louis 译, *Légende des Immortels d'après les auteurs chinois*（《中国作者笔下的仙人传奇》）, Paris, A. Messein, 1922, 108 pp.

12. Saussure, Léopold (de), « La Relation des voyages du roi Mou (au x$^e$ siècle avant J.-C.) »（《穆王游记（公元前 10 世纪）》）, *Journal Asiatique*, 11$^e$ série, vol. XVII, avril-juin 1921, pp. 247-280.

## 三、备注

1. 考狄的《自古至清朝末年的中国通史及其对外关系史》一书共分为四卷，其中涉及对外关系的部分很好，这是考狄曾研究过的领域，依据的都是第一手资料。考狄曾在中国居住，但他从未直接接触过汉文文献。其著作中的内容，最多的是由冯秉正神父的《中国通史》（1777—1785 年陆续出版）提供的，而冯秉正神父的书又是译自 12 世纪的一部文集——朱熹的《文献通考》，却又并非始终都忠于原文。

2. 里昂中法大学是中国近代在海外设立的唯一一所大学类机构。1921 年 7 月成立，1950 年停办。这期间共招收 473 名中国学生，不少人后来成为中国科学、教育、文化、艺术界的中坚力量。1980 年一度复办，2010 年再次停办。

# 公元 1922 年

## 一、大事记

1. 伯希和成为《亚细亚学报》编委会成员，并出席美国波士顿美、英、法三国亚细亚联合会。同年，伯希和开始为罗马教皇图书馆编写汉文书目。

2. 葛兰言出版《中国人的宗教信仰》（*La Religion des Chinois*）。

## 二、书（文）目录

1. « Le Stratagème de la ville vide : un acte traduit du chinois »（《空城计》）（extrait des *Trois royaumes*），sans mention de traducteur, *La Chine*, n°23, 1922, pp. 1097-1104.

2. Hoa, King-Chan 译, « Le Mariage de la fille du renard »（《狐嫁女》）de Pou Soung-lin（蒲松龄）（extrait du *Liao-chai chih-i*），*La Chine*, n°11, 1922, pp. 183-188.

3. Hoa, King-Chan 译, « Élégance délicate »（《娇娜》）de Pou Soung-lin（蒲松龄）（extrait du *Liao-chai chih-i*），*La Chine*, n°14, 1922, pp. 395-411.

4. Hoa, King-Chan 译, « Sorcellerie »（《妖术》）de Pou Soung-lin（蒲松龄）（extrait du *Liao-chai chih-i*），*La Chine*, n°15, 1922, pp. 553-556.

5. Hoa, King-Chan 译, « Tcheng l'immortel »（《成仙》）de Pou Soung-lin（蒲松龄）（extrait du *Liao-chai chih-i*），*La Chine*, n°17, 1922, pp. 671-681.

6. Hoa, King-Chan 译, « Ouang Tcheng »（《王成》）de Pou Soung-lin（蒲松龄）（extrait du *Liao-chai chih-i*），*La Chine*, n°18, 1922, pp. 729-738.

7. Hoa, King-Chan 译, « Le Fils du marchand »（《贾儿》）de Pou Soung-lin（蒲松龄）（extrait du *Liao-chai chih-i*），*La Chine*, n°21, 1922, pp. 995-1001.

8. Hoa, King-Chan 译, « Le Lettré de Toung »（《董生》）de Pou Soung-lin（蒲松龄）（extrait du *Liao-chai chih-i*），*La Chine*, n°22, 1922, pp. 1050-1054.

9. Hoa, King-Chan 译, « L'Assesseur Lou »（《陆判》）de P'u Sung-lin（蒲松龄）（extrait du *Liao-chai chih-i*），*La Chine*, n°23, 1922, pp. 1167-1177.

10. Hoa, King-Chan 译, « Douce Fillette »（《婴宁》）de P'u Sung-lin（蒲松龄）（extrait du *Liao-chai chih-i*），*La Chine*, n°24, 1922, pp. 1235-1251.

11. Hoa, King-Chan 译, « Nie "Petite Grâce" »（《聂小倩》）de P'u Sung-lin（蒲松龄）（extrait du *Liao-chai chih-i*），*La Chine*, n°25, 1922, pp. 1313-1325.

12. Hoa, King-Chan 译, « La "Mang" d'eau »（《水莽草》）de P'u Sung-lin（蒲松龄）（extrait du *Liao-chai chih-i*），*La Chine*, n°26, 1922, pp. 1395-1401.

13. Hoa, King-Chan 译, « Le Lettré de Fong-Yang » (《凤阳士人》) de P'u Sung-lin (蒲松龄) (extrait du *Liao-chai chih-i*), *La Chine*, n° 27, 1922, pp. 1471-1475.

14. Hoa, King-Chan 译, « Grain de perle »(《珠儿》) de P'u Sung-lin (蒲松龄) (extrait du *Liao-chai chih-i*), *La Chine*, n° 28, 1922, pp. 1545-1554.

15. Hoa, King-Chan 译, « Le Petit Mandarin »《小官人》) de Pou Soung-lin (蒲松龄) (extrait du *Liao-chai chih-i*), *La Chine*, n° 29, 1922, pp. 1587-1588.

16. Hoa, King-Chan 译, « La Quatrième Soeur aînée des Hou » (《胡四姐》) de Pou Soung-lin (蒲松龄) (extrait du *Liao-chai chih-i*), *La Chine*, n° 30, 1922, pp. 1663-1669.

17. Hoa, King-Chan 译, « Le Vieux Tchou » (《祝翁》) de Pou Soung-lin (蒲松龄) (extrait du *Liao-chai chih-i*), *La Chine*, n° 31, 1922, pp. 1719-1721.

18. Hoa, King-Chan 译, « Dévouement de jeune fille » (《侠女》) de Pou Soung-lin (蒲松龄) (extrait du *Liao-chai chih-i*), *La Chine*, n° 33, 1922, pp. 1-10.

19. Imbert, Henri 译, *L'Empereur Yang-ti : le Sardanapale chinois* (《炀帝：中国的亚述巴尼拔》), poésies traduites par Henri Imbert, Imprimerie de la Politique de Pékin, Pékin, 1922, 14 pp.

20. Migeon, G., « Les Récentes Acquisitions du Département des objets d'art au Musée du Louvre : Orient et Extrême-Orient »(《罗浮宫博物馆艺术品部新近收藏：东方与远东》), *Gazette des beaux-arts*, 5ᵉ série, vol. 12, n° 2, 1922, pp. 1-14.

21. Montuclat 译, « Histoire de Fan Hsi-tcheou, ou la fidélité conjugale récompensée, nouvelle traduite du chinois, tirée de la collection *Passions sentimentales* (Ch'ing-sê) » (《范希周的故事，或得到回报的忠贞，选自〈情色〉》), *La Chine*, n° 14, 1922, pp. 445-451.

22. Saussure, Léopold (de), « Une interpolation du *Che ki* : le tableau calendérique de 76 années » (《〈史记〉的一段后增文字：76年年历表》), *Journal Asiatique*, série 11, t. 20, juillet-sept. 1922, pp. 105-146.

23. Chang-Ling, Tsao [Toussaint Franz] 译, *La Flûte de jade, poésies chinoises* (《玉笛：中国诗》) (choisies et traduites par Tsao Chang-Ling), 34ᵉ éd., H.

Piazza (Collection Ex Oriente lux), Paris, 1922, 160 pp.

24. Tsen, Tsonming, « Essai historique sur la poésie chinoise »(《中国诗史论》), Thèse : Lyon : Lettres : 1922 (Lyon : [s.n.], 1922 ; 158 p. ; in-8°).

## 三、备注

葛兰言在《中国人的宗教信仰》一书中采取社会学分类法，论述了古代中国的农民宗教、贵族宗教和文人官僚宗教，同时也考察了道教和佛教。农民宗教部分，葛兰言以《中国古代的节日与歌谣》研究为基础，把广阔的地域作为整体，将历史限定在封建社会以前（大约公元前6世纪或更早就已开始）这个范围内，用社会学分析方式，再现了乡村宗教生活画卷。他吸收了涂尔干的"神圣-凡俗"二元对立理论，认为人类受到自然界交替规则的影响，阴阳观念并不是《周易》时代才有，而是在农民宗教活动中就已经显现出来，并成为自然、人类及历法的最早也是最基本的组织原则。葛兰言认为这种原则在中国信仰与科学体系中一直保持着统治地位，并在道家观念中得到哲学化阐述。在贵族宗教部分，葛兰言分析了贵族的祭祀与婚俗的关系。与农民生活完全不同，祭祀在贵族生活中几乎占了最重要的地位，因为它与贵族权威相联系，首领就是祭司，国王就是最大的祭司。宗教祭祀的权威性规定了许多道德义务，结婚生子就是为了保证有合适的男性继承人来继续对祖先献祭。所以贵族的婚姻不仅是维持家族联系、建立同盟的手段，更是最重要的宗教行为。葛兰言还论述了贵族宗教里国王行为须符合自然韵律的重要性。史前的国王居住在一个神圣的宗教建筑内。他研究了明堂这类宗教建筑的特点，认为这种方形建筑被分为九个房间，与中国的九州相合，而每个房间承载数字的象征意义则构成一幅九宫图。山川祭祀贯穿了整个中国古代社会，对山川的祭祀是天子的特权，后来的泰山封禅就是山川权威的体现。在阐述文人官僚宗教时，葛兰言指出它是由孔子的门徒与文人集团这个独特的社会阶层发展出来的，与孔子本人的思想有着很大的不同，文人官僚宗教的形成来源于一个被称作"君子"的专门群体，以上古流传下来的古书为经典，从君王身上开始进行道德施教，也代表君王主持祭祀，并在后来逐渐代替了诸侯与贵族来行使地方权力，粉碎了贵族宗教体系。文人官僚宗教以儒家经典为基础教义，但又与孔子本人的思想有着本质的区别，它背离了孔子的初衷，走向形式化与模式化。比如在孔子本人的思想中，宇宙秩序是一个中心的具体的概念，源于上古的宗教信仰；而后世文人眼中更多的是一种抽象理想。对祖先的祭祀，在封建时代贵族对祖先的祭祀都为了遵其神谕，达到直接交流；而到后来，所有以死者名义举行的礼仪都成为纪念性的、完全象征性的。又比如孔子眼中的"礼"是实现社会有效控制的维持文明秩序的手段，后世的"礼"是讲话的形式化的象征性实践。①

# 公元 1923 年

## 一、大事记

6月10日，皮埃尔·洛蒂（Pierre Loti, 1850—1923）逝世。

## 二、书（文）目录

1. Hagerty, Michael J., Pelliot, Paul, « Han Yen-chih's *Chü lu* »（《韩彦直〈橘录〉》），*T'oung Pao*, vol. 22, fasc. 1-5, 1923, pp. 63-96.

2. Halphen, J. 译, *Contes chinois*（《中国故事》）, Paris, E. Champion, 1923, 196 pp.

3. Hoa, King-Chan 译, « Amis grâce au vin »（《酒友》）de Pou Soung-lin（蒲松龄）[extrait du *Liao-chai chih-i*], *La Chine*, n° 34, 1923, pp. 85-87.

4. Hoa, King-Chan 译, « Parfum de lotus »（《莲香》）de Pou Soung-lin（蒲松龄）[extrait du *Liao-chai chih-i*], *La Chine*, n° 36, 1923, pp. 209-228.

5. Hoa, King-Chan 译, « Trésor »（《阿宝》）de Pou Soung-lin（蒲松龄）

---

① 葛兰言著，程门译：《中国人的宗教信仰》，贵阳：贵州人民出版社，2010年，第25~73页。

（extrait du *Liao-chai chih-i*），*La Chine*, n° 37, 1923, pp. 279-287.

6. Hoa, King-Chan 译，« Jen "le brillant" »（《任秀》）de Pou Soung-lin（蒲松龄）（extrait du *Liao-chai chih-i*），*La Chine*, n° 38, 1923, pp. 333-337.

7. Hoa, King-Chan 译，« Tcheng Tch'eng »（《张诚》）de Pou Soung-lin（蒲松龄）（extrait du *Liao-chai chih-i*），*La Chine*, n° 39, 1923, pp. 407-417.

8. Hoa, King-Chan 译，« Dompteurs de renards »（《伏狐》）de Pou Soung-lin（蒲松龄）（extrait du *Liao-chai chih-i*），*La Chine*, n° 43, 1923, pp. 671-672.

9. Hoa, King-Chan 译，« Les Trois immortels »（《三仙》）de Pou Soung-lin（蒲松龄）（extrait du *Liao-chai chih-i*），*La Chine*, n° 44, 1923, pp. 791-793.

10. Hoa, King-Chan 译，« Musique de grenouilles »（《蛙曲》）de Pou Soung-lin（蒲松龄）（extrait du *Liaochai chih-i*），*La Chine*, n° 46, 1923, p. 911.

11. Hoa, King-Chan 译，« Théâtre de rats »（《鼠戏》）de Pou Soung-lin（蒲松龄）（extrait du *Liao-chai chih-i*），*La Chine*, n° 47, 1923, p. 997.

12. Hoa, King-Chan 译，« Le Tigre de la ville de Tchao »（《赵城虎》）de Pou Soung-lin（蒲松龄）（extrait du *Liao-chai chih-i*），*La Chine*, n° 48, 1923, pp. 1037-1040.

13. Hoa, King-Chan 译，« Le Nain »（《小人》）de Pou Soung-lin（蒲松龄）（extrait du *Liao-chai chih-i*），*La Chine*, n° 49, 1923, p. 1153.

14. Hoa, King-Chan 译，« Leang le remarquable »（《梁彦》）de Pou Soung-lin（蒲松龄）（extrait du *Liao-chai chih-i*），*La Chine*, n° 50, 1923, pp. 1181-1182.

15. Hoa, King-Chan 译，« Jade rouge »（《香玉》）de Pou Soung-lin（蒲松龄）（extrait du *Liao-chai chih-i*），*La Chine*, n° 51, 1923, pp. 1287-1295.

16. Roy, M. 译，« Rimes du rival de Ping, poème en vers de cinq pieds »（《平对手韵：五韵诗》）de Ts'ao King-tsong（曹景宗），*La Chine*, n° 38, 1923, p. 339.

17. Roy, M. 译，« A réciter, en sept pas, sur un ton chantant, poème en vers de cinq Pieds »（《七步吟成的五音节诗》）de Ts'ao Tze-kien（曹子建），*Le Chine*, n° 37, 1923, p.289.

18. Roy, M. 译，« Ouang-tchao-kiun, poème en vers de cinq pieds »（《王昭君：五韵诗》）de Li Tai-po（李太白），*La Chine*, n° 34, 1923, pp. 89-94.

19. Roy, M. 译，« Émotion ressentie à la montagne du sud, poème en vers de

cinq pieds »（《南山情：五韵诗》） de Pé Kiu-y（白居易）, *La Chine*, n° 42, 1923, pp. 613-614.

20. Roy, M. 译 , « Dit sur un ton chantant à propos du voyage d'un fils, poème en vers de cinq pieds »（《游子吟：五韵诗》） de Meng Kiao（孟郊）, *La Chine*, n° 46, 1923, p. 913.

21. Roy, M. 译 , « À un qui vient passer la nuit »（《静夜思》）de Li T'ai-pé（李太白）, *La Chine*, n° 48, 1923, p. 1041.

22. Roy, M. 译 , « Lamentation de paysan, poème en vers de cinq pieds »（《伤田家：五韵诗》） de Nié Itchong（聂夷中）, *La Chine*, n° 50, 1923, p. 1183.

23. Soulié de morant, George, *Florilège des poèmes Song : 960-1277 après J.-C.*（《宋词选：公元 960—1277 年》）, Paris, Plon, Collection d'auteurs étrangers, 1923, IX-233 pp.

24. Tsen, Tsonming 译 , *Anciens poèmes chinois d'auteurs inconnus*（《中国古代无名作者诗》）, Lyon, J. Desvigne & cie, 1923, 71-[5] pp. (Tiré à 1 000 exemplaires.)

25. Tsen, Tsonming, « Essai historique sur la poésie chinoise »（《中国诗史论》）. Thèse : Lyon : Lettres : 1922-1923 (Lyon : [s.n.], 1922 ; 158 pp. ; in-8).

26. Verdeille, Maurice 译 , « Fa-Tché (Le fou des fleurs), trad. du chinois, texte des *Siao-siao-chouo* »（《花痴》）, *Bulletin de la Société des études indochinoises*, n° 71, 1923, pp. 67-85.

27. Verdeille, Maurice 译 , « Un "Tou-ti" cupide, traduit du Yuê-Tông-Sin-Liao-Tchai »（《贪心的徒弟》）, *Bulletin de la Société des études indochinoises*, n° 71, 1923, pp. 87-91.

28. Weber, Victor Frédéric, *Ko-ji hô-ten : dictionnaire à l'usage des amateurs et collectionneurs d'objets d'art japonais et chinois*（《古事宝典：供日、中艺术品爱好者与收藏者使用的字典》）; on y trouvera: l'explication des noms usuels et des noms propres qui se rencontrent dans les ouvrages traitant de l'art et des religions de l'Extrême-Orient; des renseignements sur les lieux célèbres de la Chine et du Japon, ainsi que sur les nombreux personnages et héros historiques et légendaires;

la description des jeux, des moeurs et coutumes, des fêtes et des pratiques religieuses ou laïques; les biographies, les signatures et autres signes particuliers des peintres, sculpteurs, ciseleurs, céramistes et autres artistes et artisans; et enfin le résumé des contes et légendes de la Chine et du Japon qui ont inspiré les artistes de ces deux pays dans l'illustration des ouvrages et l'ornementation de leurs meubles et objets usuels. Le dictionnaire est illustré de plus de 2100 gravures et dessins intercalés dans le texte et sur 75 planches dont 5 en couleurs, Paris, Chez l'auteur, 1923, 2 vol. (511 pp.-[38] f. de pl., 509-137 pp.-[71] f. de pl.) : col. fronts., ill., pl. Cet ouvrage a été tiré à 585 exemplaires numérotés et paraphés. Signés : V. F. Weber. – Contenu : Vol. 1, [A-L] ; Vol. 2, [M-Z].

## 三、备注

1. 皮埃尔·洛蒂，原名 Louis Marie Julien Viaud，1850 年 1 月 14 日出生在罗什福尔（Rochefort）。1900 年，他作为八国联军的一名海军军官有机会来到中国，见到了从未见识过的一切。洛蒂 9 月 25 日到达中国，当时义和团已被镇压，慈禧出逃在外，于是他有幸在紫禁城宫殿里逗留居住十余日。由此，诞生了《北京的末日》（*Les Derniers Jours de Pékin*，1902）。

2.《宋词选》一书中收录了宋代李清照、朱淑真、欧阳修、王安石、苏轼、陆游等 27 位著名词人的众多作品，由此，《宋词选》填补了法译宋词领域的空白，成为法国重要的断代诗集译著之一。当时宋词在西方几乎不为人知，此前只有朱迪特·戈蒂耶（Judith Gautier）的《玉书》中曾提到过宋代苏轼、李清照等人的少量作品。

# 公元 1924 年

## 一、大事记

《亚洲艺术杂志》（*Revue des Arts asiatiques*）创刊。

## 二、书（文）目录

1. Demiéville, Paul, « Les Versions chinoises du *Milindapañha* »（《〈那先比丘经〉的中文版本》）, *Bulletin de l'École française d'Extrême-Orient,* t. 24, n° 1-2, 1924, pp. 1-258.

2. Maspero, Henri, « Légendes mythologiques dans le *Chou king* »（《〈书经〉神话传奇》）, *Journal Asiatique*, vol. 204, 1924, pp. 1-100.

3. Panking, 辜鸿铭（Kou, Hong-ming）译 , *Contes chinois*（《中国故事》）, trad. par Panking et Kou Hongming, Pékin, Politique de Pékin (Collection de la *Politique de Pékin*), 1924, 41-23 pp., ill.

4. Pelliot, Paul, « Les Classiques gravés sur pierre sous les Wei en 240-248 »（《魏朝 240—248 年间的刻石经典》）, *T'oung Pao*, vol. 23, fasc. 1-5, 1924, pp. 1-4.

5. Pelliot, Paul, « Manuscrits chinois au Japon »（《日本藏中文手稿》）, *T'oung Pao*, vol. 23, fasc. 1-5, 1924, pp. 15-30.

6. Pelliot, Paul, « Quelques remarques sur le *Chouo Fou* »（《关于〈说郛〉的一些评论》）, *T'oung Pao*, vol. 23, fasc. 1-5, 1924, pp. 163-220.

7. Pelliot, Paul, « Un recueil de pièces imprimées concernant La Question des Rites »（《一部关于〈仪礼问题〉的印刷文章的合集》）, *T'oung Pao*, vol. 23, fasc. 1-5, 1924, pp. 347-355.

8. Przyluski，Jean (1885-1944), « La Légende de l'empereur Açoka (Açoka-

Avadàna) dans les textes indiens et chinois »（《印度和中国文本中的阿育王（阿输迦 - 阿钵陀那）皇帝传奇》）. Thèse : Paris : Lettres : 1923-1924 (Paris : [s.n.], 1923 ; XVI-223 pp. ; in-8°).

9. Soulié de morant, George, *La Passion de Yang Kwé-Feï, favorite impériale, d'après les anciens textes chinois*（《杨贵妃恋爱记：根据中国古代文献》）, [ill. de Paul Zenker], Paris, L'Édition d'art, coll. Épopées et légendes, 1924, VII-201 pp., ill.

10. Tchang, Fong 译, *Le Paon, ancien poème chinois*（《孔雀：古代中国诗》）, traduit par Tchang Fong... suivi d'une étude de l'évolution poétique en Chine, Paris, Jouve, 1924, 45 pp.

11. Tosten, Henri, « Histoire de la littérature chinoise »（《中国文学史》）, *Bulletin de l'université L'Aurore*, 2$^e$ série, vol. 10, 1924-1925, pp. 21-39.

12. Tsen, Tsonming, *La Chine pacifique, d'après ses écrivains anciens et modernes*（《和平中国：根据古今作家》）, morceaux choisis et traduits, préface de M. Édouard Herriot, E. Leroux (Paris), J. Desvigne (Lyon), 1924, 101 pp.

## 三、备注

《亚洲艺术杂志》由法国博物馆创办，1940 年至 1945 年期间停刊，后再次发行，更名为《亚洲艺术》，副标题为《吉美博物馆（Musée Guimet）和塞尔努什基博物馆（Musée Cernuschii）年鉴》。该杂志的主编一直由法国博物馆馆长担任，直到 1963 年法国远东学院院长接任为止。1981 年，该杂志采取新的编辑方针和装帧设计，才以目前这种形式出现在读者面前。编辑工作由阿尔伯·勒博纳（Albert le Bonheur）和伊莱纳·马丁·杜伽尔（Irène Martin du Gard）共同负责，后者自 1985 年起在一个主编委员会和一个学术委员会的协助下独立主持工作。《亚洲艺术杂志》为年刊，每期平均 176 页，发行数 1300 册。其办刊方针为优先发表中等篇幅的文章，这就保证了涉及的问题无论从空间上（从伊朗到日本）还是时间上（从新石器时期到 20 世纪）来看，都具有多样性，并使读者有可能定期阅读到与各自学科有关的文章。每期杂志包括五到七篇主要文章，一篇有关吉美国立亚洲艺术博物馆和塞尔努什基博物馆活动的专稿，另有一些专栏和近期出版信息。两个博物馆的"活动"栏目由馆长撰写，介绍各自部门新近收藏和筹备的展览。专栏由一些篇幅较短的文章组成，介绍某件特殊物品、法国境外组织的重要展览、某座建筑的修缮工程和围绕同一主题举行的研讨会或一系列著作。《亚洲艺术》的论文用法文或英文撰写，其内容提要与正文分别采用两种不同的文字。插图以黑白图案印刷，从 1991 年起，又增加了八页彩版插图。①

## 公元 1925 年

### 一、大事记

1. 3 月 16 日，考狄逝世。
2. 葛兰言担任国立东方现代语言学院"远东史地"讲座教授。

### 二、书（文）目录

1. *Documents d'art chinois de la Collection Osvald Sirén*（《喜仁龙藏中国艺术文献》），publiés avec une préface de M. Raymond Koechlin, sous la direction de M. Henri Rivière, avec la collaboration de Serge Élisseev, Gustaf Munthe, Osvald Sirén, Paris-Bruxelles, G. van Oest (Ars asiatica ; études et documents pub. par Victor Goloubew, VII), 1925, xiii, 88, [2] p. : col. front., LX pl. 35 cm×27 cm.

2. *Études asiatiques publiées à l'occasion du vingt-cinquième anniversaire de l'École française d'Extrême-Orient*（《法国远东学院 25 周年之际出版的亚洲研究》），

---

① ［法］毕梅雪：《〈亚洲艺术〉期刊的汉学研究》，戴仁编，耿昇译：《法国中国学的历史与现状》，上海：上海辞书出版社，2010 年，第 717~719 页。

Paris, G. Van Oest, 1925, 2 vol. (VIII-376 p.-[31]f. de pl., 435 p.-[59] f. de pl.), ill.

3. Aurousseau, L., « Deux paons se sont envolés..., poème chinois du début du III$^e$ siècle »（《孔雀东南飞》）, *Études asiatiques*, 1925, i, pp. 1-36.

4. Hoang, Tsen-Yue, « Étude comparative sur les philosophies de Lao Tseu, Khong Tseu, Mo Tseu »（《老子、孔子、墨子哲学比较研究》）, Thèse de doctorat d'université : Université de Lyon : Lettres : 1925 (Paris : Éditions Ernest Leroux, 1925, 304 p. ; 25 cm).

5. Laloy, Louis 译, *Contes magiques : d'après l'ancien texte chinois de P'ou Sounglin*（《神奇故事：根据蒲松龄的中国古代文本》）, Paris, H. Piazza, 1925, XI-213 pp.

6. Margouliès, Georges, « Le *Kou-wen* chinois : recueil de textes avec introduction et notes »（《中国古文：文集，附引言及注释》）, Thèse principale présentée à la faculté des lettres de Paris pour l'obtention du grade de docteur ès-lettres. Thèse principale : Lettres : Paris : 1925 (Paris : Paul Geuthner, 1925 ; CXXVII-351 pp.).

7. Margouliès, Georges, Le "Fou" dans le *Wen-Siuan* : étude et textes（《〈文选〉辞赋：研究与译注》）, Thèse : Lettres : Paris : 1925 (Paris : Geuthner, 1926 ; 97 pp.).

8. Maspero, Henri, « Le Roman de Sou Ts'in »（《苏秦的小说》）, in *Études asiatiques publiées à l'occasion du vingt-cinquième anniversaire de l'École française d'Extrême-Orient*, Paris, G. Van Oest, vol. 2, 1925, pp. 127-141.

9. Pelliot, Paul, « Le *Kin kou k'i kouan* »（《有关〈今古奇观〉一书》）, *T'oung Pao*, vol. 24, fasc. 1-5, 1925, pp. 54-60.

10. Pelliot, Paul, « Le *Ts'ien tseu wen* ou *Livre des mille mots* »（《有关〈千字文〉一书》）, *T'oung Pao*, vol. 24, fasc. 1-5, 1925, pp. 179-214.

11. Pelliot, Paul, « L'Inscription chinoise d'Idïqut-sahri »（《Idïqut-sahri 的中文铭文》）, *T'oung Pao*, Vol. 24, fasc. 2-3, 1925, pp. 247-251.

12. Pelliot, Paul, « Un bronze bouddhique de 518 au Musée du Louvre »（《罗浮宫博物馆藏公元 518 年的铜佛》）, *T'oung Pao*, vol. 24, fasc. 1-5, 1925, pp. 381-382.

13. Pelliot, Paul, « Quelques textes chinois concernant l'Indochine hindouisée »(《关于印度化印度支那的一些中文文本》), in *Études asiatiques publiées à l'occasion du vingt-cinquième anniversaire de l'École française d'Extrême-Orient*, Paris, G. Van Oest, vol. 3, 1925, pp. 243-264.

14. Soulié de morant, George 译, *La Brise au clair de lune : « le deuxième livre de génie »*(《好逑传:"第二才子书"》), roman chinois, Paris, Bernard Grasset (Les Cahiers verts ; 57), 1925, 364 pp., ill.

15. Tosten, Henri, « Histoire de la littérature chinoise : Han Yu (768-824) » (《中国文学史:韩愈(768—824)》), *Bulletin de l'université L'Aurore*, 2ᵉ série, vol. 11, 1925-1926, pp. 92-110.

## 三、备注

1. 考狄是 20 世纪初欧洲汉学大师,世界汉学刊物《通报》的创始人和首任主编,法国著名的东方学家、目录学家、珍本收藏家。

1849 年 8 月 8 日在新奥尔良出生。

1855 年随父移居巴黎,先后在夏普塔尔中学(1857)、马森私立学校(1865)和夏尔尼中学就读。

1869 年 2 月 18 日,考狄从马赛乘船出发,经过两次转港,终于于同年 4 月 7 日到达上海,并进入美商旗昌洋行(Roussell and Co)任职。考狄直到 1876 年 3 月 31 日返回法国

考狄(1849—1925)像

为止,始终属于该公司职员。在华期间,考狄与严肃的研究者过往甚密,如美国的传教士汉学家卫三畏(S. Well Williams)、沙俄驻中国使馆医生布雷特施奈德(Bretschneider)、法国天主教传教士谭微道(Armand David)、费赖之(Aloys Pfister),尤其是沙俄传教士和汉学家鲍迪安(Archimandrite Palladius)、英国伦敦布道会传教士伟烈亚力(Alexander Wylie)。

考狄从青少年起就对书目抱有浓厚的兴趣。1871 年，他成了英国皇家亚洲学会华北分会图书馆（Library of the North China Branch of the Royal Asiatic Society）的名誉图书管理员。

1872 年，他着手的第一项科研工作就是给这个图书馆编一个有条理的书目：《亚洲学会华北分会图书馆目录：包括伟烈亚力先生图书馆藏书目录在内，按分类法进行了分类》。

1873 年，考狄在上海结识了安邺（François Garnier），当时此人正应法国水师提督游悲黎（Dupré）之召，前往东京湾完成一项军事使命，最后在那里殉职。考狄曾为他撰写过一篇动人的讣告，后来又在 1874 年年末写了一篇《东京湾近事》，于 1875 年发表，并在远东引起了轰动。

1876 年 3 月 31 日，考狄离华回法休假，并接受法国一家"中国建筑代表团"的秘书工作。

1877 年 3 月 19 日，他再次从马赛登船启程前往远东。但他在苏伊士运河航道上收到了福州船政局的创始人日意格（Prosper Giquel）①的一封电报，邀请他在巴黎出任中国教育团秘书。考狄接受了这项任务并立即返回法国。他还给《批评杂志》写了第一篇文章，对哲学家、历史学家德·巴克尔（Louis de Backer）的《中世纪的远东》提出尖锐的批评。通过对这本书的阐释，他涉及自己所喜欢的另一个研究课题：历史地理。同年 3 月 26 日，他回到马赛，立即恢复了上一年和知识界的联系。

1881 年起，考狄在东方语言学院教授"远东历史地理和法律"课程。他的著名的《中国书目》也开始问世。

1882 年，他开始与薛爱国（Charles Schefer）合作编写《用于地理、历史学的游记和文献汇编（从 8 世纪到 16 世纪末）》（该书至 1923 年，已出版至 24 卷）。此外，考狄开始创办《远东杂志》，并于该年出版第一卷。

1886—1893 年间，考狄一方面为《大百科全书》的前 17 卷撰写了大量关于远东的文字，另一方面完成了拉西斯（Ernest Lacisse）和朗博（Alfred Ram-

---

① 日意格（1835—1886），法国侵略军军官，曾任宁波海关税务司。曾组织"常捷军"进攻太平军。1877 年他同中国官员率领一批中国官费生赴欧留学。曾获清廷赏穿黄马褂。

baud）《通史》（*Histoire Générale*）中关于远东的章节，并于 1886 年开始，在私立政治学院（École libre des sciences politiques）担任兼职教授。

1888 年，考狄被正式任命为东方语言学院"远东历史地理和法律"这门课程的负责人。在此期间，他关于历史地理的研究范围已扩展到整个远东地区。1890 年，他与荷兰莱顿大学汉学家薛力赫（1840—1930）共同合作创办并由博睿（E. J. Brill）出版社负责印刷的《通报》第一卷问世。

1892 年，考狄被任命为国民教育部历史与科学著作委员会成员之一。

1893 年，考狄出任巴黎的美国学家学会的秘书长。该年，考狄对早期赴华的耶稣会会士宋君荣（Antoine Gaubil,1689—1759）留下的未发表的手稿《在鞑靼的和林的情况》（*Situation de Ho-Lin en Tartarie*）进行了整理，并写序，注释出版。

1899 年，考狄成为巴黎古文物之友学会理事会成员。

1903 年，考狄编辑整理，重新出版了裕尔（Henry Yule）的《马可·波罗行纪》（*The Travels of Marco Polo*）。

1908 年，考狄成为法兰西学院成员，当选为法国书目学会主席。开始为《碑铭与美文学院公报》《博学者报》撰写文章。这些论文大部分重新收录在 1914—1923 年间迈松纳弗出版社出版的四卷本《东方历史地理合集》，其中也包括一些发表在《通报》上的作品。

由于《马可·波罗行纪注释》一书的成果，出版社又邀请考狄重新编订裕尔的《东城记程录丛》，并于 1913—1916 年间成功地以四卷本的形式取代了原来的两卷本。1920 年又根据当时的研究和发现，再次作了补充，在伦敦出版了《注释和补遗》（*Notes and Addenda to Sir Henry Yule's Edition, Containing the Results of Recent Research and Discovery*）。

1914 年，考狄成为第五届博学家学会大会主席。

1915 年，考狄整理、出版了宋君荣的手稿《地理与历史杂文汇编》（*Mélanges géographiques et historiques*），并作注。

1916 年，考狄重新编订的裕尔的《东城记程录丛》以四卷本的形式出版完毕。

1918 年，考狄成为亚细亚学会副主席、民俗传统协会主席。

1919 年，考狄成为东方语言学校校长助理。

1920年，考狄成为国家地理委员会副主席、英国皇家亚洲协会荣誉成员。

1921年，考狄又成为大不列颠研究院通讯成员、荣誉兵团官员。出版《中国》（La Chine）。

1924年，考狄成为地理协会主席。

1925年，考狄逝世。

考狄被称为"百科全书式的汉学家"，"以其出版物，而使远东研究拥有了具有某种真实价值的工具书。此外，他既以其表率行为又以其实际行动，在学术队伍中，对致力于远东研究的法国新一代学者的研究方向和未来发展，产生了巨大的影响"。

主要著作有：

A Catalogue of the Library of the North China Branch of the Royal Asiatic Society—including the library of Alexander Wylie, Esq.—systematically classed[《亚洲学会华北分会图书馆目录：包括伟烈亚力先生图书馆藏书目录（按分类法进行分类）》], Shanghai, The Ching-foong printing Office, 1872, VIII-86 pp.

Bibliotheca Sinica : Dictionnaire bibliographique des ouvrages relatifs à l'Empire chinois（《中国书目》）, Paris, E. Leroux, 1878-1895, Publications de l'École des langues orientales vivantes (3$^e$ série, 15 bis ; 1$^{re}$ série, 10-11), 3 vol., XIV-873 pp., pp. 875-1408 et pp. 1409-2243 (2$^e$ éd. revue, corrigée et considérablement augmentée, Paris, E. Guilmoto, 1904-1907, 4 vol. ; Supplément, Paris, P. Geuthner, 1924).

La France en Chine au XVIII$^e$ siècle : documents inédits, publiés sur les manuscrits conservés au dépôt des Affaires étrangères, avec une introduction et des notes（《18世纪中国人视野中的法国》）, Paris, E. Leroux, Documents pour servir à l'histoire des relations politiques et commerciales de la France avec l'Extrême-Orient, 1883, LXV-298 pp.

L'Imprimerie sino-européenne en Chine : bibliographie des ouvrages publiés en Chine par les Européens au XVII$^e$ et au XVIII$^e$ siècle（《17、18世纪西人在华所刻中文书目录》）, Paris, E. Leroux, Publications de l'École des langues orientales vivantes (5$^e$ série; 3), 1883, IX-73 pp.-[1] f. de dépl., ill., fac-sim.

Le Conflit entre la France et la Chine : étude d'histoire coloniale et de droit *international*（《法国和中国的冲突：殖民史与国际法研究》），Paris, L. Cerf, 1883, 48 pp.

« Les Sociétés secrètes chinoises »（《中国的秘密结社》），*Revue d'ethnographie*, t. 7, 1889, pp. 52-72.

*Les Voyages en Asie au XIV<sup>e</sup> siècle du bienheureux frère Odoric de Pordenone*（《享真福品者鄂多立克修士于 14 世纪赴亚洲的旅行》），Paris, E. Leroux, 1891, XLVIII pp., carte, pl., fig.

*Bibliographie des ouvrages relatifs à l'île Formose*（《与美丽岛有关的著作书目》），extrait de *L'Île Formose* de C. Imbault-Huart, Chartres, Imprimerie Durand, 1893, 59 p.-[1] p. de pl.

*Les Origines de deux établissements français dans l'Extrême-Orient : Chang-Haï, Ning-Po*（《法国在远东两个租赁地的起源：上海、宁波》），documents inédits (extraits de la correspondance consulaire de C. de Montigny), publiés, avec une introduction et des notes, Paris, 1896, XXXIX-76 pp., ill., plan.

« La Révolution en Chine : les origines »（《中国革命的起源》），*T'oung Pao*, 2<sup>e</sup> série, vol. 1, n° 5, 1900, pp. 407-450.

*Conférence sur les relations de la Chine avec l'Europe*（《欧洲与中国关系的学术报告》），extrait du *Bulletin de la Société normande de géographie* (3<sup>e</sup> cahier de 1901), Rouen, Imprimerie E. Cagniard, 1901, 16 pp.

*Histoire des relations de la Chine avec les puissances occidentales, 1860-1900*（《1860—1900 年间中国与西欧强国的关系史》），Paris, F. Alcan, Bibliothèque d'histoire contemporaine, 1901-1903, 3 vol., 570, 650, 598 pp. : 1. L'Empereur T'oung Tché (1861-1875). 2. L'Empereur Kouang Siu, 1<sup>re</sup> partie (1875-1887). 3. L'Empereur Kouang Siu, 2<sup>e</sup> partie (1888-1902).

*L'Expédition de Chine de 1857-1858*（《1857—1858 年间远征中国记》），Paris, F. Alcan, Bibliothèque d'histoire contemporaine, 1905, 478 pp.

*L'Expédition de Chine de 1860, histoire diplomatique, notes et documents*（《1860 年对中国的远征（外交史：文书与文件）》），Paris, F. Alcan, Bibliothèque d'histoire contemporaine, 1905, 460 pp.

« La Première Légation de France en Chine » (《法国派往中国的第一个使节团》), *T'oung Pao*, série II, vol. 7, n° 1, 1906, pp. 351-368.

« Catalogue des albums chinois et ouvrages relatifs à la Chine conservés au Cabinet des estampes de la Bibliothèque nationale » (《国立图书馆版画室中收藏的中国画册和有关中国的作品的目录》), *Journal Asiatique*, septembre-octobre 1909, pp. 209-262.

*La Chine en France au XVIII$^e$ siècle* (《18世纪法国人视野中的中国》), Paris, H. Laurens, Bibliothèque des curieux et des amateurs, 1910, 138 pp.-[16] p. de pl., ill.

*La Piété filiale et le culte des ancêtres en Chine* (《中国的孝道和祭祖》), extrait de la « Bibliothèque de vulgarisation du Musée Guimet », t. XXXV, 1910, Paris, E. Lerouse, 1910, 35 pp.

*Lao-Tseu* (《老子》), extrait de la « Bibliothèque de vulgarisation du Musée Guimet », t. XXXVI, 1911, Châlons-sur-Saône, Émile Bertrand, 1911, 38 pp.

*Le Voyage à la Chine au XVIII$^e$ siècle : extrait du journal de M. Bouvet, commandant le vaisseau de la Compagnie des Indes le Villevault (1765-1766)* (《十八世纪中国之旅——白晋日记选》), Paris, E. Champion, 1913, 58 pp.

*La Sculpture sur pierre en Chine* (《中国的石雕》), Paris, Typographie de Firmin-Didot et Cie, 1914, 18 pp.

« La Suppression de la compagnie de Jésus et la mission de Péking » (《北京耶稣会的取缔》), *T'oung Pao*, 2$^e$ série, vol. 17 : n° 3, juillet 1916, pp. 271-347 ; n° 4-5, octobre-décembre 1916, pp. 561-623.

« Le Christianisme en Chine et en Asie Centrale sous les Mongols » (《在蒙古人统治下的中国和中亚的基督教》), *T'oung Pao*, 2$^e$ série, vol. 18, n° 1-2, mars-mai 1917, pp. 49-113.

*Histoire générale de la Chine et de ses relations avec les pays étrangers depuis les temps les plus anciens jusqu'à la chute de la dynastie Mandchoue* (《中国和外国关系通史（古代至满族王朝的衰败）》), Paris, P. Geuthner, 1920-1921, 574, 434, 428 et 428 pp. : 1. Depuis les temps les plus anciens jusqu'à la chute de la dynastie T'ang (907 ap. J.-C.). 2. Depuis les cinq dynasties (907) jusqu'à la chute des

Mongols (1368). 3. Depuis l'avènement des Ming (1368) jusqu'à la mort de Kia K'ing (1820). 4. Depuis l'avènement de Tao Kouang (1921) jusqu'à l'époque actuelle.①

*La Chine*（《中国》），Paris, Librairie Payot et Cie, 1921, 142 pp.-[1] p. de pl.), carte.

2. 马古烈《〈文选〉辞赋：研究与译注》，其中包括萧统的《文选序》、班固的《两都赋》、陆机的《文赋》及江淹的《别赋》，这些法文译文附有详细的注释。译者在序言中指出，他还计划翻译《昭明文选》中大多数的赋篇，并且研究《昭明文选》中的所有赋篇。但遗憾的是，他壮志未酬，这本预计中的著作并未能与读者见面。

# 公元 1926 年

## 一、大事记

1. 日佛会馆（Maison franco-japonaise）成立，由法国印度学者烈维（Sylvain Lévi）、哈金（Joseph Hackin）、勒努（Louis Renou）等担任领导，并出版《日佛会馆报》（*Bulletin de la Maison franco-japonaise*）。

2. 法国高等研究实践学院第四系为普祖鲁斯基（Jean Przyluski）设立了"佛教语言文献学"研究导师职位。

3. 葛兰言被选为国立东方现代语言学院历史地理学院院长，并获本年度儒莲奖。

---

① 考狄的生平简介参阅：Paul Pelliot, « Henri Cordier（1849-1925）», *T'oung Pao*, 2ᵉ série, vol. 24, nº 1 1925-1926, pp. 1-16.（译文载戴仁编，耿昇译：《法国中国学的历史与现状》，上海：上海辞书出版社，2010 年，第 227~235 页）。Paul Demiéville, « Aperçu historique des études sinologique en France », *Acta Asiatica : Bulletin of the Institute of Eastern Culture* (*Tokyo*), vol. 11. 1966, pp. 56-110. 许光华著：《法国汉学史》，北京：学苑出版社，2009 年，第 167~172 页。黄长著、孙越生、王祖望主编：《欧洲中国学》，北京：社会科学文献出版社，2005 年，第 20~23 页。

## 二、书（文）目录

1. Bagchi，Prabodh Chandra, « Le Canon bouddhique en Chine : les traducteurs et les traductions »（《中国佛教圣典：译者与译作》）, Thèse : Lettres : Paris : 1926 (Paris : P. Geuthner, 1926 ; LII-432 pp. ; 25 cm).

2. Escarra, Jean, et Germain, Robert 译, *La Conception de la loi dans les théories des légistes à la veille des Ts'in*（梁启超《先秦法家理论中法的观念》）, de Leang K'i-tch'ao [Liang Qichao], traduction, introduction et notes par Jean Escarra et Robert Germain, Pékin, China Booksellers, 1926, XXXVII-82 pp. Extrait de l'« Histoire des théories politiques à la veille des Ts'sin ».

3. Granet, Marcel, *Danses et légendes de la Chine ancienne*（《古代中国的舞蹈与传说》）, Paris, F. Alcan, 1926, 2 vol., 710 pp.-[1] f. dépl. (Travaux de l'Année sociologique ; Bibliothèque de philosophie contemporaine).

4. Margouliés, Georges, *Le Kou-Wen chinois*（《中国古文选》）, recueil de textes avec introduction et notes, Paris, Librairie orientaliste Paul Geuthner, 1926, 2$^e$ édition, CXXVII-464 pp.

5. Margouliés, Georges, *Le « Fou » dans le Wen-siuan : étude et textes*（《〈文选〉辞赋：研究与译注》）, Paris, P. Geuthner, 2$^e$ édition, 1926, 97 pp.

6. Sirén, Osvald, *La Sculpture chinoise du V$^e$ au XIV$^e$ siècle : neuf cents spécimens en pierre, bronze, laque et bois, provenant principalement du Nord de la Chine, reproduits sur 624 planches, accompagnés d'un texte descriptif et d'une introduction sur l'évolution de la sculpture chinoise du V$^e$ au XIV$^e$ siècle*（《5—14世纪中国雕塑》）, Paris-Bruxelles, G. Van Oest, Annales du Musée Guimet (Bibliothèque d'Art, nouvelle série, I), 1926, 5 vol.

7. Soulié de morant, George, *Théâtre et musique modernes en Chine : avec une étude technique de la musique chinoise et transcriptions pour piano, par André Gailhard*（《中国近代戏曲，附安德烈·伽亚尔所作中国音乐技巧研究及钢琴谱》）, Paris, Librairie orientaliste Paul Geuthner, 1926, XVI-195 pp., pl. et musique.

8. Soulié de morant, George 译, *Trois contes chinois du xvii^e siècle*（《17 世纪中国故事三则》）, Paris, L'Édition d'Art M. Piazza (Ex oriente lux), 1926, 136 pp. [Ces contes sont empruntés à deux recueils du xvii^e siècle le *Tsinn-Kou tsri Koann*（《今古奇观》）, et le *Sing-che reng yènn*（《醒世恒言》）].

9. Verdeille, Maurice 译, «L'Eunuque Tch'en Lin, trad. sur le texte des *Siao-siaochouo*»（《太监陈琳》）, *Bulletin de la Société des études indochinoises*, nouvelle série, n° 1, 1926, pp. 33-58.

## 三、备注

1. 佛教语言文献学主要是涉及最难懂的文献，诸如那些其梵文本已佚，而只能通过比较阅读其外文译本才能理解的著作。普祖鲁斯基在后来约十五年间从事对佛教经文的梵、藏、汉文本对勘，同时覆盖了宗教、历史和考古。戴密微积极地参与了这些工作，他从 1931 年起就断断续续地受命负责一些课程（在 1938—1939 年间，开设有关拉萨僧诤的课程）。

2. 葛兰言《古代中国的舞蹈和传说》一书是对中国最远古时代的社会组织、神话及其宗教的一种复原尝试。《古代中国的舞蹈与传说》一书分为三卷。第一卷主要说明霸主的权威是如何树立的。良相与宝器是争霸的必备条件，而且霸主必须"靖婚于强邻"，还要找机会表现其"有让德"。一旦成为霸主，便要"杀人以祭"，使得人神共信。除了论述"杀人以祭"的原则和方式，葛兰言也提到了"鹤舞"，也就是活人陪葬。在第二卷当中，葛兰言主要论述新旧王朝交替时的仪式。用斗争的宗教仪式来表现驱除旧德与建立新德。这是与时空两种观念紧密相关的竞赛，"所以其宗教仪式为攘与拔，其手续为角技，为战阵，为杀人以祭，为扮像跳舞"，于是他便引用了大傩与元宵的故事来说明除旧迎新与时间的关联，而巡狩与封禅等则说明其与空间的密切关联。在最后一卷中，葛兰言以夏、商、周三朝的故事，尤其是以周公、成汤、大禹三位的故事为研究资料，从而探究王朝建立的原则。"开国的英雄在他同族类中建立威权，往往用他自身贡献于圣地。全凭这种献身，当了首领的他，以及其后嗣都保有一种半魔半宗教的权德( une vertu magico-religieuse )，他便行使这种权德，以福其民。"①

# 公元 1927 年

## 一、大事记

马伯乐于本年出版了《古代中国》(*La Chine antique*)第一卷，书中展示了秦朝建立之前中国历史宏伟画卷，主要是政治史、制度史，同时包括宗教史和文化史。

## 二、书（文）目录

1. Ghéon, Henri, *Les Trois sagesses du vieux Wang : drame chinois en quatre tableaux, d'après des documents authentiques*（《老王的三种智慧》）, Répertoire des compagnons de Notre-Dame / Henri Ghéon, Paris, A. Blot éditeur (Les Cahiers du théâtre chrétien ; 13), 1927, 105 pp.

2. Granet, Marcel, *Discours pour l'inauguration d'enseignements nouveaux à l'Institut des hautes études chinoises de Paris, année scolaire 1926-1927*（《1926—1927 学年巴黎高等汉学研究院新课程开幕致辞》）, Paris, [s.n.], 1927, 7 pp.

3. Liou, ho, Roux, Claudius, *Aperçu bibliographique sur les anciens traités chinois de botanique, d'agriculture, de sériciculture et de fungiculture*（《中国古代植物、农业、养蚕、养菌论文目录概览》）, Lyon, Impr. Bosc Frères et Riou, 1927, 39 pp.-[2] p. de pl., ill.

4. Tchou, Kia-Kien, Gandon, Armand 译, *Anthologie de la poésie chinoise*（《中国诗选》）, Pékin, Imprimerie de la Politique de Pékin (Collection de la *Politique de*

---

① 吴银玲：《葛兰言〈中国人的宗教〉研究》，中央民族大学 2011 年硕士论文。

*Pékin*), 1927, [4]-63-[2] pp., ill.

5. Tsen, Tsonming 译，*Rêve d'une nuit d'hiver : cent quatrains des Thang = Tang ren jue ju bai shou*（《冬夜之梦：唐人绝句百首》），J. Desvignes (Lyon) et E. Leroux (Paris), 1927, 113 pp., ill.

6. Tsen, Tsonming 译，*Anciens poèmes chinois d'auteurs inconnus*（《中国古代无名作者诗》），traduits par Tsen Tsomming [*sic*], nouvelle édition revue et augmentée, J. Desvignes (Lyon) et E. Leroux (Paris), 1927, 120 pp., ill.

## 三、备注

马伯乐从1921年着手编写此书，至1927年获得成果，出版了第一卷，写至公元3世纪止。他于书中对中国的起源和古代史提出了一种综合性的阐述，确定了中国上古时代的地理和人文条件，复原了那些传说般的传统，谋求解决中国纪年的难题，并将其研究扩大到了哲学与宗教诗歌问题上。此后，他的许多著作基本上都是以此书为中心撰写，或做补充，或为此书续集积累材料，尤其是汉以后的内容，文献资料的数量比远古部分更为可观。在当时欧洲有关古代中国资料十分缺乏的情况下，他的这一工作，为法国的中国历史研究开辟了一条通道，大大地开拓了研究视野。《古代中国》一书有许多独到的见解，颇受汉学家重视，其资料丰富翔实，尤其是书中的原始文献，后来从未经过修订，一直有着很可靠的使用价值，只是上古部分，因二战后考古资料的大量发现，才显得有些单薄。1955年，该书再版时，附上了补编和汉文方块字。

# 公元 1928 年

## 一、大事记

1.《佛学书目》（*Bibliographie bouddhique*）创刊。

2. 伯希和担任亚细亚学会副会长。

3. 马伯乐获本年度儒莲奖，并在此年离法前往东京日佛会馆工作。

4. 烈维担任法国亚洲协会会长职务。

5. 日佛会馆开始编撰《法宝义林》（*Hōbōgirin*）。

## 二、书（文）目录

1. Gautier, Judith, *Le Livre de Jade*（《玉书》）(Les Belles œuvres littéraires), Paris, J. Tallandier, 1928, 263 pp.

2. Salle, G., « L'Extrême-Orient au Musée du Louvre : quelques récentes acquisitions »（《罗浮宫博物馆的远东收藏：一些新近藏品》）, *Revue des arts asiatiques*, vol. 5, 1928, pp. 41-43.

3. Sirén, Osvald, *Les Peintures chinoises dans les collections américaines*（《美国藏中国绘画》）, Paris-Bruxelles, G. Van Oest (Annales du Musée Guimet, Bibliothèque d'art, nouvelle série ; 2), 1928, 113 pp.- 200 pl. h.-t.

4. Soulié de morant, George, *L'Amoureuse Oriole, jeune fille : roman d'amour chinois du XIII<sup>e</sup> siècle*（《恋爱中的少女莺莺：13 世纪中国爱情小说》）, avec dix illustrations chinoises, Paris, E. Flammarion, 1928, [5]-216 pp., 2 pl., ill. (Auteur supposé : Wang Shi-fu).

## 三、备注

1. 《佛学书目》首先由普祖鲁斯基 (1885—1944) 任主编，后由藏学家拉露继任。第 1~3 卷（1928—1931）由巴黎保罗·哥特纳（P. Geuthner）出版社于 1930—1933 年间出版，第 4~32 卷（1931—1958）则由迈松纳弗（Maisonneuve）出版社于 1934—1967 年间出版。其中所介绍的论文目录不仅限于欧美地区，并且也涉及了日文书目，但对后者的提要介绍却相当简单。该期刊对研究印度、中国的佛教，均相当有用。但非常遗憾的是，它在拉露女士去世之后，因后继无人而停刊。

2.《法宝义林》由烈维和戴密微及留欧的日本印度学者高南顺次郎共同协助创办。此刊物以辞书方式，按法文字母为序，一一介绍用日文读音的汉传佛学语录、思想、诸佛与菩萨等神话人物，以及始自印度的流传在中国中原及日本等地得以容身的情况。该刊物前三册几乎完全由戴密微先生一人执笔，分别于 1929 年、1930 年、1937 年编订出版，同时还于 1932 年编写《大正新修大藏经目录》一册。经过长时间的中断，法国碑铭和美文学科学院、法兰西远东学院、日本文部省、日法会馆均以各种方式给予帮助，使该著作的出版得以重新启动，从 1962 年起在新的基础上复刊。第 4 册（1962 年版）与第 5 册（1978 年版）由专攻佛教哲学的瑞士学者雅克·梅（Jacques May）任主编，由谢和耐、印度早期的佛教史专家巴罗（1921—1993）和研究早期律宗的比利时裔法国人戴路德（Hubert Durt）合作编写。20 世纪 70 年代之后，法兰西远东学院派遣研究员前往日本京都加盟《法宝义林》的编辑阵容。除上文所提的戴路德外，还有德裔学者石秀娜（Anna Seidel, 1938—1991）、意大利汉学家福安敦（Antoine Forte）和比利时人杜见（Robert Duguenne）。此间集中了最优秀的专家和所需要的资料，此外还有日本和欧洲的其他合作者，诸如留法的日本、印度和西藏学家御牧克己（にっぽんがくしいん）、日本研究密宗的专家弥久信美等。第六册与第七册相继于 1983 年和 1994 年问世。

# 公元 1929 年

## 一、大事记

1. 巴黎高等汉学研究所归属巴黎大学。

2. 葛兰言于本年出版的《中国文明论》（*La Civilisation chinoise*）堪称一部西方读者了解中国上古社会史的必读之书。在这本书中，他试图指出公元前 1044 年到公元前 87 年间中国人在政治生活、礼俗及行为方面的典型特征。

## 二、书（文）目录

1. Belpaire, Bruno, « Le Poète chinois Wang Wei »（《诗人王维》），*Muséon*, vol. XLII, 1929, pp. 275-316.

2. Gaspardonne, Émile, « La Géographie de Li Wen-fong(Matériaux pour servir à l'histoire de l'Annam) »（《李文凤的地理著作：安南史料》），*Bulletin de l'École française d'Extrême-Orient*, t. 29, 1929, pp. 63-105.

3. Granet, Marcel, *Fêtes et chansons anciennes de la Chine*（《中国古代的节日与歌谣》），2ᵉ édition, Paris, E. Leroux (Bibliothèque de l'École des hautes études. Sciences religieuses, 34), 1929, 303 pp.

4. Margouliés, Georges, *Évolution de la prose artistique chinoise*（《中国艺术散文的发展》），Munich, Encyclopädie-Verlag, China-encyclopaedia (section IV, v. 6 a), 1929, IX-334 pp.

5. Margouliès, Georges, « Le "Fou" De Yen-Tseu »（《晏子的赋》），*T'oung Pao*, vol. 26, fasc. 1-5, 1929, pp. 25-42.

6. Pelliot, Paul, « L'Édition collective des œuvres de Wang Kouo-wei »（《王国维全集》），*T'oung Pao*, vol. 26, fasc. 1-5, 1929, pp. 113-182.

7. Pelliot, Paul, « Notes sur quelques livres ou documents conservés en Espagne »（《藏于西班牙若干书籍文献的笔记》），*T'oung Pao*, vol. 26, fasc. 1-5, 1929, pp. 43-52.

8. Reidemeister, L., « L'Exposition de l'art chinois à Berlin »（《柏林中国艺术展》），*Gazette des beaux-arts*, 6ᵉ série, vol. 1, n° 1, 1929, pp. 243-255.

9. Perrez, F.-X. 译，« Lettres de Tseng Kouo-fan »（《曾国藩书信》），*Bulletin de l'université L'Aurore*, 2ᵉ série, vol. 18, 1929, pp. 42-57.

10. Soulié de morant, George 译，*Les Préceptes de Confucius (Krong Tse)*（《孔子的义理》），traduits et présentés, Paris, H. Piazza, coll. La Sagesse antique, 1929, XIV-164 pp.（En tête du titre : « A companion volume to *La vie de Confucius* » by C. G. Soulié de Morant）.

11. Vigner, C., « Exposition d'art chinois à Berlin »（《柏林中国艺术展》），*Cahiers d'art*, vol. 4, 1929, pp. 169-176 et 209-214.

## 三、备注

　　葛兰言的《中国文明论》全书分为政治史与社会史两部分。书的第一部分关注政治史，葛兰言在其中梳理了三皇五帝直到汉武帝时代的传统史。葛兰言认为中国文明自发产生的可能性极小。中国早期文明自定居诞生之始就不断有外来移民的加入与来自外族的侵袭。在形成秦帝国之前，中国的历史就是一部游牧部落与定居部落的斗争融合史。秦帝国的形成在很大程度上是华夏边境侯国与大批蛮族形成联盟的结果。为了证明自己的观点，葛兰言讨论了中国的地理环境，他根据《禹贡》和《山海经》的描述指出夏商周时中国的大致疆域在黄河下游地区包括整个河南，以及陕西、山西、山东的部分地区，南止于秦岭。早期的华夏族在这片狭小的黄土地上定居耕种，周围地区包托这游牧或游耕的"蛮族"。《山海经》中常提到的"黑水"等地是人们对祖先受到西来的所谓"蛮族"侵略向东迁移时经过的地区的记忆。《中国文明论》的第二部分讲述中国社会史。葛兰言认为，在上古中国，社会并没有因为一系列法规制度的采用而发生变迁，反而随着道德立场的改变而变化。伴随而来的是社会秩序的变动，或者是乡村活动与农民生活，或者是城堡中封建建立的活动。在这一部分，葛兰言首先从田野中的生活讲起，介绍农民的风俗，然后论述领主的产生。在领主的产生这一册，重点论述了圣地与城市、个人权威、男神、兄弟相争、父系王朝等主题。接着他开始论述帝都的生活，也就是贵族的公共生活与私人生活。葛兰言在《中国文明论》的结论中指出：在黄土高原与冲积平原两种地形上分别孕育了谷物文明与稻米文明，它们分别属于人类学上的草原文明与海洋文明。真正的中国文明形成于这两种文明的接触。①

---

① 参阅 Marcel Granet, *La civilisation chinoise*, Éditions Albin Michel, 1948。吴银玲：《葛兰言〈中国人的宗教〉研究》，中央民族大学 2011 年硕士论文。许光华著：《法国汉学史》，北京：学苑出版社，2009 年，第 192~193 页。

# 公元 1930 年

## 一、大事记

1. 3月18日，微席叶（Arnold Vissièye,1858—1930）逝世。
2. 格鲁塞获本年度儒莲奖。

## 二、书（文）目录

Wieger, Léon, *Textes philosophiques : confucianisme, taoïsme, bouddhisme*（《哲学文本：儒家、道家、佛教》），s.l., Imprimerie de Hien-hien, 1930, 418 pp.

## 三、备注

微席叶于1858年8月2日出生。1879年11月25日，微席叶在巴黎现代东方语言学院取得高等教育中文学历。1880年1月进入外交部，1882年来华，以法国公使馆翻译学生身份为巴西与中国换约大臣翻译，随该国换约大臣喀拉多（Eduardo Callado）来华。1883—1886年期间，微席叶代理法国驻华使馆翻译。1887—1892年任法国驻华使馆翻译。1892年6月，他被调至上海法国总领事。1894—1899年，微席叶以二等领事衔担任使馆翻译。微席叶在北京认识了一位中国官员，由于这位官员的帮助，再加上他具有非常善于模仿的天赋，从一位中国文人那里学到了一手好字，成为在西方人士当中屈指可数的汉字书法家。1899年，微席叶回到法国，开始在巴黎现代东方语言学院主持汉语讲席，直至1929年。1906—1909年，微席叶还参加了由法国多洛纳（D'Ollone）少校带领的调查团。将这次对中国西部内地回教徒的调查成果，写成了4卷本的《多洛纳调查团报告》(Mission D'Ollone, 1911—1912)。他同时还兼任法国外交部汉文总翻译，后来又在中法实业银行（Banque industrielle de Chine）任职。

微席叶精通汉语，除翻译过许多有关中国的外交文件外，还写有不少有关中国社会的书籍和文章。戴密微称"微席叶在旧制度时代讲一口无懈可击的汉语，他自己能撰写并抄正礼宾性文件，最终具有了中国文人的风度、言行、举止以及几乎与中国人毫无差异的情感了。有人传说，令人生畏的皇太后慈禧曾颇受他这种模仿魅力的吸引。在他于东方语言学院 30 年的教学生涯中 (1899—1929)，微席叶表现为一位严谨而又认真的良师。他从不自认为具有高深渊博的学问，而是始终为此做准备却又不以此为目标"。戴密微认为微席叶以翻译为汉学主要成果的这种境界很多欧洲汉学家都没有达到，但很可能代表了他们当年的追求，是这个时代的最后一位代表人物。

主要著作有：

« *Ngan-nan ki yeou*, Relation d'un voyage au Tonkin par le lettré chinois P'an Ting-kouei 潘鼎珪 »（《安南纪游》），traduit et annoté, *Bulletin de géographie historique et descriptive*, t. IV, n° 2, pp. 70-86.

« Recherches sur l'origine de l'abaque chinois et sur sa dérivation des anciennes fiches à calcul »（《关于算盘的起源和它衍生筹算的研究》），*Bulletin de géographie historique et descriptive*, 1893, pp. 54-80.

« Un message de l'empereur K'ia-k'ing au roi d'Angleterre Georges III »（《嘉庆皇帝给英王乔治三世的一封信》），*Bulletin de géographie historique et descriptive*, 1895, pp. 460-471.

« Deux chansons politiques chinoises »（《两首中国政治诗》），*T'oung Pao*, vol. 10, n° 2, 1899, pp. 213-222.

« L'Odyssée d'un prince chinois : Hang hai yin ts'ao, essais poétiques sur un voyage en mer »（《航海吟草》），*T'oung Pao*, vol. 10 , n° 1, 1900, pp. 33-62 ; n° 2, pp. 125-148 ; n° 3, 1900, pp. 189-218.

*Pékin, le Palais et la Cour*（《北京：宫廷与皇家》），Caen, H. Delesques, 1900, 32 pp.

« Cours pratique de chinois (langue mandarine de Pékin) »（《汉语实践课》），*Chine et Sibérie*, n°ˢ 33, 34, 37 et 38, 1901.

*Tables de transcription française des sons chinois*(《汉语语言法文标音表》), Ministère des Affaires étrangères, Angers, A. Burdin, 1901, 17 pp.

« Traité des caractères chinois que l'on évite par respect »(《论中国的敬避字》), *Journal Asiatique*, septembre-octobre 1901, pp. 320-373.

*Recueil de textes chinois à l'usage des élèves de l'École spéciale des langues orientales vivantes* (《中文文选》), Paris, Leroux : 1$^{re}$ et 2$^e$ livraisons, 1902 ; 3$^e$ et 4$^e$, 1903 ; 5$^e$, 6$^e$ et 7$^e$, 1904 ; 8$^e$ et 9$^e$, 1905 ; 10$^e$ et 11$^e$, 1906 ; 12$^e$, 1907 ; en tout XXXII-184 pp. (suppléments n$^{os}$ 1, 2 et 3, Glückstadt et Hambourg, J. J. Augustin, 1922, 64 pp).①

« Méthode de transcription française des sons chinois, adoptée par le ministère des Affaires étrangères » (《汉语语言法文标音法》), *Bulletin du Comité de l'Asie française*, mars 1902, pp. 112-117.②

*Rudiments de la langue chinoise : prononciation, écriture, grammaire, syntaxe* (《汉语入门》), Paris, Comité de l'Asie Française, 1904, 36 pp. (Extrait des *Guides Madrolle : Pékin*).

« Biographie de Jouàn Yuân, homme d'État, lettré et mathématicien » (《阮元传略》), *T'oung Pao*, vol. 5, fasc. 5, 1904, pp. 561-596.

« Un quatrain de l'Empereur de Chine » (《中国皇帝的一首绝句诗》), *Bulletin de la Société franco-japonaise de Paris*, n° 6, mars 1907, pp. 5-10.

*Premières Leçons de chinois* (*langue mandarine de Pékin*) (《汉语(北京官话)入门》), Leide, E. J. Brill, 1909, X-185 pp.③

---

① 《中文文选》一书提纲挈领地介绍了汉语的方方面面，从汉语发音到汉字书写再到汉语语法。尤其重要的是，该书运用西方语言学知识仔细地描写了汉语的语法系统，对外国人学习汉语提供了明了直观的介绍。
② 微席叶的《汉语语言法文标音法》被称为比金尼阁拼音方案更易于法国初学者使用的读物，一直为法国外交部、法国远东学院所使用。该书主要记录了微席叶创立的用法语字母记录汉语语音的标音方法，全书22页，其记录的语音主要针对官话。他把官话分为北音(北京话)和南音(南京话)两种，同时也简要介绍了北音和南音的区别。他认为自己的标音法既可以记录北音也可以记录南音。他统计出了汉语拼音436个音节(不包括声调)，并罗列出了例字。他的标音法还运用声调符号来标示声调。
③ 微席叶所编写的《汉语(北京官话)入门》是一本具有特色的中文课本，得到很高的评价。该教材是编者对多年汉语研究、教学和教材编写经验的总结。曾多次修订再版。

*Recherches sur les musulmans chinois par le commandant d'Ollone, le capitaine de Fleurelle, le capitaine Lepage, le lieutenant de Boyve*（《有关中国回教徒的研究》）, Paris, E. Leroux, 1911, 470 p.-dépl., ill.

*Études sino-mahométanes*（《中国回教研究论文集》）, Paris, E. Leroux Collection de la *Revue du monde musulman*, 2 vol., 1911-1913.

« Nouvelles Nomenclatures militaires en Chine »（《中国军事术语新闻》）, *Journal Asiatique*, janvier-février 1914, pp. 59-70.

« Les Musulmans chinois et la République : littérature islamique chinoise »（《中国穆斯林及共和国：中国伊斯兰文学》）, *La Revue des études islamiques*, Cahier III, 1927, pp. 310-319.①

# 公元 1931 年

## 一、大事记

无。

## 二、书（文）目录

1. Belpaire, Bruno, « Remarques sur la peinture monochrome chinoise »（《中国单色画评论》）, *Muséon*, vol. XIV, 1931, pp. 359-367.

2. Belpaire, Bruno, « Le Taoïsme et Li T'ai Po »（《道教与李太白》）, *Mélanges chinois et bouddhiques*, vol. I, 1931-1932, pp. 1-15.

---

① Paul Pelliot, « Arnold Vissière », *T'oung Pao*, 2ᵉ série, vol. 27, n° 4-5, 1930, pp. 407-420. 黄长著，孙越生、王祖望主编：《欧洲中国学》，北京：社会科学文献出版社，2005 年，第 203 页。许光华：《法国汉学史》，北京：学苑出版社，2009 年，第 123 页。温利燕：《微席叶:〈北京官话:汉语初阶〉研究》，上海师范大学 2010 年硕士论文。

3. Bonifacy, Auguste, *À propos d'une collection de peintures chinoises représentant divers épisodes de la guerre franco-chinoise de 1884-1885 et conservées à l'École française d'Extrême-Orient*（《法国远东学院藏再现 1884—1885 年法中战争各阶段的系列中国画》）, Indochine française, Exposition coloniale internationale Paris 1931, Imprimerie d'Extrême-Orient, Hanoi, 1931, 43 pp.-16 ff. de pl. dépl., ill., carte.

4. Maspero, Henri, « La Composition et la date du Tso tchouan »（《〈左传〉的构成与日期》）, *Mélanges chinois et bouddhiques*, vol. I, 1931-1932, pp. 137-215.

5. Pelliot, Paul, « Sur quelques travaux chinois manuscrits concernant l'époque mongole »（《关于蒙古时代的若干中国手稿》）, *T'oung Pao*, vol. 28, fasc. 3-5, 1931, pp. 378-380.

6. Pelliot, Paul, « Une phrase obscure de l'inscription de Si-ngan-fou »（《西安府铭文中晦涩的一句》）, *T'oung Pao*, vol. 28, fasc. 1-5, 1931, pp. 369-380.

7. Pelliot, Paul, « Une statue de Maitreya de 705 »（《公元 705 年的弥勒像》）, *T'oung Pao*, vol. 28, fasc. 1-5, 1931, pp. 380-382.

8. Perrez, F.-X. 译 , « Lettres de Tseng Kouo-fan »（《曾国藩书信》）, *Bulletin de l'université L'Aurore*, 2ᵉ série, vol. 23, 1931, pp. 48-76.

9. Takakusu, Junjirō, Watanabe, Kaigyoku (éd.), *Hôbôgirin, Fascicule annexe, tables du Taishô Issaikyo, nouvelle édition du Canon bouddhique chinois : Dictionnaire encyclopédique du bouddhisme d'après les sources chinoises et japonaises*（《法宝义林——佛教经典新版：根据中、日材料编纂的百科字典》）, publié sous la direction de J. Takakusu et K. Watanabe, Tokyo, Maison franco-japonaise, 1931, II-202 pp.

## 三、备注

无。

# 公元 1932 年

## 一、大事记

无。

## 二、书（文）目录

1. Wou, Ti-Fen, « Le Développement de la peinture de paysage en Chine à l'époque Yuan »（《元代中国风景画的发展》）. Thèse pour le Doctorat d'université présentée à la faculté des lettres de l'université de Paris : Lettres : Paris : 1932 (Paris : Jouve, 1932 ; 203 pp. : 5 pl. ; 25 cm).

2. Rotours, Robert Des, *Le Traité des examens, traduit de la* Nouvelle Histoire des T'ang (*chap. XLIV, XLV*)（《科举论：译自〈新唐书〉44、45 章》）, Paris, E. Leroux, Bibliothèque de l'Institut des hautes études chinoises (II), 1932, VIII-416 pp.

3. Tsiang, Ngen-Kai, *K'ouen k'iu : Le théâtre chinois ancien*（《昆曲：古代中国戏剧》）, Paris, E. Leroux, 1932, 130 pp. (Ouvrage honoré d'une subvention de l'Institut des Hautes Études Chinoises de l'Université de Paris).

4. Vanhée, Louis, « Le Précieux Miroir des quatre éléments »（《四元玉鉴》）, *Asia Major*, vol. VII, 1932, pp. 242-270.

5. Soulié de morant, George 译, *Anthologie de l'amour chinois*（《中国情诗选》）, poèmes de lasciveté parfumée, Paris, Mercure de France, 3ᵉ éd., 1932, XX-247 pp. (Contient en regard, les poèmes en chinois).

## 三、备注

无。

# 公元 1933 年

## 一、大事记

1. 3 月 25 日，戴遂良（1856—1933）在河北献县逝世。

2. 戴何都获本年度儒莲奖。

3. 白乐日的《唐代（618—906）经济史论稿》（*L'Histoire économique des T'ang*）"开辟了西方汉学的一块千真万确的处女地"①。

4. 葛兰言出版了《中国的尚左与尚右》一文，探讨了上古中国神话中的左与右问题。

## 二、书（文）目录

1. Ho, Shih-Chun, Jou Lin Wai Che:*le roman des lettrés, étude sur un roman satirique chinois* （《文人小说〈儒林外史〉：关于一部中国讽刺小说的研究》），L. Rodstein, Paris, 1933, 207 pp. （Thèse de doctorat : Lettres : Paris : 1933）.

2. Ho, Shih-Chun, « Jou Lin Wai Che : *le roman des lettrés, étude sur un roman satirique chinois* »（《文人小说〈儒林外史〉：关于一部中国讽刺小说的研究》）. Thèse de doctorat : Lettres : Paris : 1933 (Paris : L. Rodstein, 207 pp. ; 26 cm).

---

① Paul Demiéville, « Étienne Balazs（1905-1963）», *T'oung Pao*, 2ᵉ série, vol. 51, n° 2-3, 1964, p.248.

3. Hsu, Sung-Nien (1902— ), *Anthologie de la littérature chinoise des origines à nos jours : la poésie-le roman-le théâtre-la philosophie-l'histoire*（《古今中国文学选集：诗歌、小说、戏剧、哲学、历史》）, Paris, Librairie Delagrave, coll. Pallas, 1933, 445 pp., ill.

4. Ou, Itaï, « Essai critique et bibliographique sur le roman chinois »（《中国小说批评与书目》）, Thèse d'université : Lettres : Paris : 1933 (Paris : Les Ed. Véga, 1933 ; 192 pp. ; 24 cm).

5. Ou, Itaï, *Essai critique et bibliographique sur le roman chinois*（《中国小说评论与目录》）, préface de M. le Prof. Fortunat Strowski, Paris, Les Ed. Véga, 1933, 192 pp.（Thèse d'université : Lettres: Paris : 1933）.

6. Pelliot, Paul, « Le Plus Ancien Possesseur connu du "Kou K'ai-tche" du British Museum »（《大英博物馆藏顾恺之画的最早拥有者》）, *T'oung Pao*, vol. 30, fasc. 1-5, 1933, pp. 453-455.

7. Tsiang, Ngen-Kai, « Le Théâtre chinois ancien »（《古代中国戏剧》）, Thèse : Lettres : 1933 (Paris : Ernest Leroux, 1933 ; 130 pp. ; 23 cm).

8. Tsiang, Ngen-Kai, *K'ouen k'iu : Le théâtre chinois ancien*（《昆曲：古代中国戏剧》）, Paris, E. Leroux, 1933, 130 pp. [Thèse d'université : Lettres : Paris : 1932]

9. Yang, Yu-Hsun, *La Calligraphie chinoise depuis les Han*（《汉代以降的中国书法》）, Paris, Geuthner, 1933, 170 pp., 32 pl., index des termes chinois.

## 三、备注

1. 戴遂良1856年7月9日出生于法国斯特拉斯堡，是一位法国耶稣会会士、汉学家。他本来是一位新教教徒，后来改信天主教。他曾学医。1881年，戴遂良加入耶稣会，同年赴中国传教。1887年10月，他于直隶省河间府献县的直隶东南教区耶稣会属下任医生，自此几乎毕生都在河间地区度过。戴遂良先是专心致志地以医生身份从事传教，后又致力于汉学研究。

戴遂良兴趣广泛，且研究颇有成效。他著有相当多的专著，其中有些是用中文写成的。戴遂良写有30多部语言学著作，主要的著作有：

*Rudiments de parler chinois et de style chinois, dialecte de Ho-Kien-Fou*（《汉语

汉文入门》），Ho-Kien-Fou, Imprimerie de la mission catholique, 12 vol., 1894-1900.

*Textes historiques*（《历史文献》），Sien-hsien, imprimerie de la mission catholique, 1903-1905, 3 vol., 2173 pp.

*Textes philosophiques*（《哲学文献》），Tientsin, Shanghai, Imprimerie de la mission catholique, 1906, 555 pp.

*Folklore chinois moderne（1894-1908）*（《近代中国风俗志（1894—1908）》），Sien-hsien, Imprimerie de la mission catholique, 1909, pp. 422.

*Bouddhisme chinois*（《中国的佛教》），Sien-hsien, Imprimerie de la mission catholique, 1910-1913, 2 vol., 453 pp.

*Taoïsme*（《道教》），Sien-hsien, Imprimerie de la mission catholique, 1911-1913.

*Histoire des croyances religieuses et des opinions philosophiques en Chine depuis l'origine jusqu'à nos jours*（《中国宗教信仰及哲学观点通史》），Sien-hsien, Imprimerie de la mission catholique, 1917, 726 pp.

*La Chine moderne*（《当代中国》），Sien-hsien, imprimerie de la mission catholique, 1921-1932.

*La Chine à travers les âges : précis, index biographique, index bibliographique*（《历代中国：纲要，传记索引，书目索引》），Hien-hien, Imprimerie de Hien-hien, 1924, 532 pp.

*Textes philosophiques : confucianisme, taoïsme, bouddhisme*（《哲学文集：儒教、道教、佛教》），Hien-hien, Imprimerie de Hien-hien, 1930, 420 pp.

2. 白乐日的《唐代（618—906）经济史论稿》这部著作包括了指导未来著作的主要思想，首先是肯定了"梳理出一个伟大社会的经济基础与社会结构的迫切性"，它是长期以来被汉学界忽略的一大项目。这样做是为了勾勒出"中国长期稳定性"的轮廓。白乐日选择唐代，是因为它介于他称之为"中世纪"的六朝时代和他断代为"近代之黎明"期的宋代之间。

3. 葛兰言之所以要写《中国的尚左与尚右》一文，一是要回应烈维的约请，二是为了纪念已故的赫茨（Robert Hertz，1881—1915）。赫茨在其著名的论文《崇尚右手——论宗教性的截然对立》中"以社会的原因解释由于生理学而形成的对于右手的崇尚"，并且认为"左与右之间存在着绝对的对立"是"一种比神圣和世俗之间的对立更为基本的对立"。在葛兰言看来，中国人在某些方面强制性地优先使用右手可能支持了赫茨关于生理学的解释，但是，中国人惯用右手却尚左的有趣现象是赫茨文章的难解之处。赫茨对此问题简单地以中国的农业文明予以解答，他认为是中国发达的农业技术导致了中国人惯用右手。葛兰言并不同意赫茨的观点，他认为赫茨所说的左与右的两极性和截然相反的对立在中国并不存在，因为中国的事实在于：神话学中"左优越于右，但是右不是绝对的凶险，左也不是一直的吉祥"。他在这篇论文中再一次强调，古代中国社会结构得以建立的原则是男女两性的阴阳对立以及等级制社会组织中上尊下卑的对立。①

4. 伯希和发表了《15世纪初中国的伟大海上旅行》。该作品的一大半内容集中在《瀛涯胜览》等四部典籍的流传过程及版本的考证，对郑和下西洋的年代及所经之地也做了许多有益的探讨，从而对这一重大历史事件的进一步深入研究创造了条件。

5. 徐仲年在介绍和翻译中国古典诗歌方面十分活跃。他先后出版了《古今中国文学选集：诗歌、小说、戏剧、哲学、历史》及《李太白及其时代、生平和著作》（*Li Thai-po, son temps, sa vie et son œuvre*）两部著作，并在《里昂大学》杂志上发表了《白居易研究》，《水星》杂志上发表了《中国诗人杜甫》，《交流》上发表了《李白诗》《杜甫诗》等译著和文章。这些译著和文章在法国研究界曾产生过较大影响。

# 公元 1934 年

## 一、大事记

葛兰言出版《中国人的思想》（*La Pensée Chinoise*）一书。

---

① 葛兰言著，简涛译：《中国的尚右与尚左》，《国际汉学》（第三辑），郑州：大象出版社，1999年；吴银玲：《葛兰言〈中国人的宗教〉研究》，中央民族大学2011年硕士论文。

## 二、书（文）目录

1. Belpaire, Bruno, « Sur certaines inscriptions de l'époque des T'ang »（《唐代若干铭文》）, *Mélanges chinois et bouddhiques*, vol. III, 1934-1935, pp. 61-91.

2. Chavannes, Édouard 译, *Cinq cents contes et apologues extraits du Tripitaka chinois*（《汉文三藏经中的 500 个故事和寓言》）, et traduits en français par Édouard Chavannes, analyse sommaire des contes, notes complémentaires, tables et index formant le tome IV de l'ouvrage, Paris, Imprimerie Nationale, Bibliothèque de l'Institut des hautes études chinoises (vol. 1), 1934, IX-343 pp.

3. Chen, Pao-Ki, « Si Syang Ki »（《西厢记》）, Thèse : Lettres : Lyon : 1934 (Lyon : Bosc frères : M. et L. Riou, 1934 ; 170 pp. ; 26 cm).

4. Gandon, Armand, Kien, Tchou Kia 译, *Ombres de fleurs : d'après l'anthologie de la poésie chinoise des mêmes auteurs*（《花之影：同一批作者的中国诗选集》）, nouvelle édition revue, corrigée et augmentée, Paris, A. Nachbaur, 1930, 210 pp., ill.（Avec le texte chinois et de nombreuses illustrations, dont 25 bois gravés de Sito Wai）.

5. Ghéon, Henri, *Les Trois sagesses du vieux Wang : drame chinois en quatre tableaux, d'après des documents authentiques*（《老王的三种哲学：四幕中国戏剧，据实事改编》）, Répertoire des compagnons de Notre-Dame / Henri Ghéon, A. Blot éditeur (Les Cahiers du théâtre chrétien ; 13), Paris, 1934, 105 pp.

6. Ho, Agnès, « Le "Tse" : thèse pour le doctorat de l'université de Clermont »（《词：克莱蒙大学博士论文》）, Thèse de doctorat : Lettres : Toulouse [sic] (Toulouse : Imprimerie de Lion et fils, 1934, 58 pp. ; 24 cm).

7. Hung, Cheng Fu, « Un siècle d'influence chinoise sur la littérature française (1815-1930) »（《一个世纪间中国对法国文学的影响（1815—1930）》）, Thèse pour le doctorat d'université : Lettres : Paris : 1934 (Paris : Ed. Domat-Montchrestien : F. Loviton, 1934 ; 280 pp. ; 26 cm).

8. Lee, Chen Tong (LI, Chendong ; 1907—   ), « Étude sur Le *Songe du pavillon*

rouge »(《〈红楼梦〉研究》), Thèse de doctorat : Lettres : Paris : 1934 (Paris : L. Rodstein, 1934 ; 146 pp. ; 25 cm).

## 三、备注

葛兰言在《中国人的思想》一书中试图阐述规范中国人思想生活的那些法则和象征，全书分为四篇：《思想表现工具（对语言文字的叙述）研究》《思想时空、阴阳、术、道研究》《宇宙观研究》和《各家各派论》。葛兰言从论述中国人的语言特点开始。他认为中国人思想中的词语标记比欧洲人之文化认识中的标记丰富得多。对中国人来说，语言只是众多符号系统中的一种，也是行为方式的一种。汉语重在表述行为，而非阐述思想，方块字的结构清楚地体现了这一特点。他以极大的篇幅关注中国人思维的要素——时、空、阴、阳、术、道等的观念，指出它们主要用于分类而非计算和测量。他认为，中国人思维中的时、空具有统一性，这是从上古国王的宗教仪式活动演变而来的。国王在象征世界中心的明堂里，依据季节周期规律活动，与宇宙秩序对应，体现出时空的统一。自然界冷、暖两季的交替产生了人类意识中阴与阳两大范畴。数字在五行中也有对应的位置。数字不仅仅用于运算，更具有象征价值，能对事物进行限制与分类。在数字之间可以建立一种非算术的同等性，因此作为象征符号的数字更多用于控制而非测量事物。在总结了中国人思维的几大范畴之后，葛兰言认为中国人的思想更倾向于行为与实用，而不是观测与抽象的思辨，具有一种非科学与非哲学的气质。他认为古中国事实上没有真正意义上的哲学。中国的科学家仅仅是工匠，而道德家才是思想的领袖。葛兰言进一步分析，中国人眼中自然、社会与人是一体的，既不存在一个纯粹的精神存在的世界，也没有身体之外的灵魂的概念。他高度评价了"礼"在中国文化史上的意义。对各个思想学派，葛兰言认为这些学派的理论最早都是来自上古习俗的阐述。正如他的大部分著作一样，葛兰言一如既往地从社会组织、自然秩序及宇宙观念——对应的观点进行行文。他在本书中认为中国文明是一种"既无上帝也无法律"的文明。①

# 公元 1935 年

## 一、大事记

1. 8 月 18 日，古恒（1865—1935）逝世。
2. 伯希和出任法国亚细亚学会主席。

## 二、书（文）目录

1. Arlington, Lewis Charles, *Le Théâtre chinois depuis les origines jusqu'à nos jours : sources - rôles - costumes - grimages - superstitions - statuts - argot de scène - légendes - musique orchestrale - instruments de musique - programmes, une étude d'ensemble de l'art théâtral de la Chine suivie de trente résumés de pièces et enrichie de cent quinze planches lithographiques en couleurs*（《古今中国戏剧》）, trad. de l'anglais par G. Uhlmann, Peking, Henri Vetch, 1935, XXI-184, [25] pp., ill. (Traduction de : *The Chinese Drama from the Earliest Times until Today*. Édition originale tirée à trois cent vingt exemplaires).

2. Daudin, P. 译, « Récits populaires yunnanais »（《云南民间故事》）, *Bulletin de la Société des études indochinoises,* nouvelle série, 10, 1935, pp. 167-182.

3. Hsu, Sung-Nien, « Li Thai-po »（《李太白》）. Thèse : Lettres : Lyon : 1935 (Lyon : Bosc Frères & Riou, 1935, 194 pp. ; 25 cm).

---

① 参阅方维规：《语言与思辨——西方思想家和汉学家对汉语结构的早期思考》,《学术研究》2011 年第 4 期, 第 128~136 页, 许光华：《法国汉学史》, 北京：学苑出版社, 2009 年, 第 190~191 页。吴银玲：《葛兰言〈中国人的宗教〉研究》, 中央民族大学 2011 年硕士论文。

4. Kou, Lin-Ke, « Essai sur le *Hong Leou Mong* (*Le Rêve dans le pavillon rouge*), célèbre roman chinois du xviii<sup>e</sup> siècle » （《论〈红楼梦〉：18 世纪著名中国小说》）. Thèse pour le doctorat d'université : Université de Lyon : Lettres : 1935 (Lyon : Bosc Frères & Riou, 1935, 176 pp. ; 25 cm).

5. Laloy, Louis 译, *Le Rêve du millet jaune : drame taoïste du xiii<sup>e</sup> siècle* （《黄粱梦：13 世纪道家戏剧》）, trad. du chinois par Louis Laloy, Paris, Desclée de Brouwer, coll. Courrier des îles (5), 1935, 134 pp.

6. Liebmann, K., « Li Ki, le livre des bienséances » （《礼记》）, *Orient et Occident*, Genève, 1935, pp. 1-3.

7. Tchang Tcheng-Ming [Zhang, Zheng-Ming], « Le Parallélisme dans les vers du *Cheu king* » （《〈诗经〉诗句的对偶》）. Thèse : Lettres : Paris : 1935 (P. Geuthner, 1937, 100 pp. ; 26 cm).

8. Young, Ching-Chi, « L'Écriture et les manuscrits lolos »（《倮倮文字与手稿》）, Thèse pour le doctorat d'Université : Lettres : Paris : 1935 (Paris : [s.n.], 1935 , 71 p. ; 27 cm).

9. Séménoff, Marc, « La Philosophie de Lao-tseu en Europe » （《老子哲学在欧洲》）, *Orient et Occident*, Genève, n° 58, 1935, pp. 33-35.

10. Séménoff, Marc, « Le Sens théocratique de Lao-tseu et les régimes politiques européens » （《老子神权政治与欧洲政治制度》）, *Orient et Occident*, Genève, n° 60, 1935, pp. 21-23.

11. Takeuchi, Yoshio, « Le Tchong yong, examen critique » （《中庸》）, *Annales de l'Université de Paris*, 1935, pp. 225-239.

12. Young, Ching-Chi, « L'Écriture et les manuscrits lolos » （《倮倮文字与手稿》）, *Orient et Occident*, Genève, vol. 1, 1935, n° 11, pp. 1-18 ; n° 12, pp. 1-13.

## 三、备注

1. 古恒①1865 年出生于法国巴黎，毕业于巴黎大学法学院及国立东方语言与文化学院，主修中文、日文。1888 年作为法国外交部驻外使馆的翻译见习生前往远东各地，1889 年到达北京，担任使馆见习生，1894—1896 年间曾前往朝鲜汉城和日本东京任职，后又返回北京法国使馆担任翻译职务。他曾对任职地区的文物进行过研究，自 1900 年起担任法国里昂大学教授，讲授中国学课程。1921 年里昂中法大学成立后，出任协会秘书。1935 年在里昂逝世。

古恒著有多本东亚研究的书籍，曾多次获得汉学儒莲奖（1896 年、1903 年、1913 年、1915 年），主要著作有：

*La Cour de Pékin*（《北京的宫廷》），Paris, E. Leroux, 1891, 112 pp.（Extrait du *Bulletin de géographie historique*, n° 3, 1891）.

*En Chine : mœurs et institutions, hommes et faits*（《中国见闻：风俗习惯和制度、人物和事情》），Paris, F. Alcan, 1901, II-275 pp.

*Catalogue des livres chinois, coréens, japonais, etc.*（《中国、朝鲜、日本等地书目》卷一），Paris, E. Leroux, 3 vol., 1902-1912, VII-499, 823 et 232 pp.

*Essai historique sur la musique classique des Chinois, avec un appendice relatif à la musique coréenne*（《中国古典音乐史论：另附关于朝鲜音乐的附录》），Paris, Delagrave, 1912, [77]-241 pp.（Thèse de doctorat, Faculté de Lettres de Rouen）.

*L'Asie centrale aux XVII$^e$ et XVIII$^e$ siècles : empire kalmouk ou empire mantchou*（《17 和 18 世纪的中亚》），Paris, Picart et fils, 1912, 151 pp.

*La Langue chinoise parlée : grammaire du Kwan-hwa septentrional*（《中国北

---

① 关于古恒生平及著作简介，可参阅 Paul Demiéville, « Aperçu historique des études sinologiques en France », *Choix d'études sinologiques*, Leiden, E. J. Brill, 1973, p.469；黄长著、孙越生、王祖望主编：《欧洲中国学》，北京：社会科学文献出版社，2005 年，第 24 页；许光华：《法国汉学史》，北京：学苑出版社，2009 年，第 124 页。

方官话语法》），Lyon, A. Rey, 1913, XXVII-384 pp.①

2. 拉卢瓦（Louis Laloy）在译作《黄粱梦·序》中参照了王国维的《宋元戏曲史》，从文化角度探讨了中国戏剧的起源和特点，提出：中国戏剧就是"从曲、歌舞戏、小说和丑角滑稽闹剧中借鉴的诸种要素的综合"；戏剧对话部分，实际上"是小说的片段"，但"采用直叙体"，"角色一登场，便向观众通报姓名、家庭、刚刚发生的与他有关的事件，取代的正是说书人的位置。紧接着，观众便听他演说，看他表演。他使用对话语言，时而也吟些诗，就像小说要引起诗情画境一样"，这些吟唱便是戏剧的主要部分；而舞台的动作，诸如"敲门、叫人、致意、骑马或下马"，都是规定了的；"演出时没有布景，以台词和曲来弥补"，道具"只有当它们本身起到角色的作用时才用"。这些，实际上是"虚实相生"的舞台特征的表现。他对中国戏剧的这些认识较之上世纪又深入了一步。②

# 公元 1936 年

## 一、大事记

马伯乐被聘为碑铭与美文学院院士。

## 二、书（文）目录

1. Margouliés, Georges, « La Poésie populaire chinoise »（《中国民间诗歌》），

---

① 该书颇具有创建性，不仅对现代北方官话的语言、书写做了具体的分析，而且就汉语句法结构及近代汉语若干语法难点等，都一一做了分析。同时，古恒明确指出：古今中国学者对汉字的研究史构成汉语语法研究不可分割的一个部分。尤其是，他还指出了汉语双音节和多音节这一特点，颇具学术价值。
② 钱林森：《中国文学在法国》，广州：花城出版社，1990年，第90~91页。该序的译文请参照钱林森编：《法国汉学家论中国文学——古典戏剧和小说》，北京：外语教学与研究出版社，2007年，第51~63页。

*Mesures*, 15 janvier 1936.

2. Pelliot, Paul, « Le Prétendu Album de porcelaines de Hiang Yuan-Pien »(《所谓项元汴瓷器画册》), *T'oung Pao*, vol. 32, fasc. 1-5, 1936, pp. 15-58.

3. Pelliot, Paul, « L'Exposition d'art chinois à Londres »(《伦敦中国艺术展》), *L'Asie française*, 1936, pp. 57-59.

4. Tsen, Tsonming, *Histoire de la poésie chinoise*（《中国诗歌史》）, Shanghai, China United Press, 1936, 156 pp.

5. Wang, Tch'ang-Tche (SJ), « La Philosophie morale de Wang Yang-Ming »(《王阳明的道德哲学》), Thèse : Paris : Lettres : 1936 (Shanghai : Imp. T'ou-Sé-Wé, 1936 ; 218-31 pp.).

6. Young, Ching-Chi, « L'Écriture et les manuscrits lolos »（《倮倮文字与手稿》）, *Orient et Occident*, Genève, vol. 2, n° 1, 1935-1936, pp. 1-11 et 48-56.

## 三、备注

无。

# 公元 1937 年

## 一、大事记

无。

## 二、书（文）目录

1. *L'Évolution des bronzes chinois archaïques d'après l'exposition franco-suédoise du Musée Cernuschi, mai-juin 1937*（《古代中国青铜器的进展：根据塞努

奇博物馆法国瑞典展览（1937 年 5—6 月）》），avec une préface de M. René Grousset, Paris, Les Éditions d'art et d'histoire, 1937, IX-64 pp.-14 pp. de pl.

2. Alekseev, Vasilij Mihajlovič, *La Littérature chinoise : six conférences au Collège de France et au Musée Guimet* (*novembre 1926*)（《中国文学：在法兰西公学院和吉美博物馆的六次研讨会（1926 年 11 月）》），Paris, P. Geuthner (Annales du Musée Guimet, Bibliothèque de vulgarisation ; t. 52), 1937, 229 pp.

3. Chang, Kuang-Tsu, « L'Étude critique de la doctrine pédagogique de Confucius »（《孔子教学思想批评研究》）. Thèse d'État : Lettres : Lille : 1937 (Bruxelles : Editions Caducée, 1937, 184 pp. ; 26 cm + errata).

4. David, M., « Sculptures et jades à l'exposition des arts de la Chine »（《中国艺术展上的雕塑与玉石》），*Cahiers d'art*, vol. 12, 1937, pp. 211-217.

5. Hsien, K'ang (1901- ), « L'Amour maternel dans la littérature féminine en Chine »（《中国女性文学中的母爱》）. Thèse : Paris : 1937 (Paris : éditions A. Pedone, 1937, VIII-187 pp. ; 26 cm).

6. Lee-You, Ya-Oui, « Le Théâtre classique en Chine et en France d'après *L'Orphelin de la Chine* et *L'Orphelin de la famille Tchao* »（《中国和法国的古典戏剧：根据〈中国孤儿〉和〈赵氏孤儿〉》）. Thèse : Lettres : Paris : 1937 (Paris : les Presses modernes, 1937, VII-89 pp. ; Gr. in-8).

7. Lu Yueh Hwa, « La Jeune Fille chinoise d'après *Hong-leou-mong* »（《〈红楼梦〉中的中国少女》）. Thèse pour le doctorat d'université : Lettres : Paris : 1937 (Paris : Domat-Montchrestien, 1936, 113 pp. ; 26 cm).

8. Pelliot, Paul, « Le Dr. Ferguson et l'album dit de Hiang Yuan-pien »（《弗格森博士与所谓项元汴画册》），*T'oung Pao*, vol. 33, fasc. 1-5, 1937, pp. 91-94.

9. Ratchnevsky, Paul 译, *Un Code des Yuan*（《元代法典》），（éd. et trad.）par Paul Ratchnevsky, préface de Paul Pelliot, Collège de France, Institut des hautes études chinoises (Bibliothèque de l'Institut des hautes études chinoises ; 4), Paris, E. Leroux, 1937, XCIX-4-352 pp.（Contenu : Introduction ; Chap. 102 de *l'Histoire des Yuan* ; Chap. 103 de *l'Histoire des Yuan*）.

10. Tchang, Tcheng-Ming, *Le Parallélisme dans les vers du* Cheu king（《〈诗经〉

诗句的对偶》），T'ou-sè-wè, Zi-kawei (Changhai) et P. Geuthner (Paris) (*Variétés sinologiques* ; 65), 1937, 100 pp. (Thèse : Lettres : Paris : 1935.)

11. Yang, Yu-Hsun, « La Calligraphie chinoise depuis les Han »（《汉代以降的中国书法》）. Thèse : Lettres : Paris : 1933 (Paris : P. Geuthner, 1937 ; XIV-182 pp. : ill ; 22 cm).

## 三、备注

无。

# 公元 1938 年

## 一、大事记

拉露继巴科任高等研究实践学院历史和语言学系西藏文献研究室主任。

## 二、书（文）目录

无。

## 三、备注

无。

# 公元 1939 年

## 一、大事记

1. 伯希和被聘为中国中央研究院历史语言研究所研究员。
2. 格鲁塞的《草原帝国》获本年度儒莲奖。
3. 国立科学研究中心（Centre national de la recherche scientifique）成立。

## 二、书（文）目录

1. Duboscq, André, Van Den Brandt, J. « Un manuscrit inédit des *Conquêtes de K'ien-long* »（《〈乾隆的征服〉未刊手稿一种》），*Monumenta Serica*, vol. IV, 1939-1940, pp. 85-115.

2. Lo Ta-Kang, « La Double inspiration du poète Po Kiu-yi (772-846) »（《诗人白居易（772—846）的双重灵感》），Thèse de doctorat d'université : Lettres : Paris : 1939).

3. Stein, Rolf Alfred, « Leao-Tche »（《辽志》），*T'oung Pao*, vol. 35, fasc. 1-5, 1939, pp. 1-154.

4. Van Den Brandt, J., « La Bibliothèque du Pé-t'ang——notes historiques »（《北堂图书馆——历史笔记》），*Monumenta Serica*, vol. IV, 1939-1940, pp. 616-621.

## 三、备注

《草原帝国》是一部经典的中亚通史著作，是世界史学界公认的关于欧亚大陆游牧民族三千年历史的经典史著，它从上古的匈奴人开始，以成吉思汗时期作为重点，描述了新石器时代到新疆纳入中国版图为止这片欧亚大草原上无数征服者的历史，描绘了基督教文明、伊斯兰文明、印度文明和中华文明互动的历史画卷。斯基泰、匈奴帝国、突厥帝国及蒙古帝国这些草原帝国遽起遽散；阿提拉、成吉思汗、帖木儿这些上帝之鞭征服狂飙；游牧世界与农耕世界永无休止地碰撞、撕扯与交融。格鲁塞以其开阔的视野，雄浑的气势为我们描绘了三千年来草原民族在世界舞台连续上演的一幕幕宏伟史诗。它让我们以一种新的眼光来审视世界，在过去、现在及未来之间建立起联系，并成为一种情感皈依的载体。格鲁塞的这一经典著作首次出版是在1939年，后来曾多次重印，没有重大改动。1952年版（当时正值作者逝世前夕）增加了1939年到1951年间针对草原艺术问题所发表的讨论稿的附录。然而，书的主体保持了原样，这部巨著中最有趣味和最重要的一般性论述仍保留至今。

# 公元 1940 年

## 一、大事记

11月25日，葛兰言（1884—1940）逝世。

## 二、书（文）目录

1. Bernard, Henri, « La Chine en France durant la Renaissance »（《文艺复兴时期法国的中国形象》），*Bulletin de l'Université L'Aurore*, 3ᵉ série, vol. 1, 1940, pp. 398-411.

2. Maspero, Henri, « Un texte chinois inconnu sur le pays de Ta-Ts'in (Orient romain) »（《关于大秦（罗马东部地区）的一个未知中文文本》）, in *Mémoires de l'Institut français d'archéologie orientale, Mélanges Maspero*, Le Caire, Institut français d'archéologie oriental, 1937, t. LVII, vol. II, pp. 377-387.

## 三、备注

1884年2月29日，葛兰言出生于法国东南部德龙（Drôme）省的一个小镇。

葛兰言的父亲是个工程师，而他的祖父是当地的地主。童年的葛兰言长期生活在祖父所在的乡村，对法国农村十分了解。这段经历也让他对农村葆有浪漫主义的想象。葛兰言首先就读于艾克斯普罗旺斯中学(Lycée d'Aix-en-Provence)，然后进入著名的巴黎路易大帝中学(Collège Louis-le-Grand)。

1904年，葛兰言考入巴黎高等师范学校，主修历史学。在此期间，他成为杜尔凯姆（Émile Durkheim,1858—1917）的得意门生，并深受莫斯（Marcel Mauss,1872—1950）的影响。1904—1905年，也就是葛兰言在巴黎高师的第一年，涂尔干首次在此开设关于教育学的课程。此时，葛兰言成了涂尔干的门生。

1905年，葛兰言加入社会主义研究小组，小组成员包括莫斯、热尔奈（Louis Gernet, 1882—1962）及哈尔布瓦克斯(Maurice Halbwachs,1877—1945)。这段经历对他未来的学术生涯产生了重大影响。

1907年，葛兰言参加中学教师资格考试并获得高中历史教师资格证书。

1908年，葛兰言被批准加入梯也尔基金会(Fondation Thiers)。在受梯也尔基金会资助的三年里(1908—1911)，葛兰言的研究兴趣发生了转变：从欧洲封建制度研究转向远东研究。于是，他开始在沙畹门下学习汉语，并在其影响下将研究兴趣从日本转向中国：1909年，"葛兰言着手进行历史学及封建社会民法的法理学研究。他第一年的时间花费在法国封建主义文献的研究……在沙畹的指导下，他在东方语言学院，正在准备处理涉及远东的文献"；1910年，"他正在寻求可观察的旧野，不仅是在法国，而且包括了日本和中国……葛兰言已经从调查资料的收集中分离出比剩下的更完整的部分，也就是处理中国家庭组织"；到1911年，"他打算提出一项中国家庭的研究……葛兰言的研究，他天才般的表现，已经激起了专家们的强烈兴趣"。①

1911年，葛兰言到中国做实地调查。当时他与铎尔孟结成莫逆之交。

1912年，葛兰言将《中国古代婚俗》一文寄给沙畹，沙畹大为惊叹，于是立即推荐在《通报》上发表。

1913年，葛兰言返回法国，在巴黎高等研究院继沙畹任"远东宗教"讲座的教授。

---

① *Annuaire de la Fondation Thiers 1912*, Issoudun：Imprimerie Gaignault,1912, p.7. 转引自 Maurice Freedman,« Marcel Granet,1884—1940,Sociologist »,p.10.

1914年，葛兰言去服兵役。从某种程度上来说，葛兰言的军旅生涯十分辉煌，在步兵部队服役期间他两次受伤，三次在战况报告中受到嘉奖，还赢得过英勇十字勋章。他曾于1917年秋天离开前线，前往军官教育训练营，然后进入军需部长阿尔伯特·托马（Albert Thomas）的办公室。

1918年9月，葛兰言被派往西伯利亚，以东方学者的身份成为尚南将军（General Jeannin）的幕僚。同年，葛兰言奉法国外交部之命再次到中国。

1919年，葛兰言从西伯利亚退伍。在回国途中，葛兰言在中国停留了数月，等待回欧洲的轮船。葛兰言并没有想到，这是他最后一次中国之行。当时，他在铎尔孟家里住了两三个月，等待回法国的轮船。时任北京大学校长的蔡元培与葛兰言数次见面，邀请他留京任教，但是长期在异乡的葛兰言选择了回巴黎。1919年6月，葛兰言回国之后与玛丽·黛丽安结婚。然后，他又恢复了巴黎高等研究实践学院的课程①。

1920年，葛兰言通过了博士答辩，在巴黎大学文学院获博士学位。同年，他被聘任为巴黎大学文学院讲师，主讲"中国文化"课。

1925年，葛兰言任巴黎东方语言专门学校"远东史地"讲座教授。

1926年，葛兰言被选为国立东方语言学校历史地理学院院长，还获得了该年的汉学儒莲奖。

1930年，葛兰言还曾担任法国社会学研究所所长和副所长。

1936年，葛兰言曾到奥斯陆长途旅行，在那里发表了一系列演讲，这些演讲在他去逝后以《中国的封建制度》（1952）为书名出版。

1937年，葛兰言访问剑桥，并为当年的"简·哈里森纪念讲座"（Jane Harrison Memorial Lecture）发表演讲，主题是"中国习俗中的礼物之战"（La bataille des cadeaux dans les usages chinois）。

1940年，在莫斯的坚持下，葛兰言担任高等研究实践学院第五研究部主任的职务。1940年11月25日，他被一个自己所痛恨的政府官员召见进行面谈。

---

① 葛兰言在高等研究实践学院的课程主要是讲授《仪礼》中的习俗，1926—1927年间转向《庄子》与古代历法，1927—1928年间讲授《淮南子》与古代历法，1928—1929年及1938—1939年，讲授道家和道教，1939—1940年间做系列《山海经》昆仑山讲座。

这次遭遇肯定是令人不快的，当天回家之后他就因愤怒而去世了。

葛兰言率先将社会学引入汉学研究，用社会学理论和社会学分析方法来考察中国古代社会、文化、宗教和礼俗，佐以实际调查与田野研究，并用对比研究的方法，突破了前辈和同时代汉学家的局限，具有了一种综合性的不局限于文本的视野。主要著作有：

*Fêtes et chansons anciennes de la Chine*（《古代中国的节庆和歌谣》）, Paris, E. Leroux, 1919, I-303 pp. （Thèse : Lettres : Paris : 1919.）

*La Polygynie sororale et le sororat dans la Chine féodale*（《中国古代之媵制》）, Paris, E. Leroux, 1920, 93 pp.

*La Vie et la mort : croyances et doctrines de l'Antiquité chinoise*（《生命与死亡，中国古代的信仰和教义》）, Paris, Imprimerie nationale, Bibliothèque de l'École pratique des hautes études, Section des sciences religieuses, 1920, 69 pp. *La Religion des Chinoise*（《中国人的宗教》）, Paris : Gauthier-Villars, coll. Science et civilisation : collection d'exposés synthétiques du savoir humain, 1922, XIII-202 pp. *Danses et Légendes de la Chine ancienne*（《中国古代的舞蹈与传说》）, Paris, F. Alcan, coll. Bibliothèque de philosophie contemporaine. Travaux de l'année sociologique , 1926, 2 vol., 393-712 pp.

*La Civilisation Chinoise : la vie publique et la vie privée*（《中国上古文明论》）, Paris, la Renaissance du Livre, coll. Bibliothèque de synthèse historique. L'Évolution de l'humanité , 1929.

*La Pensée Chinoise*（《中国人的思想》）, Paris, Renaissance du livre, Albin Michel, coll. L'Évolution de l'humanité (25 bis), 1934, XXIII-614 pp.

*La Féodalité Chinoise*（《中国的封建制度》）,（avant-propos par Alf Sommerfelt）, H. Aschehoug (Oslo), O. Harrassowit (Wiesbaden), Les Belles Lettres (Paris), coll. Instituttet for sammenlignende kulturforskning ; Série A. Forelesninger ; 22, 1952, [4]-227 pp.①

---

① 许光华：《法国汉学史》，北京：学苑出版社，2009 年，第 190~191 页。吴银玲：《葛兰言〈中国人的宗教〉研究》，中央民族大学 2011 年硕士论文。

## 公元 1941 年

### 一、大事记

1. 9 月，巴黎大学北京汉学研究所成立。

2. 格鲁塞担任国立东方现代语言学院教授，讲授远东史和地理学课程。同年，格鲁塞还完成为格罗茨（Gustave Glotz）的《中世纪史》第 10 卷《15 世纪之前的东亚》第一部分《帝国》所写的专论：《印度、中国和蒙古人》。

### 二、书（文）目录

1. Daudin, Pierre 译，« Un ultimatum aux crocodiles en 819 »（《祭鳄鱼文》）de Han Yu（韩愈），*Bulletin de la Société des études indochinoises*, nouvelle série, vol. 16, 1941, pp. 47-49.

2. Liou, Kin-Ling, « Wang Wei le poète »（《诗人王维》），Thèse pour le doctorat d'université : Lettres : Paris : 1941 (Paris : Jouve et Cie, 1941, 166 pp. : front ; 26 cm).

3. Ma, Hiao-Ts'iun, « La Musique chinoise de style européen »（《欧洲风格的中国音乐》），Thèse pour le doctorat d'université : Lettres : Paris : 1941 (Paris : Jouve et Cie, 1941, 135 pp. ; 25 cm).

4. Wong, Hao-Hsiang, « L'esprit de la loi et l'esprit du monde dans la philosophie de Han Fei tseu »（《韩非子哲学的法精神与世界精神》），Thèse d'université : Lettres : Paris : 1941 (Paris, Imprimerie R. Foulon, 1941, 142 pp., 25 cm).

5. Wang, Tch'ang-Tche, « Le Mysticisme de Tchoang-tse »（《庄子的神秘主义》），*Bulletin de l'Université L'Aurore*, 3$^e$ série, vol. 2, 1941, p. 382-402.

## 三、备注

早在 1919 年，伯希和就曾建议在北京设立一所法国机构，与在巴黎运行的研究所对等，也如同汉学研究所一样以庚子赔款来资助。1939 年，铎尔孟在北京建立了一处出版机构，负责出版以文化传播为目的的一种杂志，叫作《法国研究》。1939 年 8 月 23 日，法国驻京使馆领事莱茵（M. D. Rhein）向当时在上海的法国驻华大使戈思默（Henry Cosme）建议在北京设立汉学研究所。1940 年 1 月 18 日，北京中法大学校长李麟玉和法国驻华使馆秘书鲍思颂（R. de Boissezon）分别以中法教育基金委员会中法两国代表团主席的名义，做出关于设立北京汉学研究所的决定，具体由旅京多年的著名汉学家铎尔孟先生负责筹办。该所经费原则上先从中法教育基金委员会两国代表团的预算中平等提取。1941 年 3 月，日本驻华使馆参赞土田丰（Tsuchida）通知法国驻华大使戈思默，华北政务委员会决定将北京中法大学的校舍拨给北京大学法律系使用，要求戈思默尽快找到一个方案以满足地方当局的这一要求。北平日伪政权的这一举动加快了法国政府决定设立北京中法汉学研究所的步伐。是年 9 月 1 日，法国驻华大使戈思默在北京市皇城根前的中法大学旧址内亲自主持成立仪式，宣布中法汉学研究所正式成立，由铎尔孟担任所长，法国大使馆派中文秘书杜柏秋（Jean-Pierre Dubosc）负责行政事务。安南政府对此事亦甚为关心，特派毕业于巴黎大学文学院的史浪沫（Schlemer）前来协助，担任该所秘书。

中法汉学研究所刚成立时只设立民俗学组，由留法归国、时任燕京大学社会学教授的杨堃教授负责。该所研究人员一部分为京城内对法国学术有兴趣的中国学者，一部分为法国及越南派来的法籍公费留学生，他们在中法学者指导下从事汉学研究。此后，在法国驻华使馆的大力支持下，研究所的规模不断扩大。是年 11 月，研究所设立法文研究班；次年 9 月，研究所相继成立语言历史组和通检组；1943 年 5 月 22 日，成立汉学研究所图书馆。

1947 年中法汉学研究所进行重大改组。是年 1 月 22 日，巴黎大学、巴黎中国学院、法兰西远东学院方面的代表和有关部门代表在巴黎大学中国学院举行会议，通过了一项关于北京中法汉学研究所改组问题的决议，确定北京中法汉学研究所的名称改为"巴黎大学北京法国汉学研究所"，直接隶属于巴黎大学。巴黎大学在巴黎中国学院内设立以巴黎大学校长为董事长的董事会，每年举行一次会议，督查研究所的出版和各项学术工作，并负责汉学研究所研究人员和管理人员的任免。决议规定研究所今后的工作方向：一、汇集法国学者和研究人员，以便使他们的知识更加完善，并在那里从事有关中国和东中亚文明的一切研究；二、要在北京创造汉学研究所必需的条件，如建立图书馆、资料室，完善档案图片、索引等数据库；三、建立与中国汉学家和知识分子特别是掌握法语的中国学者的联系，与他们以及中国各大学、图书馆、研究机构建立紧密的学术合作；四、与所外的其他法国汉学家和外国汉学家建立类似的关系；五、采取一切有益的措施如出版研究成果、举办展览会和演讲会等来确保法国汉学的影响。

1949年中华人民共和国成立后，北京汉学研究所的法方研究人员一度希望研究所能够继续保留。1950年12月，汉学研究所负责人康德谟（Maxime Kaltenmark）在写给董事会副董事长、法兰西学院教授戴密微的信中，明确反对法国驻华总领事雅克列维奇（Jankélévitch）提出的遣返一部分法国人、主动关闭汉学研究所的建议，主张继续留在北京，表示不愿中断他们的研究工作，认为从当地的形势来看，马上彻底关闭汉学研究所为时过早，离开北京比留在北京风险可能更大。同月27日，中国政府发布通告，要求接受外国资助或者依靠外国补助来运行的在华文化、宗教机构在3个月内进行登记，这些机构必须提供详细的财务报告，说明经费来源和使用的具体情况以及有关它们物资的详细清单。法国驻京领事雅克列维奇认为该规定对北京汉学研究所造成非常严重的威胁，再次要求立即关闭汉学研究所，他在1951年1月2日给法国外交部的电报中指出："它的图书一旦编完目录，有可能就被中方收管，而法国对研究所的领导权可能也会被中国收走，致使该事业的发展方向完全与法国的愿望背离。"1951年1月13日，北京汉学研究所董事会在巴黎专门就清理汉学研究所与遣返法国人员问题召开会议。会上，董事会的专家和学者仍不赞成匆忙做出关闭汉学研究所的决定，认为这个问题应由康德谟与法国领事雅克列维奇根据当地形势综合考虑，协商如何更好地行事。经过讨论，董事会最后达成下列两点一致意见：第一，研究所的法国人员与法国领事协商，可以自由决定是回法还是留在原来的岗位上；第二，关于汉学研究所是否关闭的问题，最好由中国政府去决定，法国不要抢先匆忙清理研究所。这样，北京汉学研究所又继续存在将近 3 年之久，直至 1953 年 11 月 9 日接到北京市政府令其停止活动的口头通知之后，该所才遵照法国外交部的训令，将其藏书和资料经香港转运到巴黎大学，最后撤出中国。

北京中法汉学研究所自创立之日起即把学术研究置于首要地位。在其存在的 10 余年里，北京中法汉学研究所的学术研究成绩斐然，其中又以民俗学的研究最为引人注目。1941 年秋民俗学组成立后，即在著名社会学家、民俗学家杨堃的带领下，进行了一系列卓有成效的工作。据该所所刊《汉学》杂志第一辑《本所工作概况》的介绍，至 1944 年汉学研究所民俗学组从事的工作有下列九项：一、神祃资料的搜集、整理与研究；二、年画资料的搜集、整理与研究；三、照相资料的搜集、整理与研究；四、编制民俗学分类表；五、日报论文通检；六、杂志论文通检；七、编纂风土全志；八、民俗学组研究人员还选择西洋研究中国民间信仰宗教风俗巨著如禄是遒司铎的《中国迷信研究》、哥罗特（Jan Jakob Maria de Groot）的《中国宗教系统》等书；九、编制人名、书名通检及研究卡片。

汉学研究所在中国语言和历史研究方面也有骄人的成果。出版了法文版《甲骨文字之发现及其贡献》《汉语语法论》等。语言历史组研究员还对清代中法外交史料作了整理，将法国大使馆所存及故宫博物院刊印的有关资料加以比较，编成重要档案选辑，并附人名通检。

北京中法汉学研究所从事的另一项非常有意义的工作是编纂古籍通检。汉学研究所自成立起共出版 15 种通检，它们是《论衡通检》《吕氏春秋通检》《风俗通义通检》《春秋繁露通检》《淮南子通检》《潜夫论通检》《新序通检》《申鉴通检》《山海经通检》和《战国策通检》《大金国志通检》《契丹国志通检》《辍耕录通检》《方言校笺通检》《文心雕龙新书通检》。此外，还有一种通检即《抱朴子通检》，最后因主持人吴晓铃先生调离北京汉学研究所停办而未能出版。就编纂质量来说，这些通检与哈佛燕京学社的《引得》齐名，为学者检索古籍提供了极大的方便。北京中法汉学研究所编纂的通检后来被多次重印，迄今仍被有关学者称颂。

北京汉学研究所还出版 4 种期刊：《汉学》《中法汉学研究所图书馆馆刊》《法文研究》《艺文萃译》。汉学研究所还出版了一些专刊。

为引起更多社会人士对汉学研究的注意和扩大研究所的影响，北京中法汉学研究所在推动汉学研究走向社会、普及学术方面也做了一些有益的尝试和活动。如举行公开学术讲演会、举办公开展览会等。①

## 公元 1942 年

### 一、大事记

无。

### 二、书（文）目录

1. *Exposition d'iconographie populaire : images du nouvel an*（《民间肖像展：年画》），Pékin, Centre franco-chinois d'études sinologiques, 1942, XI-240-6-7 pp., ill. (Texte en français et en regard le texte en chinois).

2. Pang, Ching-Jen, « L'Idée de Dieu chez Malebranche et l'idée de Li chez Tchou Hi, suivies de *Du Li et du K'i* : traduction annotée du livre XLIX des *Œuvres complètes de Tchou Hi* »（《马勒布朗士的"上帝"观念与朱熹的"理"观念，附〈论理和气〉：译注自〈朱熹全集〉卷四十九》），Thèse de doctorat : Philosophie : Paris : 1942 (Paris : J. Vrin, 1942 ; 130 pp., pl. ; 25 cm).

3. Tscharner, E.H. Von, « La Pensée "métaphysique" et éthique de Lao-tseu »（《老

---

① 参阅 Paul Demiéville, « Aperçu historique des études sinologiques en France », *Acta Asiatica*：*Bulletin of the Institute of Eastern Culture*（Tokyo），vol.11, 1966, pp. 56-110. 葛夫平：《北京中法汉学研究所的学术活动及其影响》，载《中国社会科学院近代史研究所青年学术论坛 2004 年卷》。

子的形上与伦理思想》），*Scientia*, Bologne, n° 72, 1942, pp. 29-36.

## 三、备注

无。

# 公元 1943 年

## 一、大事记

1.《法文研究》自 1943 年 1 月起改属汉学研究所发行。
2. 5 月 22 日，北京汉学研究所图书馆正式成立。
3. 马伯乐当选碑铭与美文学院院长。

## 二、书（文）目录

1. Lo, Ta-Kang 译, *Le Miroir antique : contes et nouvelles chinois des hautes époques*（《古镜：上古时期中国故事与短篇小说》），Neuchâtel, À la Baconnière, 1943, 281 pp.

2. Tsing Pann Yang [Gandon, Yves] 译, *La Terrasse des désespoirs*（《绝望露台》），traduit du chinois, Paris, J. Haumont, 1943, 102 pp.（Attribué à Yves Gandon par le catalogue de la BNF）.

## 三、备注

《法文研究》原由中法教育基金委员会附设的中法文化出版委员会出版，着重介绍法国文学家及文学名著，每期有作家研究、名著翻译或注释、法文语法研究、书评和译文欣赏。从第二年开始又增辟中文选读栏目，将中国文学名著选译成法文。1944 年起汉学研究所决定将《法文研究》停刊，另出新刊，名为《艺文萃译》，将原来的中文栏目扩充而取消其他栏目，仍为纯文艺刊物，每期选择同一时代之各种体裁的重要文学作品，内容包括有代表性和思想性的诗词、散文、小说和戏剧。如果说它的前身功在传播法国文学的话，那么《艺文萃译》则侧重向西方特别是法国人民介绍中国文学，通过中国文学作品让西方和法国人民了解中国的历史和文化。

## 公元 1944 年

### 一、大事记

1. 3 月 4 日，拉卢瓦逝世。
2. 北京汉学研究所出版《汉学》第一辑。

### 二、书（文）目录

1. Bernard, Henri, « À l'occasion d'études récentes sur l'*Iking* : comment Leibnitz a découvert le livre des Mutations »（《借关于〈易经〉的新近研究之机：莱布尼茨如何发现了〈易经〉》）, *Bulletin de l'Université L'Aurore*, 3$^e$ série, vol. 5, 1944, pp. 432-445.

2. Constant-Lounsbery, Grace 译, *Dhyàna pour les débutants : Traité sur la méditation*（《入门者的禅：冥想论》）, suite de conférences données par le Grand Maître Chih-Chi du Tien-Tai au Temple de Shiu-Ch'an (Dynastie des Sui 581-618), trad. française de G. Constant Lounsbery d'après la transcription du chinois de Bhikshu Wai-Dau et de Dwight Goddard, Paris, A. Maisonneuve, 1944, 104 pp.

3. Laloy, Louis 译, *Poésies chinoises*（《中国诗》）, traduites en français,

avec une introduction et des notes par Louis Laloy, s.l., Egloff, 1944, 102 pp.

4. Lamotte, Étienne 译, *Le Traité de la grande vertu de sagesse de Nāgārjuna* (*Mahāprajñāpāramitāsāstra*)（《龙树的〈大智度论〉》）, [d'après la version chinoise « Ta tche tou louen » de Kumārajīva（参照鸠摩罗什的中文版本《大智度论》）], t. 1, Chapitres I-XV, 1$^{re}$ partie, traduction annotée, Louvain, Muséon, 1944, XXXII-620 pp.

5. Lamotte, Étienne 译, *Choix de poésies chinoises*（《中国诗选》）, Paris, F. Sorlot (Les chefs-d'œuvre), 1944, 63 pp.

## 三、备注

1. 拉卢瓦，1874年2月18日出生，1944年3月4日逝世，是法国的一位音乐学家、作家和汉学家。拉卢瓦会多种语言：英语、德语、意大利语、拉丁语、希腊语和中文。获得文学博士之后，他成为一位杰出的音乐家和音乐批评家，Mercure musical 的创始人。1906年开始在索邦大学教授音乐史，随后成为巴黎音乐学院（Conservatoire de Paris）教授。1913年至1940年间，拉卢瓦担任巴黎歌剧院秘书长。

主要著作有：

*La Musique chinoise : étude critique*（《中国音乐》）, Paris, Henri Laurens, coll. « Les musiciens célèbres », 1903, 128 pp.

« *Hoaî-nân Tzè* et la musique »（《〈淮南子〉与音乐》）, *T'oung Pao*, vol. 15, fasc. 4, 1914, pp. 501-530.

*Le Chagrin dans le palais de Han : drame chinois*（《汉宫秋》）, illustré par René Piot, Société littéraire de France, 1921, 77 pp.

*Légende des Immortels, d'après les auteurs chinois*（《中国作者笔下的仙人传奇》）, Paris, A. Messein, 1922, 110 pp.

*Contes magiques : d'après l'ancien texte chinois de P'ou Sounglin*（《蒲松龄〈聊斋志异〉选》）, Paris, H. Piazza, 1925, XI-213 pp.

*Le Rêve du millet jaune* Houang Liang Mong : *drame taoïste du* XIII$^e$ *siècle*（《〈黄

梁梦〉：13世纪道家戏剧》), Paris, Desclée de Brouwer, coll. « Courrier des îles » (5), 1935, 139 pp.

*Poésies chinoises*（《中国诗》）, Fribourg (Suisse), Egloff, 1944, 105 pp.

2.《汉学》为汉学研究所所刊，系不定期刊物，其刊载文字或中文或法文或中法合刊，根据稿件情形而定。1944年出版创刊号——第一辑，至1950年共出版五辑，其中最后一辑系在巴黎发行。该刊以发表汉学研究所内的汉学研究论文为主，也约请学术界名人撰稿，其他稿子只要与该刊性质一致，经该所审定亦可刊登；其主要栏目有论文、书评、学术界消息、所讯。在出完第五辑之后，北京汉学研究所董事会采纳副董事长戴密微的建议，将《汉学》改名为《汉学论丛》（*Mélanges sinologiques*）。1951年出版中法文合刊的《汉学论丛》，其中有向达的《罗叔言补唐书〈张义潮传〉补正》、戴望舒的《读〈李娃传〉》、傅惜华的《宝卷总录》。

# 公元1945年

## 一、大事记

1. 3月，北京汉学研究所出版《中法汉学研究所图书馆馆刊》第一号。

2. 3月17日，马伯乐（1883—1945）病逝于集中营。

3. 4月29日，林藜光（Lin Li-kouang）逝世。

4. 10月26日，伯希和因癌症逝世。

5. 戴密微进入法国高等研究实践学院第四系，继承普祖鲁斯基的佛教语言文献学研究导师位。

6. 罗浮宫和吉美博物馆的收藏品合并，吉美博物馆获得伯希和特藏中的余物。

## 二、书（文）目录

1. Demiéville, Paul, « Un conte philosophique chinois »(《中国哲学故事一则》), *Existences : revue des étudiants de Saint-Hilaire du Touvet*, décembre 1945, pp. 8-17.

2. Grootaers, W., « Une stèle chinoise de l'époque mongole au sud-est de Ta-t'ong »（《大同东南蒙古时代的一座中文碑》）, *Monumenta Serica*, vol. X, 1945, pp. 91-116.

3. Hambis, Louis, *Le chapitre CVII du* Yuan che *: les généalogies impériales mongoles dans l'histoire chinoise officielle de la dynastie mongole* （《〈元史〉第 107 章：蒙古朝官方中国史中的蒙古皇族世系》）, avec des notes supplémentaires par P. Pelliot, Leiden, E. J. Brill, 1945, XII-181 pp., tables généalogiques sur dépliants.

4. Leplae, Charles, *Chant sur la rivière : essai sur la poésie chinoise* （《河上歌：中国诗歌论》）, avec la collaboration de G. van den Bos, précédé d'une étude sur la poésie T'ang, par Luc Haesaerts.-[Bruxelles] : Éditions des artistes, Bruxelles, 1945, 185-[1] f. de front (Comprend le poème de Li T'ai Po « Un chant sur la rivière », sa trad. et son commentaire. Les caractères chinois reproduits dans l'ouvrage sont dus au pinceau de Charles Leplae).

5. Serruys, Henri, « *Pei-lou feng-sou*, les coutumes des esclaves septentrionaux de Hsiao Ta-heng »（《萧大亨〈北虏风俗〉》）, *Monumenta Serica*, vol. X, 1945, pp. 117-208.

## 三、备注

1.《中法汉学研究所图书馆馆刊》目前所能见到的仅有两期：1945 年 3 月出版第一号，1946 年 10 月出版第二号。其栏目分专著①、馆藏善本题记、书评、

---

① 实为图书馆学、目录学或者版本学方面的专题论文。

图书介绍、杂志论文提要、出版界消息及馆讯。该刊对于我们了解抗战期间我国学术研究动态和出版情况有一定帮助。

2. 马伯乐，法国著名的汉学家，沙畹的学生。1883 年 12 月 15 日出生于巴黎，其父为法国著名考古学家加斯通·马伯乐（Gaston Maspero），是一位声誉卓著的古埃及学专家，曾任开罗博物馆馆长。马伯乐 16 岁之前一直与父母住在巴黎，先后在蒙田中学（Lycée Montaigne）和路易大帝中学（Louis-le-Grand）就读。1902 年获得文学学士学位，后来他在部队服役一年后，随父亲前往埃及，在那里完成了论文《托勒密王朝时期埃及的财富》（«Les Finances de l'Égypte sous les Lagides»），并于 1904 年获得历史学和地理学高等文凭。1905 年发表了论文《托勒密王朝时期埃及的财富》。从埃及返回巴黎后，马伯乐开始准备法学士论文，学习汉语。他在国立现代东方语言学院听课，同时又在法兰西学院聆听沙畹的课程。他获得了学士学位，并于 1907 年获得了汉语文凭。

马伯乐（1883—1945）像

1908—1920 年间，马伯乐在法国远东学院任职。1908 年 1 月 27 日，他被任命为法国远东学院实习研究员，同年 3 月抵达越南河内，对当地文化有了深刻了解，此时他刚满 24 岁。1908 年 11 月 13 日，马伯乐奉命来到中国，到达北京时恰逢光绪皇帝和慈禧太后晏驾，3 岁的溥仪被扶上了王位。马伯乐目睹了汹涌澎湃的革命风潮，后来根据梁启超的一部关于 1892 年改良的著作，写了一篇文章，描述了中国革命即将到来的种种征兆。1910 年 6 月 10 日马伯乐回到河内，11 月 25 日做了一个关于中国北京和中国北方的报告，并继续古地理学的研究。1912 年 7 月到 1913 年 6 月，马伯乐去欧洲和埃及度假，返回河内后，他为考古调查做了精心的准备。这次考古调查使他有机会第二次前往中国。1914 年 3 月，他前往中国的沿海省份浙江进行考察，其中心内容是围绕民族志方面进行调查。他对浙江进行的研究，原本是依靠地方志上面的资料，而他想要验证一下这些地方志上所记载的情况是否准确。于是他在当地生活了 6 个月，他的目的是从碑铭上拓取尽可能多的文献资料，他认为尽管有一些碑铭业已遭到了太平军的破坏，但这些遗迹还是十分重要的。他曾在绍兴逗留，前往参观了神话传说中的大禹的坟墓大禹陵。他曾 6 次前往这一地区的禹王寺、天台等重要的佛教寺院考察。1915 年 4 月，马伯乐应征入伍。1917 年 7 月，他被法国军方召回，任命为翻译士官。1919 年 3 月退伍复员，之后返回越南。1920 年自河内返法定居。

1921 年 1 月 24 日，马伯乐正式在法兰西学院开始授课，第一堂课讲的就是他的老师沙畹的研究成果。在法国定居后，他开始撰写一部中国古代史，1927 年他出版了一卷《古代中国》（1955 年再版，附补编和汉文方块字）。1928—1929 年，马伯乐离开法国前往日本，到东京的日佛协会工作，并于 1929 年秋季途经中国北方和朝鲜回国。他在日本期间，受到了日本历史学家黑板胜美和汉学家内藤虎次郎、狩野直喜的欢迎，他们将自己收藏的一些考古和艺术资料展示给马伯乐，这对他日后的汉学研究有一定的帮助。马伯乐在日本举行了多次讲座，其中一部分发表在日文期刊上，一部分收入其《遗著集》。

1936 年 2 月 1 日，马伯乐被聘为碑铭与美文学院院士，1942 年 12 月 23 日当选为该院副院长，1943 年年底当选为院长。1944 年，马伯乐任法兰西学院文学部会长。由于他的儿子让·马伯乐参加反法西斯组织，马伯乐夫妇被捕入狱，他后来被押送到德国布痕瓦尔德集中营，受到了非人的虐待，1945 年 3 月 17 日在集中营病逝。

马伯乐在汉学研究史上，是一个开辟新道路最多的人，在不同的领域中都表现出渊博的学识。其著作是百科全书性的，主要有：

*Les Finances de l'Égypte sous les Lagides*（《托勒密王朝时期埃及的财富》），Nogent-le-Rotrou, Impr. de Daupeley-Gouverneur, 1905, 252 pp.

« Communautés et moines bouddhistes chinois aux II$^e$ et III$^e$ siècles »（《公元 2 至 3 世纪中国的佛教团体与僧侣》），*Bulletin de l'École française d'Extrême-Orient*, t. 10, n° 1, janvier-mars 1910, pp. 222-232.

« Le Protectorat d'Annam sous les T'ang : essai de géographie historique »（《唐代安南都护府、历史地理短评》），*Bulletin de l'École française d'Extrême-Orient*, t. 10 : n° 3, juillet-septembre 1910, pp. 539-584 ; octobre-décembre 1910, pp. 665-682.

« Contribution à l'étude de la phonétique des langues thaï »（《泰语语音体系

研究》），*Bulletin de l'École française d'Extrême-Orient*, t. 11, n° 1-2, janvier-juin 1911, pp. 153-169.

« Sur la date et l'authenticité du *Fou fa tsang yin yuan tchouan* »（《关于〈付法藏因缘传〉的日期和真实性》）, in *Mélanges d'indianisme offerts à M. Sylvain Lévi*, Paris, E. Leroux, 1911, pp. 129-149.

« Études sur la phonétique historique de la langue annamite : les initiales »（《安南语言历史语音研究》）, *Bulletin de l'École française d'Extrême-Orient*, t. 12, n° 2, 1912, pp. 1-126.

« Sur quelques textes anciens de chinois parlé »（《关于汉语口语的一些古代文本》）, *Bulletin de l'École française d'Extrême-Orient*, t. 14, n° 4, 1914, pp. 1-36.

« Le Dialecte de Tch'ang-ngan sous les T'ang »（《唐代长安方言研究》）, *Bulletin de l'École française d'Extrême-Orient*, t. 20, n° 2, 1920, pp. 1-119.

« Légendes mythologiques dans le *Chou king* »（《〈书经〉神话传奇》）, *Journal Asiatique*, janvier-mars,1924, pp. 1-100.

« Le Roman de Sou Ts'in »（《苏秦的小说》）, *Études asiatiques*, vol. II, 1925, pp. 127-141.

*La Chine antique*（《古代中国》）, Paris, E. de Boccard, 1927, XV-625 pp., cartes.

« Astronomie chinoise avant les Han »（《汉代以前的中国天文学》）, *T'oung Pao*, vol. 26, fasc. 4-5, 1929, pp. 267-356.

« La Société et la religion des Chinois anciens et celles des Tai modernes »（《古代汉族人的社会和宗教与现代傣族人的社会和宗教》）, Gallimard, 1929.

« Préfixes et dérivation en chinois archaïque »（《古代汉语的前缀和衍生》）, *Mémoires de la Société de Linguistique de Paris*, t. XXIII, n° 5, 1930, pp. 313-327.

« La Composition et la date du *Tso tchouan* »（《〈左传〉的构成与日期》）, *Mélanges chinois et bouddhiques*, vol. I, 1931-1932, pp. 137-215.

« Les Origines de la communauté bouddhiste de Lo-yang »（《洛阳僧伽的起源》）, *Journal Asiatique*, juillet-septembre, 1934, pp. 87-107.

« Le Régime féodal et la propriété foncière dans la Chine antique »（《古代

中国的封建制度与土地所有制》）, *Revue de l'Institut de sociologie*, vol. 16, n° 1, 1936, pp. 37-70.

« Un texte chinois inconnu sur le pays de Ta-Ts'in (Orient romain) »（《关于大秦（罗马东边）的一个未知中文文本》）, in *Mémoires de l'Institut français d'archéologie orientale, mélanges Maspero*, t. LVII, vol. II, 1937, pp. 377-387.

« Les Instruments astronomiques des Chinois au temps des Han »（《汉朝时期中国人的天文学仪器》）, *Mélanges chinois et bouddhiques*, vol. VI, 1938-1939, pp. 183-370.

*Mélanges posthumes sur les religions et l'histoire de la Chine*（《关于中国宗教与历史的遗稿》）, Paris, Civilisations du Sud, S.A.E.P., 3 vol., 1950。此书第二卷 1971 年再版时改名为《道教与中国宗教》（*Le Taoïsme et les religions chinoises*）单独出版。①

3. 林藜光 1902 年出生于厦门。1924 年，在厦门大学结识戴密微，与戴密微过从甚密。离校后去北京，师从爱沙尼亚学者钢和泰（Alexander von Stel-Holstein，1877—1937) 研习梵文。1933 年应巴黎东方语言学校之邀，赴法国教授中文，同时在印度学大师烈维的指导下从事佛典研究，烈维以当时在尼泊尔新获《诸法集要经》梵文写本授林氏校订。林氏在法十余年，孜孜不倦，工作夜以继日，当时又值二战，环境艰困，积劳成疾，于 1945 年不幸病逝，时年仅 43 岁。主要的著作是翻译校订的《诸法集要经》，逝世后由戴密微整理出版。

4. 伯希和于 1878 年 5 月 28 日在巴黎出生，曾就读于巴黎斯坦尼斯学院（Collège Stanislas de Paris）。毕业后入法兰西学院师从汉学家沙畹和印度学家烈维。1899 年被选为印度支那古迹调查会的寄宿生。1900 年被派往河内法国远东学院。同年 2 月，被派往北京为学院图书馆收集中文图书。1900—1903 年间，

---

① Paul Demiéville, « Henri Maspero et l'avenir des études chinoises »,*T'oung Pao*,2e série, vol. 38, n° 1, 1947, pp. 16-42( 译文参见戴仁著，耿昇译：《法国中国学的历史与现状》，上海：上海辞书出版社，2010 年，第 191~206 页）；黄长著，孙越生、王祖望主编：《欧洲中国学》，北京：社会科学文献出版社，2005 年，第 161~163 页。谢和耐：《游弋于多领域中的法国汉学家马伯乐》，载戴仁著，耿昇译：《法国中国学的历史与现状》，上海：上海辞书出版社，2010 年，第 207~226 页。

伯希和（1878—1945）像

伯希和三次受该校派遣前往中国考察，收集了大量古物古籍，并与收藏保存者如左宗棠的后人等有所接触。1904 年 7 月 9 日离开越南回国。同年，在巴黎发表《交广印度两道考》一文。

1905 年，斯坦因中亚考古新发现的消息传入欧洲。同年 8 月，伯希和接受了主持西域科考探险团团长的任命；于 1906 年 6 月 15 日，从巴黎出发前往中亚探险。1907 年，探险团在库车发现了用婆罗米文书写的久已失传语言的文件。这些失传语言后来被伯希和的老师烈维译解为乙种吐火罗语。探险团在同年 9 月先行到达乌鲁木齐，伯希和到焉耆调查，10 月抵达乌鲁木齐。伯希和在乌鲁木齐获得澜国公赠送的沙洲千佛洞写本一卷。1908 年 2 月，为了查阅敦煌出土的《法华经》古抄本，探险团到达敦煌。伯希和用时三周调查了藏经洞的文件，并选出最有价值的文件两千余卷，其中也包括新发现的唐代新罗僧人慧超所著的《往五天竺国传》。伯希和与王道人谈判，计划重建莫高窟的王道人最后同意以 500 两银子（约 90 英镑）的价钱把这些文物卖给伯希和。同年，伯希和在《法兰西远东学院学报》上发表了《敦煌藏经洞访问记》一文。1909 年，伯希和在北京向直隶总督端方和一些学者如罗振玉、王国维等出示了几本敦煌珍本，这立即引起中国学界的注意。伯希和发表的《中国艺术和考古新视野》一文向欧洲介绍罗振玉、王国维的研究成果。探险团一行于 1909 年 10 月 24 日回到了巴黎。不过伯希和意外地受到了远东学院的同事们的强烈指责，说探险团浪费公款并带回了伪造的文件。他们认为英国的斯坦因已经拿走了敦煌所有的文献。后来斯坦因于 1912 年出版了《探险旅行记》，宣布还有大量的文件被留在敦煌，同事们对伯希和的怀疑这才消释了。此后，伯希和发表了《敦煌千佛洞》等多篇论文，给汉学带来了很大的影响。

1911 年，法兰西学院特设中亚历史考古学讲座，聘请伯希和主讲，这是伯希和汉学地位的奠定时期。1911—1913 年间，伯希和和沙畹合著出版了《摩尼教流行中国考》。

1916年，伯希和被派遣至北京法国使馆任陆军武官次官。

1918年，伯希和完成《牟子理惑论》小册子的译注本。同年，他还发表了《中国印刷术的起源》。

1921年5月，伯希和当选为碑铭与美文学院院士。1923年，任《通报》主编。

1932年年底，伯希和为调查近年中国文史学的发展，并为巴黎大学中国学院采购普通应用书籍，再度来华，经香港、上海到达北平。在北平期间，他受到学术界的热烈欢迎，中央研究院历史语言研究所、燕京大学、辅仁大学、营造学社、与学术界关系密切的《北平晨报》馆及当地的学者名流，陆续举行欢迎宴会或约其讲演。

1933年，伯希和在《通报》上发表了《郑和下西洋》。直至1936年间，伯希和非常详细地研究了15世纪初期郑和下西洋时海上的远航情况，从而为中国向东南亚开拓的特征提供了一种生动而突出的例证。

1935年出任法国亚细亚学会主席。5—6月，年近花甲的伯希和携夫人最后一次来华，所负使命：一是出席6月在上海举行的法国公益慈善会向东方图书馆赠书典礼；二是以1936年初将在伦敦举行的国际中国艺术展览会选择委员身份，到上海选定准备运往英国的古物。

1939年，伯希和被聘为中国中央研究院历史语言研究所研究员。

1945年，伯希和在巴黎病逝。

伯希和是个语言天才，精通13种外语，而且博闻强记。他与中国学者交流，得益于汉语能力强和熟知中国学术。他除了是传教士，还是西方汉学界中罕有的能讲流利北京话的学者。伯希和的汉学研究精湛渊博，于中国目录版本、语言文字、考古艺术、宗教文化、东西交通，以及边疆史地等方面，都有论著。①

主要著作有：

« Notes de bibliographie chinoise : I. "Le kou yi ts'ong chou" »（《中国目录

---

① 其生平简介及著作参阅 J.J.L.Duyvendak:« Paul Pelliot（May 28th 1878-October 26th 1945）»,*T'oung Pao*,2e série, vol. 38, n° 1, 1947, pp.1-15；[法]Louis Renou:《法国的超级东方学家和汉学家伯希和》，载戴仁著，耿昇译：《法国中国学的历史与现状》，上海：上海辞书出版社，2010年，第164~177页；[法]戴密微:《法国卓越的东方学家伯希和》，载戴仁著，耿昇译：《法国中国学的历史与现状》，上海：上海辞书出版社，2010年，第178~190页；许光华：《法国汉学史》，北京：学苑出版社，2009年，第173~180页。

注释：I. "古逸丛书"》）, *Bulletin de l'École française d'Extrême-Orient*, t. 2, n° 4, octobre-décembre 1902, pp. 315-340.

« Les Mo-ni et le *Houa-Hou-King* »（《摩尼与〈化胡经〉》）, *Bulletin de l'École française d'Extrême-Orient*, t. 3, n° 2, avril-juin 1903, pp. 318-327.

« Textes chinois sur *Pānduranga* »（《关于〈奔陁浪〉的汉文文本》）, *Bulletin de l'École française d'Extrême-Orient*, t. 3, n° 4, octobre décembre 1903, pp. 649-654.

« Une bibliothèque médiévale retrouvée au Kan-sou »（《在甘肃发现的中世纪图书馆》）, *Bulletin de l'École française d'Extrême-Orient*, t. 8, n° 3-4, juillet-décembre 1908, pp. 501-529.

« Autour d'une traduction sanscrite du *Tao tö king* »（《关于〈道德经〉的一个梵语翻译》）, *T'oung Pao*, vol. 13, fasc. 3, 1912, pp. 351-430.

« Les Prétendus Jades de Sou-tcheou (Kan-sou) »（《肃州（甘肃）玉》）, *T'oung Pao*, vol. 14, fasc. 2, 1913, pp. 258-260.

*À propos du Keng tche t'ou*（《关于〈耕织图〉》）, in *Mémoires concernant l'Asie orientale, Inde, Asie centrale, Extrême-Orient*, publiés par l'Académie des Inscriptions et Belles-Lettres, Paris, E. Leroux, t. 1 (sous la direction de MM. Sénart, Barth, Chavannes, Cordier), 1913, pp. 65-122.

« Le *Chou king* en caractères anciens et le *Chang chou che wen* »（《古文〈书经〉与〈尚书释文〉》）in *Mémoires concernant l'Asie orientale, Inde, Asie centrale, Extrême-Orient*, publiés par l'Académie des Inscriptions et Belles-Lettres, Paris, E. Leroux, t. 2 (sous la direction de MM. Sénart, Barth, Chavannes, Cordier), 1916, pp. 123-177.

« *Meou-Tseu* ou *Les Doutes levés* »（《〈牟子〉或〈理惑论〉》）, *T'oung Pao*, vol. 19, fasc. 5, 1918, pp. 255-433.

« Note sur les T'ou-yu-Houen et les Sou-p'i »（《关于吐谷浑和苏毗的笔记》）, *T'oung Pao*, vol. 20, fasc. 1-5, 1920, pp. 323-331.

« Les Classiques gravés sur pierre sous les Wei en 240-248 »（《魏朝240—248年间的刻石经典》）, *T'oung Pao*, vol. 23, fasc. 1-5, 1924, pp. 1-4.

« Manuscrits chinois au Japon »（《日本藏中文手稿》）, *T'oung Pao*, vol.

23, fasc. 1-5, 1924, pp. 15-30.

« Quelques remarques sur le *Chouo Fou* » (《关于〈说郛〉的一些评论》), *T'oung Pao*, vol. 23, fasc. 1-5, 1924, pp. 163-220.

« Un recueil de pièces imprimées concernant La "Question des Rites" » (《一部关于"典礼之争"的印刷文章的合集》), *T'oung Pao*, vol. 23, fasc. 1-5, 1924, pp. 347-355.

« Le *Kin kou k'i kouan*» (《有关〈今古奇观〉一书》), *T'oung Pao*, vol. 24, fasc. 1-5, 1925, pp. 54-60.

« Le *Ts'ien tseu wen* ou *Livre des mille mots*»(《有关〈千字文〉一书》), *T'oung Pao*, vol. 24, fasc. 1-5, 1925, pp. 179-214.

« L'Inscription chinoise d'Idïqut-sahri » (《Idïqut-sahri 的中文铭文》), *T'oung Pao*, Vol. 24, fasc. 2-3, 1925, pp. 247-251.

« Un bronze bouddhique de 518 au Musée du Louvre » (《罗浮宫博物馆藏公元 518 年铜佛》), *T'oung Pao*, vol. 24, fasc. 1-5, 1925, pp. 381-382.

« Quelques textes chinois concernant l'Indochine hindouisée » (《关于印度化印度支那的一些中文文本》), in *Études asiatiques publiées à l'occasion du vingt-cinquième anniversaire de l'École française d'Extrême-Orient*, Paris, G. Van Oest, vol. 3, 1925, pp. 243-264.

« L'Édition collective des œuvres de Wang Kouo-wei »(《王国维全集》), *T'oung Pao*, vol. 26, fasc. 1-5, 1929, pp. 113-182.

« Notes sur quelques livres ou documents conservés en Espagne » (《关于藏于西班牙若干书籍文献的笔记》), *T'oung Pao*, vol. 26, fasc. 1-5, 1929, pp. 43-52.

« Sur quelques travaux chinois manuscrits concernant l'époque mongole »(《关于蒙古时代的若干中国手稿》), *T'oung Pao*, vol. 28, fasc. 3-5, 1931, pp. 378-380.

« Une phrase obscure de l'inscription de Si-ngan-fou » (《西安府铭文中晦涩的一句》), *T'oung Pao*, vol. 28, fasc. 1-5, 1931, pp. 369-380.

« Une statue de Maitreya de 705 » (《705 号弥勒像》), *T'oung Pao*, vol. 28, fasc. 1-5, 1931, pp. 380-382.

« Le Plus Ancien Possesseur connu du "Kou K'ai-tche" du British Museum »

（《大英博物馆藏顾恺之画的最早拥有者》），*T'oung Pao*, vol. 30, fasc. 1-5, 1933, pp. 453-455.

« Le Prétendu Album de porcelaines de Hiang Yuan-Pien »（《所谓项元汴瓷器画册》），*T'oung Pao*, vol. 32, fasc. 1-5, 1936, pp. 15-58.

« L'Exposition d'art chinois à Londres »（《伦敦中国艺术展》），*L'Asie française*, 1936, pp. 57-59.

« Le Dr. Ferguson et l'album dit de Hiang Yuan-pien »（《弗格森博士与所谓项元汴画册》），*T'oung Pao*, vol. 33, fasc. 1-5, 1937, pp. 91-94.

*Histoire des campagnes de Gengis Khan*, t. I (*Cheng-wou ts'in-tcheng lou*)（《成吉思汗征服史》第一卷《圣武亲征录》），trad. et annoté, Leiden, E. J. Brill, 1951, XXVII-485 pp.（Avec Louis Hambis）.

5. 罗浮宫与吉美博物馆的收藏品合并，使吉美博物馆获得了伯希和特藏中的剩余物。从此之后，伯希和所携归的全部特藏均藏于吉美博物馆。吉美博物馆藏品编目的出版成了一项长期的事业，被纳入了由韩百诗主持编纂的一套题为《伯希和探险团考古文献》中，由碑铭与美文学院赞助出版。对于该特藏中中国部分的研究，被委任给尼古拉·旺迪埃-尼古拉夫人。

# 公元 1946 年

## 一、大事记

1. 戴密微继马伯乐后主持"中国语言和文学"讲席，直至 1964 年。
2. 格鲁塞成为法兰西学院院士。同年，他还担任法国殖民地研究所教授。
3. 拉莫特获本年度儒莲奖。

## 二、书（文）目录

1. Bernard, Henri, « Note complémentaire sur l'Atlas de K'ang-hi » (《康熙地图补注》), *Monumenta Serica*, vol. XI, 1946, pp. 191-200.

2. Corswant, W., « Le Philosophe chinois Mê Ti et sa doctrine d'amour mutuel » (《中国哲人墨翟及其兼爱思想》), *Revue de théologie et de philosophie*, vol. 34, 1946, pp. 97-124.

3. Demiéville, Paul, « Langue et littérature chinoises, Résumé des cours de 1945-1946 : I. *Tchouang-tseu* et ses interprétations dans l'exégèse chinoise ; II. Explication du premier chapitre de *Tchouang-tseu* » (《中国语言文学：1945—1946 年度课程摘要：1.〈庄子〉及中国注释传统对其的阐释；2.〈庄子〉第一章解说》), in *Annuaire du collège de France*, 46ᵉ année, Paris, 1946, pp. 140-144. [Repris in Paul Demiéville, *Choix d'études sinologiques (1921-1970)*, Leiden, E.J. Brill, 1973, pp. 44-48].

4. Lin, Li-Kouang 译 , *Dharma-Samuccaya, Compendium de la Loi* (《诸法集要经》), 1ʳᵉ partie, recueil de stances extraites du *Saddharma-smrthy-upasthana-sutra* par Avalokitasimha, chapitres I à V, texte sanskrit édité avec la version tibétaine et les versions chinoises et traduit en français par Lin Li-Kouang, Paris, Publications du Musée Guimet, coll. Bibliothèque d'Étude (t. LIII), 1946, 292 pp.

5. Průšek, Jaroslav, « Liu O et son roman, le *Pèlerinage du vieux boiteux* »(《刘鹗及其小说〈老残游记〉》) ( Préface à la traduction tchèque du roman *Lao Ts'an yu-chi* ), *Archiv Orientální* , vol. 15, 1946, pp. 352-385.

6. Schyns, J., et d'autres missionnaires en collaboration, *Romans à lire et romans à proscrire* (《待读的小说与待禁的小说》), Peiping, Scheut éditions (Series I, Critical and literary studies ; 1), 1946, 297-23 pp.

## 三、备注

1. 戴密微在法兰西公学院任教期间，曾连续多年研究他最钟爱的《庄子》，追述了中国历史上对此著作的研究过程，指出：为什么《庄子》自汉末和三国时代以来，随着"清谈"的风气和玄学的发展，而再次受到提倡；它在唐代根据佛教的哲学传统而被重新诠释；后来在宋代，又根据理学观点对它做了研究；最后在"考据学"时代，又根据训诂学的观点对《庄子》做了研究。戴密微还论述了有关《庄子》的最新汉文和日文出版物。他将那些主要疏注进行了比较，对《庄子》中的《逍遥游》《齐物论》和《秋水》诸篇，做了学术价值很高的深刻论述。戴密微用多年的时间致力于研究中国哲学词汇的形成，追溯古代末期思想家中"理"字的意义。他非常注意"分"（指定给个人的份额）的概念，研究该词的古代用法以及它与韩非子、吕不韦、王弼、郭象等人政治观点的关系；他也非常注意印度和中国佛教中"顿"与"渐"的概念。戴密微的其他研究都涉及康熙、雍正和乾隆时代的中国思想家们，而这些人在他之前在法国几乎是无人知晓，如颜元及其颜李学派、戴震和章学诚等一代名流。戴密微在法兰西学院并没有完全放弃佛教研究，但他关心的却是汉传佛教。第一，他注意中国佛教在唐代，特别是在武后时代的历史以及在中国写成的"伪经"；第二，他也注意禅宗史、临济大师的生平与语录以及禅对于诗词的影响等；第三，在敦煌发掘到的最早的民间文学文献及变文，也是戴密微连续多年极其关心的内容；第四，受佛教影响的诗人谢灵运的生平和著作也是戴密微在法兰西学院最后几年授课的内容。①

2.《诸法集要经》仅是摘录自小乘佛教中的长经文《正法念处经》（Saddharmasmrtyupasthāna-sūtra）的偈句汇编。《正法念处经》属于"方广经"（vaipulya），共计2500多颂（śloka），编纂过程存在诸多变数，因为其梵文原本今已散佚，仅存一部完整的藏文本和两部删减严重的中文本，不过却有一部

---

① ［法］谢和耐：《法兰西学院的汉学讲座》，戴仁编，耿昇译：《法国中国学的历史与现状》，上海：上海辞书出版社，2010年，第598~599页。

更为重要的散文体经书存世，里面有大量的《正法念处经》的诗句。烈维在尼泊尔获得此散文体《诸法集要经》，林藜光则着手整理诗句的梵文原本，并完成一部包括法文译文的校勘本。林藜光逝世后，其研究成果由戴密微和巴罗联手整理分四册（1946—1973）出版。①

# 公元 1947 年

## 一、大事记

韩百诗担任巴黎大学北京汉学研究所所长，直至 1950 年。

## 二、书（文）目录

1. Musée Guimet, *Manuscrits et peintures de Touen-houang : Mission Pelliot (1906-1909)* 《敦煌手稿与绘画：伯希和的使命（1906—1909）》, Paris, Collections de la Bibliothèque nationale et du Musée Guimet, Éditions des Musée nationaux, 1947, 41 pp., carte dépl.

2. Demiéville, Paul, « Langue et littérature chinoises : Résumé des cours de 1946-1947 : I. Étude sur la formation du vocabulaire philosophique chinois ; II. Explication du premier chapitre de *Tchouang-tseu* (suite) » （《中国语言文学：1946—1947 年度课程摘要：1. 中国哲学词汇形成研究；2.〈庄子〉第一章解说（续）》）, in *Annuaire du collège de France*, 47ᵉ année, Paris, 1947, pp. 151-157. [Repris in Paul Demiéville, *Choix d'études sinologiques (1921-1970)*, Leiden, E.J. Brill, 1973, pp. 49-55].

---

① 关于林藜光及其著作的介绍请参阅戴密微：《林藜光追思》，《西域文史》第五辑，北京：科学出版社，2010 年，第 255~266 页。

3. Fou, Yun-Tseu, « Étude bibliographique des œuvres littéraires de Sie Tsai-hang (1567-1624) » (《谢在杭（1567—1624）文学作品目录学研究》), *Han hiue, bulletin du Centre d'études sinologiques de Pékin*, vol. 2, 1947, pp. 373-385.

4. Liétard, Alfred 译, « Chants populaires des Lo-lo P'o (Yunnan) » (《倮倮婆（云南）民歌》), *Bulletin de l'Université L'Aurore*, 3$^e$ série, vol. 8, 1947, pp. 266-274.

5. Liétard, Alfred 译, « Chants populaires des Lo-lo P'o » (《倮倮婆民歌》), *Bulletin de l'Université L'Aurore*, 3$^e$ série, n° 8, 1947, pp. 266-274.

6. Lo, Ta-Kang 译, *Cent quatrains des T'ang* (《唐代绝句百首》), traduits par Lo Ta-Kang, préface de Stanislas Fumet, avec 10 reproductions de peinture ancienne du palais impérial de Pékin et en fac-similé une lettre de Louis Laloy, Neuchâtel, éditions de la Baconnière, 1947, 236 pp.-10 ff. de pl., ill., fac-sim. (réed. : 1957.)

7. Rotours, Robert Des 译, *Traité des fonctionnaires et traité de l'armée, traduit de la Nouvelle* Histoire des T'ang *(chap. XLVI-l)* (《〈新唐书〉百官志、兵志》), Leyde, E. J. Brill, Bibliothèque de l'Institut des hautes études chinoises (VI), 1947, 2 vol., CXVII-1094 pp., plus deux appendices, 1 tableau et 9 cartes ou plans.

8. Yo, You-Sya, « Chants populaires des Lo-lo p'o » (《倮倮婆民歌》), *Bulletin de l'Université L'Aurore*, 3$^e$ série, vol. 8, 1947, pp. 266-274.

## 三、备注

无。

# 公元 1948 年

## 一、大事记

无。

## 二、书（文）目录

1. Belpaire, Bruno, « Une anthologie littéraire de l'époque des T'ang »（《唐代文学选集》）, *Mélanges chinois et bouddhiques*, vol. IX, 1948-1951, pp. 72-91.

2. David, Marianne, « Les Jades de la Chine ancienne au Musée Guimet »（《吉美博物馆藏中国古玉》）, Pairs, École du Louvre, 1948.

3. Demiéville, Paul, « Langue et littérature chinoises : Résumé des cours de 1947-1948 : I. Étude sur la formation du vocabulaire philosophique chinois ; II. Explication du deuxième chapitre de *Tchouang-tseu* »（《中国语言文学：1947—1948 年度课程摘要：1. 中国哲学词汇形成研究；2.〈庄子〉第二章解说》）, in *Annuaire du collège de France*, 48ᵉ année, Paris, 1948, pp. 158-162. [Repris in Paul Demiéville, *Choix d'études sinologiques (1921-1970)*, Leiden, E.J. Brill, 1973, pp. 89-93].

4. Gernet, Jacques, « Entretiens de Chen-houei »（《神会语录》）, Thèse : EPHE, section 4, 1948.

5. Gernet, Jacques 译, *Entretiens du maître de dhyâna Chen-houei du Ho-tsö (668-760)*（《菏泽神会禅师（668—760）语录》）, Hanoi, École française d'Extrême-Orient, Publications de l'École française d'Extrême-Orient (vol. 31), 1949, X-126 pp. (reproduction : Paris, EFEO, 1974). (Traduction annotée de quatre manuscrits de Touen-houang publiés en 1930 par M. Hou Che).

6. Houang, François [Houang Kia-tcheng], et Pierre Leyris 译, *La Voie et sa*

vertu, *Tao-tê-king*（《道德经》）, texte chinois présenté et traduit par François Houang et Pierre Leyris, Paris, Le Seuil, 1948, 82 pp. (2$^e$ édition remaniée, Paris, Le Seuil, coll. « Points-Sagesses » n° 16, 1979, 181 pp.).

7. Kaltenmark-Ghéquier, Odile, *La Littérature chinoise* （《中国文学》）, Paris, Presses universitaires de France, coll. « Que sais-je ? », n° 296, 1948, 128 pp.

8. Lin, Li-Wei, « Wang Kouou-wei (1878-1927), sa vie et son œuvre » （《王国维（1878—1927）：生平与著作》）, Thèse d'université: Université de Paris : 1948.

9. Lo, Ta-Kang, *Homme d'abord poète ensuite : présentation de sept poètes chinois* （《为人先，为诗人后：七位中国诗人介绍》）, La Baconnière, 1948, Neuchâtel, 283 pp. （Qu Yuan, Tao Yuanming, Li Bai, Du Fu, Bai Juyi, Li Yu, Li Qingzhao）.

10. M.Wekté, « Le Mobilier chinois de l'époque Han à l'époque T'ang » （《汉代至唐代的中国家具》）, Paris, École du Louvre, 1948.

11. Margouliés, Georges，*Anthologie raisonnée de la littérature chinoise* （《中国文学萃选》）, textes réunis avec une introduction, Paris, Payot, « Bibliothèque scientifique », 1948, 458 pp.

12. Mullie, J., « Les Formules du serment dans le *Tso-Tchouen* » （《〈左传〉的誓言形式》）, *T'oung Pao*, vol. XXXVIII, 1948, pp. 43-74.

13. Nachin, Lucien (éd.), *Sun Tse et les anciens Chinois, Ou Tse et Se Ma Fa, v$^e$ au III$^e$ siècle av. J.-C.* （《公元前5—3世纪的中国古人孙子、吴子和司马法》）, présentés et annotés par L. Nachin, Berger-Levrault (Les Classiques de l'art militaire), Paris, 1948, XIX-187 pp. （Traduction de « Sun Tse ping fa », Règles de l'art militaire de Sun Tse, et résumé des articles de Ou Tse et de Se ma Yang Kin）.

14. Tchen, Ysia, « La Musique chinoise en France au XVIII$^e$ siècle » （《18世纪法国的中国音乐》）, Université de Paris : Lettres : 1948.

## 三、备注

马古烈在《中国文学萃选》一书中简要地回顾了中国文学在西方的传播历程，并试图将中国文学的精粹呈现给法国读者。作品按中国人、官员和旅行、引退文人、战争、死亡、离别、爱、女子、自然、酒、哲学和抒情等主题划分章节，每个章节包括散文和精心选择的中国古典诗歌两大部分。两种文体交相呼应，很好地烘托了主题所要传达的内容。

## 公元 1949 年

### 一、大事记

无。

### 二、书（文）目录

1. Demiéville, Paul, « Langue et littérature chinoises:Résumé des cours de 1948-1949 : I. Le touen et le tsien (le subit et le graduel );II. Explication du deuxième chapitre de *Tchouang-tseu* (suite) »（《中国语言文学：1948—1949 年度课程摘要：1. 顿与渐；2.〈庄子〉第二章解说（续）》），in *Annuaire du collège de France*, 49ᵉ année, Paris, 1949, pp. 177-182. [Repris in Paul Demiéville, *Choix d'études sinologiques (1921-1970)*, Leiden, E.J. Brill, 1973, pp. 94-99].

2. Finbert, Elian J., *Le Livre de la sagesse chinoise : Sentences exemplaires*（《中国智慧书：典范格言》）, recueillies par Elian-J. Finbert, présentées par Charles Mauron, ornements décoratifs par Andrée Corbin, R. Laffont (Collection Les Livres de la sagesse), Paris, 1949, [125] pp.

3. Guillot, M., « Contribution à l'étude chronologique des statuettes funéraires chinoises »（《中国葬礼塑像编年研究》）, Thèse : Histoire de l'art : École du Louvre : 1949 (dactylo. ; 263 pp. ; 28 cm).

4. Lin, Li-Kouang, *Introduction au Compendium de la Loi (Dharma-Samuccaya) : l'aide mémoire de la vraie Loi* (*Saddharma-Smrtyupasthana-Sutra*)（《〈诸法集要经〉

引论》），recherche sur un Sutra développé du Petit Véhicule, Introduction de Paul Demiéville, Paris, Publications du Musée Guimet, coll. Bibliothèque d'Étude (t. LIV), 1949, portrait, XV-384 pp.

5. Margouliés, Georges, *Histoire de la littérature chinoise : prose*（《中国文学史：散文》），Paris, Payot, Bibliothèque scientifique, 1949, VIII-336 pp.

## 三、备注

无。

# 公元 1950 年

## 一、大事记

康德谟自 1950 年起直至 1953 年，担任巴黎大学北京汉学研究所所长。

## 二、书（文）目录

1. *Corpus des pierres sculptées Han* (estampages)（《汉代刻石资料》），vol. I (Pierres du Chantong), Pékin, Centre d'études sinologiques de l'Université de Paris, 1950, III-20 pp., 200 pl. (Illustrations et textes réunis dans un coffret. Tables de planches en français et en chinois).

2. Bonmarchand, G., « Notice concernant la nouvelle dite *Yeou-sien-k'ou*(lu à la japonaise *Yûsenkutsu*) (Voyage au Pays des Fées) œuvre du romancier chinois Tchang Tsou du milieu de l'époque des T'ang (618-905) »（《唐代（618—905）中期中国小说家张鷟作品〈游仙窟〉介绍》），in *Actes du XXI$^e$ Congrès international des orientalistes*, 1949, pp. 260-261.

3. Couvreur, Séraphin 译，*Chou king : les annales de la Chine*（《书经》），E.J.

Brill ; Paris : Les Belles-lettres (Cathasia, série culturelle des hautes études de Tien-Tsin ; Textes de la Chine ; Humanités d'Extrême-Orient), Leiden, 1950, 464 pp. (Texte chinois, transcription, traductions française et latine).

4. Couvreur, Séraphin 译, *Mémoires sur les bienséances et les cérémonies : Li ki*（《礼记》）, E.J. Brill (Leiden) et Les Belles lettres (Paris) (Cathasia, série culturelle des hautes études de Tien-tsin ; Textes de la Chine), 1950, 2 tomes en 4 vol., XVI-788, 848 pp. (Texte en français et en chinois).

5. Demiéville, Paul, « Langue et littérature chinoises: Résumé des cours de 1949-1950 : I. Quelques penseurs de l'époque mandchoue ; II. Publications récentes sur *Tchouang-tseu*, et suite et fin de l'explication du deuxième chapitre »（《中国语言文学：1949—1950 年度课程摘要：1. 满洲时代的若干思想者；2. 关于〈庄子〉的新近出版物，第二章解说（续，完）》）, in *Annuaire du collège de France*, 50ᵉ année, Paris, 1950, pp. 188-193. [Repris in Paul Demiéville, *Choix d'études sinologiques (1921-1970)*, Leiden, E.J. Brill, 1973, pp. 100-105].

6. Demiéville, Paul, « Le Commentaire de *Tchouang-Tseu* par Kouo Siang »（《郭象〈庄子〉注》）, in *Actes du XXIᵉ Congrès international des orientalistes*, 1949, pp. 271-272.

7. Musée Guimet, *3. Céramique chinoise : Guide abrégé de le Collection Grandidier*（《3. 中国陶瓷：Grandidier 藏品系列导引》）（par Madeleine David et Daisy Lion-Goldschmidt）, Éditions des Musées nationaux, Paris, 1950, pp. 99-160.

8. Puech, Henri-Charles, « Un catéchisme manichéen chinois inédit : manuscrit Stein 508 du British museum »（《一部未刊的中文摩尼教教理书：大英博物馆 508 号斯坦因手稿》）, in *Actes du XXIᵉ congrès international des orientalistes*, Imprimerie nationale, Paris, 1950, pp. 350-354.

9. Zen, S., « Le Chapitre 33 du *Tchouang-tseu* »（《〈庄子〉第三十三章》）, *Bulletin de l'Université L'Aurore*, 3ᵉ série, vol. 10, 1949, pp. 104-136.

## 三、备注

无。

## 公元 1951 年

### 一、大事记

1. 1951 年 1 月 1 日起至 1975 年，石泰安被任命为高等研究实践学院第五系"远东和高地亚洲比较宗教"研究导师。
2. 谢和耐任法国国家科研中心助理研究员，同年被任命为高等研究实践学院第六系研究导师。

### 二、书（文）目录

1. *Corpus des pierres sculptées Han* (*estampages*)（《汉代刻石资料》），vol. II (Pierres du Chantong), Pékin, Centre d'études sinologiques de l'Université de Paris, 1951, 19 pp., 22 pl., carte. (Planches et textes réunis dans un coffret.Tables de planches en français et en chinois).

2. *Inventaire du fonds chinois de la bibliothèque de l'École française d'Extrême-Orient*（《法兰西远东学院图书馆中国藏品清单》），t. III, fasc. 2, MAMOU, École française d'Extrême-Orient, Saigon, 1951, 163 pp. (Inventaire en français et en chinois).

3. *Tao te king : le livre du Tao et de sa vertu*（《道德经》），traduction nouvelle, suivie d'Aperçus sur les enseignements de Lao Tseu, Lyon, P. Derain, coll. Taoïsme, Lyon, 1951, 246 pp.

4. Couvreur, Séraphin 译，*Cérémonial*（《礼记》），E.J. Brill (Leiden) et Les Belles Lettres (Paris) (Cathasia, série culturelle des hautes études de Tien-tsin ; Textes de la Chine ; Les humanités d'Extrême-Orient), 1951, 667 pp. (Texte chinois, et transcription, traduction française).

5. Couvreur, Séraphin 译, *La Chronique de la principauté de Lou : Tch'ouen Ts'iou et Tso Tchouan*(《春秋左传》), E.J. Brill (Leiden) et Les Belles Lettres (Paris) (Cathasia, série culturelle des hautes études de Tien-tsin ; Textes de la Chine ; Les humanités d'Extrême-Orient), 1951, 3 vol. (671 pp., 585 pp., 828 pp.) (Texte chinois et trad. française).

6. Demiéville, Paul, « Langue et littérature chinoises. Résumé des cours de 1950-1951 : I. Tchang Hiue-tch'eng et ses théories historiographiques ; II. Le XVII$^e$ chapitre de *Tchouang-tseu* (suite) » (《中国语言文学：1950—1951 年度课程摘要：1. 章学诚及其史学理论；2.〈庄子〉第十七章（续）》), in *Annuaire du collège de France*, 51$^e$ année, Paris, 1951, pp. 203-209. [Repris in Paul Demiéville, *Choix d'études sinologiques (1921-1970)*, Leiden, E.J. Brill, 1973, pp. 106-112].

7. Gernet, Jacques, « Complément aux *Entretiens du maître de dhyāna Chen-houei (668-760)* » (《〈神会（668—760）大师语录〉补》), *Bulletin de l'École française d'Extrême-Orient*, t. 44, n° 2, 1951, pp. 453-466.

8. Gernet, Jacques, « Les Entretiens du Maître Ling-yeou du Kouei-chan (771-853) » (《沩山灵祐（771—853）大师语录》), *Bulletin de l'École française d'Extrême-Orient*, t. 45, n° 1, 1951, pp. 65-70.

9. Jablonski Witold, « Les Biographies des lettrés confucéens de l'époque Han »(《汉代儒士传》), *Rocznik Orientalistyczny*, Varsovie, vol. 17, 1951-1952, pp. 240-249.

10. Kou, Pao-Koh Ignace, « Houei Che et Kong-Souen Long, sophistes chinois »(《惠施与公孙龙：中国诡辩派》). Sous la direction de Paul Demiéville (1894-1979). Thèse d'université : Lettres : Université de Paris : 1951.

11. Margouliés, Georges, *Histoire de la littérature chinoise : poésie* (《中国文学史：诗歌》), Paris, Payot, Bibliothèque scientifique, 1951, 419 pp.

12. Pelliot, Paul, Hambis, Louis 译, *Histoire des campagnes de Gengis Khan*(《成吉思汗征服史》), t. I (Cheng-wou ts'in-tcheng lou), trad. et annoté, E. J. Brill (Leiden), 1951, XXVII-485 pp. (Titre original : Sheng wu qin zheng lu).

13. Tai, Wang-Chou, « Notes sur le *Li wa tchouan* » (《〈李娃传〉笔记》), *Mélanges sinologiques*, 1951, pp. 19-40.

14. Wieger, Léon 译, *Bouddhisme chinois : les vies chinoises du Bouddha*（《中国佛教：佛在中国》）, E.J. Brill (Leiden) et Les Belles Lettres (Paris) (Cathasia, série culturelle des hautes études de Tien-Tsin), 1951, 453 pp.（Textes chinois et traduction française en regard）.

15. Wieger, Léon 译, *Bouddhisme chinois : Vinayana : monachisme et discipline : Hinayana, véhicule inférieur*（《中国佛教：化尊，修道与纪律，小乘》）, E.J. Brill (Leiden) et Les Belles Lettres (Paris) (Cathasia, série culturelle des hautes études de Tien-Tsin ; Textes de la Chine ; Les humanités d'Extrême-Orient), 1951, 479 pp. (Textes chinois et traduction française en regard).

## 三、备注

本年1月1日起至1975年，石泰安被任命为高等研究实践学院第五系"远东和高地亚洲比较宗教"研究导师。石泰安以比较的方法研究各个领域、国家的同一种类或类似种类的宗教信仰。例如：他对于汉民族崇拜关帝的研究，也涉及藏族的战神崇拜；他有关汉族"巫"及"童"的信仰之研究，也牵涉到越南对神媒介人的信仰行为；自汉地出现的傩及其在日本的流传，也使他对西藏、尼泊尔的宗教假面具舞蹈做了进一步的研究；他对道教中神授经文的研究，又促使他利用藏文经典传授传说并加以解释分析。石泰安对于道教与民间宗教信仰的关系，也用了许多时间来讲授。自1968年起，石泰安曾多次前往日本做调查研究。继此之后，他在其研究课题中又增加了日本宗教信仰。如他对于灶神的研究，不仅涉及苗、瑶、藏各族和越南，甚至还牵涉到冲绳地区的灶神信仰崇拜。

# 公元 1952 年

## 一、大事记

1. 9 月 12 日，格鲁塞（1885—1952）逝世。
2. 戴密微研究了敦煌写本中有关吐蕃禅宗文书，由此而出版了《吐蕃僧诤记》一书，成为研究中世纪印度、吐蕃和中国中原佛学学者们的必读著作。
3. 高等研究实践学院第五系创建宗教史料中心。
4. 谢和耐完成他的博士论文《中国 5—10 世纪的寺院经济》。

## 二、书（文）目录

1. Bridgman, Robert F., « La Médecine dans la Chine antique, d'après les biographies de Pien-ts'io et de Chouen-yu Yi (chapitre 105 des *Mémoires historiques* de Se-ma Ts'ien) »（《古代中国医学：根据司马迁〈史记〉第 105 章扁鹊与淳于意传》），*Mélanges chinois et bouddhiques*, vol. X, 1952-1955, pp. 1-213.

2. Chow, Yih-Ching, « La Philosophie morale de Tcheou Touen-yi : aux origines du néoconfucianisme »（《周敦颐的道德哲学：新儒家的起源》），Thèse d'université : Université de Paris : 1952.

3. Demiéville, Paul, « Langue et littérature chinoises. Résumé des cours de 1951-1952 : I. Le bouddhisme sous les T'ang ; II. Les débuts de la littérature chinoise en langue vulgaire »（《中国语言文学：1951—1952 年度课程摘要：1. 唐代佛教；2. 中国白话文学的发端》），in *Annuaire du collège de France*, 52ᵉ année, Paris, 1952, pp. 212-216. [Repris in Paul Demiéville, *Choix d'études sinologiques (1921-1970)*, Leiden, E.J. Brill, 1973, pp. 130-134].

4. Demiéville, Paul, *Le Concile de Lhasa, I*（《拉萨主教会议（一）》）une

controverse sur le quiétisme entre Bouddhistes de l'Inde et de la Chine au VIII$^e$ siècle de l'Ère chrétienne, Presses universitaires de France, Bibliothèque de l'Institut des hautes études chinoises (7), Paris, 1952, VIII-398 pp.-[XXXII] pp. de pl. (Comprend la traduction et le commentaire du Ms. n° 4046 du Fonds Pelliot chinois de la Bibliothèque nationale. La page de titre indique le chiffre « 1 » mais il n'y a jamais eu de deuxième volume.)

5. Hervouet, Yves, « Notes sur trois peintures chinoises » (《关于三幅中国绘画的笔记》), *Bulletin de la Société des Études indochinoises*, nouvelle série, vol. XXVII, n° 3, 1952, pp. 343-354.

6. Shafer, Robert, « Phonétique historique des langues Lolo » (《倮倮语的历史语音》), *T'oung Pao*, vol. 41, fasc. 1-5, 1952, pp. 191-229.

## 三、备注

1. 格鲁塞 1885 年 9 月 5 日出生于奥拜（Aubais）。1903 年，格鲁塞获得史学学士学位。1912 年曾担任法国美术局 (Direction des Beaux-arts) 的非正式任命工作人员，作为美术杂志编辑部的编辑开始工作。在第一次世界大战中入伍，1915 年负伤。

1922 年，格鲁塞出版三卷本的《亚洲史》之后，曾担任发行部的主任。

1925 年，格鲁塞担任吉美博物馆助理馆员，并兼任《亚洲研究》杂志的秘书。

1928 年起，格鲁塞担任卢浮宫学院 (École du Louvre) 的印度学教授。

1933 年起，格鲁塞担任赛努奇博物馆馆长。

1941 年，格鲁塞担任现代东方语言学校教授，讲授远东史和地理学课程。

1946 年，格鲁塞当选为法兰西研究院院士，同年担任法国殖民地研究所教授。

1949 年，格鲁塞作为法国在第二次世界大战后由法国官方派往日本的第一位使节访问日本，并被推荐为日本学士院院士。

1952 年 9 月 12 日，格鲁塞病逝于巴黎。

主要著作有：

*Histoire de l'Asie*（《亚洲史》）. G. Crés, 1922.

*Le réveil de l'Asie: l'impérialisme britannique et le réveil des peuples*（《亚洲

的觉醒，英国帝国主义与人民的觉醒》），Plon-Nourrit et cie, 1924.

*Histoire de l'Extrême-Orient*（《远东史》），P. Geuthner, 1929.

*Sur les traces du Bouddha*（《沿着佛陀的道路》），1929.①

*Les Civilisations de l'Orient*（《东方文明》），G. Crès, 1930.

*Les Philosophies indiennes*（《印度哲学》），Desclée de Brouwer, 1931.

*Histoire des croisades et du royaume franc de Jérusalem*（《十字军和耶路撒冷的法兰克人王国》），Paris: Plon, 1934-1936.

*L'Épopée des Croisades*（《十字军东征史诗》），Paris, Librairie Plon 1938.

*L'Empire des steppes*（《草原帝国》），Paris: Payot, 1939.

*L'Empire mongol*（《蒙古帝国》），De Boccard, Editear 1941.

*L'Asie Orientale des origines au XV$^e$ siècle: les empires*（《15世纪之前的东亚帝国》），PUF, 1941.

*Histoire de la Chine*（《中国史》），*Mélanges d'histoire sociale*, N° 6, 1944.

*Histoire de l'Arménie des origins à 1071*（《1071年前的亚美尼亚史》），Paris: Payot, 1947.

*L'Empire du* Levant: *origines de la question d'Orient*（《东方〈利凡得〉史，东方问题的起源》），Paris: Payot 1948.

*La Chine et son art*（《中国及其艺术》），Ed. d'histoire et d'art, 1951.②

2.《吐蕃僧诤记》全书除前言和导论外，主题部分分为两章："有关吐蕃僧诤会的汉文史料释注"和"史料疏义"；此外有附录（有关吐蕃僧诤会的印度档案片段：1. 莲华戒的第一部《修习次第》，据汉文进行的初步分析；2. 莲华戒的第三部《修习次第》，拉莫特由藏文本译制），补遗和勘误等。戴密微出色地论述了8世纪末汉僧摩诃衍同印度僧人莲华戒在吐蕃王宫中的一次宗教大辩论，在书中他不仅发表了许多敦煌写本（主要是巴黎国立图书馆第4646号伯希

---

① 这是由公元7世纪的中国朝圣取经人旅行期间所搜集资料的一种很好的通俗读物。
② 参阅 Paul Demiéville, « René Grousset (1885—1952) », *T'oung Pao*, Second Series, Vol.42, Livr.5 (1954), pp.411-415.（译文参见戴仁编、耿昇译：《法国中国学的历史与现状》，上海：上海辞书出版社，2010年，第236~238页）；黄长著，孙越生、王祖望主编：《欧洲中国学》，北京：社会科学文献出版社，2005年，第51页。

和敦煌汉文写本,即《顿悟大乘正理决》)内容,同时还结合各种资料,对这次宗教会议的来龙去脉、吐蕃僧诤会的历史背景及其相关的各种问题做了深入研究。该书以资料丰富、注释详尽而有见地受到学术界较高评价,被认为是一部评议该时期印中佛教徒对寂静主义争论的不可多得的重要作品,为敦煌学、佛教学和藏学的代表著作。

3. 谢和耐的博士论文于 1956 年出版。该书至今仍是法国研究敦煌经济文书唯一的一部重要著作,此书曾于 1977 年在巴黎重印。书中以社会学的观点,根据汉籍、印度佛经、敦煌和其他西域文书,分析了从南北朝到五代期间的中国寺院经济。书中对佛图户、寺户、僧祇户、常住百姓、碾户、梁户、长生库、社邑、斋供、三阶教无尽藏都做了深入探讨。对整个佛教寺院经济现象所做的社会考察和可能的解释,不仅仅局限于某些问题的具体研究上,是本书值得注意的主要特点。谢和耐没有把佛教寺院经济看成一个孤立的现象,进行就事论事的研究,而是把它放在广阔的大背景下,视为社会现象的一部分加以综合考察,许多方面发前人之所未发。对于这种方法论的革新,谢和耐在为中译本写的序中称,他采纳的那种首先把佛教现象看成是社会现象的社会学观点至今仍不是论述中国寺院经济的著作中普遍采纳的出发点。这是因为这种社会学的方法并不像历史学的方法那样,操作起来相对困难一些,尤其是广阔的社会现象,往往不是能一览无余的,它需要大量的广泛的调查和分析工作。

从学术史的角度来说,此书也是具有较大的创新意义的。在谢和耐之前,虽然也有一些学者尝试利用敦煌卷子研究佛教寺院经济,但很多人因为未见原卷,效果也不理想。而谢和耐曾亲自参与编写法国国家图书馆所藏的伯希和敦煌汉文卷子的详细目录,目睹原卷,利用了第一手资料——碑铭和写本,这在当时是领先的。

除此以外,作者还利用了历史、佛教史料中有关的记载,在资料的丰富和详细上在西方学者中也是首屈一指的,就利用敦煌卷子的全面和深入上,较之中日学者在很多地方甚至有过之而无不及。

鉴于此,蒲立本(Edwin George Pulleyblank,1922—  )于 1957 年在莱顿出版的《东方经济社会史学报》第 1 卷第 1 期中发表书评,给予该书很高的评价。美国著名的汉学家芮沃寿(Arthur Frederick Wright,1913—1976)于 1957 年在《亚洲研究》杂志中发表书评，称此书"为用现代科学标准来编写中国史迈出了重要的一步"。日本学者也十分重视，多次发表书评。法国学者也将此书与戴密微先生的《吐蕃僧净记》并列为两大敦煌学名著。①

# 公元 1953 年

## 一、大事记

巴黎大学北京汉学研究所关闭。

## 二、书（文）目录

1. Balázs, Étienne, « Le Traité économique de *Souei-chou*(Études sur la société et l'économie médiévale) »(《〈隋书·食货志〉（关于中古社会与经济的研究）》), *T'oung Pao*, vol. 42, 1953-1954, pp. 113-329.

2. Demiéville, Paul, « Langue et littérature chinoises. Résumé des cours de 1952-1953 : I. Le bouddhisme sous l'impératrice Wou ; II. Textes de littérature vulgaire de Touen-houang »(《中国语言文学：1952—1953 年度课程摘要：1. 武后治下的佛教；2. 敦煌俗文学文本》), in *Annuaire du collège de France*, 52ᵉ année, Paris, 1953, pp. 218-223. [Repris in Paul Demiéville, *Choix d'études sinologiques (1921-1970)*, Leiden, E.J. Brill, 1973, pp. 135-140].

3. Pao-Koh Ignace, Kou, « Deux sophistes chinois : Houei Che, et Kong-souen Long »（《两位中国诡辩者：惠施与公孙龙》）, Thèse : Lettres : Paris : 1951 (Paris : Imprimerie Nationale, Presses Universitaires de France, 1953 ; [10-]163 p. ; 24 cm ; coll. « Bibliothèque de l'Institut des hautes études chinoises » [8]).

---

① 汉学家资料库：http://form.nlc.gov.cn/sino/show.php?id=16。

4. Pao-Koh Ignace, Kou, *Deux sophistes chinoises: Houei-Che et Kong-souen Long*（《两位中国诡辩者：惠施和公孙龙》）, préface de Paul Masson-Oursel, Paris, Presses universitaires de France, Bibliothèque de l'Institut des hautes études chinoises (8), 1953, 163 pp. (Thèse d'université : Lettres : Paris : 1951)

5. Mme Lavayssière, « Remarques sur seize estampes illustrant la vie de Confucius et conservées au Cabinet des Estampes de la Bibliothèque nationale »（《国家图书馆版画部藏 16 张孔子生平版画评注》）, École du Louvre : 1953.

## 三、备注

1. 白乐日《中世纪中国的社会经济研究》的第一部分出版于 1953 年，包括对《隋书·食货志》的译注本，第二部分是对于同一部断代史中《刑法志》的译注本。这些译本始终是做学问者的表率和一种资料来源，由于译文附有大量注释，因而对于专家们也非常实用。

2. 康德谟的《列仙传: 古代道教仙人的传说传记》被称为"可能"是欧美"第一部正规的道教研究书"或"第一本道教的'圣传'"。

3. 马伯乐的四开本巨著《斯坦因第三次中亚考古所获汉文文献》一书由不列颠博物馆在伦敦刊行。该书完稿于 1936 年，手稿立即被送达牛津的出版商手中。但它们一直被压在那里，以等待印度事物部和不列颠博物馆的预算资金，直至 1947 年。印度事物部于 1948 年 6 月，出于印度"宪政变化"的原因而退出资助出版此书。随后，马伯乐夫人为此不停奔走，得到了辛德勒、韦利和戴密微的支持。韦利和戴密微自告奋勇，要求负责完成编辑，尤其是选择图版。韦利从中加了九条英文注释，另外谢和耐等人都以不同的方式参与了这部著作的出版。

斯坦因在结束他的第三次西域探险（1913—1915）时，曾致信当时已成为汉学大师的马伯乐，向他提议研究其新发现的汉文写本。1920 年，马伯乐接受了斯坦因的这一整套收获品，共 930 件纸本和木简文书。经过几次分类之后，马伯乐将那几件不堪卒读的文书搁置一旁，只保留了一套 607 个编号的文书。马伯乐根据具体的考古遗址及文献的性质，在该书中分为五部分：敦煌、楼兰、吐鲁番、塔里木盆地、黑城文书。每部分的前面都附有一篇导言：一方面是必要的历史地理概要，另一方面是总结由文献提供的新信息并强调指出其意义。其中的每种文献，无论它多么残缺不全，都被做了详细的描述和测量，用汉文方块字发表，并尽可能提供译文。他的某些译文或某几组译文成了理由充足的注释或各种诠释。

## 三、备注

无。

# 公元 1954 年

## 一、大事记

白乐日在第八届青年汉学家大会上提出"宋史研究计划"（Projet Song）。白乐日还获得了本年度儒莲奖。

## 二、书（文）目录

1. Belpaire, Bruno, « Un conte chinois d'inspiration bouddhique du IX$^e$ siècle » （《9世纪受启于佛教的中国故事一则》）, *Muséon*, vol. 67, 1954, pp. 373-395.

2. Calmann, M., « L'Exposition d'art chinois à Venise : 1954 » （《威尼斯中国艺术展：1954 年》）, *Artibus Asiae*, vol. 7, 1954, pp. 176-177.

3. Demiéville, Paul, « Langue et littérature chinoises. Résumé des cours de 1953-1954 : I. Apocryphes bouddhiques en Chine ; II. Textes de littérature vulgaire de Touen-houang » （《中国语言文学：1953—1954 年度课程摘要：1. 中国佛教伪书；2. 敦煌俗文学文本》）, in *Annuaire du collège de France*, 54$^e$ année, Paris, 1954, pp. 246-250. [Repris in Paul Demiéville, *Choix d'études sinologiques (1921-1970)*,

Leiden, E.J. Brill, 1973, pp. 148-152].

4. Hambis, Louis, « À propos du *K'i-tan Kouo tche* » (《关于〈契丹国史〉》), Silver Jubilee Volume of the *Zinbun-Kagaku- Kenkyusyo*, Kyoto, 1954, pp. 175-176.

5. Soymié, Michel (1924-2002), « Le Lo-Feou Chan : Essai de monographie » (《罗浮山：专题论文》), Sous la direction de R.A. Stein. Thèse : Mémoire : Sciences religieuses : Paris, EPHE : 1954.

6. Soymié, Michel, « L'Entrevue de Confucius et de Hiang To » (《孔子项橐相问书》), *Journal Asiatique*, vol. 242, n° 3-4, 1954, pp. 311-392.

## 三、备注

1950年，白乐日接受费正清的邀请到哈佛大学东亚研究中心做访问学者。这段经历使白乐日了解了费正清的长期计划，促使他萌生日后发起"宋史研究计划"的预想。1954年，在达拉姆召开的第七届青年汉学家国际大会上，他最终提出了其建议，希望通过组织一个国际小组来编纂一套宋史研究丛书。1955年，在隶属于法国高等社会实验学院第六系的历史研究中心及其指导教授布罗代尔的支持下，他推出了"宋史研究计划"。该项目的发起和进行，不仅得益于年鉴派领导人的支持、从美国中国政治史经济史研究计划获得的启示及分工的方法，还因为宋史史料的数量和质量都超乎寻常，从事宋史研究可以满足学者们广泛的兴趣需要。宋朝在文学、哲学、绘画、工艺、航海特别是印刷术方面取得的成就非常高，留下的史料比以前历代的史料都要多。但是白乐日发起"宋史研究计划"还有其他的考虑，他认为西方汉学需要一个符合现代科学研究规范的范例，恒慕义编写的《清代名人传》达到了一定的标准，白乐日希望提供一个使用范围更大的范例，他还想通过这项工作完成一项在欧洲乃至更广阔范围内的国际间分工合作的学术计划。由于经费和人员上的困难，该计划未能全部完成，但是它的提出和已有的成果都表明欧洲的汉学已经在很大程度上达到现代科学的标准，那些便于检索的工具书使初入宋史之门的学生和学者得到深入下去的门径。

1957年，正当白乐日在东京的一次大会上宣读他为这项课题所做的准备工作的报告时，心肌梗塞发作。但他仍承担了授课和协调分布在世界各地的小组成员的活动等工作，这都是一些繁重、有时甚至是令人沮丧的任务。此外，他个人还承担了《宋代书目》分册一百多个条目的撰写工作，这是"宋史研究计划"的主题著作之一。该册包括五百多条书目提要，他们是从日本京都大学人文科学研究所图书馆注录的三千多种宋史著作中选择出来的最重要的条目。在他 1963 年去世后，某些文献就已刊行，但与最初计划相去甚远。1964 年，吴德明首次尝试重新启动这项事业，未果而罢。直到 1966 年，大家才找到了最终的解决方法，即傅海波在慕尼黑负责编订传记部分，吴德明在巴黎重新着手编著其书目部分。国立科学研究中心 1967 年起提供的拨款加速了在法国的工作进程。

"宋史研究计划"已完成的项目有：

（1）白乐日和帕特（Colette Patte）：《〈宋会要〉目录：食货、职官、刑法、舆地》。

（2）白乐日：《11 世纪末的中国商业中心图》，该图据 1076 年、1077 年的商业税统计编制完成，集中代表白乐日的抱负和研究方法，被布罗代尔描绘为"可以设想出来的最令人惊讶的经济图之一"。

（3）《宋史研究，纪念白乐日》，由鄂法兰（Françoise Aubin）主编，于白乐日逝世后根据他制订计划时编写的《概论——综述》完成，包括制度、军事、外交史、人口和漕运方面的论文。

（4）吴德明（Yves Hervouet）：《宋代书目》，白乐日撰写了一百多个条目。全书包括五百多条书目提要，从日本京都大学三千多种宋史著作中选出。

（5）傅海波（Herbert Franke）：《宋人传记》。

（6）芮玛丽：《宋代地名》。

（7）柯睿格：《宋代文官尊号的译名》。

（8）张馥蕊(Tchang Fou-Jouei)：《宋代职官尊号索引》。

（9）柯支尼(Christian Cochini)、石秀娜：《〈中外历史年表〉中的宋代部分》。

（10）梅李景英（Ching-Ying Lee Mei）：《〈宋史〉中"本纪"部分人名索引》。①

---

① 戴密微著，耿昇译：《法国的经济史学家白乐日》，载《法国中国学的历史与现状》，上海：上海辞书出版社，2010 年，第 299~306 页。

# 公元 1955 年

## 一、大事记

1. 2 月 23 日，克罗岱尔（Paul Claudel, 1868—1955）逝世。

2. 3 月，白乐日被任命为高等研究实践学院第六系的研究导师，主持中国史研究。

3. 法国高等研究实践学院开设"中国—日本世界的艺术和物质文化研究"讲座，由叶利世夫（Vadim Elisseeff）主持。

## 二、书（文）目录

1. Demiéville, Paul, « Langue et littérature chinoises. Résumé des cours de 1954-1955 : I. Apocryphes bouddhiques en Chine ; II. Textes de littérature vulgaire de Touen-houang »（《中国语言文学：1954—1955 年度课程摘要：I. 中国佛教伪书；II. 敦煌俗文学文本》）, in *Annuaire du collège de France*, 55$^e$ année, Paris, 1955, pp. 237-241. [Repris in Paul Demiéville, *Choix d'études sinologiques (1921-1970)*, Leiden, E.J. Brill, 1973, pp. 153-158].

2. Hervouet, Yves, « Les Manuscrits chinois de l'École française d'Extrême-Orient »（《法兰西远东学院藏中国手稿》）, *Bulletin de l'École française d'Extrême-Orient*, t. 47, n° 2, 1955, pp. 435-455.

3. Kaltenmark, Max, « Littérature chinoise »（《中国文学》）, in *Histoire des littératures*, t. I (Littératures anciennes, orientales et orales), *Encyclopédie de la Pléiade*, Paris, Gallimard, 1955, pp. 1167-1300.

## 三、备注

1. 克罗岱尔于1868年8月6日生于埃纳(Aisne)省。1886年12月皈依天主教。克罗岱尔被录取为法国外交部青年见习人员后,便踏上了职业外交家之路,先后出使中、美、德、意、日、巴西等国。1895年开始踏入中国一直到1909年离开,前后共达15年之久。先在上海任候补领事,后调任福州副领事(1896年3月至1899年10月),1901年任天津领事。他在中国的经历丰富而富有传奇色彩,在近代旅华外国人中绝无仅有。在北京期间,他曾拜访过督军衙门和清朝高官,谒见过皇太后和末代皇帝,两次参加皇家"神秘"葬礼,看见过肥胖的袁世凯披粗麻衣、手执哭丧棒在灵柩中走过,还曾跟孙中山同乘一艘游船。中国的生活,成了克洛岱尔主要创作的基础。他的有关中国题材的作品有《认识东方》(*Connaissance de l'Est*,1900)、《正午的分界》(*Partage de midi*,1906)、《五大颂歌》(*Cinq grandes Odes*,1910)、《画扇贴》(*Cent phrases pour éventails*,1942)等。15年的中国之行,他最为陶醉的是中国诗词,曾翻译李白、贺知章、李清照等人的诗词,并利用他们的诗篇进行创作。他30年代末先后出版的两部作品《拟中国小诗》(*Petits poémes d'après le chinois*)和《拟中国诗补》(*Autres poémes d'après le chinois*)就是分别根据中国留法学者曾仲鸣和朱迪特·戈蒂耶的《玉书》改写而成的。①

2. 白乐日在高等研究实践学院的授课开始(1955—1959)致力于讲授宋代社会经济史的内容,然后又讲授作为其研究目标的明清两代的内容。

3. 康德谟在巴黎伽利玛出版社出版《中国文学》(*Littérature chinoise*),该书被收入七星文库。他还参加了吴德明和于儒伯(Robert Ruhlmann)主持的《蒲松龄〈聊斋志异〉选》的翻译工作。

---

① 许光华:《法国汉学史》,北京:学苑出版社,2009年,第197~200页。

# 公元 1956 年

## 一、大事记

1. 侯思孟（Donald Holzman）完成博士论文《嵇康（223—262）的生平与思想》。

2. 高等研究实践学院第六系成立了第一个四人专家小组。其有关的导师教席分别是："帝国时代的中国体制"，由白乐日主持；"当代中国的经济史"，由谢诺（Jean Chesneaux）主持；"中国—日本世界的艺术和物质文化研究"，由叶利世夫主持；"古代中国的经济与社会"，由谢和耐主持。

## 二、书（文）目录

1. *Relevés de Touen-Houang et peintures anciennes de la Collection Tchang Ta-ts'ien*（《敦煌清单与张大千藏古代绘画》）（Exposition, juin-juillet 1956），préface de Vadime Eliseeff, Musée Cernuschi, Paris, 1956, 25 pp.-[24] pp. de pl., ill.

2. Demiéville, Paul, « Au bord de l'eau »（《水浒传》），*T'oung Pao*, vol. 44, fasc. 1-5, 1956, pp. 242-265.

3. Demiéville, Paul, « Langue et littérature chinoises. Résumé des cours de 1955—1956 : I. L'École du Tch'an ; II. Textes de littérature vulgaire de Touen-houang »（《中国语言文学：1955—1956 年度课程摘要：1. 禅宗；2. 敦煌俗文学文本》），in *Annuaire du collège de France*, 56ᵉ année, Paris, 1956, pp. 284-290. [Repris in Paul Demiéville, *Choix d'études sinologiques (1921-1970)*, Leiden, E.J. Brill, 1973, pp. 159-165].

4. Holzman, Donald (1926-　), « La Vie et la pensée de Hi K'ang (223-262 ap. J.-C.) »（《嵇康（223—262）的生平与思想》），Thèse de doctorat : Université de Paris, 1956.

5. Holzman, Donald, « Les Sept sages de la forêt des Bambous et la société de leur temps »（《竹林七贤及其时代的社会》）, *T'oung Pao*, vol. 44, fasc. 1-5, 1956, pp. 317-346.

6. Sargent, Galen Eugène, « Le Débat entre Mengt-seu et Siun-tseu sur la nature humaine »（《孟子与荀子关于人性的争论》）, *Oriens Extremus*, vol. 3, 1956, pp. 1-17.

## 三、备注

侯思孟的博士论文《嵇康（公元 223—262）的生平与思想》[*La Vie et la pensée de Hi K'ang（223-262 ap. J.-C.*）] 于 1957 年在莱顿博睿出版社出版。该书是法国汉学界研究中国古代诗人的第一本专论（1980 年，他又将嵇康的诗全部译成法文，逐一加以评析，刊在《亚洲新闻》第 268 卷上）。这部著作的鲜明特点在于将作家、作品放到其时代境遇中去考察，准确地把握了作品的真实含意，描述出了作为崇尚老庄的诗人嵇康之形象。在他的另一部著作《诗歌与政治：阮籍的生平和作品》里，他继续运用这种"知人论世"的方法，探究 82 首《咏怀》诗的精神脉络和人生创见，洞烛幽微，超绝千古。

# 公元 1957 年

## 一、大事记

1. 巴罗继承戴密微的佛教语言文献学讲席。巴罗也如同其前任们一样，从事同类经文的比较释读。但在他的主持下，研究译文经文的主要目的变成重新发现原始佛教。

2. 巴黎大学文学院—马当先建立中文专业，由谢和耐担任负责人。

3. 法兰西远东学院撤回巴黎。

4. 康德谟担任巴黎高等学院宗教科学部研究室主任，开设"中国宗教"课程，直至 1979 年。

## 二、书（文）目录

1. Belpaire, Bruno 译，*T'ang Kien Wen Tse, florilège de littérature des T'ang*（《唐间文字：唐代文学选集》），Paris, Éditions universitaires, coll. Encyclopédie universitaire, 1957, 416 pp.

2. Demiéville, Paul, « Langue et littérature chinoises. Résumé des cours de 1956-1957 : I. L'École du Tch'an ; II. Textes de littérature vulgaire de Touen-houang (Wang Fan-tche, I) »（《中国语言文学：1956—1957 年度课程摘要：1. 禅宗；2. 敦煌俗文学文本：王梵志（一）》），in *Annuaire du collège de France*, 57ᵉ année, Paris, 1957, pp. 349-357. [Repris in Paul Demiéville, *Choix d'études sinologiques (1921-1970)*, Leiden, E.J. Brill, 1973, pp. 226-234].

3. Durand, Maurice, « Sur un manuscrit de la Bibliothèque centrale de Hanoi relatant une ambassade viêtnamienne en Chine en 1825 »（《河内中央图书馆藏详述 1825 年一个赴华越南使团的手稿》），*Bulletin de l'École française d'Extrême-Orient*, t. 48, n° 2, 1957, pp. 593-601.

4. Gernet, Jacques, « La Vente en Chine d'après les contrats de Touen-Houang »（《根据敦煌契约看中国买卖》），*T'oung Pao*, vol. 45, fasc. 1-5, 1957, pp. 295-391.

5. Hervouet, Yves, *Catalogue des monographies locales chinoises dans les bibliothèques d'Europe*（《欧洲图书馆藏中国地志目录》），École pratique des hautes études, VIᵉ section, Paris et La Haye, Mouton & Co, coll. « Le Monde d'outre-mer passé et présent » (4ᵉ série, vol. 1), 1957, 100 pp.

6. Holzman, Donald, *La Vie et la pensée de Hi K'ang (223-262 ap. J.-C.)*（《嵇康（公元 223—262）的生平与思想》），publié pour le Harvard Yenching Institute, Leiden, E.J. Brill, 1957, I-VII + 1-186 pp.

7. Hu, Liang-Chen, « La Société lolo des Ta-Leang-Chan au sud-ouest de la province du Sseu-Tch'ouan »（《四川省西南大凉山的倮倮社会》），Thèse d'uni-

versité : Anthropologie : Paris : 1957 (Paris : [s.n.], 1957 ; VIII-551 f., [7] ff. de pl., [7] dépl : ill ; 28 cm).

8. Porkert, Manfred, « Biographie canonique du saint du Yang pourpre, Tseu-Yang Tchen-Jen Nei-Tchouan »（《紫阳真人内传》）, Thèse d'université : Lettres : Paris : 1957. Extrait publié sous le titre *Biographie d'un taoïste légendaire, Tcheou Tseu-yang*, publié, traduit et annoté par Manfred Porket, Paris, Collège de France, Institut des hautes études chinoises, Mémoires de l'Institut des hautes études chinoises (vol. 10), 1979, pp.45-118.

9. Tökei, Ferenc, « Sur le rythme du *Chou king* »（《〈书经〉的节奏》）, *Acta Orientalia* (Budapest), vol. 7, 1957, pp. 77-104.

10. Wou, Tchong-Hong, « La Vie et l'œuvre de Tcheng Pan-k'iao (1693-1765) »（《郑板桥（1693—1765）的生平与著作》）, Thèse d'université : Université de Paris : 1957.

## 三、备注

1. 康德谟的研究主题集中于汉与六朝的道教，从老子的《道德经》、庄子、抱朴子等开始，至六朝灵宝经典的形成过程，并配合以道教与民间信仰中的不同主题，如"司命""招魂""内丹""符文"以及"洞庭""洞天"信仰，探讨道教中的不同经典。康德谟先生除对纯粹道教经典的讲解外，也继沙畹、葛兰言之后，提出了让学生们阅读《汉书》卷二十五《郊祀志》中的封禅仪轨，以及同书卷二十二的《礼乐志》。①

2. 阿弗诺尔（Louis Avenol）翻译出版《西游记》。该书是根据上海文成书店 1907 年的石印本选译的。全书分为两卷，第一卷内容是原书的第一回至第五十三回，第二卷内容是原书的第五十四回至第一百回。该书被认为是"一种语言流畅的译本"。

---

① ［法］郭丽英：《法国高等研究实践学院第五系汉文化圈宗教学讲座》，戴仁编，耿昇译：《法国当代中国学》，上海：上海辞书出版社，2010 年，第 632 页。

# 公元 1958 年

## 一、大事记

1. 巴黎南郊蒙日洪（Montgeron）中学在一位哲学老师的倡议下，首次在法国中学中开设了汉语课。
2. 《汉学书目杂志》（RBS）由高等研究实践学院第六系创刊。

## 二、书（文）目录

1. *Contes de la dynastie des Tangs*（《唐代故事》），Éditions en langues étrangères, Pékin, 1958, 133 pp., pl. h.t., plan dépl.（Titre original : *Zhongguo minjian gushi xuan*）.

2. *Contes populaires chinois*（《中国民间故事》），t. 1, Éditions en langues étrangères, Pékin, 1958, 144 pp., ill., pl.（Titre original : *Zhongguo minjian gushi xuan*）.

3. Dehergne, Joseph, « Une vie illustrée de Notre Seigneur au temps des Ming »（《吾主明代画传》），*Neue Zeitschrift für Missionswissenschaft*, Beckenried, vol. 14, 1958, pp. 103-115.

4. Demiéville, Paul, « Langue et littérature chinoises. Résumé des cours de 1957-1958 : I. *Entretiens de Lin-tsi* ; II. Textes de littérature vulgaire de Touen-houang (Wang Fan-tche, II) »（《中国语言文学：1957—1958 年度课程摘要：1.〈临济语录〉；2. 敦煌俗文学文本：王梵志（二）》），in *Annuaire du collège de France*, 58ᵉ année, Paris, 1958, pp. 381-391. [Repris in Paul Demiéville, *Choix d'études sinologiques (1921-1970)*, Leiden, E.J. Brill, 1973, pp. 235-245].

5. Hervouet, Yves, *Catalogue des périodiques chinois dans les bibliothèques*

d'Europe（《欧洲图书馆藏中国期刊目录》）, École pratique des hautes études, VI^e section, Paris et La Haye, Mouton & Co, 1958, 102 pp. En collaboration avec John Lust et Roger Pélissier.

6. Tökei, Ferenc, « À propos du genre du *Mou T'ien-tseu tchouan* »（《〈穆天子传〉的体裁》）, *Acta Orientalia* (Budapest), vol. 9, 1958, pp. 45-49.

7. Vandier-Nicolas, Nicole (1906-1987), « Art et sagesse en Chine : Mi Fou (1051-1107), peintre et connaisseur d'art dans la perspective des Lettrés. La peinture chinoise : traduction et commentaire de l'*Histoire de la peinture* (Houa-che) de Mi Fou »（《中国艺术与智慧：文人视野中的画家、艺术鉴赏家米芾（1051—1107）。中国绘画：米芾〈画史〉译注》）. Université de Paris : Lettres : 1958.

8. Wu, Chi-Yu, « Un manuscrit de Touen-Houang concernant Wang Fan-tche »（《关于王梵志的一个敦煌手稿》）, *T'oung Pao*, vol. 46, fasc. 1-5, 1958, pp. 397-401.

## 三、备注

《汉学书目杂志》中的著作提要都比较短小精悍。它的主要目的并不在于评论或判断那些已经发表的著作，而是尽可能地让人们清楚地了解这些著作的内容。书评介绍是由从世界范围内聘请的合作者以英、法文撰写，在原则上是面向各类研究专家的。该杂志的前三卷全面调查了1955—1957年间的作品，首任主编是剑桥大学的龙彼得（Piet van der Loon），于1957—1962年出版。但该刊物的出版从第四卷（1964）起，在白乐日的倡议下，由高等研究实践学院第六系接了过来并承担其工作，编委工作由侯思孟负责，从1965年起，又由贾永吉接任。

# 公元 1959 年

## 一、大事记

1. 1月1日，当代中国研究文献中心（Centre de recherche et de documentation sur la Chine contemporaine）正式成立。

2. 波尔多第三大学建立中文专业，吴德明和雷威安（André Lévy）先后担任主任。

3. 法国正式设立汉语学士学位。

4. 远东资料中心成立，该机构由伽利玛（Gallimard）在高等研究实践学院第六系的范围内创建。

## 二、书（文）目录

1. Belpaire, Bruno 译, *T'ang Kien Wen Tse, florilège de littérature des T'ang*（《唐间文字：唐代文学选集》）, 2ᵉ série, Paris, Éditions universitaires, 1959, 432 pp.

2. Bischoff, Frédéric A., « La Forêt des pinceaux : étude sur l'Académie du Han-Lin sous la dynastie des T'ang et traduction du *Han Lin Tche* »（《翰林：唐朝翰林院研究及〈翰林志〉翻译》）, Sous la direction de Robert des Rotours (1891-1980). Thèse : lettres : Paris : 1959.

3. Bobot, Marie-Thérèse, *Seize peintures de maîtres chinois, XIIᵉ-XVIIIᵉ siècles : Collection Chiang Er-Shih*（《12—18世纪中国大师绘画十六幅：蒋谔士藏品》）, (catalogue d'exposition) Ville de Paris, Musée Cernuschi, Décembre 1959-Janvier 1960, Euros, Paris, 1959, 16 p.-16 p. de pl. dont 3 dépl., ill. Objets d'art de la Chine : céramique, pierres dures, bronzes, émaux cloisonnés, laques, bois sculptés, peintures : collection de Madame Langweil, [vente] Hôtel Drouot, 5 juin 1959, commissaire pri-

seur Me Etienne Ader, assisté de André et Guy Portier, s.l., s.n., 1959, 74 pp., 18 pp. de pl., ill. （Contenu : 499 n$^{os}$）.

4. Bonmarchand, G. 译, « Les Notes de Li Yi-chan (Yi-shan tsa-ts'ouan) »（《义山杂纂》）, *Bulletin de la Maison franco-japonaise*, nouvelle série, 1955, pp. 1-84.

5. Chang, Chen-To, « Évolution de la peinture chinoise au cours du dernier siècle »（《上世纪中国绘画的进展》）(14 août 1958), *Cahiers franco-chinois (Paris-Pékin, revue des Amitiés franco-chinoises)*, n° 1, mars 1959, pp. 76-87.

6. Demiéville, Paul, « La Nouvelle Mariée acariâtre »（《暴戾新娘》）, *Asia Major*, nouvelle série, vol. VII, parts 1-2 (Arthur Waley Anniversary Volume), 1959, pp. 59-65.

7. Demiéville, Paul, « Langue et littérature chinoises. Résumé des cours de 1958-1959 : I. *Entretiens de Lin-tsi* ; II. Œuvre poétique de Wang le Zélateur (Wang Fan-tche, 64 III) »（《中国语言文学：1958—1959 年度课程摘要：1.〈临济语录〉；2. 敦煌俗文学文本：王梵志，64（三）》）, in *Annuaire du collège de France*, 59$^e$ année, Paris, 1959, pp. 435-439. [Repris in Paul Demiéville, *Choix d'études sinologiques (1921-1970)*, Leiden, E.J. Brill, 1973, pp. 246-250].

8. Durand, Maurice, « Notes sur quelques peintures chinoises acquises par le centre de Hanôi de l'École française d'Extrême-Orient »（《关于法兰西远东学院河内中心所得若干中国绘画的笔记》）, *Bulletin de l'École française d'Extrême-Orient*, t. 49, n° 1, 1958, pp. 269-274.

9. Elisséeff, Vadime, « L'Art des Han »（《汉代艺术》）, in *Aspects de la Chine : Langue, histoire, religions, philosophie, littérature, arts*, Paris, Presses universitaires de France, Publications du Musée Guimet (LXIII), 1959, vol. II, pp. 352-355.

10. Elisséeff, Vadime, « L'Art des Six Dynasties »（《六朝艺术》）, in *Aspects de la Chine : Langue, histoire, religions, philosophie, littérature, arts*, Paris, Presses universitaires de France, Publications du Musée Guimet (LXIII), 1959, vol. II, pp. 355-360.

11. Elisséeff, Vadime, « L'Art des Song : céramique »（《宋代艺术：陶瓷器》）, in *Aspects de la Chine : Langue, histoire, religions, philosophie, littérature,*

*arts*, Paris, Presses universitaires de France, Publications du Musée Guimet (LXIII), 1959, vol. II, pp. 363-367.

12. Elisséeff, Vadime, « L'Art des Song : peinture »（《宋代艺术：绘画》）, in *Aspects de la Chine : Langue, histoire, religions, philosophie, littérature, arts*, Paris, Presses universitaires de France, Publications du Musée Guimet (LXIII), 1959, vol. II, p. 367-371.

13. Elisséeff, Vadime, « L'Art des T'ang »（《唐代艺术》）, in *Aspects de la Chine : Langue, histoire, religions, philosophie, littérature, arts*, Paris, Presses universitaires de France, Publications du Musée Guimet (LXIII), 1959, vol. II, pp. 360-363.

14. Elisséeff, Vadime, « L'Art des Yuan : céramique et tissus »（《元代艺术：陶瓷器与织物》）, in *Aspects de la Chine : Langue, histoire, religions, philosophie, littérature, arts*, Paris, Presses universitaires de France, Publications du Musée Guimet (LXIII), 1959, vol. II, pp. 371-375.

15. Elisséeff, Vadime 译, *Le Cimetière ancien de Che Tchai Chan, Tsing Ning*（《畲寨山，晋宁古墓》）, Yunnan, Musée provincial du Yunnan, s.l., s.n.,（1959？）, 139 pp. (Traduction tapuscrite de « Yunnan Jinning Shizhai shan gu mu qun fa jue bao gao »).

16. Guignard, Marie-Roberte, «L'Art de la gravure en Chine »（《中国雕刻艺术》）, in *Aspects de la Chine : Langue, histoire, religions, philosophie, littérature, arts*, Paris, Presses universitaires de France, Publications du Musée Guimet (LXIII), 1959, vol. II, pp. 412-418.

17. Saint-Denys, Hervey de, « Les Alchimistes »（《夸妙术丹客提金》）, *Cahiers franco-chinois* (Paris-Pékin, revue des Amitiés franco-chinoises), n° 4, décembre 1959, pp. 71-99. (Traduction d'un conte du *Jingu Qiguan*, tiré du recueil publié par d'Hervey : *Six nouvelles nouvelles*, Paris, J. Maisonneuve, 1892).

18. Hervouet, Yves, « La Littérature des Han »（《汉代文学》）, in *Aspects de la Chine : Langue, histoire, religions, philosophie, littérature, arts*, Paris, Presses universitaires de France, Publications du Musée Guimet (LXIII), 1959, vol. II, pp. 237-241.

19. Hervouet, Yves, « La Poésie de l'Antiquité »（《古代诗歌》）, in *Aspects de la Chine : Langue, histoire, religions, philosophie, littérature, arts*, Paris, Presses universitaires de France, Publications du Musée Guimet (LXIII), 1959, vol. II, pp. 228-232.

20. Hervouet, Yves, « Les Poèmes de Tch'ou »（《楚辞》）, in *Aspects de la Chine : Langue, histoire, religions, philosophie, littérature, arts*, Paris, Presses universitaires de France, Publications du Musée Guimet (LXIII), 1959, vol. II, pp. 233-237.

21. Kaltenmark-Ghéquier, Odile, « La Littérature des Six Dynasties »（《六朝文学》）, in *Aspects de la Chine : Langue, histoire, religions, philosophie, littérature, arts*, Paris, Presses universitaires de France, Publications du Musée Guimet (LXIII), 1959, vol. II, pp. 248-252.

22. Kaltenmark-Ghéquier, Odile, « La Littérature des T'ang »（《唐代文学》）, in *Aspects de la Chine : Langue, histoire, religions, philosophie, littérature, arts*, Paris, Presses universitaires de France, Publications du Musée Guimet (LXIII), 1959, vol. II, pp. 253-257.

23. Kaltenmark-Ghéquier, Odile, « Présentation de quelques pages du *Jou-lin wai-che* »（《〈儒林外史〉片段赏析》）, in *Aspects de la Chine : Langue, histoire, religions, philosophie, littérature, arts*, Paris, Presses universitaires de France, Publications du Musée Guimet (LXIII), 1959, vol. II, pp. 282-286.

24. Li, Tche-Houa, « Le Théâtre des Ming »（《明代戏剧》）, in *Aspects de la Chine : Langue, histoire, religions, philosophie, littérature, arts*, Paris, Presses universitaires de France, Publications du Musée Guimet (LXIII), 1959, vol. II, pp. 296-299.

25. Li, Tche-Houa, « Le Théâtre des Yuan »（《元代戏剧》）, in *Aspects de la Chine : Langue, histoire, religions, philosophie, littérature, arts*, Paris, Presses universitaires de France, Publications du Musée Guimet (LXIII), 1959, vol. II, pp. 286-291.

26. Li, Tche-Houa, « Présentation d'une pièce du théâtre des Yuan »（《一出元曲的介绍》）, in *Aspects de la Chine : Langue, histoire, religions, philosophie, littérature, arts*, Paris, Presses universitaires de France, Publications du Musée Guimet (LXIII), 1959, vol. II, pp. 291-296.

27. Li, Tche-Houa, « Présentation de quelques pages du *Hong-leou-mong* »（《〈红楼梦〉片段赏析》）, in *Aspects de la Chine : Langue, histoire, religions, philosophie, littérature, arts*, Paris, Presses universitaires de France, Publications du Musée Guimet (LXIII), 1959, vol. II, pp. 276-281.

28. Paul-David, Madeleine, « Influences chinoises dans l'art européen »（《欧洲艺术中的中国影响》）, in *Aspects de la Chine : Langue, histoire, religions, philosophie, littérature, arts*, Paris, Presses universitaires de France, Publications du Musée Guimet (LXIII), 1959, vol. II, pp. 427-432.

29. Paul-David, Madeleine, « Influences européennes dans l'art chinois »（《欧洲对中国艺术的影响》）, in *Aspects de la Chine : Langue, histoire, religions, philosophie, littérature, arts*, Paris, Presses universitaires de France, Publications du Musée Guimet (LXIII), 1959, vol. II, pp. 432-437.

30. Paul-David, Madeleine, « L'Art à l'époque des Royaumes Combattants »《战国时代的艺术》）, *in Aspects de la Chine : Langue, histoire, religions, philosophie, littérature, arts*, Paris, Presses universitaires de France, Publications du Musée Guimet (LXIII), 1959, vol. II, pp. 349-352.

31. Paul-David, Madeleine, « L'Art des Ming »（《明代艺术》）, in *Aspects de la Chine : Langue, histoire, religions, philosophie, littérature, arts*, Paris, Presses universitaires de France, Publications du Musée Guimet (LXIII), 1959, vol. II, pp. 380-384.

32. Paul-David, Madeleine, « L'Art des Tcheou »（《周代艺术》）, in *Aspects de la Chine : Langue, histoire, religions, philosophie, littérature, arts*, Paris, Presses universitaires de France, Publications du Musée Guimet (LXIII), 1959, vol. II, pp. 345-349.

33. Paul-David, Madeleine, « L'Art des Ts'ing »（《清代艺术》）, in *Aspects de la Chine : Langue, histoire, religions, philosophie, littérature, arts*, Paris, Presses universitaires de France, Publications du Musée Guimet (LXIII), 1959, vol. II, pp. 389-393.

34. Paul-David, Madeleine, « L'Art des Yuan : peinture »（《元代艺术：绘

画》), in *Aspects de la Chine : Langue, histoire, religions, philosophie, littérature, arts*, Paris, Presses universitaires de France, Publications du Musée Guimet (LXIII), 1959, vol. II, pp. 375-379.

35. Paul-David, Madeleine, « La Céramique des Ming » (《明代陶瓷器》), in *Aspects de la Chine : Langue, histoire, religions, philosophie, littérature, arts*, Paris, Presses universitaires de France, Publications du Musée Guimet (LXIII), 1959, vol. II, pp. 384-389.

36. Paul-David, Madeleine, « La Céramique des Ts'ing » (《清代陶瓷器》), in *Aspects de la Chine : Langue, histoire, religions, philosophie, littérature, arts*, Paris, Presses universitaires de France, Publications du Musée Guimet (LXIII), 1959, vol. II, pp. 394-397.

37. Paul-David, Madeleine, « La Peinture des Ts'ing » (《清代绘画》), in *Aspects de la Chine : Langue, histoire, religions, philosophie, littérature, arts*, Paris, Presses universitaires de France, Publications du Musée Guimet (LXIII), 1959, vol. II, pp. 397-402.

38. Paul-David, Madeleine, « Le Rayonnement de l'art chinois en Asie » (《中国艺术光耀亚洲》), in *Aspects de la Chine : Langue, histoire, religions, philosophie, littérature, arts*, Paris, Presses universitaires de France, Publications du Musée Guimet (LXIII), 1959, vol. II, pp. 423-427.

39. Paul-David, Madeleine, « Les Bronzes des Chang » (《商代青铜器》), in *Aspects de la Chine : Langue, histoire, religions, philosophie, littérature, arts*, Paris, Presses universitaires de France, Publications du Musée Guimet (LXIII), 1959, vol. II, pp. 341-345.

40. Ruhlmann, Robert, « La Littérature des Trois Royaumes » (《三国时期文学》), in *Aspects de la Chine : Langue, histoire, religions, philosophie, littérature, arts*, Paris, Presses universitaires de France, Publications du Musée Guimet (LXIII), 1959, vol. II, pp. 241-248.

41. Ruhlmann, Robert, « Un roman des Ming: *Les Bords de l'Eau* » (《明代小说〈水浒传〉》), in *Aspects de la Chine : Langue, histoire, religions, philosophie,*

*littérature, arts*, Paris, Presses universitaires de France, Publications du Musée Guimet (LXIII), 1959, vol. II, pp. 263-269.

42. Ruhlmann, Robert, « Un roman des Ts'ing : le *Hong-leou-mong* »（《清代小说〈红楼梦〉》）, in *Aspects de la Chine : Langue, histoire, religions, philosophie, littérature, arts*, Paris, Presses universitaires de France, Publications du Musée Guimet (LXIII), 1959, vol. II, pp. 269-276.

43. Ruhlmann, Robert, « Un roman des Yuan : *Les Trois Royaumes* »（《元代小说〈三国〉》）, in *Aspects de la Chine : Langue, histoire, religions, philosophie, littérature, arts*, Paris, Presses universitaires de France, Publications du Musée Guimet (LXIII), 1959, vol. II, pp. 257-263.

44. Ruhlmann, Robert, « Une pièce du théâtre de Pékin »（《一出京剧》）, in *Aspects de la Chine : Langue, histoire, religions, philosophie, littérature, arts*, Paris, Presses universitaires de France, Publications du Musée Guimet (LXIII), 1959, vol. II, pp. 299-304.

45. Ruhlmann, Robert, « Une soirée au théâtre chinois »（《一场中国戏剧晚会》）, in *Aspects de la Chine : Langue, histoire, religions, philosophie, littérature, arts*, Paris, Presses universitaires de France, Publications du Musée Guimet (LXIII), 1959, vol. II, pp. 304-309.

46. Stern, Philippe, « L'Esthétique chinoise vue par un Occidental »（《一个西方人眼中的中国美学》）, in *Aspects de la Chine : Langue, histoire, religions, philosophie, littérature, arts*, Paris, Presses universitaires de France, Publications du Musée Guimet (LXIII), 1959, vol. II, pp. 323-327.

47. Vandier-Nicolas, Nicole, « L'Esthétique d'après les textes chinois »（《中国文本体现的美学》）, in *Aspects de la Chine : Langue, histoire, religions, philosophie, littérature, arts*, Paris, Presses universitaires de France, Publications du Musée Guimet (LXIII), 1959, vol. II, pp. 328-332.

48. Wu, Chi-Yu,« Les Manuscrits de Touen-houang »（《敦煌手稿》）, in *Aspects de la Chine : Langue, histoire, religions, philosophie, littérature, arts*, Paris, Presses universitaires de France, Publications du Musée Guimet (LXIII), 1959, vol. II,

pp. 220-223.

## 三、备注

1. 当代中国研究文献中心正式成立。该中心隶属国立科学研究中心，主任是魏丕信。它的建立标志着法国汉学进入新的阶段。1995 年该中心的所长为魏丕信。该中心有成员 20 余人，多为全国科研中心研究人员和其他院校的教学人员。其任务以研究为主，各人在各自单位从事独立研究，也有部分集体项目。研究范围涉及现代和当代中国的社会、经济、外交等。研究专题有"民国时期的中国社会""20 世纪中国的农民运动和农村社会""19 世纪末到当代中国的知识分子和现代化问题""毛泽东逝世以后中国的经济变革与体制改革""中华帝国末期的技术引进：1840—1911""1979 年以来中国外交政策的调整" 等。该中心研究人员于每月的第一个周四举行例会，由专人做研究报告，进行学术交流。它也是法国最大的关于现代中国的资料中心，有专业化的图书馆，收藏大量中西文书籍，并有中国大陆、中国台湾等地出版的多种报纸和期刊，以及在法国出版的当地华文报刊。该中心办有两种丛刊：《中国中心手册》和《文献与书目》，发表研究人员的成果。

2. 谢和耐的《蒙古入主中原前夕中国中原的日常生活（1250—1276）》是法国出版的一套有关各个国家日常生活丛书的一种。有关中国的只有两部，这是其中一部，另一部是有关清代日常生活的。此书的一大特色就是作者在宏观思路下做微观考察所取得的巨大成就。作者所选定的时期是南宋王朝末年（1227—1279），挑选的区域是杭州地区。这一历史时期，正是大宋国都陷入蒙古人之手前的数十年；而杭州地区，尤其是杭州，也就是当时所称的临安是南宋都城所在，既是中国也是世界上规模最大和最富庶的大都会之一，因此很有代表性。谢和耐广泛地研究了这一时期中国日常生活的方方面面，竭尽全力地详细描写了包括城市、社会、衣、食、住、生活周期、四时节令、天地万象、消闲时光等，其中还有许多问题是前人未曾注意过的，如火灾与消防、交通与供应等，应有尽有，堪称南宋社会的百科全书。

3. 远东资料中心拥有一个重要的专业图书馆。该中心由伽利玛领导，但在很大程度上应归功于佩利西耶（Roger Pélissier），他既是现代和当代史学家（1963年出版《中国进入舞台》），又是高称职的图书馆馆员（曾任现代东方语言学院汉文特藏的保管员，曾撰写专著《20世纪上半叶中国图书馆》，1972年）。

## 公元 1960 年

### 一、大事记

高等研究实践学院第六系下设"中国语言研究中心"，李嘉乐（Alexis Rygaloff）担任主任。

### 二、书（文）目录

1. *Le Rouleau de Ma Fen, XII<sup>e</sup> siècle : et quelques peintures chinoises, XV<sup>e</sup>-XVIII<sup>e</sup> siècles, du Musée d'Honolulu* (Honolulu Academy of Arts)（《12世纪马贲卷轴及火奴鲁鲁博物馆藏15—18世纪若干中国绘画》），（Exposition, Musée Cernuschi, Paris），juin-juillet 1960, s.n., Paris, 1960, [32] pp., ill.

2. Belpaire, Bruno 译, *Les Plus belles pages du philosophe chinois Suen-tse [Sun Zi]*（《中国哲人孙子的最美页章》），Introduction et traduction par Bruno Belpaire, Bruxelles, Éditions de l'Occident, coll. Petits traités chinois inédits (2), 1960, 197 pp.

3. Belpaire, Bruno 译, *Le Catéchisme philosophique [Fa yen] de Yang-Hiong-Tsé*（《扬雄子〈法言〉》），introduction et traduction par Bruno Belpaire, Bruxelles, Éditions de l'Occident, coll. Petits traités chinois inédits (1), 1960, 113 pp.

4. Chen, Tsu-Lung, « Liste alphabétique des impressions de sceaux sur certains manuscrits retrouvés à Touen-houang et dans les régions avoisinantes »（《在敦煌及附近地区发现的若干手稿印章的按字母排序的清单》），in *Mélanges publiés par*

*l'Institut des Hautes Études chinoises*, t. 2, Paris, Presses Universitaires de France, 1960, pp. 5-14.

5. Demiéville, Paul, « Langue et littérature chinoises. Résumé des cours de 1959-1960 : I. Le Tch'an au IX$^e$ siècle ; II. Textes de littérature vulgaire de Touen-houang »（《中国语言文学：1959—1960 年度课程摘要：1. 9 世纪的禅；2. 敦煌俗文学文本》）, in *Annuaire du collège de France*, 60$^e$ année, Paris, 1960, pp. 317-320. [Repris in Paul Demiéville, *Choix d'études sinologiques (1921-1970)*, Leiden, E.J. Brill, 1973, pp. 251-254].

6. Demiéville, Paul 主译, *Anthologie de la poésie chinoise classique*（《中国古诗选》）, Paris, Gallimard, coll.Connaissances de l'orient, 1960, 570 pp.

7. Diény, Jean-Pierre, « Les *Lettres familiales* de Tcheng Pan-k'iao »（《郑板桥的〈家信〉》）, in *Mélanges publiés par l'Institut des Hautes Études chinoises*, t. 2, Paris, Presses Universitaires de France, 1960, pp. 15-67.

8. Éiemble, « La Chine et l'Europe des Lumières »（《启蒙时代的中国与欧洲》）, *Cahiers franco-chinois (Paris-Pékin*, revue des Amitiés franco-chinoises), n° 5, mars 1960, pp. 72-87.

9. Guillermaz, Patricia 译, *La Poésie chinoise : anthologie des origines à nos jours*（《古今中国诗选》）, Éditions Seghers (Collection Melior ; 4), Paris, 1960, 289 pp.

10. Guillermaz, Patricia 译, *La Poésie chinoise : anthologie des origines à nos jours*（《古今中国诗选》）, Club des librairies de France, Paris, 1960, 289 pp.-[14] pp. de pl., ill.

11. Saint-Denys, Hervey de, « Une cause célèbre »（《著名的诉讼》）, *Cahiers franco-chinois (Paris-Pékin*, revue des Amitiés franco-chinoises), n° 7, septembre 1960, pp. 80-112. （Traduction d'un conte du *Jingu Qiguan*, tiré du recueil publié par d'Hervey : *Six nouvelles nouvelles*, Paris, J. Maisonneuve, 1892）.

## 三、备注

1."中国语言研究中心",由李嘉乐领导。后扩大为研究汉语、蒙古语、日语、越南语、南亚语系孟-高棉语族各语言、印尼语等多种亚洲语言的机构,但汉语研究始终占据主要地位。1971 年改名为"东亚语言研究中心"(Centre de Recherches Linguistiques-Asie Orientale)。该中心设立在法国社会科学高等学院内,同时隶属法国国家科研中心。目前有研究人员 20 余人,在汉语研究方面注重现代汉语,研究项目主要为从 1980 年起开始编纂的《汉法词典》、"汉语的共时和历时句法"、"普通话和方言的语音学与音位学"、"汉语国家和地区的语言政策"。该中心研究人员经常前往中国大陆及中国台湾、中国香港等地区的闽、粤方言区进行实地调查。其出版物为《东亚语言学手册》半年刊 及《语汇丛刊》。

2. 戴密微的《中国古诗选》被称为是一部"具有无懈可击的严密结构的集体著作"。这是法国汉学家选编的第一部中国古典诗歌的总集,他为此撰写的长序,也是法国汉学界第一篇有关中国古典诗歌的通论。此书的编译汇集了法国汉学界中国古典文学研究的主要力量,戴密微、达蒙(Francis-Yves Damon)、桀溺(Jean-Pierre Diény)、吴德明、于儒伯,以及华裔学者李治华、梁佩贞等皆参加了编译,可以说是法国汉学界中国古典文学研究实力的一次展示,在法国的中国古典文学传播史上具有重要的地位。《中国古诗选》选译了上自《诗经》下到清代 374 首诗词,共 204 位中国古代诗人的作品。书前有戴密微写的一篇导言,以诗一样的语言和火一样的激情评价了中国古典诗歌的特征和价值:中国古典诗歌的"表现手法是严谨的、精巧的,它的题材与自然界紧密相连。你们会随时透过那些含义始终是具体的词语,发现中国浩瀚无垠的疆土、与人类相适应的宇宙,以及从心灵深处发出来的超越语言的低沉回响。你们会在一个一切都是宁静、淳朴、悠逸的世界发现自我。你们会感到与这相比,其他的一切诗歌似乎都有些过于啰唆"。这是为中国古典诗歌的精练辩护,也是对"中国缺少史诗"之类的西方批评的反击,更是对中国古典诗歌结构特点和艺术魅力的细致体察,没有对中华文化的热爱,没有对中国古典诗词的深刻研究和掌握，是无法做到的。《中国古诗选》的出版是二战以后法国汉学界的一件大事，在法国研究中国古典诗歌中占有"十分重要的地位"，它不仅推动了法国汉学界对中国古典诗歌的翻译和研究工作，同时对整个汉学界都产生了巨大影响。尤其是该书所翻译的李白、杜甫、白居易等40多位唐朝诗人的106首诗词，更引起了极大的反响，极大地推动了法国汉学界唐诗的翻译和研究工作，促使法国本世纪的唐诗翻译和研究出现一个新高潮。①

3. 吉耶尔马兹（Patricia Guillermaz）的《古今中国诗选》一书的特点就是力图"在相当有限的篇幅内集中最有代表性和最明白易懂的诗"②。作品在引言中对中国各朝代的古典诗歌，从《诗经》《楚辞》到唐诗、宋词、明清诗以及现代诗的结构和特点做了简单的介绍和阐述，可以视为对中国诗史和诗歌理论研究的入门之作。

# 公元 1961 年

## 一、大事记

无。

## 二、书（文）目录

1. Demiéville, Paul, « Langue et littérature chinoises. Résumé des cours de 1960-1961 : I. Tch'an et poésie ; II. Textes de littérature vulgaire de Touen-houang »（《中国语言文学：1960—1961 年度课程摘要：1. 禅与诗；2. 敦煌俗文学文本》），in

---

① 陈友冰：《法国"汉学三杰"之戴密微——海外汉学家见知录之十》，见 http://www.guoxue.com/?p=8593。

② Guillermaz(Patricia), *La poésie chinoies*, Paris：Seghers,1957,p.40.

*Annuaire du collège de France*, 61ᵉ année, Paris, 1961, pp. 289-302. [Repris in Paul Demiéville, *Choix d'études sinologiques (1921-1970)*, Leiden, E.J. Brill, 1973, pp. 274-287].

2. Dubosc, Jean Pierre, *Deux princes de la peinture chinoise au XVIIᵉ siècle : Pa-ta-chanjen [et] Tao-tsi*（《17世纪中国两位绘画王子：八大山人与石涛》）, exposition du 30 mai au 30 juin 1961 (Galerie Huguette Berès), H. Berès, 1961 [?], [28] pp.-[4] pp. de pl., ill. （Le présent catalogue a été rédigé par Jean-Pierre Dubosc avec la collaboration de Chen Ho-chia. L'ensemble des peintures exposées proviennent de la collection de Tchang Ta-Ts'ien dont une partie a déjà été présentée en 1956, Musée Cernuschi）.

3. Grynpas, Benedykt 译, *Le Vrai Classique du vide parfait*（《冲虚经》）, de Lie Tseu ; traduit du chinois par Benedykt Grynpas, Paris, Gallimard, coll. Connaissance de l'Orient, 1961, 226 pp. (rééd. : 1994).

4. Kaltenmark-Ghéquier, Odile, *La Littérature chinoise*（《中国文学》）, Paris, Presses universitaires de France, coll. « Que sais-je ? » (n° 296), 2ᵉ éd. 1961, 128 pp.

5. Lévy, Roger 译, Ennin, *Journal d'un voyageur en Chine au IXᵉ siècle*（《9世纪一位在中国旅行者的日记》）, traduction et introduction, Paris, Albin Michel, 1961, 310 pp., ill. （Cette traduction française a pu être établie grâce à M. Edwin O. Reischauer qui avait traduit le texte chinois en langue américaine）.

6. Li, Tche-Houa, « Le Dramaturge chinois Kouan Han-k'ing »（《中国剧作家关汉卿》）, in *varii auctores*, *Les théâtres d'Asie*, Conférences du Théâtre des Nations (1958-1959), Journées d'études de Royaumont (28 mai-1er juin 1959), éditions du Centre National de la Recherche Scientifique (Le Choeur des muses), Paris, 1961, pp. 79-88.

7. Liou, Kia-Hway, *L'Esprit synthétique de la Chine : étude de la mentalité chinoise selon les textes des philosophes de l'antiquité*（《中国人的概括性思维：根据古代哲学文本对中国精神的研究》）, Paris, Presses universitaires de France, Bibliothèque de philosophie contemporaine (Histoire de la philosophie et philosophie

générale), 1961, 241 pp.

8. Nghiêm, Toan, Ricaud, Louis 译 , « *Les Trois Royaumes* de Louo Kouan-tchong »（《罗贯中〈三国演义〉》）, t. 2, traduction originale, notes et commentaires, Saigon, Société des études Indochinoises (Collection Unesco d'œuvres représentatives : Série Chinoise) (Bulletin de la Société des études indochinoises. Nouvelle série ; 36), 1961, [449]-946 pp., ill.（Titre original : San guo zhi）.

9. Ryckmans, Pierre, « *Le Traité sur la peinture du moine Citrouille-Amère* de Che T'ao (Tao Tsi) »（《石涛〈苦瓜和尚画语录〉》）, mémoire présenté par Pierre Ryckmans pour l'obtention de la licence en archéologie et histoire de l'art, s.l., s.n., 1961, III-77 ff. ; 27 cm.（Licence : Archéologie et histoire de l'art : Université catholique de Louvain : 1960）.

## 三、备注

罗贯中的《三国演义》由越南人严全和法国人里科两人从中文译为法文，并且添加了注释和说明，还附上了清初绘制的木版刻图多幅。全部译本译至《三国演义》第六十回为止，译本分为四卷，每卷十五回。在书的前面由严全撰写有序言，于儒伯写有导言，在这篇导言中，于儒伯介绍了《三国演义》的成书过程和各种版本情况，他还评述了西方各种文字的译本。该书收录在艾田蒲担任主任主持编辑出版的《世界文学代表作：东方知识丛书》中。

# 公元 1962 年

## 一、大事记

经戴密微推荐，饶宗颐以 1959 年出版的甲骨学著作《殷代贞卜人物通考》获得本年的汉学儒莲奖，成为继洪煨莲（洪业，William Hung）之后第二个获此殊荣的中国学者。

## 二、书（文）目录

1. Belpaire, Bruno 译, *Le Poète chinois Lo Pin-Wang*（《中国诗人骆宾王》），introduction et traduction par Bruno Belpaire, Bruxelles, Éditions de l'Occident, 1962, 155 pp.

2. Chavannes, Édouard 译, *Cinq cents contes et apologues extraits du Tripitaka chinois*（《汉文三藏经中的 500 个故事和寓言》），et traduits en français par Édouard Chavannes, Paris, Adrien Maisonneuve, « Collection Unesco d'œuvres représentatives » (Série chinoise) et « Bibliothèque de l'Institut des hautes études chinoises » (vol. 1), 1962, 4 tomes en 3 volumes, XX-428 pp., 450 pp., 399 pp. et 345 pp. [Les volumes 2 et 3 ont été publiés dans la « Collection Unesco d'œuvres représentatives » (Série chinoise) ; le volume 4 a été publié dans la « Bibliothèque de l'Institut des hautes études chinoises » (vol. 1)].

3. Demiéville, Paul 主译, *Anthologie de la poésie chinoise classique*（《中国古诗选》），Paris, Gallimard, coll. Connaissance de l'Orient, 1960, 570 pp.

4. Demiéville, Paul, « Langue et littérature chinoises. Résumé des cours de 1961-1962 : I. Tch'an et poésie ; II. Textes de littérature vulgaire de Touen-houang »（《中国语言文学：1961—1962 年度课程摘要：1. 禅与诗；2. 敦煌俗文学文本》），in *Annuaire du collège de France*, 62$^e$ année, Paris, 1962, pp. 329-336. [Repris in Paul Demiéville, *Choix d'études sinologiques (1921-1970)*, Leiden, E.J. Brill, 1973, pp. 322-329].

5. Rotours, Robert Des 译, *Histoire de Ngan Lou-chan*（《安禄山史事》），traduction annotée, Paris, Presses universitaires de France, Bibliothèque de l'Institut des hautes études chinoises (XVIII), 1962, XXVIII-399 pp.

6. Diény, Jean-Pierre, « Chansons des Han »（《汉代歌曲》），*France-Asie/Asia*, nouvelle série, vol. XVI, n° 173, mai-juin 1962, pp. 267-276.

7. Fourcade, François, *La Peinture murale de Touen houang*（《敦煌壁画》），

Paris, éditions Cercle d'Art, coll. Arts de Chine, 1962, 134-[9] pp., illus.

8. Hervouet, Yves, « Un poète de cour sous les Han : Sseu-Ma Siang-Jou »(《汉朝宫廷诗人：司马相如》), Sous la direction de Paul Demiéville (1894-1979). Thèse de doctorat : Lettres : Paris : 1962 (Paris : Impr. Nationale, 1964 ; VIII-478 pp. : couv. ill. ; 25 cm).

9. Huard, Pierre, et Ming Wong, « Un album chinois de l'époque Ts'ing consacré à la fabrication de la porcelaine »（《关于瓷器制造的清代中国画册》）, *Arts asiatiques*, t. IX, fasc.1-2, 1962-1963, pp. 4-60.

10. Klossowski, Pierre 译, *Jou-P'u-T'uan* ou *Jeou-P'ou-T'ouan, ou La chair comme tapis de prière*（《肉蒲团》）, roman publié vers 1660, par le lettré Li-Yu（李渔）, traduit en français pour la première fois, préfacé par René Étiemble, Jean-Jacques Pauvert, Paris, 1962, VIII-316 pp.

11. Künstler, Mieczysław Jerzy, « Deux biographies de Tcheng Hiuan »（《郑玄传记两种》）, *Rocznik Orientalistyczny*, vol. 26, n° 1, 1962, pp. 23-64.

12. Ling, Shuhua, *Quelques peintures de lettrés, $XIV^e$-$XX^e$ siècles : de la collection Ling Shuhua*（《14—20 世纪文士画：凌叔华藏品》）,（exposition）novembre 1962-février 1963, ville de Paris, Musée Cernuschi, 20 pp., ill., photogr.

13. Pimpaneau, Jacques, « Courte Biographie de Tou Fou »（《杜甫小传》）, *Cahiers franco-chinois* (Paris-Pékin, revue des Amitiés franco-chinoises), n° 15-16, décembre 1962, pp. 46-71.

14. Soymié, Michel, « Histoires et ballades de Touen-houang »（《敦煌藏历史与叙事诗》）, *France-Asie*, n° 18, 1962, pp. 61-66.

15. Yoshida, Atsuhiko, « Analyse structurale d'un roman chinois : le *Si Yeou-Ki* »（《中国小说〈西游记〉结构分析》）, *Annales, E.S.C.*, vol. 17, n° 4, 1962, pp. 647-662.

## 三、备注

吴德明的《汉朝宫廷诗人：司马相如》是作者锤炼 12 年之久的一部厚重论著，

除序言和结论外，全书九章：前两章是司马相如传记与其所处时代、地理背景；中三章探讨司马相如的文学地位、思想性格和作品特征；次三章讨论赋中人名、地名与联绵词翻译及诗律研究问题；末章考察其对后世的影响。全书对司马相如的生平思想做了缜密的考析和辨证，对他的作品及其在文学史上的地位和影响做了比较深入的探究和论述，同时对"赋"这一文体，做了解析和介绍，材料充实，评析精当，不失为一部力作。在法国的中国文学研究中，关于赋或者说散文诗的研究凤毛麟角，该文与他于1972年出版的《〈史记〉第117章：司马相如传》（*Le Chapitre 117 du* Che-ki, *Biographie de Sseu-ma Siang-jou*）一书都在这方面做了非常深入的研究。在《〈史记〉第117章：司马相如传》一书中，他翻译了《昭明文选》中司马相如的全部作品，只有《长门赋》除外，因为他认为这不是司马相如的作品。书中有全套详细的学术性注释、书目和索引，并复制了泷川龟太郎本的中文原文和注释。吴德明注释的突出长处是能阐释司马相如赋中十分冷僻的辞藻和语汇，真正显示了其学术素养和功力。他在翻译的过程中，尽量以科学的名称辨识每一种动物、植物和矿物。此外他还详细地探讨了司马相如赋中的联绵字，并且将他的注释汇编成索引，这成了研究《昭明文选》中罕见字的一种最佳字汇辞典。需要指出的是，作者主要是将这位诗人置于广义的历史背景中加以考察，而不是在文学发展史中加以论述。

# 公元 1963 年

## 一、大事记

1. 11月29日，白乐日（1905—1963）逝世。

2. 施里姆普夫（Robert Schrimpf）在雷恩（Rennes）大学通过博士论文答辩，标题为《数学著作集〈算经十书〉，论公元7世纪之前的中国数学史》。

## 二、书（文）目录

1. Belpaire, Bruno 译, *Les Plus Belles Pages du philosophe chinois Han Fei Tsé*（《中国哲人韩非子的最美页章》）, introduction et traduction par Bruno Belpaire, Bruxelles, Éditions de l'Occident, 1963, 197 pp.

2. Bischoff, Frédéric A., *La Forêt des pinceaux : étude sur l'Académie du Han-Lin sous la dynastie des T'ang et traduction du Han Lin Tche*（《笔之林：唐代翰林院研究及翰林志翻译》）, Paris, Presses universitaires de France (Bibliothèque de l'Institut des hautes études chinoises ; 17), 1963, XI-128 pp., ill., plans dépl.

3. Demiéville, Paul, « Langue et littérature chinoises. Résumé des cours de 1962-1963 : I. La vie et l'œuvre de Sie Ling-yun ; II. La poésie dans les recueils des maîtres de Tch'an des T'ang »（《中国语言文学：1962—1963 年度课程摘要：I. 谢灵运生平与著作；II. 唐代禅师文集中的诗》）, in *Annuaire du collège de France*, 63ᵉ année, Paris, 1963, pp. 325-336. [Repris in Paul Demiéville, *Choix d'études sinologiques (1921-1970)*, Leiden, E.J. Brill, 1973, pp. 330-341].

4. Diény, Jean-Pierre 译, *Les Dix-neuf poèmes anciens*（《古诗十九首》）, Bulletin de la Maison franco-japonaise, Nouvelle série, VII, 4, Paris, Presses Universitaires de France, 1963, 194 pp. (Réimpression, reproduction photomécanique : Université Paris VII, Centre de publication Asie orientale, 1974).

5. Guerne, Armel 译, *Tao-tê king*（《道德经》）, Paris, Le Club français du livre, 1963, 163 pp.

6. Lévy, André, « Publications nouvelles concernant l'histoire de la littérature chinoise en langue vulgaire »（《关于中国白话文学史的新刊著作》）, *Bulletin de l'École française d'Extrême-Orient*, t. 51, n° 2, 1963, pp. 595-614.

7. Li, Tche-Houa 译, *Le Signe de patience et autres pièces du théâtre des Yuan*（《忍字记及其他元杂剧》）, traduction, introduction et notes de Li Tche-Houa, Paris, Gallimard, coll. Connaissance de l'Orient (18), 1963, 373 pp.

8. Pauthier, Guillaume 译, *Confucius, 551-479 av. J.-C.*（《孔子，公元前

551—479 年》）, Paris, A. Silvaire (Maximes et pensées), 1978, 159 pp. (Contenu : Ta hio ou La grande étude ; Tchoungyoung ou L'invariabilité dans le milieu ; Lun-yu ou Les entretiens philosophiques ; Meng-tseu).

## 三、备注

1. 白乐日①，原名叫 Balázs Estvàn，1905 年 1 月 24 日出生于布达佩斯，并在那里完成了中学学业。18 岁时离开故乡去柏林，加入了福兰阁（Otto Franke）的汉学学派。他于 1932 年通过的博士论文《唐代经济史》(« Beitrage zur Wirtschaftsges Chichte der Tang-Zeit »), "开辟了西方汉学的一块真正的处女地"。

1935 年，白乐日到达法国，并在巴黎度过了一年的学习时间（1935—1936），他勤奋地在法兰西公学院听汉学课，曾师从马伯乐。他于 1938 年撰写了一些有关中国六朝和宋代社会史的论文。

二战结束后，白乐日定居于法国蒙托邦（Montauban）。他在该城居住的三年期间，以在天主教学院教授德文和英文而养活自己及全家。

1948 年，白乐日返回巴黎。

1949 年 12 月 14 日，白乐日被任命为法国国家科学研究中心的副研究员。

1950 年，白乐日接受费正清的邀请到哈佛大学东亚研究中心做访问学者。这段经历使白乐日了解了费正清的长期计划，促使他萌生"宋史研究计划"的一些初步设想。

1955 年 3 月，白乐日被任命为法国社会科学高等研究实践学院第六系的研究导师，在隶属于该系的历史研究中心及其指导教授布罗代尔的支持下，他推出了"宋史研究计划"。同年，白乐日取得法国国籍。

1957 年，联合国教科文组织在日本组织了一次"东西方文化交流史国际学术讨论会"，这是白乐日首次访问远东的机会，特别是与他为"宋史研究计划"

---

① 白乐日生平简介及著作参阅：P.Demiéville,« Étienne Balazs（1905-1963）», *T'oung Pao*, Second Series, vol. 51, Livr. 2/3（1964）, pp.247-261.（译文参见戴仁编，耿昇译：《法国中国学的历史与现状》，上海：上海辞书出版社，2010 年，第 299~306 页）

而招募日本合作者建立接触关系的机会。就在学术讨论会开幕的同一天（1957年10月28日），当他正在宣读他为这次学术讨论会准备的论文（《中国官僚社会长期稳定性》（« La Pérennité de la société bureaucralique en Chine »）时，心肌梗塞发作。他在日本一直待到1958年春。

1962年春，其朋友芮沃寿教授邀请他赴美居住一段时间。他返回法国非常高兴，于是便决定将其用法文和德文发表的文章集成一个英译本文集出版。

1963年11月29日，白乐日因心肌梗塞而逝世。

白乐日是一位杰出的汉学家，主要研究中国古代经济史，"他以其文化的范围和种类，又以其为汉学研究开创新视野的科学想象力，而成为我们之中的绝无仅有者"①。他在1950年推出的国际合作研究项目——"宋史研究计划"，其战略产生的效果非常显著，使欧美的明史、清史和宋史研究走在中国史研究的前列。

主要著作有：

*Les Institutions de la Chine jusqu'en 1400*（《1400年以前古代中国的历史与制度》），1948.

*Entre révolte nihiliste et évasion mystique*（《在虚无主义者的反叛与密修主义者的逃避之间》），1948.

*La Crise sociale et la philosophie politique à la fin des Han*（《汉末的社会危机和政治哲学》），E.J. Brill, 1949.

*Etudes sur la société et l'économie de la Chine médiévale*（《中国中世纪社会与经济研究》），E.J. Brill, 1953.②

« La Pérennité de la société bureaucratique en Chine »（《中国官僚社会的长期稳定性》），1957.

2. 石泰安在《通报》上发表的长篇论文《论公元2世纪道教的政治宗教运动》陈述了后汉道教运动的社会和政治性质，显示出道教在汉代中国社会制度上的

---

① P.Demiéville,« Étienne Balazs( 1905-1963 )», *T'oung Pao*,Second Series,vol.51,Livr.2/3( 1964),pp.255.
② 《中国中世纪社会与经济研究》一书第一部分于1953年出版，其中包括《隋书·食货志》的法文译本，并附大量注释各种不同的补注。其第二部分是《隋书·刑法志》法文译注本。这是中国整个中世纪的基本史料。他的第三部分著作是《晋书·刑法志》的法文全译本。

基础。

3. 施里姆普夫的博士论文包括对唐代"算经十书"中所有问题的译注文、一篇对于它们从起源到我们今天传播的研究，还有对这些著作中数学内容的一种分析。施里姆普夫首次在其中研究了刘徽（公元 3 世纪末）的部分求证，但这些求证却出自于该作者对于汉代《九章算术》的注释，而《九章算术》又是包括在"算经十书"中的十部著作中最著名的。施里姆普夫的博士论文使得中国的数学不再仅仅显得如同是过去曾被中国史学家们经常描述成的那种经验性和实用性方法的堆积，而是根据中国数学家们自己的逻辑推理，认为它们如同是一整套可以判定其本身就值得研究的数学方法。

# 公元 1964 年

## 一、大事记

无。

## 二、书（文）目录

1. Chavannes, Édouard 译, *Cinq cents contes et apologues extraits du Tripitaka chinois*（《汉文三藏经中的 500 个故事和寓言》）, et traduits en français par Édouard Chavannes, Paris, Adrien Maisonneuve, « Collection Unesco d'œuvres représentatives » (Série chinoise), 2 vol., 428 et 449 pp.

2. Chen, Tsu-Lung, *Fragment d'un lexique chinois de Touen-houang*（《敦煌一个中文词汇手册断片》）, Paris, Cahiers de la Section des recherches sur la civilisation des T'ang de l'Institut des hautes études chinoises de l'Université de Paris, Première série, Sien-yen tchen-tsi, Documents précieux de la « grotte des immortels » (I), 1964, VII-XII pp.

3. Cheng, Tcheng 译, *L'Odyssée de Lao Ts'an*(《老残游记》), de Lieou Ngo(刘鹗), traduit du Chinois par Tcheng Cheng, avant-propos de Jacques Reclus, Paris, Gallimard, coll. Connaissance de l'Orient (41), 1964, 280 pp. (rééd. : 1990).

4. Dehergne, Joseph, « Voyageurs chinois venus à Paris au temps de la marine à voiles et l'influence de la Chine sur la littérature Française du XVIII<sup>e</sup> siècle »（《帆船时代来巴黎的中国旅人以及中国对 18 世纪法国文学的影响》）, *Monumenta Serica*, vol. XXIII, 1964, pp. 372-397.

5. Demiéville, Paul, « Manuscrits chinois de Touen-Houang à Leningrad »（《列宁格勒藏中国敦煌手稿》）, *T'oung Pao*, vol. 51, fasc. 4-5, 1964, pp. 355-376.

6. Demiéville, Paul, « Langue et littérature chinoises. Résumé des cours de 1963-1964 : I. La vie et l'œuvre de Sie Ling-yun »（《中国语言文学：1963—1964 年度课程摘要：1. 谢灵运生平与著作》）, in *Annuaire du collège de France*, 64<sup>e</sup> année, Paris, 1964, pp. 349-360. [Repris in Paul Demiéville, *Choix d'études sinologiques (1921-1970)*, Leiden, E.J. Brill, 1973, pp. 342-353].

7. Hervouet, Yves, *Un poète de cour sous les Han : Sseu-ma Siang-jou*（《汉朝宫廷诗人司马相如》）, Paris, Bibliothèque de l'Institut des hautes études chinoises, vol. XIX, Presses universitaires de France, 1964, VIII-478 pp.

8. Vandier-Nicolas, Nicole 译, *Le Houa-Che de Mi Fou (1051-1107) ou Le carnet d'un connaisseur à l'époque des Song du Nord*（《米芾（1051—1107）〈画史〉或北宋时代一位内行的笔记》）, Paris, Presses universitaires de France (Bibliothèque de l'Institut des hautes études chinoises ; 16), 1964, XXIV-197 pp.-[2] pp. de pl. (Thèse complémentaire : Lettres : Paris : 1958).

9. Wong, T'ong-Wen, « Le Véritable Éditeur du *Kieou-king san-tchouan* »（《〈九经三传〉的真正编者》）, *T'oung Pao*, vol. 51, fasc. 4-5, 1964, pp. 429-449.

## 三、备注

无。

# 公元 1965 年

## 一、大事记

1. 2 月 7 日，铎尔孟（André d'Hormon）（1881—1965）逝世。
2. 6 月 25 日，巴科（1877—1965）在巴黎逝世。
3. 从本年起，韩百诗主持法兰西学院"中亚历史和文明"讲座。

## 二、书（文）目录

1. Couvreur, Séraphin 译, *Les Quatre livres : la Grande Étude*（《四书：大学》）, traduction intégrale et préface du R.P. Séraphin Couvreur, introduction du R.P. Henri Bernard Maitre, Paris, Padoux, 1965, XXII-751pp. (16 lith. en coul. avec suite en noir, 48 pl. lithogr. h.). (Contient : *L'Invariable milieu ; Entretiens de Confucius et de ses disciples; Œuvres de Meng Tzeu*. Texte en chinois et en français, tiré à 1000 exemplaires).

2. Dars, Jacques, « Quelques aspects du fantastique dans la littérature chinoise des Tang et des Song : les histoires de démons et de fantômes du *Tai-ping Guang-ji* »（《中国唐宋志怪文学的几个方面：〈太平广记〉中的鬼怪故事》）, Thèse de 3$^e$ cycle : Paris : Lettres : 1965 (143 pp. ; 1 ill. en coul.).

3. Lévy, André, « Études sur trois recueils anciens de contes chinois »（《关于三部中国古代故事集的研究》）, *T'oung Pao*, vol. 52, fasc. 1-3, 1965, pp. 97-148.

4. Schipper, Kristofer Marinus, *L'Empereur Wou des Han dans la légende taoïste : Han Wou-ti Nei-Tchouan*（《道教传奇中的汉武帝：〈汉武帝内传〉》）, École française d'Extrême-Orient (Publications de l'École française d'Extrême-Orient; 58), Paris, 1965, 132-IX-24 pp. (En français et en chinois.Texte de Han Wu-ti nei chuan

avec traduction en français).

## 三、备注

1. 铎尔孟，1881 年出生，字浩然，法国汉学家，《红楼梦》法文全译本审校者。铎尔孟早年曾跟随时任大清帝国驻法使馆武官的唐在复学习中文。1902 年李石曾赴法国留学期间与铎尔孟结识，两人成为莫逆之交。1906 年，在唐在复推荐下，铎尔孟来到中国担任醇亲王载沣府中的家庭法语教师。北洋政府时期，他担任过外交顾问。他还参与创立了北京中法大学，并任教于中法大学与北京大学。他在中法大学曾讲授法国古典戏剧、诗歌和中译法翻译课程。他本人精通法文格律诗，喜爱中国古典诗词，也写过一些法文诗，但均自行烧毁，未留存下来。1941 年负责筹办北京中法汉学研究所并担任所长。

1954 年，在中国居住 49 年之后，铎尔孟回到法国。11 月与联合国教科文组织签订了担任《红楼梦》法译本校阅者的翻译合同，在这之后，铎尔孟把他一生最后 10 年的精力完全贡献给这部小说法译本的修润工作。到他 1965 年病逝时，第二次修润工作完成到第 50 回，后来译稿的修改和注释、译文的增订及引言的编写，是由李治华夫妇花费多年时间和全部精力去完成的。铎尔孟还曾应联合国教科文组织的邀请，为由戴密微主持翻译的《中国古诗选》（*Anthologie de la poésie chinoise classique*）选出了要译为法文的中文诗歌，《中国古诗选》译著曾先后于 1962 年、1978 年和 1982 年 3 次在巴黎出版。

2. 巴科是法国的藏学先师，1877 年出生于法国圣日耳曼昂莱 (Saint-Germain-en-Laye)，其父亲为地理学会的会员。在父亲的会客厅中，他经常会遇到著名的科考探险家，诸如萨沃尔尼安·德·布拉萨、迪厄拉夫瓦夫妇等。选择西藏为其冒险地，是出于他送其父亲去参加地理学会的一次会议。在这次会议上放映了在高地亚洲的探险地图，西藏在这些地图上仅仅是一大块白点。从此之后，巴科就无意识地意欲为"发现"这一神秘地区做出贡献。

1904 年，巴科进行了一次经典式的环球旅行。首次旅行的目的是访问西藏地区。当他在印度支那停留时，他会见了巴黎外方传教会的神父们。这些人给了他很多的经验和建议。

1906 年，巴科再次踏上赴西藏之路。他穿过了康定—巴塘之路，然后又沿同一条路向南行，到达一个大寺庙地区。他当时极其渴望发现著名的"希望之乡"，故他经常临时任意改变路线。稍后，他又确实走上了传说中的"希望之乡"之路。他跟随一大群朝山进香的藏族人，由一名喇嘛带路，一起寻找那个任何人都未曾到过的理想之地。为了不再依赖翻译，巴科向一名老喇嘛学习了藏语，并收集了大量有关藏民生活习性的信息。当他一返回巴黎，便于高等研究实践学院第四系注册，在那里聆听烈维的课。他着手翻译藏梵对译的《诺桑王子本生事》的一种藏文本，这使他于 1914 年获得了学士的毕业文凭。

1914 年 8 月 8 日，巴科应征入伍，参加本土陆军第七团。战争结束时，他任由伯希和率领的法国赴西伯利亚军事使团的参谋。

当巴科返回法国后，烈维要求他在自己的讲座中教授藏语。他义务性地做了近 20 年，直到他被任命为专门为他设立的藏语语言学讲座的第一位研究导师为止。

1944 年，巴科开始翻译《敦煌吐鲁番藏文历史文本》，但此书于 1946 年才出版。在此书出版前后，他发表了同一内容的许多文章，做了许多报告。

巴科自 1947 年起成为碑铭和美文学院不承担义务的自由院士。他的《佛陀》一书也于 1947 年出版。他通过重提某些史事以及围绕着佛陀名称而凝聚起来的传统，把佛教作为一种奥义对待，以此思想基点他为《西藏诗人米拉日巴的生平》译本作了导言。

巴科在担任亚细亚学会司库长达 20 多年之后，又继伯希和出任亚细亚学会的会长。他还同时兼任地理学会法国委员会的学术负责人，历史和科学工作委员会（地理分部）《地理杂志》、法国亚洲委员会、人类学会理事会的职务。

1962 年，巴科出版了他的最后一部著作《西藏历史概论》。书末所附的大量附录都论述了非常广泛的内容。

巴科还留下了一部未完成的著作，这是一部吐蕃王廷的书信与文献集。巴科用他所特有的流畅语言发表这些文献的译注文，从而补充了其《非〈大藏经〉西藏著作的标题与题跋》（1954）的文献，对于藏学家们大有裨益。①

---

① 巴科的详细著作目录请参阅 [法] 玛塞尔拉露：《法国的藏学先师雅克·巴科》，载戴仁编，耿昇译：《法国中国学的历史与现状》，上海：上海辞书出版社，2010 年，第 271~276 页。

3. 康德谟出版《老子和道教》。这是一部全面介绍道教历史的著作，全书对道教做了"各种叙述"，具有"教科书"或"百科全书"性质。该书的学术价值一直受到重视，直到1990年，评论家仍然认为，在"全面"介绍"道教史"方面，还没有一本著作能超过它。①

# 公元 1966 年

## 一、大事记

1. 石泰安成为法兰西公学院教授，主持的讲座是"中国社会研究：制度和概念"，直至1981年。
2. 石泰安与烈维合作，创建了法国高等研究实践学院的"中国宗教资料中心"。该中心后来与其他几个单位合并，其中包括"藏学研究中心""道教资料和研究中心"。
3. 利氏学社（Insititut Ricci）成立。
4. 普罗旺斯大学中国研究系成立，汪德迈担任主任。
5. 苏远鸣被任命为法国高等研究实践学院"中国史学和语文学"研究导师，直至1992年。

## 二、书（文）目录

1. Chen, Tsu-Lung, *La Vie et les œuvres de Wou-Tchen (816-895), contribution à l'histoire culturelle de Touen-houang*（《悟真（816—895）的生平与著作：敦煌文化史研究》），Paris, École française d'Extrême-Orient, Publications de l'École française d'Extrême-Orient (vol. 60), 1966, 165 pp.-[7] pp. de pl. dt 1 dépl.

---

① ［法］安娜·塞德尔：《西方道教研究史·序言》，上海：上海古籍出版社，2000年，第2~3页。

2. Dubosc, Jean-Pierre, *Les Quatre grands peintres de la dynastie des Ming : xv$^e$ et xvi$^e$ siècles*（《明代四大画家：15、16世纪》）, Collections Baur, Genève, 1966, [61] pp., ill.

3. Guillermaz, Patricia, *La Poésie chinoise : des origines à la révolution*（《中国诗：从起源至革命》）, Gérard & Co., Verviers (Marabout université ; 118), 1966, 248 pp.-[32] pp. de pl., ill.

4. Hervouet, Yves, « Préface » à : Shen Fu, *Six récits au fil inconstant des jours*（《沈复〈浮生六记〉序》）, trad. par Pierre Ryckmans, Bruxelles, Lancier, 1966, pp. 7-8.

5. Holzman, Donald, « Poésie et philosophie chez T'ao Yuan-ming »（《陶渊明的诗与哲学》）, *Revue de métaphysique et de morale*, 1966, pp. 286-305.

6. Lévy, André, « Publications nouvelles intéressant l'histoire de la littérature chinoise en langue vulgaire »（《关于中国白话文学史的新刊著作》）, *Bulletin de l'École française d'Extrême-Orient*, t. 53, n° 1, 1966, pp. 279-291.

7. Morant, Henry de, *Musée Pincé : art chinois, art japonais*（《宾瑟博物馆：中国艺术、日本艺术》）, Musée Pincé, Angers, 1966, 108 pp.-[96] p. de pl., ill.

8. Ryckmans, Pierre, « Les *Propos sur la Peinture* de Shi Tao : traduction et commentaire »（《石涛〈画语录〉译注》）, *Arts asiatiques*, t. XIV, 1966, pp. 79-150.

9. Ryckmans, Pierre, « *Les Propos sur la peinture du moine citrouille-amère de Shi Tao : traduction et commentaire, pour servir de contribution à l'étude terminologique et esthétique des théories chinoises de la peinture* »（《石涛〈苦瓜和尚画语录〉译注：中国绘画理论术语及美学研究》）, Thèse présentée pour l'obtention du doctorat en archéologie et histoire de l'art. Thèse de doctorat : Archéologie et histoire de l'art : Université de Louvain : 1966 (Université de Louvain, Louvain : 1966, 253 pp.).

10. Soymié, Michel, « Notes d'iconographie chinoise : Les acolytes de Ti-tsang (I) »（《中国佛像笔记：地藏菩萨侍从（一）》）, *Arts asiatiques*, t. XIV, 1966, pp. 45-78.

11. Vandier-Nicolas, Nicole, « La Peinture chinoise : la collection John M. Crawford à Paris (janvier-février 1966) »（《中国绘画：John M. Crawford 巴黎藏品展（1966 年 1—2 月）》），entretien accordé à Souren Melikian, *Réalités*, n° 240, janvier 1966, pp. 40-47. Repris dans les *Cahiers d'études chinoises*, INALCO, n° 8 (Hommage à Madame Nicole Vandier-Nicolas), 1989, pp. 11-15 ; et in Flora Blanchon (éd.), *La Question de l'art en Asie orientale*, Paris, Presses de l'université Paris-Sorbonne, coll. Asies, 2008, pp. 115-122.

## 三、备注

1. 石泰安在法兰西学院最早的授课内容涉及具有宗教特征的契约形式（为墓葬而买地的契约、盟和誓、信的观念、师徒间的道教契约、在道教中出现的传经文献……），他同时也关注道教教团的内部组织形式。他多年的授课涉及对道教"厨"和"斋"的研究，同时也触及有关食物的宗教观念。石泰安受曾在吐蕃担任过重要角色的密教的吸引，在法兰西学院授课时也论述了曼荼罗（mandala，坛场）和中国—日本密教中的神灵、观音的女子形象、末法、信和善恶报应等问题。他对中国佛教的"伪经"和"疑经"怀有强烈的兴趣。石泰安在宗教思想、宗教组织的社会形态和仪轨研究领域中特别富有天赋，他在法兰西学院授课的 17 年间，以丰富而又特别新奇的论述使人产生了浓厚的兴趣。

2. 利氏学社成立，旨在继续利玛窦及其继承者当初所从事的汉学探索。利氏学社分别在中国台北和法国巴黎设立分社。台北利氏学社的汉学研究包括词典编纂、语言学、甲骨学、古今中国哲学、佛学、道家、民间宗教、史学和文学等。巴黎利氏学社的成员先后有：顾从义（Claude Larre）社长，其研究领域是《道德经》、《庄子》、《淮南子》、中国传统医学的哲学基础；白立中（Marie-Ina Bergeron）研究员，其研究领域是《周易》和中国哲学；罗妵（Elisabeth Rochat de la Vallée）研究员，其研究领域是中国哲学、中医和针灸术语。巴黎利氏学社的活动包括两大类：汉学研究和社会工作。汉学研究主要表现在教学、科研和出版三个领域。教学工作由顾从义和罗妵担任。他们有时以定期课程的形式施教，课程内容涉及传统的中国思想、精神、古典哲学，以及有关中国古文献的专门研究，特别是关于医学经典的研究，有时还以周末讲座的形式授课。这些讲座主要是涉及中国医学，以及根据中国经典文献来研究和理解课堂理论，利氏学社并不负责从事医疗实践，即使有许多治疗学专家协助这些讲座。利氏学社的科研也涉及不同的方面：（1）研究和翻译作为教学基础的文献（特别是医学和道教经典）；（2）应邀对某些特殊方面从事研究（写一篇文章或一部书）；（3）应学生的要求，在他们于大学或私立学院的监管之外，为帮助或考核他们的论著或论文而从事的研究；（4）其研究包括有关《汉语大辞典》的工作。利氏学社出版了一批大都是某种附有大量注释的中文经典的译注本小册子。利氏学社多年来从事的最大工程是编纂出版了一部《汉法大辞典》。这部大辞典是继 1976 年出版的《汉法综合辞典》（利玛窦小辞典）之后而继续编写的。它是由利氏学社巴黎和台北分社共同组织的。这部辞典共包括 1.1 万—1.2 万个汉字，20 万—25 万个词组。它是由法国和外国耶稣会士们于 50 年代和 1965 年编写的 40 卷手稿为基础而编辑的。大约在这次编写末期，共选择了 6301 个单字和 4.5 万个词组，又经过 10 年的修订和印刷，于 1976 年推出了《汉法综合词典》。为了推出和修订《汉法大辞典》，巴黎利氏学社希望缩短出版时间（利玛窦小辞典共用了 25 年），利用电脑处理，在 4—5 年间共处理了 1.1 万个单字和 25 万个词组，分 4 卷出版。其中的单字是以其读音的字母顺序缩排的，完全如同在利玛窦小辞典中一样。那些复合词、术语和语意群在每个单字之下做解释并且是引自差异很大的资料、古典语言和常用语言辞书，根据喜爱中国文化和语言的人员需要以及学生、翻译、商人等各界的需求而淘汰选择。在利玛窦小辞典的资料中又补充了某些俗语以及与国际关系、外贸、工业、当代科学技术有关的词汇。《汉法大辞典》的附录除包括在小辞典中的那些类目外，又综合介绍了中国文学和科学的主要新成果，如中国传统医学的要点等。①

3. 在执教的前 10 多年间，苏远鸣主要关心民间宗教。他的许多讲演都阐

---

① 耿昇：《法国利氏学社的汉学研究》，戴仁编，耿昇译：《法国中国学的历史与现状》，上海：上海辞书出版社，2010 年，第 683~687 页。

明了异端信仰，或者是道教与佛教传统之间的互相影响和交流。苏远鸣通过对佛教疑伪经和同样故事的道教文本之间的比较，以及佛教仪轨和道教科仪之间的对照（如六斋日或十斋日），并对这两种传统中有关众多神灵的信仰和仪轨进行分析，开辟和发展了一片新的研究阵地。他在多年间主持的有关《宝卷》及其类型学的教学，也是向着历史和传说故事的一种广泛对照的相同方向发展。其他种类的资料同样也被发掘利用，如《金瓶梅》及稍后的《封神演义》，前者具有特别丰富的殡葬仪轨资料，后者则包括大量明代保护神复杂人格的资料。从1977年起，苏远鸣在高等研究实践学院的讲座主要涉及敦煌写本的研究，论述敦煌兴旺发达的文化历史背景，由对文书的释读、编目和断代提出方法论问题。有些讲座是致力于草书形式演变的古文字学范畴内的研究、对在写成稿本著作时所使用的职员尊号的调查、有关避讳字的著作等。①

# 公元1967年

## 一、大事记

法国国家政治基金会国际调查研究中心"中国与远东部"（Fondation nationale des sciences politiques-Centre d'études et de recherches internationales, Section Chine-Extrême-Orient）成立。

## 二、书（文）目录

1. Bobot, Marie-Thérèse, *Peintures chinoises*, *Ming et Ts'ing*, $XV^e$-$XIX^e$ siècles :

---

① ［法］桀溺：《法国高等研究实践学院第四系（史学和语文系）的汉学研究》，戴仁编，耿昇译：《法国中国学的历史与现状》，上海：上海辞书出版社，2010年，第626~627页。

de la collection Mu-fei（《15—19世纪明清中国绘画：木扉藏画》）, catalogue de l'exposition organisée au Musée Cernuschi, Paris, juin-août 1967, catalogue rédigé par M.-T. Bobot, Paris, Euros, 1967, [46] pp., ill.

2. Couvreur, Séraphin 译, *Cheu king : texte chinois avec une double traduction en français et en latin, une introduction et un vocabulaire*（《诗经》）, 4ᵉ éd., Kuangchi Press, Taichung, 1967, XXI-XXXII-556 pp.-[2]ff. de pl., ill., cartes.（Reproduction photo 97 mécanique de l'édition de : Ho Kien Fou, Imprimerie de la Mission Catholique, 1896）.

3. Diény, Jean-Pierre, « La Littérature chinoise »（《中国文学》）, in *Guide Nagel Chine*, Genève/Paris/Munich, Nagel, 1967, pp. 184-209.

4. Kaltenmark-Ghéquier, Odile, *La Littérature chinoise*（《中国文学》）, Paris, Presses universitaires de France, coll. « Que sais-je? » (n° 296), 3ᵉ éd. mise à jour, 1967, 128 pp.

5. Lévy, André, « L'Origine et le style de la légende du Pic du Tonnerre dans la version des Belles histoires du lac de l'Ouest »（《西湖佳话版本中的雷峰传奇的起源与风格》）, *Bulletin de l'École française d'Extrême-Orient*, t. 53, n° 2, 1967, pp. 517-535.

6. Lévy, André, « Deux contes philosophiques Ming et leurs sources »（《两则明代哲学故事及其源头》）, *Bulletin de l'École française d'Extrême-Orient*, t. 53, n° 2, 1967, pp. 537-550.

7. Liou, Kia-Hway 译, *Tao-tö king*（《道德经》）, de Lao Tseu（老子）, traduit du chinois par Liou Kiahway, préface d'Étiemble, Paris, Gallimard, Connaissance de l'Orient, 120 pp.

8. Moyriac De Mailla, Joseph Anne Marie de 译, *Histoire générale de la Chine : ou annales de cet empire*（《中国通史》）, t. X, traduites du *Tong-Kien-Kang-Mou*（《通鉴纲目》）par le feu père Joseph Anne Marie de Moyriac de Mailla..., publiées par M. l'abbé Grosier, et dirigées par M. Le Roux des Hautesrayes, Taipei, Ch'eng-Wen Publishing Company, 1967, 579 pp., ill. (Ouvrage enrichi de figures & de nouvelles Cartes Géographiques de la Chine ancienne & moderne, levées par ordre du feu Em-

pereur Kang-hi, & gravées pour la première fois. Reprint de l'édition originale publiée par Ph.-D. Pierres et Clousier en 1777. « Ch'eng-wen gratefully acknowledges the assistance of Harvard College Library in loaning an original copy of this work for reproduction. »)

9. Moyriac De Mailla, Joseph Anne Marie de 译, *Histoire générale de la Chine : ou annales de cet empire*（《中国通史》）, t. XI, traduites du *Tong-Kien-Kang-Mou*（《通鉴纲目》）par le feu père Joseph Anne Marie de Moyriac de Mailla..., publiées par M. l'abbé Grosier, et dirigées par M. Le Roux des Hautesrayes, Taipei, Ch'eng-Wen Publishing Company, 1967, 610 pp., ill. (Ouvrage enrichi de figures & de nouvelles Cartes Géographiques de la Chine ancienne & moderne, levées par ordre du feu Empereur Kang-hi, & gravées pour la première fois. Reprint de l'édition originale publiée par Ph.-D. Pierres et Clousier en 1777. « Ch'eng-wen gratefully acknowledges the assistance of Harvard College Library in loaning an original copy of this work for reproduction »).

10. Moyriac De Mailla, Joseph Anne Marie de 译, *Histoire générale de la Chine : ou annales de cet empire*（《中国通史》）, t. XII, traduites du *Tong-Kien-Kang-Mou*（《通鉴纲目》）par le feu père Joseph Anne Marie de Moyriac de Mailla..., publiées par M. l'abbé Grosier, et dirigées par M. Le Roux des Hautesrayes, Taipei, Ch'eng-Wen Publishing Company, 1967, 348 pp., ill. (Ouvrage enrichi de figures & de nouvelles Cartes Géographiques de la Chine ancienne & moderne, levées par ordre du feu Empereur Kang-hi, & gravées pour la première fois. Reprint de l'édition originale publiée par Ph.-D. Pierres et Clousier en 1777. « Ch'eng-wen gratefully acknowledges the assistance of Harvard College Library in loaning an original copy of this work for reproduction »).

11. Pirazzoli-t'Serstevens, Michèle, « Note sur un plateau de laque attribué à l'époque Yuan »（《关于一个元代漆盘的笔记》）, *Arts asiatiques*, t. XV, 1967, pp. 51-64.

12. Soymié, Michel, « Notes d'iconographie chinoise : les acolytes de Ti-Tsang (II) »（《中国佛像笔记：地藏菩萨侍从（二）》）, *Arts asiatiques*, t. XVI, 1967, pp. 141-170.

13. Tökei, Ferenc, *La Naissance de l'élégie chinoise : K'iu Yuan et son époque* (《中国哀歌的诞生：屈原及其时代》), Paris, Gallimard, coll. Les Essais, 1967, 225 pp.

14. Weulersse，Delphine, « Journal de voyage d'un lettré chinois en 1177 : *Wu-chuan-lu* de Fan Cheng-da / Cheng-Da Fan »（《1177 年一个中国文人的游记：范成大〈吴船录〉》）, texte traduit, présenté et annoté. Thèse de 3ᵉ cycle : Lettres : Paris : 1967 (155 ff. ; ill. ; 30 cm).

## 三、备注

全国政治基金会国际调查研究中心中国与远东部是一个专门研究中国政治生活的研究单位。20 世纪 80 年代时，全部研究人员均从事中国现代史研究，主要内容有：（1）1920 年至 1949 年，中国共产主义研究；（2）1949 年以来，中国国内政治演变的研究；（3）1949 年以来，中国与世界其他部分的关系演变研究。该部在 1979 年末至 1980 年初还采用了由高达尔设计的一项集体科研计划，研究当代中国政治史的地区方面的工作，项目名称为"在社会的各种不同的运转水平上，中国在全国一致和地方多样性之间保持的均势"。该部每年还经常举办介绍中国和远东地区信息的集会，面对全社会，举行"中国，蒙古以及中国的穆斯林""中国和日本""当代中国的历史和政治生活""20 世纪中国政治社会史和对外关系史""中国共产党的历史与中华人民共和国的政治演变"等报告会。①

---

① 参阅中国社会科学院文献信息中心、外事局合编：《世界中国学家名录》"高达乐"条目，北京：社会科学文献出版社，1994 年。

# 公元 1968 年

## 一、大事记

1. 巴黎第八大学成立中国部，吴德明担任主任。
2. 法兰西远东学院在《法宝义林》研究所设立办事处。
3. 国立东方现代语言学校更名为国立东方语言文化学院（Institut Nationale des Langues et Civilisations Orientales），并与巴黎第三大学合作，负责培养东方语言人才，中文系负责中文教学与汉学研究，成为该学院的第二系。

## 二、书（文）目录

1. Avenol, Louis 译, *Si yeou ki ou le Voyage en Occident*（《西游记》）, (par) Wou Tch'eng-ngen, nouvelle édition, Paris, éditions du Seuil, 1968, 956 pp., ill.

2. Cartier, Michel, « Le *Xing-Ge Tiao-Li* de Hai Rui, 1562 : étude de l'organisation et des finances d'une sous-préfecture chinoise au XVI$^e$ siècle »（《海瑞〈兴革条例〉（1562）：16 世纪中国一个县的机构与财政研究》）, Thèse de 3$^e$ cycle : Études extrême-orientales : Paris, EPHE, VI$^e$ section, 1968 (236 ff. ; carte ; 28 cm).

3. Cochini, Christian, Seidel, Anna 译, *Chronique de la dynastie des Sung (960-1279)*（《宋代（960—1279）编年史》，摘译自《中外历史年表》）, extraite et traduite du Chung-wai li-shih nien piao, München, Universität München, Ostasiatishes Seminar, coll. Matériaux pour le manuel de l'histoire des Sung (6), 1968, III-257 pp.

4. Rotours, Robert Des 译, *Courtisanes chinoises à la fin des T'ang entre circa 789 et le 8 Janvier 881* : Pei-Li Tche (Anecdotes du quartier du nord)（《唐末约 789 年至 881 年 1 月 8 日期间的中国名妓：〈北里志（北区逸事）〉》）, de Souen K'i (孙

榮）; trad. du chinois et annoté par Robert des Rotours, Paris, Presses universitaires de France, Bibliothèque de l'Institut des hautes études chinoises (22), 1968, 199 pp.-[4] pp. de pl.

5. Diény, Jean-Pierre, *Aux origines de la poésie classique en Chine : étude sur la poésie lyrique à l'époque des Han*（《中国古诗之源：汉代抒情诗研究》）, Monographie du T'oung Pao, VI, Leyde, E.J. Brill, 1968, 167 pp.

6. Diény, Jean-Pierre, « Ts'ao Tche (Cao Zhi) »（《曹植》）, « Wou-ti (Wudi), empereur de Chine »（《武帝，中国皇帝》）, « Kien-ngan (Jian'an), les sept poètes de la période »（《建安时期的七位诗人》）, « Yuefou (Yuefu) »（《乐府》）, « Li Bo »（《李白》）, « Wang Wei »（《王维》）, « Po Kiu-yi (Bai Juyi) »（《白居易》）, « Le Lyrisme chinois »（《中国抒情诗》）, « Chine-Littérature : Thèmes et interprétations »（《中国—文学：主题与阐释》）, in *Encyclopædia Universalis*, Paris, 1968.

7. Klossowski, Pierre 译, *Jeou-P'ou-T'ouan, ou La chair comme tapis de prière*（《肉蒲团》）, de Li-Yu（李渔）, préfacé par René Étiemble, Jean-Jacques Pauvert, Paris, 1968, X-319 pp.

8. Lévy, André, « Un document sur la querelle des anciens et des modernes *more sinico : De la Prose*, par Yuan Zongdao (1560-1600), suivi de sa biographie, composée par son frère Yuan Zhongdao (1570-1623) »（《一个关于中国式古今之争的文献：袁宗道（1560—1600）〈论文〉，附其弟袁中道（1570—1623）所作传记》）, *T'oung Pao*, vol. 54, fasc. 4-5, 1968, pp. 251-274.

9. Perrot, Étienne 译, *Yi king : le livre des transformations*（《易经》）, (Vol. I), Version allemande de Richard Wilhelm ; préfacée et traduite en français par Etienne Perrot, : Librairie des Médicis, Paris, 1968, XXIX-415 pp., ill.

10. Reclus, Jacques 译, *Récits d'une vie fugitive : mémoires d'un lettré pauvre*（《浮生六记：一位穷文人的回忆》）, de Chen Fou（沈复）, traduit du chinois par Jacques Reclus, préface de Paul Demiéville, Paris, Gallimard, Connaissance de l'Orient (10), 180 pp.

11. Riboud, Krishna, « Les soieries Han : I. Aspects nouveaux dans l'étude des

soieries de l'Asie centrale »（《汉代丝绸：1. 中亚丝绸研究的新方面》）, *Arts asiatiques*, t. XVII, 1968, pp. 93-116.

12. Seidel，Anna K.(1938-1991), « Évolution et rôle de la divinité suprême aux origines du taoïsme religieux »（《道教发源时至上神的角色与演变》）(contient le texte et une traduction du « Lao tseu ming » de Pien Chao et du « Lao tseu pien houa king »). Sous la direction de Max Kaltenmark (1910-2002), Thèse de 3$^e$ cycle : Études extrême-orientales : Paris : 1968.

13. Vial, Gabriel, « Les soieries Han : II. Analyse technique sur un spécimen de Noin Oula »（《汉代丝绸：2. 诺颜乌拉样本的技术分析》）, *Arts asiatiques*, t. XVII, 1968, pp. 117-135.

## 三、备注

无。

# 公元 1969 年

## 一、大事记

1. 12 月 15 日，拉露（1890—1967）逝世。
2. 巴黎第十大学的蒙古学研究中心成立。
3. 毕仰高（Lucien Bianco）担任法国高等研究实践学院教授。

## 二、书（文）目录

1. Biot, Édouard 译, *Le Tcheou-li ou rites des Tcheou, trad. pour la première fois du chinois par feu Edouard Biot*（《周礼》）, reproduction en fac-similé, Ch'eng Wen

publ., Taipei, 1969, 3 vol. (500, 620, 119 pp.), cartes. (Reproduction en fac-similé de l'édition de 1851 publiée sous le titre : *Tcheou-li, rites des Tcheou, ou plus exactement Tcheou-kouân, offices institués par les Tcheou*, Imprimerie nationale, 1851).

2. Châtelain, Hélène, *Histoires et légendes de la Chine mystérieuse*（《神秘中国的故事与传奇》）, textes de Pou Song-ling, recueillis et présentés par Claude Roy, Tchou, Paris, 1969, 276 pp., ill. [Sélections traduites du *Liaozhai zhiyi* de Pu Songling.（译自蒲松龄《聊斋志异》）]

3. Chavannes, Édouard, *Les* Mémoires historiques *de Se-ma Ts'ien*（《司马迁〈史记〉》）, vol. 6, traduction des chapitres XLVIII-LII, compléments et index général, trad. et annotés par Edouard Chavannes ; avertissement de Paul Demiéville, A. Maisonneuve (Collection Unesco d'œuvres représentatives, Série chinoise), Paris, 1969, 307 pp.

4. Demiéville, Paul 主译, *Anthologie de la poésie chinoise classique*（《中国古诗选》）, Gallimard (Connaissance de l'Orient ; 16) (Collection Unesco d'œuvres représentatives, Série chinoise), Paris, 1969, 1962, 571 pp.

5. Hervouet, Yves, *Bibliographie des travaux en langues occidentales sur les Song parus de 1946 à 1965*（《1946 年至 1965 年以西方语言出版的宋代研究著作目录》）, Collection sinologique de l'Université de Bordeaux, vol. 1, Bordeaux, Sobodi, Société bordelaise de diffusion de travaux des lettres et sciences humaines), 1969, XXI-139 pp.

6. Hervouet, Yves 译, *Contes extraordinaires du Pavillon du loisir*(《聊斋志异》), de P'ou Songling（蒲松龄）, traduit du chinois sous la direction d'Yves Hervouet, introduction d'Yves Hervouet, Paris, Gallimard, Connaissance de l'Orient, 1969, 216 pp. (rééd. 1987, 1990).

7. Hervouet, Yves, « Chine-Littérature »（《中国—文学》）, in *Encyclopaedia Universalis*, vol. 4, 1969, pp. 307-308.

8. Lévy, André, « L'inventaire des ouvrages romanesques chinois en langue vulgaire »（《中国白话小说作品名录》）, *T'oung Pao*, vol. 55, fasc. 1-3, 1969, pp. 123-135.

9. Lévy, André, « Un texte burlesque du XVI$^e$ siècle dans le style de la chantefable » (《16世纪一部弹词风格的诙谐文本》), *Bulletin de l'École française d'Extrême-Orient*, t. 56, 1969, pp. 119-124.

10. Lin, Li-Kouang 译, *Dharma-Samuccaya, Compendium de la Loi* (《诸法集要经》), 2$^e$ partie, recueil de stances extraites du *Saddharma-smrthy-upasthana-sutra* par Avalokitasimha, chapitres VI à XII, texte sanskrit édité avec la version tibétaine et les versions chinoises et traduit en français par Lin Li-Kouang, révision de André Bareau, J. W. de Jong et Paul Demiéville, avec des appendices par J. W. de Jong, Paris, Publications du Musée Guimet, coll. Bibliothèque d'Étude (t. LXXIV), 1969, VIII-416 pp. et 27 pp. pour les appendices.

11. Liou, Houa Yan 译, *Le Secret de la fleur d'or [Lu Tsou], suivi du Livre de la conscience et de la vie* (《太乙金华宗旨和慧命经》), Librairie de Médicis, Paris, 1969, 143 pp., ill. (Trad. de : *Tai yi jin hua zong zhi et Hui ming jing*. Autre tirage : 1982).

12. Liou, Kia-Hway 译, *L'Œuvre complète de Tchouang-tseu* (《庄子全集》), traduction, préface et notes de Liou Kia-hway, Paris, Gallimard, Connaissance de l'Orient (28), 1969, 390 pp.

13. Moyriac De Mailla, Joseph Anne Marie de 译, *Histoire générale de la Chine : ou annales de cet empire* (《中国通史》), t. I, traduites du *Tong-Kien-Kang-Mou*(《通鉴纲目》) par le feu père Joseph Anne Marie de Moyriac de Mailla..., publiées par M. l'abbé Grosier, et dirigées par M. Le Roux des Hautesrayes, Taipei, Ch'eng-Wen Publishing Company, 1969, cc-349 pp., ill. (Contient une liste des souscripteurs. Ouvrage enrichi de figures & de nouvelles Cartes Géographiques de la Chine ancienne & moderne, levées par ordre du feu Empereur Kang-hi, & gravées pour la première fois. Reprint de l'édition originale publiée par Ph.-D. Pierres et Clousier en 1777. « Ch'eng-wen gratefully acknowledges the assistance of Harvard College Library in loaning an original copy of this work for reproduction »).

14. Moyriac De Mailla, Joseph Anne Marie de 译, *Histoire générale de la Chine : ou annales de cet empire* (《中国通史》), t. II, traduites du *Tong-Kien-Kang-Mou*

(《通鉴纲目》) par le feu père Joseph Anne Marie de Moyriac de Mailla..., publiées par M. l'abbé Grosier, et dirigées par M. Le Roux des Hautesrayes, Taipei, Ch'eng-Wen Publishing Company, 1969, 590 pp., ill. (Ouvrage enrichi de figures & de nouvelles Cartes Géographiques de la Chine ancienne & moderne, levées par ordre du feu Empereur Kang-hi, & gravées pour la première fois. Reprint de l'édition originale publiée par Ph.-D. Pierres et Clousier en 1777. « Ch'eng-wen gratefully acknowledges the assistance of Harvard College Library in loaning an original copy of this work for reproduction »).

15. Moyriac De Mailla, Joseph Anne Marie de 译, *Histoire générale de la Chine : ou annales de cet empire*（《中国通史》）, t. III, traduites du *Tong-Kien-Kang-Mou*(《通鉴纲目》) par le feu père Joseph Anne Marie de Moyriac de Mailla..., publiées par M. l'abbé Grosier, et dirigées par M. Le Roux des Hautesrayes, Taipei, Ch'eng-Wen Publishing Company, 1969, 588 pp., ill. (Ouvrage enrichi de figures & de nouvelles Cartes Géographiques de la Chine ancienne & moderne, levées par ordre du feu Empereur Kang-hi, & gravées pour la première fois. Reprint de l'édition originale publiée par Ph.-D. Pierres et Clousier en 1777. « Ch'eng-wen gratefully acknowledges the assistance of Harvard College Library in loaning an original copy of this work for reproduction »).

16. Moyriac De Mailla, Joseph Anne Marie de 译, *Histoire générale de la Chine : ou annales de cet empire*（《中国通史》）, t. IV, traduites du *Tong-Kien-Kang-Mou*(《通鉴纲目》) par le feu père Joseph Anne Marie de Moyriac de Mailla..., publiées par M. l'abbé Grosier, et dirigées par M. Le Roux des Hautesrayes, Taipei, Ch'eng-Wen Publishing Company, 1969, 594 pp., ill. (Ouvrage enrichi de figures & de nouvelles Cartes Géographiques de la Chine ancienne & moderne, levées par ordre du feu Empereur Kang-hi, & gravées pour la première fois. Reprint de l'édition originale publiée par Ph.-D. Pierres et Clousier en 1777. « Ch'eng-wen gratefully acknowledges the assistance of Harvard College Library in loaning an original copy of this work for reproduction »).

17. Moyriac De Mailla, Joseph Anne Marie de 译, *Histoire générale de la Chine : ou annales de cet empire*（《中国通史》）, t. V, traduites du *Tong-Kien-Kang-*

*Mou*(《通鉴纲目》) par le feu père Joseph Anne Marie de Moyriac de Mailla..., publiées par M. l'abbé Grosier, et dirigées par M. Le Roux des Hautesrayes, Taipei, Ch'eng-Wen Publishing Company, 1969, 564 pp., ill. （Ouvrage enrichi de figures & de nouvelles Cartes Géographiques de la Chine ancienne & moderne, levées par ordre du feu Empereur Kang-hi, & gravées pour la première fois. Reprint de l'édition originale publiée par Ph.-D. Pierres et Clousier en 1777. « Ch'eng-wen gratefully acknowledges the assistance of Harvard College Library in loaning an original copy of this work for reproduction »）.

18. Moyriac De Mailla, Joseph Anne Marie de 译, *Histoire générale de la Chine : ou annales de cet empire*(《中国通史》), t. VI, traduites du *Tong-Kien-Kang-Mou*（《通鉴纲目》）par le feu père Joseph Anne Marie de Moyriac de Mailla..., publiées par M. l'abbé Grosier, et 100 dirigées par M. Le Roux des Hautesrayes, Taipei, Ch'eng-Wen Publishing Company, 1969, 586 pp., ill. (Ouvrage enrichi de figures & de nouvelles Cartes Géographiques de la Chine ancienne & moderne, levées par ordre du feu Empereur Kang-hi, & gravées pour la première fois. Reprint de l'édition originale publiée par Ph.-D. Pierres et Clousier en 1777. « Ch'eng-wen gratefully acknowledges the assistance of Harvard College Library in loaning an original copy of this work for reproduction »).

19. Moyriac De Mailla, Joseph Anne Marie de 译, *Histoire générale de la Chine : ou annales de cet empire*（《中国通史》）, t. VII, traduites du *Tong-Kien-Kang-Mou*（《通鉴纲目》）par le feu père Joseph Anne Marie de Moyriac de Mailla..., publiées par M. l'abbé Grosier, et dirigées par M. Le Roux des Hautesrayes, Taipei, Ch'eng-Wen Publishing Company, 1969, 584 pp., ill. (Ouvrage enrichi de figures & de nouvelles Cartes Géographiques de la Chine ancienne & moderne, levées par ordre du feu Empereur Kang-hi, & gravées pour la première fois. Reprint de l'édition originale publiée par Ph.-D. Pierres et Clousier en 1777. « Ch'eng-wen gratefully acknowledges the assistance of Harvard College Library in loaning an original copy of this work for reproduction »).

20. Moyriac De Mailla, Joseph Anne Marie de 译, *Histoire générale de la Chine :*

ou annales de cet empire（《中国通史》）, t. VIII, traduites du *Tong-Kien-Kang-Mou*（《通鉴纲目》） par le feu père Joseph Anne Marie de Moyriac de Mailla..., publiées par M. l'abbé Grosier, et dirigées par M. Le Roux des Hautesrayes, Taipei, Ch'eng-Wen Publishing Company, 1969, 662 pp., ill. (Ouvrage enrichi de figures & de nouvelles Cartes Géographiques de la Chine ancienne & moderne, levées par ordre du feu Empereur Kang-hi, & gravées pour la première fois. Reprint de l'édition originale publiée par Ph.-D. Pierres et Clousier en 1777. « Ch'eng-wen gratefully acknowledges the assistance of Harvard College Library in loaning an original copy of this work for reproduction »).

21. Moyriac De Mailla, Joseph Anne Marie de 译, *Histoire générale de la Chine : ou annales de cet empire*（《中国通史》）, t. IX, traduites du *Tong-Kien-Kang-Mou*（《通鉴纲目》） par le feu père Joseph Anne Marie de Moyriac de Mailla..., publiées par M. l'abbé Grosier, et dirigées par M. Le Roux des Hautesrayes, Taipei, Ch'eng-Wen Publishing Company, 1969, 658 pp., ill. (Ouvrage enrichi de figures & de nouvelles Cartes Géographiques de la Chine ancienne & moderne, levées par ordre du feu Empereur Kang-hi, & gravées pour la première fois. Reprint de l'édition originale publiée par Ph.-D. Pierres et Clousier en 1777. « Ch'eng-wen gratefully acknowledges the assistance of Harvard College Library in loaning an original copy of this work for reproduction »).

22. Moyriac De Mailla, Joseph Anne Marie de 译, *Histoire générale de la Chine : ou annales de cet empire*（《中国通史》）, t. XIII, traduites du *Tong-Kien-Kang-Mou*（《通鉴纲目》） par le feu père Joseph Anne Marie de Moyriac de Mailla..., publiées par M. l'abbé Grosier, et dirigées par M. Le Roux des Hautesrayes, Taipei, Ch'eng-Wen Publishing Company, 1969, 798 pp., ill. (Ouvrage enrichi de figures & de nouvelles Cartes Géographiques de la Chine ancienne & moderne, levées par ordre du feu Empereur Kang-hi, & gravées pour la première fois. Reprint de l'édition originale publiée par Ph.-D. Pierres et Clousier en 1777. « Ch'eng-wen gratefully acknowledges the assistance of Harvard College Library in loaning an original copy of this work for reproduction ») .

23. Pirazzoli-t'Serstevens, Michèle, *Gravures des conquêtes de l'empereur de Chine K'ien-long au Musée Guimet*(《吉美博物馆藏中国皇帝乾隆的战功雕刻》), Musée Guimet, Paris, 1969, 55 pp., ill. (Publié à la suite de l'exposition organisée à Paris, Musée Guimet, janvier-fin mars 1967).

24. Simonet，Jean-Marie (1939-　)，(« *La Suite au Traité de calligraphie* de Jiang Kui : traduction et commentaires pour servir à l'étude de la terminologie et de l'esthétique de la théorie calligraphique chinoise »《姜夔〈续书谱〉译注：中国书法理论术语与美学研究》), Thèse de 3ᵉ cycle : Paris : 1969 (314 ff.).

25. Wu, Chi-Yu, « Sur la version tangoute d'un commentaire du *Louen-yu* conservée à Leningrad »（《列宁格勒藏一种〈论语〉注释的西夏文版》）, *T'oung Pao*, vol. 55, fasc. 4-5, 1969, pp. 298-315.

## 三、备注

1. 拉露于1890年8月23日出生在法国的位于巴黎和凡尔赛之间的默东-贝尔维尤（Meudon-Bellevue）村。根据当时的风俗习惯，她在青年时期虽然从未参加过任何考试，但也并没有满足于一般性的社交消遣活动，而是刻苦地自修学问。从1908年起，她在巴黎大学旁听历史和艺术课。第一次世界大战爆发后，她作为志愿护士在军队中服役，由于对工作的忠诚而荣膺奖章。

第一次世界大战结束后，她决定拜求名师指导。她开始认识了法国当时著名的印度学和佛教学家烈维，跟烈维学习梵文，并随另一位藏学家雅克·巴科学习梵文和藏文。从此之后，拉露就不遗余力地投身这一事业中了。她与巴科长期合作，并且建立了无瑕的友谊。她与普祖鲁斯基也精诚合作，有许多文章就是由他们共同署名的。在普祖鲁斯基逝世后，拉露主持编纂了一部纪念文集。

拉露的第一项研究成果是她于1921年发表的《云使》(*Maghadūta*)的法译文，译文虽不太准确，但也符合总的意思。该书与其说是一部语言学著作，不如说是一部艺术学著作。在她之前，该文献就曾有过许多不同版本和译文。拉露本意是想向读者介绍诗人的作品。她提出了一个新颖的设想，将每一偈句都分成长短不等的两句，左边一行是全句的基本内容，而所有的修饰词和补助句都置于右边一行。由于这一新的排版方法，人们阅读起来就方便多了。

1927 年拉露以《文殊师利根本仪轨》[« Iconographie des étoffes peintes (pata) dans le Mañjuśrīmūlakalpa »] 这一论文使她获得法国高等研究实践学院的学位，此后她集中精力探索一切关于西藏和佛教的文献。1927 年，她开始从事对《宝积经》藏译文的研究。1929 年，她开始研究《般若波罗蜜多经》。随后，她开始为国立图书馆所藏的藏文著作进行考证和编目。她首先对"经部"藏文文献进行考证和编目，后来又对"甘珠尔"中的藏文和梵文标题及作者做了索引。1931—1932 年，她在高等研究实践学院代替普祖鲁斯基授课；1932—1934 年间，她又代替巴科授课。1933 年，她还根据考狄的《欧洲汉学书目》编写了《丹珠尔目录索引》（Répertoire du Tanjur d'après le Catalogue de P. Cordier）。

从 1938 年，她继巴科任高等研究实践学院历史和语言学系西藏文献研究室主任，一直到 1963 年退休为止。由于她对工作兢兢业业，所以又荣获法国骑士勋章。

1950—1966 年的 16 年间拉露还担任《亚细亚学报》的责任编辑。她同样也专心致志地编辑《佛教书目学》杂志。这项事业开始是普祖鲁斯基奠基的，拉露在开始时任秘书，后来又承担整理大量凌乱的文献的分类和编写索引的工作，因为这些资料是由各国的合作者们汇集起来的。她还亲自写了许多对各种佛教文书的简单提要，自从普祖鲁斯基去世以后，拉露又亲自继承了这项未竟之业。

伯希和从敦煌带回来的藏文写本不仅数量巨大，而且也是我们至今所知道的最古老的藏文写本，其内容包罗万象，无所不有，无所不及，其中既有普通文书，也有经典文献。拉露还是成功地进行了研究，并确定了其意义。这批写本的数量也是很大的，在拉露自己的目录中就包括有 2216 条。为了给这些文书分类编目，她还进行了大量的阅读和审核工作。因此，她于 1939—1961 年出版的三卷本《国家图书馆所藏伯希和敦煌藏文写本目录》（Inventaire des manuscrits tibétains de Touen-houang conservés à la Bibliothèque Nationale）就是按照题材进行分类的，并附有专门名词和特殊字的索引。为了使这批写本更加通俗易懂，拉露生前还拟订了最后一部著作，而这部书将有可能满足全世界西藏学者的企望，即影印出版最重要的敦煌写本，并附专门名词术语的索引。她的学生和同事们继承她的遗志正在争取尽快完成这项事业。

拉露还编写了一部《古典藏语基础教材》，这是基于她个人的实践编写而成的，其目的是向其他西藏学者推荐她的经验。①

2. 巴黎第十大学的蒙古学研究中心成立。该中心自创立之日起便注重以下问题：第一，建立有关蒙古国、中国和苏联地区所有蒙古民族的资料中心；第二，为蒙古语教学而编写教材《蒙古语教科书》，苏赫巴塔尔、贝法（M.L.Beffa）、罗伯特·哈马永（Robert Hamayon）编写，莫波夫出版社 1975 年出版，1978 年再版；《蒙古语法基础知识》，贝法、罗伯特·哈马永编写，巴黎迪诺出版社 1975 年出版；第三，出版一份杂志《蒙古研究》（1970 年出版第 1 期）；第四，接待和培养外国研究人员，尤其是蒙古的研究人员；第五，培养在蒙古国和西伯利亚研究领域中的第三阶段的科研人员，还有对亚洲内陆地区之间进行比较的研究人员。

3. 沙畹的不朽译著《司马迁〈史记〉》译著本的补遗卷由戴密微撰写导言，巴黎迈松纳弗出版社出版。该卷译自卷 48~52，补遗和总索引。沙畹翻译的是卷 48~50，由康德谟先生重新审阅。康德谟先生于其中加入了自己所译的卷 51~52。在补编中，载有《〈史记〉译本书目》，由布拉格大学教授蒂莫泰乌斯·波科拉（Timoteus Pokora）先生所撰。

4. 冯秉正，字端友，1669 年 12 月 16 日出生于法国比热（Bugey）一个古老望族家庭的封地玛雅城堡，属贝雷（Belley）主教区，这是 500 多年来他家祖传的封地。1686 年 9 月 10 日他抛弃荣华富贵，进入耶稣会里昂的初学院。于 1702 年启程来到中国传教。1703 年 6 月 16 日抵达澳门，然后转赴广州，在那里学习汉语和中国习俗。他于 1730 年翻译完成 7 卷本《中国通史》，1737 年将书稿寄回法国，弗莱雷曾计划出版它，但他未及实现就去世了。此后，尽管学术界一直对它感兴趣并等待它的问世，而这部书稿却在里昂学院图书馆沉睡了 30 年。后因法国耶稣会遭压制，学院当局将手稿交给格鲁贤 (Abbé Jean Baptiste

---

① R.A.Stein, «Marcelle Lalou（1890-1967)», *T'oung Pao*, Second Series,vol.55,Livr.1/3（1969), pp.138-140;著作目录请参阅 [ 法 ] 让·菲力奥扎：《法国的女藏学家玛塞尔·拉露》，戴仁编，耿昇译：《法国中国学的历史与现状》，上海：上海辞书出版社，2010 年，第 284~288 页。

Grosier），希望他能寻机出版。格鲁贤终于不负所托，于 1777—1783 年间在巴黎将此书分 12 卷付梓，并附有地图和说明图。同年又有人将此书翻译成意大利文。这一巨著奠定了冯秉正作为"法国汉学家奠基者"的历史地位。

# 公元 1970 年

## 一、大事记

1. 巴黎第十大学创建蒙古和西伯利亚研究中心。

2. 巴黎索邦大学设立中国艺术与考古研究教席，由旺迪耶 - 尼古拉主持。

3. 桀溺被任命为法国高等研究实践学院第四系"中世纪和近代中国的史学和语文学"导师，直至 1997 年。

4. 中断了 35 年的里昂汉学教学在里昂第三大学远东系重新启动，开设了汉语课。

## 二、书（文）目录

1. *La Chine : Confucius, Tchouang tseu, K'iu Yuan, Sseu-Ma Ts'ien*（《中国：孔子、庄子、屈原、司马迁》），(traduit du chinois, postface par René Étiemble), Paris, L. Mazenod (Les Écrivains célèbres, œuvres), 1970, 200 pp., ill.

2. Ai, Durk-Ming, « Étude de la langue du *Shui hu* »（《〈水浒〉语言研究》），Sous la direction d'Yves Hervouet, Thèse de 3$^e$ cycle : Études extrême-orientales : Paris 8 : 1970.

3. Belevitch-Stankevitch, Hélène, *Le Goût chinois en France au temps de Louis XIV*（《路易十四时代法国的中国品味》），Genève, Slatkine, 1970, XLIV- 272 pp.（Réimpression de l'édition de Paris, 1910）.

4. Chen, Tsu-Lung, *Éloges de personnages éminents de Touen-houang sous les*

T'ang et les Cinq dynasties（《唐及五代敦煌杰出人物颂》）, Paris, École française d'Extrême-Orient, Publications de l'École française d'Extrême-Orient (80), 1970, XVIII-197-[20] pp. de pl. h. t. (Texte en français et en chinois).

5. Cheng, Chi-Hsien. [Cheng Jixian ; François Cheng], *Analyse formelle de l'œuvre poétique d'un auteur des Tang : Zhang Ruo-xu*（《唐代一位作者诗作的形式分析：张若虚》）, Paris-La Haye, Mouton et Cie (Le Monde d'outre-mer passé et présent. 3ᵉ série, Essais ; 11, 1970, 133 p.) (Contient les poèmes de Tchang Jo-hiu, intitulés Printemps, fleuve, fleurs, lune, nuit et Femme rêvant au retour de son bien-aimé, avec la traduction française en regard du texte chinois. Le travail a été présenté sous la direction de M. Alexis Rygaloff pour le diplôme de l'École pratique des Hautes études en 1969).

6. Demiéville, Paul, « Présentation d'un poète [Sie Ling-yun] »（《一位诗人（谢灵运）的介绍》）, *T'oung Pao*, vol. 56, fasc. 4-5, 1970, pp. 241-261.

7. Demiéville, Paul, « Le Recueil de la Salle des patriarches ( Tsou-t'ang tsi) »（《祖堂集》）, *T'oung Pao*, vol. 56, fasc. 4-5, 1970, pp. 262-286.

8. Demiéville, Paul, « Le Tch'an et la poésie chinoise »（《禅与中国诗》）, *Hermès*, n° 7, 1970, pp. 123-136.

9. Despeux, Catherine 译, « Le Sutra de l'éveil parfait »（《圆觉经》）, trad. partielle, in *Le Bouddhisme*, sous la direction de Lilian Silburn, Paris, Fayard, 1977, pp. 428-448.

10. Gernet, Jacques, Wu Chi-Yü, *Catalogue des manuscrits chinois de la Bibliothèque nationale, fonds Pelliot de Touen-houang*（《国家图书馆藏中国手稿目录：伯希和敦煌藏品》）, avec la collaboration de Marie-Rose Séguy et Hélène Vetch, sous la direction de Marie-Roberte Guignard, Paris, École française d'Extrême-Orient, Publications hors série de l'École française d'Extrême-Orient, avec le concours de la Fondation Singer-Polignac, vol. I, 1970, 408 pp.

11. Hervouet, Yves, « Fou »（《赋》）, in *Encyclopaedia Universalis*, vol. 7, 1970, pp. 192-193.

12. Harlez, Charles de 译, *Le Livre des mutations*[*Yi king*]（《易经》）, texte

primitif traduit du chinois par Charles de Harlez, présenté et annoté par Raymond de Becker, éditions Planète, Paris, 1970, 300 pp.

13. Lévy, André 译, *L'Amour de la renarde : marchands et lettrés de la vieille Chine, douze contes du XVII<sup>e</sup> siècle*（《雌狐之爱：古代中国的商人与文人，17世纪的十二个故事》），de Ling Mong-tch'ou（译自凌濛初作品）, traduits, préfacés et annotés par André Lévy, Paris, Gallimard, coll. Connaissance de l'Orient (24), 1970, 296 pp., carte. (rééd. 1979 ; 1988).

14. Ryckmans, Pierre, *Les Propos sur la peinture de Shitao, traduction et commentaire pour servir à l'étude terminologique et esthétique des théories chinoises de la peinture*（《石涛〈画语录〉：中国绘画理论术语与美学研究译注》）, Bruxelles, Institut belge des hautes études chinoises (Mélanges chinois et bouddhiques), 1970, 242 pp. Réédité sous le titre *Shitao : les propos sur la peinture du moine Citrouille-amère*, Paris, Herman, 1984, 262 pp. (et Paris, Plon, 2007, 249 pp.).

15. Toussaint, Franz 译, *La Flûte de jade ou Jadeflojten ou The Jade Flute*（《玉笛》）, poésies chinoises, de Tsao Chang-Ling, traduites par Franz Toussaint, illustrées et éditées par Asger Jorn ; avec la collaboration de Walasse Ting, Erker-Verlag, St. Gallen, 1970, [160] ff., ill. (En parallèle : traduction française de Franz Toussaint, calligraphie en danois de Asger Jorn, traduction anglo-américaine moderne et calligraphie chinoise de cette traduction par Walasse Ting. Choix de poèmes chinois sélectionnés et traduits en français par Franz Toussaint, édités en 1922).

16. Ryckmans, Pierre, *La Vie et l'œuvre de Su Renshan : rebelle, peintre et fou, 1814-1849?*（《苏仁山（1814—1849？）的生平与创作：叛逆者、画家与狂人》）, Cahiers I, II, III et IV, Centre de publication de l'U.E.R. Extrême-Orient-Asie du Sud-Est de l'Université de Paris, Paris, 1970, IX-225 pp. [Supplément au n° 1 du Bulletin du Centre de publication (de l'U.E.R. Extrême-Orient-Asie du Sud-Est）, Publié sous forme de portfolio].

## 三、备注

1. 蒙古和西伯利亚研究中心共有三名研究所的专职研究人员[贝法、罗伯特·哈马永、伊闻（M.D.Even）]和属于其他研究机构的两名研究员（鄂法兰，属于国立研究中心和国际关系研究院；德拉比（L.Delaby），属于国立科研中心和人类学博物馆）。该中心最早旨在覆盖蒙古民族的领地范围（蒙古、中国和苏联的几个加盟共和国），并且在70年代期间扩大到了西伯利亚的土著民族。自1989年以来，它与研究高地亚洲附近或近亲民族诸研究所的研究员们共同从事比较研究。该中心主持资料搜集和出版工作，不负责教学。

2. 程抱一在《唐代一位作者诗作的形式分析：张若虚》一书中除更娴熟、更系统地运用结构主义方法外，还运用了"符号学"的理论来分析唐诗，尤其是唐代律诗的语言特征。他认为，如果把整个中国诗歌当作一种语言，并借用西方的"符号学"的设想，便可发现隐含其中的规律。与此同时，他认为，中国诗歌的结构理论基础是中国的传统思想，中国诗歌的语言和中国宇宙观之间有着共同的因素。于是他选取了"虚实""阴阳"和"天地人"三组概念来"透视"中国诗歌。以"虚实"透视中国诗歌的语汇层次，以"阴阳"透视句法层次，以"天地人"透视象征层次。通过这样的分析，他完成了关于中国诗歌的"符号学"研究。① 他的研究成果颇有意义。

3. 桀溺被任命为法国高等研究实践学院第四系"中世纪和近代中国的史学和语文学"导师，直至1997年。桀溺在古代文学方面做了许多研究，尤其是三国时期曹氏父子的著作：曹操那以复杂的形式与政治史结合起来的创新诗，以及其子曹植那卷帙和质量都值得研究的诗。其次，古典文学中反复出现的内容、动机、形象，往往是以一种比较学家的角度提出来的：桑田的主题、太阳形象的象征、玉盘（璧）、动物图案（龙、凤、黄鹂、乌鸦）的象征、颜色的象征、方向、被称为"形"的修辞形象之象征。桀溺对于《三国志》词汇、言谈和对话在历史上的作用，对于历史和差别心理学之间的关系进行了调查。《资治通鉴》的自注，

---

① 周发祥：《试论西方汉学界的"西论中用"现象》，《文学评论》1997年第7期。

也就是司马光那珍贵的《资治通鉴考异》，顾炎武的考证著作，以及他那前所未有的史学事业（其《考信录》标志着"新史学"于20世纪的出现）等，都是作为数年间的学习内容而选择的。最后，阅读《世说新语》两年后，他认为阐明笔记体裁著作的丰富内容颇有裨益，便转向了对唐玄宗皇帝本纪的研究。①

4. 雷威安译著《雌狐之爱：古代中国的商人与文人，17世纪的十二个故事》是《拍案惊奇》的摘译本，被列入联合国教科文组织"文学作品翻译"项目的"认识东方"丛书，雷威安写了前言并加了注释，全书285页，由伽利玛尔出版社于1970年在巴黎首次出版，后又在1979年再版发行。其中有4篇故事的法译文，于1982年被收入伽利玛出版社的对开本青少年版"传奇故事"丛书的《志诚张主管》一书中再版发行。

# 公元1971年

## 一、大事记

1. 李克曼获本年度汉学儒莲奖。

2. 李嘉乐将"中国语言研究中心"改为"东亚语言研究中心"，法国的中国语言研究获得了更大的发展。

3. 马伯乐去世后，其遗稿经由其嫡子和戴密微整理出版，以《关于中国宗教和历史的遗稿》（三卷本）问世，其中第二卷以《道教》为名。1971年，第二卷以《道教与中国宗教》为名单独重新出版。《不列颠百科全书》称该书为"关于道教的最优秀的先驱者的著作""西方权威著作"。

---

① ［法］桀溺：《法国高等研究实践学院第四系（史学和语文学）的汉学研究》，戴仁编，耿昇译：《法国中国学的历史与现状》，上海：上海辞书出版社，2010年，第627~628页。

## 二、书（文）目录

1. Chang, Léon Lung-Yen, *La Calligraphie chinoise, un art à quatre dimensions* （《中国书法：一种四维艺术》）, préface de Henri Michaux, Le Club français du livre, Paris, 1971, XVIII-285 pp.

2. Colloque de sinologie, *La Valeur des classiques chinois pour notre temps : un humanisme, les classiques chinois, colloque de sinologie*（《中国经典在当代的价值：一种人文主义、中国经典、汉学研讨会》）, 27-29 septembre 1970, (Bruxelles) ; ( publ. par) Institut des hautes études de Belgique, Bruxelles, 1971, III-165 pp.

3. Hervouet, Yves, « Li Chang-yin »（《李商隐》）, in *Encyclopaedia Universalis*, vol. 9, 1971, pp. 945-946.

4. Lévy, André, *Études sur le conte et le roman chinois* （《中国故事与小说研究》）, Paris, École française d'Extrême-Orient, Publications de l'École française d'Extrême-Orient (82), 1971, 210 pp.

5. Liou, Kia-Hway 译, *Tao tö king*（《道德经》）, trad. du chinois, préface d'Étiemble, Gallimard (Connaissance de l'Orient ; 23, Série chinoise), Paris, 1971, 120-[7] pp.

6. Park, Young-Hai, « L'*Orphelin de la Chine* de Voltaire : étude d'ensemble » （《伏尔泰〈中国孤儿〉：总体研究》）, Sous la direction de Charles Dédéyan (1910-2003). Thèse de 3$^e$ cycle : Lettres : Paris IV, 1971 (381 ff. : ill. ; 27 cm).

## 三、备注

无。

# 公元 1972 年

## 一、大事记

谢和耐出版《中国社会史》，并获得本年度儒莲奖。

## 二、书（文）目录

1. *La Sagesse chinoise selon le Tao : extraits*（《道家中国智慧：节选》），préface Jean, Andrée et Philippe Derck ; bois gravé original de Pierre Gaudin, Paris, Imprimerie Pierre Gaudin, 1972, non paginé [16] pp. (Plaquette éditée par Andrée et Jean Derck pour leurs parents et amis. Tirage 200 exemplaires numérotés, tous hors commerce, en caractères Bodoni corps 8. Typographie et impression René Jeanne, mise en page Pierre Gaudin. En feuilles).

2. Bazin, Louis, «Un manuscrit chinois et turc runiforme de Touen-Houang, British Museum Or. 8212 (78) et (79) »（《一部敦煌中文、突厥卢尼文手稿：大英博物馆藏 8212 (78)(79) 号》），en collaboration avec J. Hamilton, *Turcica, revue d'Études turques*, t. IV, 1972, pp. 25-42.

3. Chen-Andro，Chantal, « Les Poèmes de Li Qing-chao (1081, après 1141) »（《李清照（1081—1141 年后）的诗》），Sous la direction d'Yves Hervouet (1921—1999). Thèse de 3$^e$ cycle : Études extrême-orientales: Paris 8 : 1972 (258 ff.).

4. Couvreur, Séraphin 译，*Les Quatre livres : avec un commentaire abrégé en chinois, une double traduction en français et en latin et un vocabulaire des lettres et des noms propres* （《四书》），Taipei, Kuangchi Press, 1972, 748 pp. (Texte français et traduction latine et chinoise en regard. Fac-similé de l'édition de 1885. Contenu : 1.La Grande Étude ; 2. L'Invariable Milieu ; 3.Les Entretiens de Confucius et de ses disciples ; 4. Les

Œuvres de Meng tzeu.Autre tirage : 2000).

5. Daudin, Pierre, « Anciens miroirs de bronze chinois à inscriptions réversibles »(《无正反之分的中国古代铜镜》), *Bulletin de la société des études indochinoises*, nouvelle série, vol. XLVII, n° 2, 2$^e$ trimestre 1972, pp. 218-307.

6. Hervouet, Yves, *Le Chapitre 117 du* Che-ki, *Biographie de Sseu-ma Siang-jou* (《〈史记〉第 117 章：司马相如传》), traduction avec notes, Bibliothèque de l'Institut des hautes études chinoises, vol. XXIII, Paris, PUF, 1972, v + 285 pp.

7. Lévy, André, René Goldman 译, *L'Antre aux fantômes des collines de l'Ouest : sept contes chinois anciens* (*XII$^e$-XIV$^e$ siècles*)(《西山一窟鬼：古代中国故事七种（12—14 世纪）》), introduction, notes et commentaires d'André Lévy, traduction d'André Lévy et René Goldman, Paris, Gallimard, coll. Connaissance de l'Orient, 1972, 170 pp.

8. Pirazzoli-t'Serstevens, Michèle, « Un jade chinois des collections de Louis XIV au musée Guimet »(《吉美博物馆藏路易十四收藏的一块中国玉》), *Arts asiatiques*, t. XXV, 1972, pp. 109-204.

9. Ratchnevsky, Paul 译, *Un Code des Yuan*(《元法典》), t. 2, (éd. et trad.) par Paul Ratchnevsky, Collège de France, Institut des hautes études chinoises (Bibliothèque de l'Institut des hautes études chinoisess), Paris, Presses universitaires de France, 1972, XI-197 pp.

10. Vandermeersch, Léon, « École des Légistes »(《法家》), « Mo-tseu »(《墨子》), « Tchou-hi »(《朱熹》), « Wang Yang-ming »(《王阳明》), in *Encyclopædia Universalis*, Paris, 1972-1974.

11. Wilhelm, Richard 译, *Yi king : le livre des transformations*(《易经》), vol. I, version allemande de Richard Wilhelm, préfacée et traduite en français par Étienne Perrot, Librairie des Médicis, Paris, 1972, 394 pp., ill.

## 三、备注

谢和耐的《中国社会史》一书是他宏观构思的典型，全书由"导言""上古时代""军人帝国时代""自宋至明的官僚帝国""近代帝国""当代中国""跋"和"附录"几个部分组成。"上古时代"只有一编,即第一编"从古代王权到中央集权国家";"军人帝国时代"共六编:第二编"中央集权国家的兴盛衰败",第三编"中国的中世纪",第四编"从中世纪到近代",第五编"中国的'文艺复兴'",第六编"从汉代诸帝国到蒙古人入主中原",第七编"专制君主和太监的统治";"近代帝国"也是两编:第八编"专制的宗法制度",第九编"从衰退到外辱";"当代中国"也是两编:第十编"灾难深重的中国",第十一编"中华人民共和国,历史上的新篇章"。1980年第二版修订时又经过增益,增加了"毛泽东时代的中国"一章,即"从与苏联决裂至毛泽东逝世",1990年第三版修订时又增加"从毛泽东逝世到八十年代的中国"。

作者在撰写此书时一是注重技术史,谢和耐认为技术与社会发展是不可分割的,对改变历史起着决定性作用;二是注重中外文化交流史,谢和耐反驳了中国文化是孤立、封闭的论点。但无论是在技术史的研究上还是中外文化交流史的研究上,作者都是从宏观出发进行论述,力求给读者留下清晰而高屋建瓴的印象。

《中国社会史》全面地描述了整个中国历史的发展过程,并注意从相互影响这一角度进行论述,客观公正,条理清晰,被认为是中国通史的扛鼎之作。作者在谈及此书写作目的时曾指出,在数千年来不停发展的过程中,中国与远近不同的国家和地区,在政治制度、法律、技术、经济和文化生活上,都是相互影响的,正是从这种辩证的观点出发,作者对中国历史的评价,对中国文化在世界上的地位的看法,特别是对于中国近代史的论述,才正确而客观,因此,此书一出版,在西方汉学界便引起了极大反响,《史学杂志》(*Revue historique*)称赞此书为"一部巨著,是东西方语言中的第一部通史,是一种坚实的、光辉灿烂的、完美的综合"。该书曾荣获法国最高学术奖圣图尔奖(Prix Saintour),旋即被译成英、罗(罗马尼亚)、意、韩、葡、德、西等国文字。但是,《中国社会史》是以一人之力写作中国通史的第一次尝试,又由于是教科书性质,所以在一定程度上也限制了作者思想的发挥。①

---

① 许光华:《法国汉学史》,北京:学苑出版社,2009年,第236~238页。

# 公元 1973 年

## 一、大事记

法国高等研究实践学院第五系延聘刚在台湾台南研究道教科仪多年后返归法国的施舟人教授，负责道教讲座。

## 二、书（文）目录

1. Bobot, Marie-Thérèse, *L'Art chinois*（《中国艺术》）, Paris, Desclée de Brouwer, coll. Les grandes étapes de l'art / École du Louvre, 1973, 128 pp., 55 ill. (Rééd. : 1988 et 1996, 132 pp., ill.).

2. Demiéville, Paul, *Choix d'études sinologiques (1921-1970)*（《汉学研究选（1921—1970）》）, Leiden, E. J. Brill, 1973, XLI-633 pp. : ill., portr. (Bibliographie par Gisèle de Jong, pp. IX-XXXII).

3. Des Michels, Abel, *Tam tu kinh ou le Livre des phrases de trois caractères*（《三字经》）, avec le grand commentaire de Vuong Tân Thang ; texte, transcription annamite et chinoise, explication littérale et traduction complètes par Abel Des Michels, INALCO, Paris, 1973, 5 microfiches de 9 images ; 105 x 148 mm. Attribué à Wang Po-Heou. Édition sur microfiches de l'édition de : Paris : E. Leroux, 1882.

4. Elisseeff, Vadime, et Marie-Thérèse Bobot, *Trésors d'art chinois : récentes découvertes de la République populaire de Chine*（《中国艺术珍宝：中华人民共和国的新近发现》）, catalogue de l'exposition, organisée au Musée du Petit-Palais, Palais, mai-septembre 1973, catalogue rédigé par Vadime Elisseeff, commissaire, avec la collaboration de Marie-Thérèse Bobot, commissaire adjoint, Paris, les Presses artistiques, 1973, [129] pp., ill. en noir et coul. (L'exposition est présentée par les Conser-

vations des Musées du Petit Palais et Cernuschi avec le concours des Ateliers d'art de la Ville de Paris).

5. Hervouet, Yves (éd.), *XXIX$^e$ congrès international des orientalistes XXIX$^{th}$ International Congress of Orientalists*（《第29届国际东方学家大会》）, Sections 8-10 (Résumé des communications-Abstracts of Papers), Paris, s.n., 1973, 154 pp. (Contient : Section 8, Asie du Sud-Est. Section 9, Études chinoises. Section10, Études japonaises et coréennes).

6. Hervouet, Yves, « Sou Che »（《苏轼》）, « Sseu-ma Siang-jou »（《司马相如》）, in *Encyclopaedia Universalis*, vol. 15, 1973, pp. 180-181, pp. 313-314.

7. La Guéronniére，Isabelle de (Brosset ; 1932-2000), « Le Commentaire de Tcheng Hsuan-ying au *Tao-to-king* et ses antécédents »（《成玄英〈道德经〉注及其前辈》）, Sous la direction de Max Kaltenmark (1910-2002). Thèse de 3$^e$ cycle : Études extrême-orientales : Paris 7 : 1973.

8. Legrand Jacques (1946-  ), « L'Administration dans la domination sino-mandchoue en Mongolie Qalq-a : version mongole du *Lifan Yuan Zeli* »（《汉满统治喀尔喀蒙古的行政：〈理藩院则例〉蒙文本》）, Sous la direction de Jacques Gernet (1921-  ). Thèse : Thèse de 3$^e$ cycle : Études extrême-orientales : Paris 7 : 1973 (1 vol. ; 391 ff. ; 30 cm).

9. Lamotte, Étienne 译, *La Somme du Grand Véhicule d'Asanga* (*Mahāyānasamgraha*)（《大乘阿毗达磨集论》）, t. I (versions tibétaine et chinoise [Hiuan-Tsang]), édition et traduction : Université de Louvain, Institut orientaliste (Publications de l'Institut orientaliste de Louvain ; 8), Louvain-la-Neuve, 1973, VIII-99 pp.-[21] ff. de pl., fac-sim. (Trad. de *Mahāyānasamgraha*. Reproduction anastatique avec une introduction nouvelle de l'édition originale parue en 1938 dans la « Bibliothèque du Muséon », n° 7. Contenu : Édition critique de la traduction tibétaine et reproduction photographique de la traduction chinoise par Hiuan-tsang).

10. Lin, Li-Kouang 译, *Dharma-Samuccaya, Compendium de la Loi*（《诸法集要经》）, 3$^e$ partie, recueil de stances extraites du *Saddharma-smrthy-upasthana-sutra* par Avalokitasimha, chapitres XIII à XXXVI, texte sanskrit édité avec la

version tibétaine et les versions chinoises et traduit en français par Lin Li-Kouang, révision de André Bareau, J. W. de Jong et Paul Demiéville, avec des appendices par J. W. de Jong, Paris, Publications du Musée Guimet, coll. Bibliothèque d'Étude (t. LXXV), 1973, VI-567 pp. et 48 pp. pour les appendices.

11. Liou, Kia-Hway 译, *L'Œuvre complète de Tchouang-tseu*（《庄子全集》）, traduction, préface et notes de Liou Kia-Hway, Paris, Gallimard (Collection Unesco d'œuvres représentatives, Série chinoise) (Connaissance de l'Orient ; 28), 1973, 388 pp., ill.

12. Mathieu, Rémi (1948- ), « Le Mutianzizhuan »（《穆天子传》）, Sous la direction de Jacques Gernet (1921- ). Thèse de 3ᵉ cycle : Études extrême-orientales : Paris 7 : 1973.

13. Pirazzoli-t'Serstevens, Michèle, H. Ching-Lang, « Une peinture pour un poème : un rouleau de Wan Shouqi (1603-1652) »（《为一首诗而作的一幅画：万寿祺（1603—1652）的一幅画轴》）, *Arts asiatiques*, t. XXVIII, 1973, pp. 185-200.

14. Pirazzoli-t'Serstevens, Michèle, H. Ching-Lang, « Un rouleau de Wan Shouqi : une peinture pour un poème »（《万寿祺的一幅画轴：为一首诗而作的一幅画》）, *Revue du Louvre et des musées de France*, vol. 23, n° 3, 1973, pp. 155-160.

15. Rault, Lucie, « La Cithare Zheng »（《筝》）, Sous la direction d'Éric de Dampierre (1928-1998). Thèse de 3ᵉ cycle : Ethnologie : Paris 10 : 1973.

16. Wilhelm, Richard 译, *Yi king : le livre des transformations*（《易经》）, version allemande de Richard Wilhelm, préfacée et traduite en français par Étienne Perrot, nouvelle édition revue et mise à jour, Orsay, Librairie des Médicis, 1973, XXXI-804 pp., ill. (Autres tirages : 1981, 1983, 1986, 1994, 2001, 2009).

## 三、备注

施舟人把现代道教信仰引入课堂中。他先把从台湾带回来的科仪加以研究解说，又以道教的养身、养性以及身体与宇宙关系的信仰作为数年的讲座课题，然后再回到天师道的历史及科仪法式方面。施舟人讲课与他的研究计划有着相当密切的关系。当他主持编写道藏目录提要时,其讲课便以宋明道藏为主;当他讲授道教金石文献时,便邀请陈智超讲解其祖父陈垣编写的《道藏金石录》一书。1991年之后,施舟人的研究转向了对北京的近代寺庙、道观、祠堂、孔庙等的调查研究。①

## 公元 1974 年

### 一、大事记

巴黎国立图书馆所藏伯希和敦煌汉文写本编目研究小组(敦煌文献与资料研究组)在戴密微、谢和耐和苏远鸣的倡议下于本年正式成立。

### 二、书(文)目录

1. *Mélanges de Sinologie offerts à Monsieur Paul Demiéville*(《敬献戴密微先生的汉学文集》), Paris, Presses universitaires de France, Bibliothèque de l'Institut des hautes études chinoises (vol. 20-2), vol. II, 1974, X-470 pp., planches : ill., fac-similés.

2. Belpaire, Bruno 译, *Anthologie chinoise des $v^e$ et $vi^e$ siècles : le Che-chouo-sin-yu*(《5、6 世纪中国选集:世说新语》), [textes réunis par Wang I-k'ing et] par Lieou (Tsuen) Hiao-piao, introduction et traduction par Bruno Belpaire, Paris, Éditions universitaires, coll. Encyclopédie universitaire, 1974, 332 pp.

3. Diény, Jean-Pierre 译, *Les Dix-neuf poèmes anciens* ou *Gou che che k'ieou cheou*(《古诗十九首》), Université Paris VII, Centre de publication Asie orien-

---

① [法]郭丽英:《法国高等研究实践学院第五系汉文化圈宗教学讲座》,戴仁编,耿昇译:《法国当代中国学》,上海:上海辞书出版社,2010 年,第 632 页。

tale, 1974, 194 pp. (Facsimilé de la version parue dans le *Bulletin de la Maison franco-japonaise*, nouvelle série, t. 7, n° 4, Paris, Presses universitaires de France, 1963).

4. Éliasberg, Danielle, « Le Roman du pourfendeur de démons : traduction annotée et commentaires » (《钟馗捉鬼传译注》), Sous la direction de Jacques Gernet (1921-  ). Thèse de 3ᵉ cycle : Études extrême-orientales : Paris 7 : 1974(2 vol. ; 381 ff. ; 30 cm).

5. Hervouet, Yves, « La Valeur relative des textes du *Che ki* et du *Han chou* »(《〈史记〉与〈汉书〉文本的相对价值》), in *Mélanges de sinologie offerts à Monsieur Paul Demiéville*, Bibliothèque de l'Institut des hautes études chinoises (vol. 20), t. II, Paris, Presses universitaires de France, 1974, pp. 55-76.

6. Hervouet, Yves, « Articles *Sung Yu* et *Ssu-ma Hsiang-ju* » (《〈宋玉〉与〈司马相如〉篇》), in Jaroslav Prusek et Zbigniew Slupski (éd.), *Dictionary of Oriental Literatures*, vol. I (East Asia), Londres, 1974, pp. 167, 164-165.

7. Holzman, Donald, « Les Premiers Vers pentasyllabiques datés dans la poésie chinoise » (《中国诗歌中最早的五言诗》), in *Mélanges de sinologie offerts à Monsieur Paul Demiéville*, Bibliothèque de l'Institut des hautes études chinoises (vol. 20), t. II, Paris, Presses universitaires de France, 1974, pp. 77-115.

8. Huang, Sheng-Fa, « Étude thématique du *Li Sao* » (《〈离骚〉主题学研究》), Sous la direction d'Yves Hervouet (1921-1999). Thèse de doctorat : Lettres : Paris VIII : 1977 (164 ff. ; 29,5 cm).

9. Jao, Tsung-I, « Note sur le *Tch'ang-ngan ts'eu* »(《〈长安词〉笔记》), *T'oung Pao*, vol. 61, fasc. 1-3, 1974, pp. 173-181.

10. Leslie, [Donald] Daniel, « Les Théories de Wang Tch'ong sur la causalité » (《王充关于因果性的理论》), in *Mélanges de sinologie offerts à Monsieur Paul Demiéville*, Bibliothèque de l'Institut des hautes études chinoises (vol. 20), t. II, Paris, Presses universitaires de France, 1974, pp. 179-186.

11. Lévy, André (1925-  ), « Le Conte en langue vulgaire du XVIIᵉ siècle : vogue et déclin d'un genre narratif de la littérature chinoise » (《17世纪话本：中国文学一种叙事样式的兴起与衰落》), Sous la direction de Jacques Gernet (1921-  ).

Thèse de doctorat d'État : Lettres : Paris 7 : 1974 (2 vol. ; III-612 ff. ; 30 cm).

12. Martin，François，« Le *Yutai Xinyong* et la nouvelle poésie : anthologie de la poésie galante en Chine au VI$^e$ siècle »(《〈玉台新咏〉与新诗：6世纪中国情诗集》). Thèse de 3$^e$ cycle : Études extrême-orientales : Paris 7 : 1974 (280 ff. ; 30 cm).

13. Pirazzoli-t'Serstevens, Michèle, *La Civilisation du royaume de Dian à l'époque Han : d'après le matériel exhumé à Shizhai shan (Yunnan)*[《汉代滇国文明：根据石寨山（云南）出土的材料》], Paris, École française d'Extrême-Orient, Publications de l'École française d'Extrême-Orient (94), Paris, 1974, 339 pp.-[34] pp. de pl.

14. Vandermeersch, Léon, « Une satire du mouvement novateur à la fin des Ts'ing : le *Kouan-tch'ang wei-sin ki* »（《清代末年革新运动的讽刺：〈官场维新记〉》）, in *Mélanges de sinologie offerts à Monsieur Paul Demiéville*, Bibliothèque de l'Institut des hautes études chinoises (vol. 24), t. II, Paris, Presses universitaires de France, 1974, pp. 313-333.

## 三、备注

巴黎国立图书馆所藏伯希和敦煌汉文写本编目研究小组在戴密微、谢和耐和苏远鸣的倡议下于1973年草创，1974年正式成立。它是法国国立科研中心的联合研究组，根据该中心与高等研究实践学院第四系之间的一项协议而设立的。其主要使命是考证典藏于巴黎国立图书馆的伯希和特藏中的所有敦煌汉文写本。在苏远鸣的主持下，该小组于1983年、1991年和1995年分别出版了《巴黎国立图书馆伯希和敦煌汉文写本目录》的第3卷、第4卷和第5卷。由于保存在写本中的文献类别差异很大，它们分别是佛教、道教、中国经典、文学、法律、经济文献，还有行政文书、单色或多色画的写本，所以该小组被迫遵循一种完全是多学科性的研究原则。如谢和耐出版了《中国5—10世纪的寺院经济》。童丕继续一种类似的研究，他成了研究敦煌写本中的经济文书和文契的专家。张广达编写了一部有关官方书信的权威性的档案文集。戴仁出版了《写本时代的中国文库（10世纪以前）》，并在该研究组的帮助下，继续他有关写本物质与表象特征方面的研究，从事对伯希和特藏中写本的系统统计。艾丽白（Danielle

Eliasberg）为具有民间特征的文学文献的研究做出了突出的贡献。在为那些道教和释道综合写本文献撰写提要时，该研究组获得了穆瑞明的合作，她与苏远鸣一起，对这类很难理解的文献做比较研究，打开了新的视野。苏远鸣对这些释考文献的某些方面，或者是对具有民间宗教特征的文献，都颇感兴趣。梅弘理关心哲学或教理文献，特别分析了从理论到实践的过渡，诸如它们在写本中出现的那样。该研究组所有成员在苏远鸣的主持下，与吉美博物馆，特别是吉耶斯（Jacques Giès）先生合作，编写了一部两卷本的著作，根据吉美博物馆所藏敦煌绘画的图像资料与象征物体，而用彩色图版发表作品。该研究组还承担了《敦煌学论文集》的出版工作。

## 公元 1975 年

### 一、大事记

1. 2 月 3 日，裴化行（Henri Bernard, 1889—1975）神父逝世。
2. 2 月 22 日，欧洲中国研究协会（Association européenne d'études chinoises）成立。
3. 法兰西学院开设"中国社会文化史"讲座，由谢和耐担任学院教授，主持中国社会和文化史研究。
4. 国立东方语言文化学院在于儒伯的发起下，成立"中国研究中心"（Centre d'Études chinoises）。
5. 法国社会科学高等学院（École des hautes études en sciences sociales）① 成立"中国历史与文学研究组"，由侯思孟任组长。"中国历史与文学研究组"

---

① 法国社会科学高等学院的前身是法国高等研究实践学院第六系，该系诞生于 1974 年，曾致力于"经济和社会科学"研究，后于 1975 年 1 月 25 日变成了一个独立的机构，叫社会科学高等学院。

在研究明清小说话本方面做了不少努力，翻译了《喻世明言》《搜神记》等中国小说，还编纂了《中国话本小说目录》等。

## 二、书（文）目录

1. Chédel, André 译，*Le Sûtra du lotus blanc de la loi merveilleuse*（《妙法莲华经》），adapté de la version chinoise, introduit et annoté, Paris, Dervy (Collection Mystiques et religions, Série B), 1975, 120 pp. (Titre original : Miao fa lien houa king).

2. Coyaud, Maurice, Angela K. Leung, Alain Peyraube 译，*Les Opéras des bords de l'eau*（《水浒杂剧》），traduit par Maurice R. Coyaud, Angela K. Leung, Alain Peyraube, Paris, éditions du Centre national de la recherche scientifique, coll. Langues et civilisations orientales, 1975, 113 pp., ill. Contient : « Tourbillon Noir rapporte deux tributs » de Gao Wenxiu ; « Tourbillon Noir fait amende honorable » de Kang Jinzhi ; « Li Rongzu sort de prison » de Li Zhiyuan ; « Yan Qing marchand de poisson à l'hôtel de la joie commune » de Li Wenwei.

3. Rotours, Robert Des, *Les Inscriptions funéraires de Ts'ouei Mien (673-739), de sa femme née Wang (685-734) et de Ts'ouei Yeou-fou (721-780)*（《崔沔（673—739）、其妻王氏（685—734）及崔祐甫（721—780）的墓刻》），Paris, École française d'Extrême-Orient, Publications de l'École française d'Extrême-Orient (99), 1975, 116 pp.-[7] pp. de pl.

4. Rotours, Robert Des, « Le *T'ang lieou tien* décrit-il exactement les institutions en usage sous la dynastie des T'ang ? »（《〈唐六典〉是否准确描述了唐代所行体制？》），*Journal Asiatique*, CCLXIII, 1975, pp. 183-201.

5. Duval, Jean, « Les Aventures révélatrices d'un dandy amoureux : étude d'un roman en dialecte wu de la fin de l'époque Qing, *La Tortue à neuf queues* de Zhang Chunfan »（《一个花花公子的启示性冒险：一部晚清吴语小说研究——张春帆〈九尾龟〉》），Thèse de 3ᵉ cycle : Études extrême-orientales : Paris 3 : 1975.

6. Gipoulon, Catherine, *Pierre de l'oiseau Jingwei*（《精卫石》），œuvre de

Ts'ieou Kin [Qiu Jin]（秋瑾）, traduite du chinois et commentée par. Sous la direction d'André Lévy (1925-   ). Thèse de 3ᵉ cycle : chinois : Bordeaux : 1975.

7. Hervouet, Yves, « Kia Yi »（《贾谊》）, « Lieou Yu-si »（《刘禹锡》）, « Abel Rémusat »（《雷慕沙》）, « Yuan Mei »（《袁枚》）, «Yuan Tchen »（《元稹》）, in *Encyclopædia Universalis*, *Thésaurus*, 19,1975, pp. 1035, 1123, et 20,1975, p. 2096.

8. Lefeuvre, J. A., « Les Inscriptions des Shang sur carapaces de tortue et sur os : aperçu historique et bibliographique de la découverte et des premières études »（《商代甲骨文：发现与最初研究的历史与文献概况》）, *T'oung Pao*, vol. 61, fasc. 1-3, 1975, pp. 1-82.

## 三、备注

1. 裴化行于 1889 年出生在法国沙隆（Châlon-sur-Marne）。他于 1908 年 10 月 31 日在 Florennes 进入耶稣会的初修院，1911 年完成其天主教修会的学业。1913 年，在荷兰的海默特（Germert）完成其哲学学业。1915 年在比利时的昂图万（Antoing）任初级数学教授。1916 年，在比利时的穆斯克（Mouscron）圣母院任数学和高等语法教授。1917—1921 年，在比利时的昂吉安（Enghien）完成其神学学业。1919 年 12 月 20 日晋铎。1924 年 2 月 2 日在耶稣会担任永久职务，同年 12 月 22 日到达中国。1925 年，在天津学院任科学教授。1926 年，他在天津承担天津高等工商大学的科研工作，于 1929 年在开州做传教士，1930 年在清丰传教。1932 年，在天津任哲学、历史、数学和三民主义课程的教授。1933—1936 年在偏僻荒凉地区（吴桥）传教。1937—1938 年抗日战争期间，在上海徐家汇以著述为生。1939 年，在天津高等工商大学专职写作。1940—1947 年，先在献县学院任中国历史和哲学教授，后在天津专职写作，最后就任于天津津沽大学。1948—1958 年，在巴黎的住宅专职写作。1959—1963 年，在巴黎大学天主教研究所任教授，后又赴社会学研究所。1964—1975 年，在尚帝伊专职写作。

1975年2月3日，在晚餐后突然死亡。①

2. 欧洲中国研究协会会址设在巴黎。它是一个国际性组织。它的前身是"欧洲青年汉学家协会"，总部设在巴黎。该协会定期举行学术会议 [ 原称"青年汉学家大会"（Conférence des Jeunes Sinologues），后来改称为"国际研究中国问题代表大会"]，并出版《中国学书目杂志》（法文刊物）。后来，在吴德明、戴密微等老一辈汉学家的建议和筹组下，这个组织改建成今天的"欧洲研究中国协会"，并于1975年2月22日在巴黎举行了成立大会。欧洲研究中国协会从欧洲科学基金会（Fondation Européenne de la Science）领取津贴。该协会的建立旨在促进研究中国问题的学生之间的交往与协作，加强各国中国学研究机构对语言学、文学、哲学、历史学、宗教、艺术和考古学领域的研究工作。

3. 谢和耐进入法兰西学院并任教到1992年。由于受中国明末社会和文化生活史的吸引，他在法兰西学院任教的年代中，几乎将其全部研究都集中于明末时期。这些研究涉及以下几个领域：（1）有关16—17世纪的多位思想家：王廷相、刘献廷、唐甄，特别是王船山。对王船山的研究占据了他多年的时间，一方面通过《读通鉴论》和《宋论》而研究此人的历史观，另一方面是通过王船山的某些著作（特别是《张子正蒙注》）而研究他的伦理和哲学观点。（2）有关从万历年间到康熙初年中国人与耶稣会传教士之间的接触问题，谢和耐的中心论点已由对汉文文献和传教士们的著作的研究而澄清。这些接触最常见的则是导致了在那些具有深刻差异的社会、伦理、宗教和政治史的文明之间产生误解。（3）有关明代末期的会社、书院、教育观念和科举问题，这些问题自宋代起曾被重新做过广泛论述。②

4. "中国研究中心"是主要由法国国立东方语言和文化学院的教师以及少数其他单位人员组成的研究机构，从事有关中国文化、历史和文学等方面的研究工作。1975年由于儒伯发起建立。目前主要研究专题有"中国文化的传统及其审美方式""1911年至今：从一次文化革命到另一次文化革命""20世纪上

---

① 裴化行的著作请参阅 [ 法 ] 荣振华：《法国入华耶稣会士汉学家裴化行》，戴仁编，耿昇译：《法国中国学的历史与现状》，上海：上海辞书出版社，2010年，第261~270页。

② [ 法 ] 谢和耐：《法兰西学院汉学讲座》，戴仁编，耿昇译：《法国中国学的历史与现状》，上海：上海辞书出版社，2010年12月，第600~601页。

海历史""中国大陆以外的当代华人社会的工业化模式"等。该中心还从事研究资料的整理和开发工作，编纂了《辛亥革命史料》和关于 1978—1982 年间出版的两百余部中国作品的评论性书目《中国当代文学》（*Littérature de la Chine Contemporaine*）。在这本书目中对"文化大革命"以后从 1978 年到 1982 年出版的中国长篇小说和中短篇小说做了介绍，为每一部作品都写出一份摘要，大约占有半页的篇幅，并且附上有关的参考文献目录。该中心的出版物为法、汉两种文字的丛刊《从文章看中国》，以及《中国研究手册》文集，刊登包括硕士论文摘要在内的各类研究文章。

## 公元 1976 年

### 一、大事记

1. 《蒙古和西伯利亚研究》（*Études Mongloles et Sibériennes*）创刊，由贝法负责，国立科研中心资助出版。

2. 施舟人在巴黎举行的第二十四届汉学大会上向其师兄弟及其同事们提出一项集体计划：共同编写《道藏》的第一部系统的解析目录——"道藏研究计划"。

### 二、书（文）目录

1. Amiot 译, *Les Treize articles sur l'art de la guerre*（《孙子兵法十三章》）, édition refondue et augmentée, tirée de la version établie en 1772 par J.-J. Amiot, Paris, L'Impensé radical, 1976, 166 pp.

2. Armogathe, Jean Robert, « Voltaire et la Chine : une mise au point »（《伏尔泰与中国》）, in Centre de recherches interdisciplinaires de Chantilly, *La Mission française de Pékin aux XVII$^e$ et XVIII$^e$ siècles*, Actes du Colloque international de sinologie (Chantilly, 20-22 septembre 1974), Paris, Les Belles lettres, coll. La Chine au

temps des Lumières (vol. II), 1976, pp. 27-39.

3. Cartier, Michel, « Le Marchand comme voyageur : quelques remarques sur quelques histoires du *Chin-ku ch'i-kuan* »（《商人旅者：〈今古奇观〉几则故事评注》）, in *Études d'histoire et de littérature chinoises offertes au Professeur Jaroslav Prusek*, Bibliothèque de l'Institut des hautes études chinoises, vol. XXIV, Paris, PUF, 1976, pp. 39-49.

4. Devèze, Michel, « Impact du monde chinois sur la France, l'Angleterre et la Russie au XVII$^e$ siècle »（《17 世纪中国对法国、英国和俄国的影响》）, in Centre de recherches interdisciplinaires de Chantilly, *La Mission française de Pékin aux XVII$^e$ et XVIII$^e$ siècles*, Actes du Colloque international de sinologie (Chantilly, 20-22 septembre 1974), Paris, Les Belles lettres, coll. La Chine au temps des Lumières (vol. II), 1976, pp. 7-11.

5. Éliasberg, Danielle 译, *Le Roman du pourfendeur de démons*（《钟馗捉鬼传》）, traduction annotée et commentaires, Collège de France, Institut des hautes études chinoises, Mémoires de l'Institut des hautes études chinoises (vol.4), Paris, 425 pp., ill. (Traduction de : *Zhong Kui zhuo gui zhuan*).

6. Hervouet, Yves, « Avant-propos »（《前言》）et « L'Autobiographie dans la Chine traditionnelle »（《传统中国的自传》）, in *Études d'histoire et de littérature chinoises offertes au Professeur Jaroslav Prusek*, Bibliothèque de l'Institut des hautes études chinoises, vol. XXIV, Paris, Presses universitaires de France, 1976, pp. 9-12, et 107-141.

7. Hoe，Jack，« L'Algèbre chinoise à la fin du XIII$^e$ siècle à travers l'étude des systèmes d'équations polynômes traités par Zhu Shijie dans son livre *Le Miroir de jade des quatre inconnues(Siyuan yujian)* »（《13 世纪末的中国代数：根据朱世杰〈四元玉鉴〉所论多项式方程式系统研究》）, Sous la direction de Jacques Gernet (1921-  ). Thèse de 3$^e$ cycle : Études extrême-orientales Paris VII : 1976 (2 vol., 526 ff. : fig., tabl ; 29,5 cm).

8. Larre, Claude, « La Bannière funéraire de Tch'ang-Cha »（《长沙丧旗》）, in Centre de recherches interdisciplinaires de Chantilly, *La Mission française de Pékin aux XVII$^e$ et XVIII$^e$ siècles*, Actes du Colloque international de sinologie (Chantilly, 20-22

septembre 1974), Paris, Les Belles lettres, coll. La Chine au temps des Lumières (vol. II), 1976, pp. 101-105.

9. Legrand, Jacques, *L'Administration dans la domination sino-mandchoue en Mongolie Qalq-a : version mongole du* Lifan yuan Zeli（《喀尔喀蒙古在汉满统治期的行政：〈理藩院则例〉蒙语版》）, Paris, Collège de France, Institut des hautes études chinoises, Mémoires de l'Institut des hautes études chinoises (vol. 2), 1976, 221 pp.-[6] ff. de pl.

10. Loehr, George, « L'Artiste Jean-Denis Attiret et l'influence exercée par sa description des jardins impériaux »（《艺术家王致诚及其皇家花园设计的影响》）, in Centre de recherches interdisciplinaires de Chantilly, *La Mission française de Pékin aux XVII<sup>e</sup> et XVIII<sup>e</sup> siècles*, Actes du Colloque international de sinologie（Chantilly, 20-22 septembre 1974）, Paris, Les Belles lettres, coll. La Chine au temps des Lumières（vol. II）, 1976, pp. 69-83.

11. Ngo, Van Xuyet, *Divination, magie et politique dans la Chine ancienne : essai suivi de la traduction des* Biographies des Magiciens *tirées de l'*Histoire des Han postérieurs *[Fan Ye]*（《古代中国的占卜、巫术与政治，附范晔〈后汉书·方术传〉翻译》）, préface de Max Kaltenmark, Paris, Presses universitaires de France, Bibliothèque de l'École des hautes études (Sciences religieuses, 78), 1976, 261 pp., ill. (rééd. : Paris, You-Feng, 2002).

12. Tchang, Fou-Jouei, *Initiation à la langue classique chinoise, à partir d'un morceau choisi de littérature :* Liwazhuan, *histoire de la belle Li Wa de Bai Xingjian* （《古代汉语入门：从文学选段白行简〈李娃传〉开始》）, A. Maisonneuve （Langues d'Amérique et d'Orient）, Paris, 1976, 64 pp.（Texte bilingue français et chinois）.

13. Tchang, Fou-Jouei 译, *Chronique indiscrète des mandarins* de Wou King-tseu,（吴敬梓《儒林外史》）, traduit du chinois par Tchang Fou-Jouei, introduction par André Lévy, Paris, Gallimard, coll. Connaissance de l'Orient (11), 1976, 2 vol., XXIII-814 pp. (rééd. : 1986).

## 三、备注

1.《蒙古和西伯利亚研究》用英文和法文发表人文科学的文章，经常接受外国学者的投稿，特别是来自蒙古国、苏联的几个加盟共和国和中国的论文。它与德国、美国、英国、匈牙利等国的相应刊物保持着合作和交换关系。

2. 施舟人在巴黎举行的第二十四届汉学大会上向其师兄弟及其同事们提出一项集体计划：共同编写《道藏》的第一部系统的解析目录——"道藏研究计划"。他们用数年才找到这项事业所需要的赞助，欧洲科学基金会慷慨解囊，此项工作于1979年正式启动，分别在法国、德国和意大利成立了几个工作小组。当时分散在荷兰和丹麦的某些孤立的研究人员，同样也联合起来从事集体工作。这项计划由道教资料和研究中心协调。为了研究经文以对它们进行分类和断代，他们建立了道教史数据库，即《道藏》中所包括的几乎全部经文那数量庞大的索引，由贾珞琳（Caroline Gyss-Vermande）管理。其目录工作本身于1988年已竣工。当时便决定用英文发表已用法文、英文、德文和意大利文编好的全部条目，计划由芝加哥大学出版社于1996年出版，书名为《道藏指南》，但并未能如期出版。

3. 侯思孟的《诗歌与政治：阮籍的生平与作品》甫一出版，"好评如潮，并最终获得了翟理斯奖"。全书分为"导论""早期的魏朝诸帝""东平""暗杀与退却""反礼教""儒家论文与对庄子的奇异理解""社会与孤独""长生的好人""追求人生""神秘主义""大人先生""诗歌""结论"几个部分。其中"导论""早期的魏朝诸帝""东平""暗杀与退却"等章节主要介绍阮籍的生平以及他与当时诗歌的关系，其中涉及他的家庭与曹魏宗室的传统关系，魏晋之际的政治巨变在他诗歌中隐晦、曲折的反映等。当时曹氏与司马政权的政治地位已经主客移位，而阮籍却能周旋其间，卒以无恙。作者认为，原因是司马氏政权对阮籍有所偏爱。"反礼教"至"大人先生"这些部分则着重从思想角度探讨阮籍诗歌的内在含义，如诗歌中的孝道、儒家的立场、孤独、神仙思想、神秘主义等。"诗歌"一章是对阮籍现存诗篇的数量、形式以及艺术特色的研究，着重于诗歌的本身研究。这一章有很多精彩的发现，如阮籍的

《咏怀诗》与建安诗歌"午夜烦恼"主题相似,阮籍诗歌与摩尼教的"善""恶"观念的相似等。该书是侯思孟的代表作,有评论认为,该书有两个特点:"其一,本书以阮籍的作品作为主要依据来介绍他的生平、思想,因此,在研究方法和结构方式,表现了与众不一的特色;其二,作者分析阮籍的作品有其独到的见解。"① 饶宗颐先生曾为其题词,言其"疏理邃密,援譬引类,言之务尽,行见不胫而走,抒阮公心事,千载之下,难以情测,得君此书,将如阴霾之毕扫"②。

# 公元 1977 年

## 一、大事记

1. 毕仰高担任"法国当代中国研究和文献中心"主任。
2. 《东亚语言学报》（*Cahiers de Linguistique-Asie Orientale*）诞生,由艾乐桐（Viviane Alleton）和贝罗贝创办。
3. 法国高等研究实践学院第四系设立"中国考古"研究的研究导师教席,由毕梅雪任教。
4. 汪德迈出版《王道》第一卷,第二卷于1980年出版。

## 二、书（文）目录

1. Bergeret, Annie, Tenaille, Marie, *Contes de Chine : récits du folklore chinois*（《中国民间故事》）, choisis et adaptés par Annie Bergeret et Marie Tenaille, ill. de Françoise Boudignon, Hachette (Collection Vermeille), Paris, 1977, 151 pp., ill.

---

① 王志平:《侯思孟与汉魏文学》,《国际汉学漫步》,石家庄:河北教育出版社,1997年。
② 参阅许光华:《法国汉学史》,北京:学苑出版社,2009年5月,第246~247页;何志娟:《论法国汉学家侯思孟之嵇康、阮籍研究》,华东师范大学硕士学位论文,2007年。

2. Cheng, François, *L'Écriture poétique chinoise*（《中国诗语言研究》），suivi d'une anthologie des poèmes des T'ang / François Cheng, éditions du Seuil, Paris, 1977, 262 pp.-[4] pp. de pl., ill. (Textes de l'anthologie en chinois, avec transcription, traduction mot à mot et traduction interprétée).

3. Diény, Jean-Pierre, *Concordance des œuvres complètes de Cao Zhi*（《曹植全集通检》），Paris, Collège de France, Institut des hautes études chinoises, « Travaux d'index, de bibliographie et de documents sinologiques » (VI), 1977, XXVI-542-205 pp.

4. Diény, Jean-Pierre, *Pastourelles et magnanarelles : essai sur un thème littéraire chinois*（《牧歌与蚕娘：论中国文学的一个主题》），Genève-Paris, Droz, 1977, 141 pp.

5. Saint-Denys, Hervey de, Léon d' 译, *Poésies de l'époque des Thang*（《唐诗》），précédé de L'art poétique et la prosodie chez les Chinois, traduction du chinois et notes explicatives par le marquis Hervey de Saint-Denys, Paris, Champ libre, 1977, 359 pp.

6. Hervouet, Yves, « Découvertes récentes de manuscrits anciens en Chine »（《中国近来发现的古代手稿》），in *Académie des Inscriptions et Belles-Lettres : comptes rendus des séances de l'année 1977, avril-juin*, Paris, Klincksieck, 1977, pp. 379-393.

7. Hoe, John, *Les Systèmes d'équations polynômes dans le* Siyuan yujian *(1303)*（《〈四元玉鉴〉（1303）中的多项式方程系统》），Paris, Collège de France, Institut des hautes études chinoises, Mémoires de l'Institut des hautes études chinoises (vol. 6), 1977, 338 pp.

8. Houang, François [Houang Kia-tcheng] 译, *Les Manifestes de Yen Fou*（《严复的宣言》），Paris, Fayard, 1977, IX-151 pp.

9. Huang, Sheng-Fa, « Étude thématique du *Li Sao* »（《〈离骚〉主题学研究》）. Sous la direction de Léon Vandermeersch (1928-　). Thèse de doctorat : Lettres : Paris VIII : 1977 (164 ff. ; 29,5 cm).

10. Kaltenmark-Ghéquier, Odile, *La Littérature chinoise*（《中国文学》），

Paris, Presses universitaires de France, coll. « Que sais-je ? » (n° 296), 4ᵉ éd. mise à jour, 1977, 128 pp.

11. Liang, Paitchin 译, *Œuvres poétiques complètes de Li Qingzhao*（《李清照诗全集》）, traduit du chinois par Liang Paitchin, Paris, Gallimard, coll. Connaissance de l'Orient, 1977, 177 pp.

12. Robinet, Isabelle, *Les Commentaires du* Tao tö king *jusqu'au* vɪɪᵉ *siècle*（《7世纪前的〈道德经〉注》）, Paris, Collège de France, Institut des hautes études chinoises, Mémoires de l'Institut des hautes études chinoises (vol. 5), 1977, 317-[15] pp. (rééd. 1981).

13. Ratchnevsky, Paul 译, *Un Code des Yuan*（《元法典》）, t. 3, (éd. et trad.) par Paul Ratchnevsky, Collège de France, Institut des hautes études chinoises (Bibliothèque de l'Institut des hautes études chinoises), Paris, Presses universitaires de France, 1977, 209 pp. (Index, par Paul Ratchnevsky et Françoise Aubin).

14. Van Den Broeck, José, *La Saveur de l'immortel* ou *A-p'it-t'an Kan Lu Wei Lun : la version chinoise de l'Amṛtarasa de Ghoṣaka (t. 1553)*（《不死之味: A-p'it-t'an Kan Lu Wei Lun : Amṛtarasa de Ghoṣaka 的中国版》）, traduite et annotée, Université catholique de Louvain, Institut orientaliste (Publications de l'Institut orientaliste de Louvain ; 15), Louvain-la-Neuve, 1977, XII-260 pp. (Texte en français seulement).

## 三、备注

1. 《东亚语言学报》由东亚语言研究中心出版，每年定期印行两卷。其提要始终分别用法文和英文撰写，自 1993 年也用德文撰写。这家期刊属于全世界存在的一小批四到五种大型汉语杂志的组成部分。

2. 毕梅雪讲座的主要领域无论是在时间方面，还是在空间方面，都很广阔。她论述了旧石器时代、新石器时代和青铜时代的文化。她经常特别偏爱反复论述汉代。但她有关陶瓷的著作也论述了此后的几个大王朝，直到清朝为止。对于清代的情况依然如此，按照法中合作协议，她研究了圆明园中著名的西洋楼。同样，她从中国中原一直向其周边地区发展，向其门生们传授汉至六朝时期四川西部的祭器筐和石桌坟文化、云南滇王国的青铜文化、长江下游的陶瓷工业等。这些研究都是以同一种开放精神进行的，其主要的兴趣中心是从建筑和城市规划问题，直到雕塑、绘画和书法（墓葬中的拓片装饰、壁画、棺木和彩幡）的历史，甚至还有玉器和漆器的加工。她特别关注陶瓷问题：名词术语、工艺、形状的演变、商业化和出口等。对于一个诸如汉朝那样的时代来说，她触及到的是多种问题，涉及了殡葬装饰的内容和图案史、艺术产品的社会文化背景、公私作坊的运行、皇帝和王公们的保护和收藏者们的作用。

3. 程抱一在《中国诗语言研究》这本作品中，借鉴和吸收了西方结构主义的学说，为解读唐诗开辟了一条新的路径。这本书后来被法国汉学界誉为20世纪法国汉学最重要的著作之一，并被译成多种文字，影响深远。

4. 贺碧来出版的《7世纪以前对道德经的评注》一书系统地阐述了严遵、河上公、王弼、梁武帝、周弘正、成玄英等对《道德经》的评注，在学术界颇有影响。她认为，"严遵的'注'属于'哲学的'道家学说，但由于通佛教学说的'对抗'而做了一系列的调整"。她又认为"由于河上公的缘故，《道德经》成了既是一本讲统治术的教科书，又是一本讲长生不老术的教科书。因此，河上公的评注摆脱了庄子、淮南子、韩非子或严遵等把《道德经》看作是掩盖政治考虑的那种本体论，也完全不同于后来的王弼对《道德经》所做的那种形而上学的解释，而王弼'注'是代表称为第三世纪玄学的新道学派的看法"。该书通观了从西汉严遵的《老子指归》到唐代成玄英的《老子道德经注》的一部著作，研究了《老子》的主要注释本，颇具启发意义，且篇幅浩瀚，长达333页，她的研究具有启发性。

5. 汪德迈出版的两卷本《王道》（1977年和1980年）以广泛的金石文献资料为基础，大幅度地修订了葛兰言《中国人的思想》中所提出的问题，集中地体现了他对上古中国研究的成果。他的工作既是对葛兰言研究的补充，也是批评。葛兰言的结论是建立在中国古代神话这一重要主题上的，而汪德迈的结论则是依据对社会制度的研究。汪德迈努力把研究放入传统的中国历史背景中，并在研究中注意吸收中国现代学者的成果。他应用商周甲骨文和金文中的材料来完善葛兰言的研究，使得西方直到马伯乐一直弃而不用的资料得以发挥作用。汪德迈对这些材料进行了新的综合研究，从中找出一些能够解释所有问题的共同原则，来说明社会组织结构，并赋予上古中国以特有的思维心理结构。他与葛兰言不同，不只是提出中国文化大的题目而不顾及历史的发展，相反，他从研究整个商周时代社会制度出发，从而得出华夏文明一些大的恒定因子，特别是家族观念及礼仪观念。该著作可以分为三部分：（1）商周时代的家族结构；（2）商周时代的政治结构；（3）商周时代的礼仪结构。在结论中他研讨了一些主要的社会制度的原则，认为正是这些原则构成了王道的本质，而所谓王道也就是在儒家学说中明白表述出来的一种政治的人道主义。他认为中国儒教的人文主义思想如同商周上古"王道"达到了巅峰一样，已成了整个中国文化的基础，同时也成了一种可以普遍使用的模式，而且，随着岁月的流逝，实际上已移植到亚洲其他的文明之中。①

# 公元 1978 年

## 一、大事记

韩百诗逝世。

## 二、书（文）目录

1. *Peintures monochromes de Dunhuang : manuscrits reproduits en fac-similé d'après les originaux inédits conservés à la Bibliothèque nationale de Paris* ou *Dunhuang baihua*（《敦煌单色绘画：根据巴黎国家图书馆藏未刊原件复制的摹本手稿》）, avec une introduction en chinois par Jao Tsong-yi, adapté en français par Pierre Ryckmans, préface et appendice par Paul Demiéville, Paris, École française d'Extrême-Orient (Publications de l'École française d'Extrême-Orient, Mémoires

---

① 许光华：《法国汉学史》，北京：学苑出版社，2009 年，第 251~252 页。

archéologiques ; 13), 1978, 3 vol. (pp. 61-72-LXV, ill.) (En chinois et en français. Les vol. 2-3 ont un titre : Tun-huang pai hua. Contenu : Fasc. 1, adaptation en français ; Fasc. 2, introduction en chinois ; Fasc. 3, planches).

2. Amiot 译, *Les Treize articles* (*L'Art de la guerre : Les XIII articles sur l'art de la guerre*)（《孙子兵法十三章》）, édition refondue et augmentée tirée de la version établie en 1772 par le Père de la Compagnie de Jésus J.J.-M. Amiot, Paris, L'Impensé radical, 1978, 166 pp.

3. Baudry, Pierre, Baudry-Weulersse, Delphine, Jean Lévi 译, *Dispute sur le sel et le fer* [*Yantie lun*] *Chine* (《盐铁论》), an-81, présentation par Georges Walter, Paris, Seghers, coll. Mots, 1978, 271 pp. (rééd. : 1991).

4. Brusselaars, Gilbert, *Wen Tchen Tchiu Xue : Cinq études fondamentales d'acupuncture chinoise traditionnelle : Année Ou-Wou* (《Wen Tchen Tchiu Xue：传统中国针灸基础研究五则》), Chez l'auteur, Paris, 1978, 113 pp., tabl.

5. Brusselaars, Gilbert, Tcheu tcheng tsoung yao : *formulaire thérapeutique de Yang Ki Keou* (《〈治症总要〉：杨继洲治疗方法集》), G. Brusselaars, Nice, 1978, 117 pp., ill. [Contient le texte chinois et la traduction française du chapitre II du *Tchen tchiu ta tcheng* (《针灸大成》) de Yang Ki Keou].

6. Chan, Hing-Ho, « Étude des commentaires de Zhiyanzhai sur les manuscrits du *Shitou Ji* » (《脂砚斋对〈石头记〉手稿注释研究》), Sous la direction d'Yves Hervouet (1921-1999). Thèse de 3$^e$ cycle : Études extrême-orientales : Paris 7 : 1978 (1 vol. ; [3]-368 ff. ; 30 cm).

7. Dars, Jacques, Shi Nai-An, Luo Guan-Zhong, *Au bord de l'eau (Shui-hu-zhuan)* (施耐庵、罗贯中《水浒传》), vol. 1, avant-propos par Étiemble, texte traduit, présenté et annoté par Jacques Dars, Paris, Gallimard (Bibliothèque de la Pléiade ; 273), 1978, CLXI-1233 pp., ill., cartes. (Autres tirages : 1979, 1983, 1994, 2005).

8. Dars, Jacques, Shi Nai-An, Luo Guan-Zhong, *Au bord de l'eau (Shui-hu-zhuan)* (施耐庵、罗贯中《水浒传》), vol. 2, texte traduit, présenté et annoté par Jacques Dars, Paris, Gallimard (Bibliothèque de la Pléiade ; 274), 1978, XVII-1356 pp., ill. (Autres tirages : 1979, 1983, 1994, 2005).

9. Demiéville, Paul 主译, *Anthologie de la poésie chinoise classique*（《古典中国诗选集》）, Paris, Gallimard (Connaissances de l'orient. Collection Unesco d'œuvres représentatives ; 16), 1978, 570 pp. (Réédition).

10. Dzo, Ching-Chuan, *Sseu-ma Ts'ien et l'historiographie chinoise*（《司马迁与中国史学》）, préface de René Étiemble, Paris, Publications orientalistes de France, coll. POF études, 1978, V-356 pp. (Rééd. : You-feng, 1999).

11. Eliasberg, Danielle, *Imagerie populaire chinoise du Nouvel An*（《新年中国年画》）, livraison spéciale de la revue Arts asiatique, t. XXXV, 1978, 128 pp., 88 planches en couleur.

12. Goo, Beng Shew, « Correspondance de Zeng Guo Fan »（《曾国藩书信》）, Sous la direction de Jacques Gernet (1921-  ). Thèse de 3$^e$ cycle : Études extrême-orientales : Paris 1, EHESS : 1978 (374 ff. ; 30 cm).

13. Kalinowski, Marc (1946-  ),« Présentation du *Lü shi chunqiu* et analyse de l'idéologie politique contenue dans l'ouvrage »（《〈吕氏春秋〉介绍及其政治思想分析》）, Sous la direction de Léon Vandermeersch (1928-  ). Thèse de 3$^e$ cycle : Études extrême-orientales : Paris 7 : 1978.

14. Lévy, André, *Inventaire analytique et critique du conte chinois en langue vulgaire*（《中国话本分析评论性书目》）(1$^{re}$ partie, 1$^{er}$ volume), Paris, Collège de France, Institut des hautes études chinoises, Mémoires de l'Institut des hautes études chinoises (vol. 8), 1978, XVI-348 pp.

15. Magnin，Paul (1939-  ),« La Vie et l'œuvre de Hui Si (515-577), second patriarche du Tiantai »（《天台宗二代祖师慧思（515—577）的生平与作品》）, Sous la direction de Michel Soymié (1924-2002). Thèse de 3$^e$ cycle : Études extrême-orientales : Paris 7 : 1978 (2 vol., 595 ff. ; 30 cm).

16. Mathieu, Rémi, *Le Mu tianzi zhuan : traduction annotée, étude critique*（《〈穆天子传〉：注译与批评研究》）, Paris, Collège de France, Institut des hautes études chinoises, Mémoires de l'Institut des hautes études chinoises (vol. 9), 1978, 311, 56-1pp. (Texte remanié d'une thèse de 3$^e$ cycle en Études chinoises, université Paris VII, 1973) .

17. Milsky, Marie-Françoise, « L'Intérêt pour la Chine en France au XVIII<sup>e</sup> siècle » （《18 世纪法国对中国的兴趣》）, Thèse de 3<sup>e</sup> cycle. Histoire. Paris 7. 1978. (2 vol., 464-906 ff.: ill. ; 30 cm + errata)

18. Morgan, Carole, « Le *Tableau du bœuf du printemps :* étude d'une page de l'almanach chinois » （《〈春牛图〉：中国历书一页研究》）, Sous la direction de Michel Soymié (1924-2002). Thèse de 3<sup>e</sup> cycle : Études extrême-orientales : Paris 7 : 1978 (270 ff., [13] ff. de pl : ill ; 30 cm).

19. Thomas, Léon, « Un traité chinois d'oculistique :*Le Yin Hai Jing Wei* attribué à Sun Si-Miao (dynastie des Tang) : traduction annotée et commentaire »[《一篇中国眼科论文：归于（唐代）孙思邈名下的〈银海精微〉译注》], Sous la direction de Jacques Gernet (1921-    ). Thèse d'État : Lettres, Études extrême-orientales : Paris 7 : 1978.

20. Vandermeersch, Léon, « L'Esprit de la culture extrême-orientale dans la poétique de Claudel » （《克洛岱尔诗学中的远东文化精神》）, *Journal of Far Eastern Studies*, Séoul, vol. XVIII, juin 1978, pp. 233-247.

## 三、备注

1. 韩百诗，1906 年出生，1929 年加入法国亚细亚学会。从此之后，他一直在那里从事汉学研究，尤其是中亚和高地亚洲历史问题的研究。1942—1947 年间，韩百诗在东方现代语言学院教蒙古语课程，后来又于 1947—1950 年间任巴黎大学北平汉学研究所所长。1952 年，他又任法国高等研究实践学院第四系的研究导师。从 1959 年起，韩百诗担任巴黎大学汉学研究所所长，该所后来划归法兰西学院。韩百诗大大地发展了这一研究所，购置了新的处所，后来法兰西远东学院和亚细亚学会也迁到那里，有关东亚的收藏品也存放在那里。从 1965 年起，韩百诗还主持法兰西学院"中亚历史和文明讲座"。1973 年，韩百诗从汉学研究所退职，专心致志地从事在中亚和高地亚洲研究中心的工作。1978 年，韩百诗逝世。

韩百诗是伯希和最忠诚的弟子，也是伯希和弟子中唯一一位全面研究伯希和涉及的各领域的人。他与伯希和一样，也是以汉文、蒙古文、波斯文、拉丁文和中世纪法文资料为基础,而从事研究工作的学者。韩百诗发表了许多伯希和未杀青的作品。他不仅是一位多产的作家,而且也是一位卓越的组织家。他主要从事语言学研究并对考古文献进行考证。①

2. 谭霞客翻译出版的《水浒传》,全书分为上、下两册,有明代绣像插图,用经久的圣经纸印刷,皮面,烫金边。艾田蒲作序。译著的问世引起极大的反响,被法国学界推崇为"好得出奇的译作"②,被公众推为"1978 年年度之书",谭霞客也因此荣获该年度法兰西文学大奖。该书由法国伽利玛出版社出版,列入七星书库。

《水浒传》法文本之所以获此殊荣,一方面在于作品本身的思想内容和艺术技巧征服了颇为本国文学自豪的法国读者。他们认为,该作品"以广阔的生活画面,深刻地反映了中国 12 世纪的社会面貌,从农民到地主、官吏,从佣人到妓女,社会的每一阶层的任务都得到了详尽的描述",是一部"希腊荷马式的'史诗'",《水浒传》所提供的"绝妙的东方场景",跟西文的"三剑客、圣格木其、懒骨头"一样驰名,使人感觉在读"大仲马和拉伯雷合写的一部史诗——一部讽刺史诗"。③另一方面则与译者有关。谭霞客历时八年之久才译完此书,译文忠实而详尽,文体生动而活泼,优美而贴切,词汇丰富多彩,"谭霞客证明了翻译是可能的,包括一部几世纪之前、用中国俗语写的小说;证明了一切都应当而且能够翻译的,甚至连一个段落、一个句子、一个字也不遗漏"④。评论家认为"译著最难能可贵之处就在于能为原著中距今已有几个世纪的人物,找到相应、合适、有趣、生动的口语",使原著中人物个性化语言得到生动、准确的再现。⑤

---

① 韩百诗的著作请参阅 [法] 让·菲力奥扎:《法国的蒙古史与中亚史专家韩百诗》,戴仁编,耿昇译:《法国中国学的历史与现状》,上海:上海辞书出版社,2010 年,第 294~298 页。
② René Étiemble, *Au bord de l'eau.Préface*, 1978.
③ 宋柏年主编:《中国古典文学在国外》,北京:北京语言学院出版社,1994 年,第 402~403 页。
④ René Étiemble, *Au bord de l'eau.Préface*, 1978.
⑤ 钱林森:《中国文学在法国》,广州:花城出版社,1990 年 7 月,第 140~157 页。

# 公元 1979 年

## 一、大事记

1. 3 月 23 日，戴密微（1894—1979）逝世。

2. 法国国立图书馆举办有关伯希和的展览：《中国和高地亚洲的宝藏，伯希和百年寿诞》。

3. 法国高等研究实践学院第五系宗教研究部正式开设了由汪德迈主持的"儒家思想史"讲座，直至其 1993 年退休止。

## 二、书（文）目录

1. Baldrian Hussein，Farzeen，« L'Alchimie intérieure des Song : étude introductive d'un système accompagnée d'une traduction du *Ling-pao pi fa* »（《宋朝的内部炼金术：一个系统的导论，附〈灵宝毕法〉译文》），Sous la direction de Max Kaltenmark (1910-2002). Thèse de 3$^e$ cycle : Études extrême-orientales : Paris 7 : 1979 (405 ff. : tabl. ; 30 cm).

2. Billeter, Jean-François, *Li Zhi, philosophe maudit (1527-1602) : contribution à une sociologie du mandarinat chinois de la fin des Ming*（《失意哲人李贽（1527—1602）：晚明中国官员的社会学研究》），Genève, Droz, coll. « Travaux de droit, d'économie, de sociologie et de sciences politiques » (116), 311 pp. [Texte remanié de : « Li Zhi, philosophe maudit (1527-1602). I, La Genèse et le développement de sa pensée jusqu'à la publication du "Livre à brûler", 1590 » ; Thèse de doctorat : Lettres : Université de Genève : 1976].

3. Delahaye, Hubert, « Aspects religieux dans l'art du paysage chinois à sa naissance »（《中国风景艺术诞生时的宗教性》），Sous la direction de Jacques

Gernet (1921-    ). Thèse de 3ᵉ cycle : Études extrême-orientales: Paris 7 : 1979 (195 ff.-[2] dépl. de pl. : ill ; 30 cm).

4. Delemarle-Charton, Michel, « Les Mots vides dans la langue littéraire du *Zuo-Zhuan* »（《〈左传〉文学语言中的虚词》）, Sous la direction de Donald Holzman (1926-    ). Thèse de 3ᵉ cycle : Études extrême-orientales : Paris 7 : 1979 (147-9 ff. ; 30 cm).

5. Despeux, Catherine 译, *Traité d'alchimie et de physiologie taoïste* (赵避尘《卫生生理学明指》), de Zhao Bichen, Paris, Les Deux Océans, 1979, 193 pp. (Rééd. : 1986).

6. Rotours, Robert Des, *Les Inscriptions funéraires de Ts'ouei Mien (673-739), de sa femme née Wang (685-734) et de Ts'ouei Teou-fou (721-780)* (《崔沔（673—739）、其妻王氏（685—734）及崔祐甫（721—780）墓葬碑文》), Paris, École française d'Extrême-Orient, Publication de l'École française d'Extrême-Orient (XCIX), 1975, VII-119 pp., [7] pp. de pl.

7. Diény, Jean-Pierre, « Les *Sept tristesses (Qi ai)* : à propos de deux versions d'un poème à chanter de Cao Zhi »(《〈七哀诗〉: 曹植一首乐府诗的两个版本》), *T'oung Pao*, vol. LXV, n° 1-3, 1979, pp. 51-65.

8. Drège, Jean-Pierre, « Les Cahiers des manuscrits de Dunhuang » (《敦煌手稿名册》), in Michel Soymié (sous la direction de), *Contributions aux études de Touen-houang*, Genève-Paris, Droz, vol. I, 1979, pp. 17-28.

9. Gernet, Jacques, « Sur les différentes versions du premier catéchisme en chinois de 1584 » (《1584年第一本中文基督教教理书的不同版本》), in Wolfgang Bauer (éd.), *Studia Sino-Mongolica, Festschrift für Herbert Franke*, Münchener Ostasiatische Studien (Bd. 25), Wiesbaden, Franz Steiner Verlag GmbH, 1979, pp. 406-416.

10. Gernet, Jacques, « Histoire et politique chez Wang Fou-tche (1619 -1692) »(《王夫之（1619—1692）看历史与政治》) et« Philosophie de la nature en Chine : le Tcheng-meng de *Tchang Tsai* » (《中国自然哲学：张载〈正蒙〉》), in *Annuaire du collège de France 1978-1979, résumé des cours et travaux*, Paris, 1979, pp.

557-563. (Repris in Jacques Gernet, *Société et pensée chinoises aux XVI$^e$ et XVII$^e$ siècles*, Paris, Collège de France/Fayard, 2007, pp. 53-62).

11. Hou Ching-Lang, « Physiognomonie d'après le teint sous la dynastie des T'ang (une étude du manuscrit P. 3390) »[《唐代相面术（手稿 P. 3390 研究）》], in Michel Soymié (éd.), *Contributions aux études sur Touen-houang*, Genève/Paris, Librairie Droz, 1979, pp. 55-70.

12. Lévy, André, *Inventaire analytique et critique du conte chinois en langue vulgaire*（《中国话本分析评论性书目》）(1$^{re}$ partie, 2$^e$ volume), Paris, Collège de France, Institut des hautes études chinoises, Mémoires de l'Institut des hautes études chinoises (vol. 8-2), 1979, pp.348-812.

13. Lévy, André 译, *L'Amour de la renarde : marchands et lettrés de la vieille Chine, douze contes du XVII$^e$ siècle*（《雌狐之爱：古代中国的商人与文人，17 世纪的十二个故事》，译自凌濛初作品）, par Ling Mong-tch'ou ; traduits, préfacés et annotés, Paris, Gallimard, (Connaissance de l'Orient) (Collection Unesco d'œuvres représentatives, Série chinoise), impr. 1979, 285 pp., carte (1$^{re}$ éd. : 1970).

14. Lévy, André, René Goldman 译, *L'Antre aux fantômes des collines de l'Ouest : sept contes chinois anciens* (XII$^e$-XIV$^e$ siècles)(《西山一窟鬼：古代中国故事七种（12—14 世纪）》), introduction, notes et commentaires d'André Lévy, traduction d'André Lévy et René Goldman, nouveau tirage, Paris, Gallimard (Collection Unesco d'œuvres représentatives. Série chinoise) (Connaissance de l'Orient ; 38), 1972, 170 pp. (1$^{re}$ éd. : 1972).

15. Li, Chen Sheng (Danielle), « Contribution à l'étude de la pédagogie à la fin des Ming et au début des Qing d'après l'œuvre de Li Gong (1653-1733) : le *Xiaoxue Jiye (Programme adapté de la Petite Étude)* »[《晚明清初教学法研究：根据李塨（1653—1733）〈小学稽业〉》], Sous la direction de Jacques Gernet (1921-  ). Thèse de 3$^e$ cycle : Études extrême-orientales : Paris 7 : 1979 (267 ff. : ill ; 30 cm).

16. Martin, François, « Le *Yutai Xinyong* et la nouvelle poésie : anthologie de la poésie galante en Chine au VI$^e$ siècle »（《〈玉台新咏〉与新诗：6世纪中国情诗集》）, Thèse de 3$^e$ cycle : Études extrême-orientales : Paris 7 : 1979 (280 ff. ; 30 cm).

17. Martzloff，Jean-Claude, « L'Œuvre mathématique de Mei Wending, 1633-1721 »（《梅文鼎（1633—1721）的数学作品》）, Sous la direction d'Yves Hervouet (1921-1999). Thèse de 3ᵉ cycle : Études extrême-orientales : Paris 7 : 1979 (II-401-33 ff. : ill ; 30 cm).

18. Porkert，Manfred 译 , *Biographie d'un taoïste légendaire, Tcheou Tseu-Yang*（《传奇道士周紫阳的生平》）, publié, traduit et annoté, Paris, Institut des hautes études chinoises (Mémoires de l'Institut des hautes études chinoises ; 10), 118-45 pp. (Attribué à Hiu Mi. Traduction française et texte chinois à la suite. Thèse soutenue sous le titre « Biographie canonique du saint du Yang pourpre, Tseu-Yang Tchen-Jen Nei-Tchouan » : Thèse de 3ᵉ cycle : Lettres : Paris : 1957).

19. Robinet, Isabelle, « Introduction au *Kieou-tchen tchong-king* »（《〈九真中经〉导论》）, *Society for the Study of Chinese Religions Bulletin*, vol. 7, 1979, pp. 24-45.

20. Seidel, Anna, « Le Fils du Ciel et le Maître Céleste, note à propos des *Registres taoïques* »（《天子与天师：〈道教的法箓〉》）, in *Transactions of the International Conference of Orientalists in Japan*, n° 24, 1979, pp. 119-127.

21. Vallette-Hémery，Martine，« Théorie et pratique littéraires dans l'œuvre de Yuan Hongdao, 1568-1610 »（《袁宏道（1568—1610）作品中的文学理论与实践》）, Sous la direction de Jean-Pierre Diény (1927- ). Thèse de 3ᵉ cycle : Études extrême-orientales : Paris 7 : 1979 (280 ff. : tabl ; 30 cm).

22. Zheng, Chantal, « L'Organisation calendérique des rites selon le *Yueling* et le *Lüshi Chunqiu* »（《〈月令〉与〈吕氏春秋〉中礼仪的时令组织》）, Sous la direction de Léon Vandermeersch (1928- ). Thèse de 3ᵉ cycle : Études extrême-orientales : Paris 7 : 1979 (278 ff. ; 30 cm).

## 三、备注

1. 戴密微（1894—1979）是法国著名汉学家、佛学家、敦煌学重要学者，二战后法国汉学界的带头人，法兰西学院院士。他是法国汉学的奠基人沙畹的学生，和沙畹以及沙畹的另一位学生葛兰言并称为"法国汉学三杰"。

戴密微于1894年9月13日生于瑞士洛桑。其父在那里任医学院教授。1914年以研究中国音乐而获巴黎大学博士学位，于次年进入巴黎东方语言学院师从沙畹 (1865—1918) 和烈维学习汉语和梵文，同时学习日文。1918年获法国国立东方现代语言学院的汉文文凭。

1919年，他远游亚洲，到了当时还是法殖民地的越南河内，进入著名的法兰西远东学院，研究汉语并兼学日语和梵语。

1921年6月至1922年1月间，戴密微由法兰西远东学院派遣赴中国考察，在北京居住了很长时间，对中国博大精深的文化产生了浓厚的兴趣。

1924年，他的第一部重要著作《〈弥烂陀王问经〉的汉译本》以长文的形式发表。这部著作对《弥烂陀王问经》的汉文本与巴利文本进行比较研究，充分显示了他在佛学和东方语言学方面的功力。

1924—1926年戴密微被聘为厦门大学教授，担任西方哲学、佛教和梵文的教学工作。1925年12月，厦门大学成立"国学研究院筹备总委员会"，戴密微列名筹备委员，并参加了国学研究院章程的讨论和修改。在厦门大学，戴密微结识了哲学系学生、后来成为法国东方学派重要成员的林藜光。

1926年7月1日，戴密微离开厦门，前往日本横滨就任日本日佛会馆馆长。旅日期间，戴密微受命主持编写大型佛教百科全书《法宝义林》，并出版《〈大乘起信论〉真伪考》，奠定了他在佛教研究领域中的地位。

1930年回法国任教，返欧后入法籍，在巴黎高等研究学院和法兰西研究院任教。从1931年开始，戴密微先后执掌教席于巴黎东方现代语言学院、巴黎大学和高等实验研究学院第四系——历史语言系，主持讲授佛教文献学和中国语言文学。

1945年起，他在巴黎大学和高等实验研究实践学院历史语言系，主持讲授佛教文献学。

1946年，马伯乐死于纳粹集中营，戴密微继任法国最高学府法兰西公学院"中国语言与文学"讲席教授，直至1964年退休。并同年接任法国东方学权威刊物《通报》主编。

1951年戴密微被选为碑铭和美文学院的普通院士，并于1959年担任主席团主席，他还是伦敦东方和非洲研究学院与英国科学院的通讯院士，日本东洋文库和科学院的名誉院士。

1956 年，戴密微兼任《道报》编辑。

1973 年，戴密微在法国科研中心支持下，着手建立了专门研究敦煌手稿的小组，直至其 1979 年 3 月 23 日在法国逝世为止。

戴密微一生中还曾荣获比利时鲁汶大学名誉博士、意大利罗马大学名誉博士、英国伦敦大学东方和非洲研究学院通讯院士、大不列颠科学院通讯院士、日本东洋文库和日本科学院通讯院士、法国学士院院士等，曾担任法国远东学院管理委员会委员、董事会董事等。

戴密微学识渊博，他几乎学了并能够熟练运用与汉学有关的一切语言：汉文、越南文、日文、梵文、藏文、俄文以及其他欧洲语言。他治学严谨，兴趣广泛，在中国哲学，尤其是佛教、道教、敦煌学、语言学、中国古典文学等方面都有杰出成就，并因此在汉学界享有盛誉。他从研究敦煌经卷始，继之及于禅宗、禅意诗、文人诗，尤其是评介中国古典诗歌深入细致，推动了法国中国文学研究的发展。著述极为丰富，专著、论文及书评约 300 余种。主要著作有：

戴密微（1894—1979）像

« Les Versions chinoises du Milindapañha »（《〈那先比丘经〉的中文版本》），*Bulletin de l'École française d'Extrême-Orient*, t. 24, n° 1-2, 1924, pp. 1-258.

*Un conte philosophique chinois*（《中国哲学故事一则》），*Existences : revue des étudiants de Saint-Hilaire du Touvet*, décembre 1945, pp. 8-17.

*Le Commentaire de* Tchouang-Tseou *par Kouo Siang*（《郭象〈庄子〉注》），in *Actes du XXI<sup>e</sup> Congrès international des orientalistes*, 1949, pp. 271-272.

*Le Concile de Lhasa, I*（《拉萨主教会议（一）》或《吐蕃僧诤记》），Paris, 1952.

« Au Bord De L'Eau »（《水浒传》），*T'oung Pao*, vol. 44, fasc. 1-5, 1956, pp. 242-265.

*Anthologie de la poésie chinoise classique*（《中国古诗选》），Paris, Gallimard, 1960, 570 pp.

« Manuscrits chinois de Touen-Houang à Leningrad »（《列宁格勒藏中国敦煌手稿》），*T'oung Pao*, vol. 51, fasc. 4-5, 1964, pp. 355-376.

« Le Recueil de la Salle des patriarches, *Tsou-t'ang tsi* »（《祖堂集》），*T'oung Pao*, vol. 56, fasc. 4-5, 1970, pp. 262-286.

« Le Tch'an et la poésie chinoise »（《禅与中国诗》），*Hermès*, n° 7, 1970, pp. 123-136.

« Présentation d'un poète (Sie Ling-yun) »（《一位诗人（谢灵运）的介绍》），*T'oung Pao*, vol. 56, fasc. 4-5, 1970, pp. 241-261.

*Choix d'études sinologiques (1921-1970)*（《汉学研究选（1921—1970）》），Leiden, E. J. Brill, 1973.①

2. 汪德迈主持的"儒家思想史"讲座首先讲解儒家传统早期的经典，如《易经》《诗经》《春秋》和《左传》等，然后讲解汉代之后历代不同类型的儒学家。他在讲授三国和魏晋儒学时，则强调道教、道家的影响；他在讲授南北朝的儒学时，则毫不犹豫地引用佛教的经文和经集，如《维摩诘经》《弘明集》《广弘明集》等。汪德迈强调指出，隋唐以后的儒学的新面貌仍如同六朝时代那样受到外来宗教的影响。1981—1984年间，汪德迈被派往日本东京，出任日佛会馆馆长。他在宗教研究部的课程由张复蕊代替。张复蕊主要介绍诸如《论语》《尚书》《诗经》《孟子》那样的儒家代表性经文及疏注文。②

3. 赫美丽在桀溺的指导下的论文《袁宏道（1568—1610）作品中的文学理论与实践》由法兰西学院高等汉学研究所于1982年在巴黎出版。作者凭借法国学术界对此书翻译质量的极高评价而获得1983年度的汉学儒莲奖。

4. 贺碧来（Isabelle Robinet）的《道教的冥想》对早期的用以修身养性的《黄

---

① 有关戴密微的主要著作请参阅《汉学研究选（1921—1970）》中"II, 论著"部分，其生平简介请参阅：Jacques Gernet "*Paul Demiéville(1894—1979),*" *T'oung Pao*, Second Series, Vol. 65, Livr. 1/3（1979), pp.1-9；陈友冰：《法国"汉学三杰"之戴密微——海外汉学家见知录之十》，http://www.guoxue.com/?p=8593；许光华著：《法国汉学史》，北京：学苑出版社，2009年5月，第225~234页；［法］谢和耐：《法国20世纪下半叶的汉学大师戴密微》，戴仁编，耿昇译：《法国中国学的历史与现状》，上海：上海辞书出版社，2010年12月，第239~248页。
② ［法］郭丽英：《法国高等研究实践学院第五系汉文化圈宗教学讲座》，戴仁编，耿昇译：《法国中国学的历史与现状》，上海：上海辞书出版社，2010年12月，第633页。

庭经》做了导读性的介绍。有评论认为，该书"是过去十年里西方出版的有关中国宗教的最重要的书的一种"，它"对于上清传统的奥秘的和神秘的技术的广泛考察"，"完整而准确地描述了独一无二的想象的宇宙论，躯体的象征体系，星宿旅行，内丹，存想术以及茅山或上清运动的仪式实践——它构成了全部道教的最重要的基础传统之一"。

# 公元 1980 年

## 一、大事记

1. 4 月，法国汉学协会（Association française d'études chinoises）成立。

2. 11 月 7 日，戴何都（1891—1980）逝世。

3. 6 月 16—19 日在巴黎召开了主题为"中国抗战文学"的国际讨论会，应邀参加的中国作家有刘白羽、艾青、孔罗荪、吴祖光、马烽和高行健。

4. 东方语言文化学院的"中国研究中心"召开"中国抗日战争文学国际研讨会"。

5. 汪德迈获本年度儒莲奖。

6. 《中国研究丛刊》创刊问世，为国立东方语言文化学院那些注册撰写硕士论文、为博士论文做准备和撰写博士论文的青年学生中从事研究者发表自己的著作，开辟了专栏。

## 二、书（文）目录

1. Centre de recherches interdisciplinaire de Chantilly, *Les Rapports entre la Chine et l'Europe au temps des Lumières*（《启蒙时代中国与欧洲的关系》），Actes du II$^e$ Colloque international de sinologie (Chantilly, 16-18 septembre 1977), Paris, Les Belles Lettres, coll. La Chine au temps des Lumières (vol. IV), 1980, 272 pp.

2. Coyaud, Maurice 译, *Contes merveilleux de Chine et des Philippines avec des haïku*（《中国和菲律宾神奇故事及俳句》）, traduits et présentés par Maurice Coyaud, préface de Patrick Blanche, Paris, PAF, coll. Documents pour l'analyse du folklore (6), coll. De loin (3), 1980, 55 pp. (En appendice, choix de haiku de Patrick Blanche).

3. Despeux, Catherine 译, *Les Entretiens de Mazu, maître Chan du VIII$^e$ siècle*（《8世纪禅师马祖道一谈话录》）, Paris, Les Deux Océans, 1980, 80 pp.

4. Deydier, Christian, *Les Bronzes chinois : le guide du connaisseur*（《中国僧侣：行家导引》）, Paris (Société française du livre), Fribourg (Office du livre), 1980, 252 pp., ill.

5. Duong, Nhu Hoan, « Deux sources de la sagesse chinoise Mencius et Tchouang Tseu »（《中国智慧的两个源泉：孟子与庄子》）, Sous la direction de Guy Bugault. Thèse de 3$^e$ cycle : Philosophie : Paris 4 : 1980.

6. Gall, Michel, *Le* Yi-king : *la* Bible *des chinois*（《〈易经〉：中国人的〈圣经〉》）, Paris, Robert Laffont (Les Énigmes de l'univers), 1980, 331 pp. (En appendice, extrait du Yi-king).

7. Gernet, Jacques, « Histoire et politique chez Wang Fou-tche (1619-1692) (suite) »（《王夫之（1619—1692）看历史与政治（续）》）et « Philosophie de la nature en Chine : le *Tcheng-meng* de Tchang Tsai (suite) »（《中国自然哲学：张载〈正蒙〉（续）》）, in *Annuaire du collège de France 1979-1980, résumé des cours et travaux*, Paris, 1980, pp. 631-639. (Repris in Jacques Gernet, *Société et pensée chinoises aux XVI$^e$ et XVII$^e$ siècles*, Paris, Collège de France/Fayard, 2007, pp. 63-75).

8. Holzman, Donald, « Une fête chez Su Shih à Huang Chou en 1082 »（《1082年黄州苏轼家的一次节庆》）, in Françoise Aubin (éd.), *Études Song in memoriam Étienne Balazs*, Série II, Civilisation 2, Paris, Éditions de l'École des Hautes Études en Sciences Sociales, 1980, pp. 121-137.

9. Holzman, Donald, « La Poésie de Ji Kang »（《嵇康诗》）, *Journal Asiatique*, vol. CCLXVIII, n$^{os}$ 1-2 et 3/4, 1980, pp. 107-177, 323-378 [repris in Donald Holzman, *Immortals, Festivals, and Poetry in Medieval China*, Aldershot (Angleterre),

Variorum Collected Studies Series, Ashgate/Variorum, 1998, vol. VIII].

10. Jarry, Madeleine, « La Vision de la Chine dans les Tapisseries de la Manufacture Royale de Beauvais : les premières Tentures chinoises »（《博韦王家手工工场所制挂毯上的中国形象：最初的中国墙饰》）, in Centre de recherches interdisciplinaire de Chantilly, *Les Rapports entre la Chine et l'Europe au temps des Lumières*, Actes du II<sup>e</sup> Colloque international de sinologie (Chantilly, 16-18 septembre 1977), Paris, Les Belles Lettres, coll. La Chine au temps des Lumières (vol. IV), 1980, pp. 173-183.

11. Kalinowski, Marc, « Les Justifications historiques du gouvernement idéal dans le *Lü shi chunqiu* »（《〈吕氏春秋〉中理想政府的历史证明》）, *Bulletin de l'École française d'Extrême-Orient*, vol. 68, 1980, pp. 155-208.

12. Lévi, Jean 译, *Dangers du discours : stratégies du pouvoir IV<sup>e</sup> et III<sup>e</sup> siècle avant J.-C.*（《话语的危险：公元前 4 和 3 世纪的权力策略》）, Aix-en-Provence, Alinéa, 1985, 190 pp.

13. Lévy, André, « Pour une clarification de quelques aspects de la problématique du *Jin Ping Mei* »（《有关〈金瓶梅〉问题若干方面的澄清》）, *T'oung Pao*, vol. 66, fasc. 4-5, 1980, pp. 183-198.

14. Mensikov, L. N., « Les Paraboles bouddhiques dans la littérature chinoise »（《中国文学中的佛教寓言》）, *Bulletin de l'École française d'Extrême-Orient*, t. 67, 1980, pp. 303-336.

15. Morgan, Carole, *Le Tableau du bœuf du printemps : étude d'une page de l'almanach chinois*（《〈春牛图〉：中国年历一页研究》）, Paris, Collège de France et Institut des hautes études chinoises, Mémoires de l'Institut des hautes études chinoises (vol. 14), 1982, pp.270-XII-[1] f. de pl. : ill. (Texte remanié d'une thèse de 3<sup>e</sup> cycle en Études extrême-orientales, université Paris VII, 1978).

16. Vandermeersch, Léon, « Note sur les inscriptions oraculaires de Fengchucun »（《凤雏村神示铭文笔记》）, in *Essays and Studies Presented to Dr Ikeda Suetoshi in Honour of his Seventieth Birthday*, Hiroshima, 1980, pp. 1-17.

## 三、备注

1. 法国汉学协会的成立大会于 1980 年 4 月 26 日在巴黎召开，与会者 130 人。由吴德明和毕仰高共同担任大会主席，多梅纳克（Jean-Luc Domenach）担任大会秘书。协会宗旨为："维持与开展以下各项工作：（1）在研究人员之间进行探讨与交流活动；（2）在现有各个教育机构之间进行对话，尤其是有关文献、出版和翻译方面的对话；（3）在法国各个机构与外国有关机构之间进行联系。"协会总部设立在巴黎。会员入会资格规定为："凡申请加入本协会者，均应为在法国积极从事研究中国的工作或用法文发表有关著作的人员，且需由有权做出裁决的理事会在讨论有关已提出的入会申请的会议上批准。"在这次成立大会上选出了由吴德明、雷威安、毕仰高、熊秉明等 12 人组成的理事会。

据该协会于 1981 年 1 月 30 日编印的《法国研究中国协会会员名单》，当时共有会员 141 名，其中绝大部分居住在巴黎市内和邻近巴黎的地区，有一小部分居住在法国其他省内，此外，居住在日内瓦、东京、京都和我国台北的会员各 1 名。1984 年发表了新的会员名单，总人数仍为 141 名，但具体人员稍有变动，除台北等地会员略有增加外，会员所在地已扩展到英国、联邦德国、加拿大和中国北京等地。会员们分别从事中国古典哲学、文学、历史、宗教、经济、自然科学、医学、中国当代经济、社会、政治、文学、语言和比较社会学、比较法学、比较文学等方面的研究工作。包括华人学者在内，在各个研究领域都有不少著名的学者和影响颇大的著作。

2. 戴何都 1891 年 7 月 18 日出生于里尔（Lille）附近。在耶稣会中学毕业之后，1909—1911 年间在柏林度过了一段时光，完成了政治学业。1912 年应征入伍，又于 1914—1918 年的第一次世界大战期间再度服兵役。

1920 年，戴何都从国立东方语言学院毕业，于同年 8 月赴华。他利用在中国居住到 1922 年的机会，多次旅行，获取了一套很壮观的中文书籍。

1927 年，戴何都自高等研究实践学院毕业。他与沙畹、伯希和、戴密微等不一样，他从未执教于任何大学。他个人的财富确保他可以自由地、不附带任何义务地从事汉学研究。但他曾在巴黎大学汉学研究所中任教，并于 1945—

1959 年主持研究所的工作。

戴何都留下了一批数量巨大的著作。他从 1921 年起在中国时就萌生了一项计划，即全面研究唐史，并于其一生的大部分时间内始终持续这项工作，最终形成了一批经典的著作。

主要著作有：

*Les Grands fonctionnaires des provinces en Chine sous la dynastie des T'ang*（《中国唐代各道高官考》），1927.

*Notes bibliographiques sur les ouvrages de sinologie parus depuis 1929*（《1929 年以来出版的汉学著作札记》），1932—1933.

*Le Traité des Examens,* traduit de la Nouvelle Histoire des T'ang（《〈新唐书·选举志〉译注》），1932.

*Traité des* Fonctionnaires et Traité de l'Armée, traduits de la Nouvelle Histoire des T'ang（《〈新唐书·百官志和兵志〉译注》），1947.

Paul Pelliot (28 mai 1878-26 octobre 1945)（《伯希和》），1947.

*La Religion dans la Chine antique*（《古代中国的宗教》），1954.

*Histoire de Ngan Lou-chan*（《〈安禄山史事〉译注》），1981.[①]

## 公元 1981 年

## 一、大事记

《远东、远西》（*Extrême-Orient, Extrême-Occident*）杂志创刊。

---

① Jacques Gernet,« Robert des Rotours(1891-1980) », *T'oung Pao*,Second Series,Vol.67,Livr.1/2（1981),pp.1-3.

## 二、书（文）目录

1. Carré，Patrick (1952- ), « Les Poèmes de Hanshan » (《寒山诗》), Sous la direction de Jacques Pimpaneau (1934- ). Thèse de 3ᵉ cycle : Études extrême-orientales : Paris 3 : 1981 (III-402 ff. ; 30 cm).

2. Rotours, Robert Des, *Le Règne de l'empereur Hiuan-Tsong (713-756), ses antécédents, ses conséquences* (《玄宗皇帝（713—756）的统治：其先人与影响》，译自林旅芝作品）, d'après la Biographie critique de l'empereur Minghouang par M. Lin Lu-tche, traduit et complété par Robert Des Rotours, Paris, Collège de France, Institut des hautes études chinoises, Mémoires de l'Institut des hautes études chinoises (13), 1981, XCIII-587 pp.-1 f. de dépl.

3. Drège, Jean-Pierre, « Papiers de Dunhuang, essai d'analyse morphologique des manuscrits chinois datés » (《敦煌卷子：注明日期的中文手稿词法分析》), *T'oung Pao*, vol. 67, fasc. 3-5, 1981, pp. 305-360.

4. Fujieda, Akira, « Une reconstruction de la Bibliothèque de Touen-houang » (《敦煌图书馆重构》), *Journal Asiatique*, t. 269, 1981, pp. 65-68.

5. Gyss-Vermande，Caroline，« La Vie et l'œuvre de Huang Gongwang (1269-1354) » (《黄公望（1269—1354）的生平与作品》), Sous la direction de Michèle Pirazzoli. Thèse de 3ᵉ cycle : Études extrême-orientales : Paris 7 : 1981.

6. Ho, Kin Chung, « L'Itinéraire chinois de Victor Segalen » (《谢阁兰的中国行程》), Sous la direction de Pierre Brunel (1939- ). Thèse de 3ᵉ cycle : Littérature comparée : Paris 4 : 1981 (205 ff. ; 30 cm).

7. Hou, Ching-Lang, « Recherches sur la peinture du portrait en Chine : I. Au début de la dynastie Han (206-141 av. J.-C.) » (《中国肖像画研究：1. 汉代初年（公元前 206—141 年）》), *Arts asiatiques*, t. XXXVI, 1981, pp. 37-58.

8. Hsiung, Ping-Ming [Xiong Bingming](1922-2002), « Zhang Xu et la calligraphie cursive folle » (《张旭与狂草》), Sous la direction de Nicole Nicolas (1906-1987). Thèse de 3ᵉ cycle : Études extrême-orientales : Paris 3 : 1981 (2 vol., 245 ff. : ill ; 30 cm).

9. Jao, Tsong-Yi,« Le Plus Ancien Manuscrit chinois daté (471) de la collection Pelliot chinois de Dunhuang, P. 4506 (une copie du *Jin guang ming jing*) »[《伯希和藏最古敦煌中文手稿（471 年）：〈金光明经〉的一个副本（P. 4506）》], *Journal Asiatique*, vol. 269, n° 1-2, 1981, pp. 109-118.

10. Jarry, Madeleine, *Chinoiseries : le rayonnement du goût chinois sur les arts décoratifs des XVII*$^e$ *et XVIII*$^e$ *siècles*（《中国热：17、18 世纪装饰艺术中国品味的影响》）, Office du livre (Fribourg) et Vilo (Paris), 1981, 258 pp.

11. Künstler, Mieczysław Jerzy, « La Forêt des lettrés »（《儒林》）, *Rocznik Orientalistyczny*, vol. 42, n° 1, 1981, pp. 41-66.

12. Lagerwey, John, Wu-shang pi-yao : *somme taoïste du VI*$^e$ *siècle*（《〈无上秘要〉：6 世纪道教概论》）, Paris, École Française d'Extrême-Orient, Publications de l'École Française d'Extrême-Orient (124), 1981, 290 pp.

13. Lévi, Jean 译, *Le Livre du prince Shang [Shang jun shu]*（《商君书》）, Paris, Flammarion, coll. Aspects de l'Asie, 1981, 212 pp. (Rééd. : 2005).

14. Lévy, André, *Le Conte en langue vulgaire du XVII*$^e$ *siècle*（《17 世纪话本》）, Paris, Institut des hautes études chinoises, Bibliothèque de l'Institut des hautes études chinoises (25), 481 pp.

15. Lévy, André, *Inventaire analytique et critique du conte chinois en langue vulgaire*（《中国话本分析评论性书目》）(2$^e$ partie, 1$^{er}$ volume), Paris, Collège de France, Institut des hautes études chinoises, Mémoires de l'Institut des hautes études chinoises (vol. 8-3), 1981, 813-1338 pp.

16. Lévy, André 译, *Sept victimes pour un oiseau et autres histoires policières*（《一鸟害七命及其他侦探故事》）, traduction, notes & introduction par André Lévy, Paris, Flammarion, coll. Aspects de l'Asie, 1981, 284 pp. (Sur la couverture, cette mention : « Histoires chinoises »).

17. Li, Tche-Houa, Alézaïs, Jacqueline 译, *Le Rêve dans le pavillon rouge [Hong lou meng]*（《红楼梦》）, vol. 1, (Récits I-LXII), traduction, introduction, notes et variantes par Li Tche-Houa et Jacqueline Alézaïs ; révision par André d'Hormon, Paris, Gallimard (Collection UNESCO d'œuvres représentatives, Série chinoise) (Biblio-

thèque de la Pléiade ; 293), 1981, CXLIII-1638 pp., ill. (Autres tirages : 1983, 2003).

18. Li, Tche-Houa, Alézaïs, Jacqueline 译, *Le Rêve dans le pavillon rouge [Hong lou meng]*（《红楼梦》）, vol. 2, (Récits LXIII-CXX), traduction, introduction, notes et variantes par Li Tche-Houa et Jacqueline Alézaïs ; révision par André d'Hormon, Paris, Gallimard (Collection Unesco d'œuvres représentatives, Série chinoise) (Bibliothèque de la Pléiade ; 294), 1981, XLVI-1640 pp., ill. (Autres tirages : 1983, 2003).

19. Martzloff, Jean-Claude, *Recherches sur l'œuvre mathématique de Mei Wending (1633-1721)*（《梅文鼎（1633—1721）数学作品研究》）, Paris, Collège de France et Institut des hautes études chinoises, Mémoires de l'Institut des hautes études chinoises (vol. 16), 1981, 362 pp., ill.

20. Soymié, Michel, « Manuscrits et inscriptions de Haute-Asie du $v^e$ au $xi^e$ siècle »（《5 至 11 世纪高地亚洲的手稿与铭文》）, édition des actes du colloque international tenu à Paris, 2-4 octobre 1979, *Journal Asiatique*, vol. 269, 1981, « Introduction », pp. VII-IX.

21. Soymié, Michel, « Recherches sur les manuscrits en chinois à Paris »（《巴黎藏中文手稿研究》）, *Journal Asiatique*, vol. 269, n° 1-2, 1981, pp. 35-36.

22. Soymié, Michel, « Un calendrier de douze jours par an dans les manuscrits de Touenhouang »（《敦煌手稿中的每年十二日的年历》）, *Bulletin de l'École française d'Extrême-Orient*, t. 69, 1981, pp. 209-228.

23. Soymié, Michel, « Un recueil d'inscriptions sur peintures : le manuscrit P. 3304 verso »（《关于绘画的铭文集：P. 3304 手稿反面》）, in Michel Soymié (éd.), *Nouvelles Contributions aux études sur Touenhouang*, Genève-Paris, Droz, 1981, pp. 169-204.

24. Will, Pierre-Étienne, « Du bord de l'eau à la forêt des lettrés : deux romans chinois en français »（《从水浒到儒林：两部中国小说的法文版》）, *Critique*, n° 411-412, 1981, pp. 771-796.

## 三、备注

李治华（Li Tche-Houa）与其夫人雅歌（Jacqueline Alézaïs）合译出版的曹雪芹《红楼梦》一书被列入七星书库"东方文学"丛书。全书 3200 页，卷首有译者及艾田蒲分别作的序，书中附有插图和注释。《红楼梦》历经 20 年才得以译完出版问世，译本前八十回是根据脂砚斋本译出，后四十回是根据程乙本译出。译本忠于原著，优美、准确而流畅。一位评论家说："我认为这个译本的法文是完全吃透了中文的，其中每个字，每个词组，都是经过仔细推敲的。因此，在翻译这部书的时候，不能不做出巨大努力：从丰富的词汇、深思或诗意的笔调，到日常用语，甚至微妙的隐语；从典雅的文笔到放任、从容、轻松的文笔。这样，其结果不但动人，简直让读者毫不费力地进入那个时代的中国社会，而且会相当快地熟悉人们的风俗习惯、生活方式……"[①] 该书的校阅者铎尔孟，是李治华青年时代的导师。铎尔孟十分精通法文格律诗，他在修润《红楼梦》的诗词部分做出了重大的贡献。《红楼梦》的译诗一般采用亚历山大体，传达了原诗的韵味，保持了中国古典诗词的完整性，为译著增添了独特的魅力。

当然，《红楼梦》全译本并非完美无缺，无懈可击。有些汉学家曾反映法译本使用的语言有些地方略显陈旧，有的人物之间的对白，也稍显生硬。大段的注释置于书后，读者检阅起来也极为不便。但相比起成就，缺点只是次要的。

《红楼梦》全译本的问世，使法国人第一次真正"发现了曹雪芹的文学天地"，使广大汉学研究者，通过这个译本和原著有比较可靠的接触，从而理解它，对它做出评价，为西方对"红学"的研究开辟了一个新的前景。[②]

---

[①] 彼埃尔·卡马拉：《新书介绍》，1982 年 5 月。《欧罗巴》，转引自钱林森：《中国文学在法国》，广州：花城出版社，1990 年，第 171 页。
[②] 钱林森：《中国文学在法国》，广州：花城出版社，1990 年，第 159~187 页。

# 公元 1982 年

## 一、大事记

1. 马若安获本年度儒莲奖。

2. 施舟人的专著《道教本体：身体，社会体》（*Le Corps taoïste, Corps physique, corps social*）于本年在巴黎出版。

3. 谢和耐在巴黎伽利玛出版社出版了他的名著《中国和基督教：中西文化的首次撞击》（*Chine et Christianisme : La première confrontation*），这部著作一出版就引起了学界的高度重视，先后被译为法文、意大利文、西班牙文、英文，汉译本有两种。

## 二、书（文）目录

1. Chan, Hing-Ho, *Le* Hongloumeng *et les commentaires de Zhiyanzhai*（《〈红楼梦〉与脂砚斋注》）, Paris, Collège de France et Institut des hautes études chinoises, Mémoires de l'Institut des hautes études chinoises (vol. 19), 1982, LXXV-377 pp. (Texte remanié d'une thèse de 3$^e$ cycle en Études extrême-orientales, université Paris VII, 1978. Thèse soutenue sous le titre : « Étude des commentaires de Zhiyanzhai sur les manuscrits du Shitou Ji »).

2. Cheng, Anne, « Le Commentaire de He Xiu sur le *Gongyangzhuan*: une étude de la tradition "Jinwen" dans le confucianisme des Han postérieurs »（《何休〈公羊传〉注：后汉儒家"今文"传统研究》）, Sous la direction de Léon Vandermeersch (1928-    ). Thèse de 3$^e$ cycle : Études extrême-orientales: Paris 7 : 1982 (318 ff. : ill ; 30 cm).

3. Cheng, François, *L'Écriture poétique chinoise*（《中国诗语言研究》）, (suivi

d'une) Anthologie des poèmes des T'ang, édition révisée, Paris, Éditions du Seuil, 1982, 262 pp.

4. Delahaye, Hubert, « Le Yuntaishan revisité : une grande première dans l'histoire de l'art du paysage chinois »(《重游云台山：中国风景艺术史上的伟大首演》), *Arts asiatiques*, t. XXXVII, 1982, pp. 38-44.

5. Demiéville, Paul 主编, *Anthologie de la poésie chinoise classique*（《古典中国诗选集》）, Paris, Gallimard (Collection Poésie ; 156) (Collection Unesco d'œuvres représentatives, Série chinoise), 1978, 618 pp. (Réédition au format poche. Autres tirages : 1986, 1992, 1997, 2003, 2006).

6. Granet, Marcel, *Danses et légendes de la Chine ancienne*（《古代中国的舞蹈与传奇》）, Plan de La Tour (Var), Éditions d'Aujourd'hui, coll. Les Introuvables, 1982, 2 vol., 710 pp. (Reproduction photomécanique de : Paris, Presses universitaires de France, 1959).

7. Granet, Marcel, *Fêtes et chansons anciennes de la Chine*（《中国古代的节日与歌谣》）, Paris, Albin Michel, 1982, 304 pp. (Reproduction photomécanique de : Paris, E. Leroux 1919.)

8. Kalinowski, Marc, « Cosmologie et gouvernement naturel dans le *Lü shi chunqiu* »（《〈吕氏春秋〉中的宇宙论与自然政府》）, *Bulletin de l'École française d'Extrême-Orient*, vol. 71, 1982, pp. 169-216.

9. Larre, Claude 译, « Un essai d'interprétation d'un texte majeur du Taoïsme destiné aux acupuncteurs, étudiants en sinologie et lecteurs curieux de la pensée chinoise, texte, présentation, traduction, commentaire de la *Symphonie de l'Empereur Jaune* : un extrait du chapitre XIV du *Zhuangzi* »（《试论一份道家重要文献：面向针灸师、汉学学生及喜好中国思想的好奇读者——浅释〈庄子〉第14章选段〈天运〉》）, Paris, Institut Ricci, [1982?], [60] pp.

10. Larre, Claude, Rochat de la Vallée, Élisabeth, *Plein ciel : les authentiques de la haute antiquité, texte, présentation, traduction et commentaire du Suwen, chapitre 1, un essai d'interprétation sinologique d'un texte majeur de la médecine traditionnelle chinoise, le chapitre premier du* Huangdi Neijing Suwen, *destiné aux acupuncteurs*,

*étudiants en sinologie et lecteurs curieux de la pensée chinoise*（《满天——上古的真实：〈黄帝内经素问〉第一章之文本、介绍、翻译及注释，以汉学视角试论一份中国传统医学重要文献：面向针灸师、汉学学生及喜好中国思想的读者》），Paris, Institut Ricci, 1982, 69 pp. (Texte en français et en partie en chinois).

11. Thomaz de Bossierre, Isabelle (de), *François-Xavier Dentrecolles (Yin Hong-Siu Ki-Tsong) et l'apport de la Chine à l'Europe du XVIII<sup>e</sup> siècle*（《殷弘绪与中国对18世纪欧洲的贡献》）, par Mme Yves de Thomaz de Bossierre, avant-propos du P. Joseph Dehergne, Paris, Les Belles Lettres, coll. La Chine au temps des Lumières (vol. V), 1982, pp.XVII-192, ill.

12. Vallette-Hémery，Martine, *Yuan Hongdao (1568-1610) : théorie et pratique littéraires*（《袁宏道（1568—1610）：文学理论与实践》）, Paris, Collège de France et Institut des hautes études chinoises, Mémoires de l'Institut des hautes études chinoises (vol. 18), 1982, pp. LXXV-377 (Texte remanié d'une thèse de 3<sup>e</sup> cycle en Études extrême-orientales, université Paris VII, 1979).

## 三、备注

1. 施舟人的《道教本体：身体，社会体》是一部"最能反映他学术观点"的著作。全书共分为十部分，全面地展现了有关道教的内容：道教史、每日宗教、宇宙论、神明和精神力量、众主神及其礼仪、道之体、气功、炼丹术等。该书出版后，意大利学者首先将其译为意大利文于1983年在罗马出版，接着荷兰于1988年出版了荷兰文本，1993年，美国学者卡伦·杜瓦尔（Karen Duval）将其译成英文，由加利福尼亚大学出版。

2. 1982年，正值利玛窦（Matteo Ricci，1552—1610）入华传教400周年之际，谢和耐出版名著《中国和基督教：中西文化的首次撞击》。该书并非传统的传教史，而是研究传教过程中的中西文化冲突，以此来研究中西文化的特质，全书分为五章："由同情到敌视""宗教态度与同化现象""宗教与政治""中国人的道德与基督教道德""中国人的天，基督教的上帝"。谢和耐在该书中详细分析了明清鼎革之际中国与西方基督教世界在政治、历史、社会、思想、文化，尤其是世界观和伦理方面的异同，主要对中国文化和基督教文化的各个方面加以比较研究，通过中国人和传教士的自述，对比宗教以及社会形态、道德规范、政治、哲学、语言等方面的差异，表现了中西文化在第一次真正接触时所发生的强烈碰撞。

在《中国和基督教：中西文化的首次撞击》中，谢和耐没有叙述基督教在中国传播的过程，而把重点放在中国人对于基督教的反应上，从而指出中西方对人、对世界概念的根本不同。他指出，在中国人的世界观中，世界是一个有机的整体，因而并不需要一个作为创始者的上帝。他认为中国虽然可以与基督教世界接触和交流，有些中国人可能从表面上被归化为基督徒，但中国永远不可能被彻底"基督教化"，中国人也很难具有西方基督徒们的那种思想意识，而是始终都顽固地执着于他们自己所特有的文化和伦理传统，这就使那些雄心勃勃企图使全世界都"福音化"的基督教神学家们感到不快。

谢和耐在基督教研究方面除了《中国和基督教：中西文化的首次撞击》一书，还有一些论文，有些已经由耿昇先生译出，收在《明清间入华耶稣会士和中西文化交流》中，如《论17和18世纪的中欧交流》《利玛窦的归化政策和1600年左右中国文化生活的演变》《16世纪末至17世纪中叶的中国哲学和基督教》《中国对基督教的第一次冲突》《论1584年的第一部中文教理书的不同文本》《17世纪的基督徒和中国人的世界观》《利玛窦时代的中国文化形势》《基督教在中国的首次同化尝试》等。[1]

---

[1] 谢和耐：《中国和基督教：中西文化的首次撞击》，耿昇译，北京：商务印书馆，2013年。

## 公元 1983 年

### 一、大事记

1. 3 月 5 日，拉莫特逝世。

2. 毕梅雪（Michèle Pirazzoli-t'Serstevens）主持北京圆明园考察组。

3. 郝美丽获本年度儒莲奖。

4. 《中国研究》（Études chinoises）创刊，是成立于 1980 年的法国汉学协会的会刊。

### 二、书（文）目录

1. Bontemps, Patrick, « Les Personnages religieux dans un roman francais *La quête du graal* et un roman chinois *Au bord de l'eau(Shui-hu-zhuan)* : étude comparative »（《法国小说〈寻找圣杯〉与中国小说〈水浒传〉中的宗教人物：对比研究》），Sous la direction de Pierre Jonin (1912- ). Thèse de 3$^e$ cycle : Littérature comparée : Avignon : 1983 (293 ff. : ill. ; 30 cm).

2. Bobot, Marie-Thérèse, *Musée Cernuschi : promenade dans les collections chinoises*（《塞努奇博物馆：中国藏品漫步》），guide, Paris, Les Musées de la ville de Paris, 1983, 64 pp., ill.

3. Centre de recherches interdisciplinaire de Chantilly, *Appréciation par l'Europe de la tradition chinoise : à partir du XVII$^e$ siècle*（《欧洲对中国传统的评价：自 17 世纪始》），Actes du 3$^e$ Colloque international de sinologie (Chantilly, 11-14 septembre 1980), Paris, Les Belles Lettres, coll. La Chine au temps des Lumières (vol. VI), 1983, X-290 pp.-[4] de pl.

4. Choain, Jean, *Introduction au Yi-King : aux sources symboliques du Swastika*

(《〈易经〉导论：卍之源》), Éditions du Rocher (Collection Gnose), Monaco, 1983, 274 pp., ill.

5. Coyaud, Maurice, Angela K. Leung, Alain Peyraube 译, *Les Opéras des bords de l'eau*（《水浒杂剧》）, vol. 2 (« Yan Qing vend du poisson à l'Auberge de la Joie Unanime » « Lu Zhishen goûte le charme de la vallée des Chrysanthèmes » « Trois tigres descendent de la montagne pour témoigner à l'envi leur gratitude »), traduit par Maurice R. Coyaud, Angela K. Leung, Alain Peyraube, Paris, éditions du Centre national de la recherche scientifique, coll. Documents pour l'analyse du folklore (9), 1983, 189 pp.

6. Dumas, Danielle, «Céramiques Cizhou des fours de Xiuwuxian (étude typologique et technologique) »（《修武县窑的磁州瓷器（类型与技术研究）》）, *Arts asiatiques*, t. XXXVIII, 1983, pp. 86-92.

7. Elisseeff, Danielle, Vadime Elisseeff, *Nouvelles Découvertes en Chine : l'histoire revue par l'archéologie*（《中国的新发现：借助考古学重观历史》）, Fribourg, Office du Livre, 1983, 250 pp. Introduction à la calligraphie chinoise, trad. du chinois, Paris, éditions du Centenaire, 1983, 87 pp.

8. Hervouet, Yves, « Quelques poèmes de Li Shangyin »（《李商隐的几首诗》）, *La Revue française de Pékin*, n° 2, 1983, pp. 130-149.

9. Jacob, Paul 译, *Vacances du pouvoir : poèmes des Tang*（《休政：唐诗》）, traduit du chinois, présenté et annoté par Paul Jacob, Paris, Gallimard, coll. Connaissance de l'Orient, 1983, 135 pp.

10. Jullien，François (1951- ), « Des catégories originales de l'interprétation poétique dans la tradition chinoise : contribution à une réflexion sur l'altérité interculturelle »（《中国传统诗学阐释的独特范畴：关于跨文化相异性的思考》）, Sous la direction d'Yves Hervouet (1921-1999). Thèse de 3$^e$ cycle : Études extrême-orientales : Paris 7 : 1983.

11. Kneib, André, « Analyse et commentaire du *Sitishu* de Wei Heng (252-291) »（《卫恒（252—291）〈四体书〉析注》）, Université de Paris 7 : 1983 (35 ff.).

12. Li, Zhihua, Alézaïs, Jacqueline 译, *Le Rêve dans le pavillon rouge [Hong*

*lou meng]*（《红楼梦》）, vol. 1, (Récits I-LXII), traduction, introduction, notes et variantes par Li Tche-Houa et Jacqueline Alézaïs ; révision par André d'Hormon, Paris, Gallimard (Collection UNESCO d'œuvres représentatives, Série chinoise) (Bibliothèque de la Pléiade ; 293), 1983, CXLIII-1638 pp., ill. (Nouveau tirage.)

13. Li, Zhihua, Alézaïs, Jacqueline 译, *Le Rêve dans le pavillon rouge [Hong lou meng]*（《红楼梦》）, vol. 2, (Récits LXIII-CXX), traduction, introduction, notes et variantes par Li Tche-Houa et Jacqueline Alézaïs ; révision par André d'Hormon, Paris, Gallimard (Collection UNESCO d'œuvres représentatives, Série chinoise) (Bibliothèque de la Pléiade ; 294), 1983, XLVI-1640 pp., ill. (Nouveau tirage).

14. Liou, Kia-Hway 译, *Tao tö king*（《道德经》）, préface d'Étiemble, Paris, Gallimard (Idées ; 179), 1983, 188 pp.

15. Lui, Man-Hsi (Louisa), « Le Poète Liu Yuxi »（《诗人刘禹锡》）, Sous la direction d'Yves Hervouet (1921-1999), Thèse de 3ᵉ cycle : Études extrême-orientales : Paris 7 : 1983 (217 ff. ; 30 cm).

16. Lundbaek, Knud, « Notes sur l'image du néo-confucianisme dans la littérature européenne du XVIIᵉ à la fin du XIXᵉ siècle »（《17 世纪至 19 世纪末欧洲文学中的新儒家形象笔记》）, in *Appréciation par l'Europe de la tradition chinoise à partir du XVIIIᵉ siècle* (Actes du IIIᵉ Colloque international de Sinologie), Paris, Les Belles Lettres, coll. La Chine au temps des Lumières (6), 1983, pp. 131-176.

17. Pimpaneau, Jacques, *Promenade au jardin des poiriers : l'opéra chinois classique*（《梨园漫步：中国古典戏剧》）, Paris, Musée Kwok on, 1983, 138 pp., ill.

18. Robinet, Isabelle, « Kouo Siang ou le monde comme absolu »（《郭象与绝对世界》）, *T'oung Pao* 69, fasc. 1- 3, 1983, pp. 73-107.

19. Robinet, Isabelle, « Chuang-tzu et le taoïsme "religieux" »（《庄子与作为宗教的道教》）, *Journal of Chinese Religions*, n° 11, 1983, pp. 59-109.

20. Robinet, Isabelle, « Le *Ta-tung chen-ching* : son authenticité et sa place dans les textes du *Shang-ch'ing jing* »（《〈大洞真经〉的真实性及其在〈上清经〉文本中的地位》）, In Michael Strickmann, ed. *Tantric and Taoist Studies in Honour of*

*Rolf A. Stein*, Bruxelles, Institut Belge des Hautes Études Chinoises, vol. 2, 1983, pp. 394-433.

21. Rochat de la Vallée, Élisabeth, « La Transmission de l'Herbier chinois en Europe au XVIII<sup>e</sup> siècle » （《18 世纪中国植物在欧洲的传播》）, in *Appréciation par l'Europe de la tradition chinoise à partir du XVIII<sup>e</sup> siècle* (Actes du III<sup>e</sup> Colloque international de Sinologie), Paris, Les Belles Lettres, coll. La Chine au temps des Lumières (6), 1983, pp. 177-193.

22. Shu, Kuangchun Joseph, « Les théories poétiques de Canglang » （《沧浪诗学理论》）, Thèse de 3<sup>e</sup> cycle : Études extrême-orientales : Paris 7 : 1983 (367 ff. : tabl. ; 30 cm).

23. Soulié de Morant, George 译 , *Le Diagnostic par les pouls radiaux* (*Le I Sio Jou Menu traduit et commenté*)（《通过桡骨脉搏的诊断——〈医学入门〉译注》）, préface du Dr Jean Choain, G. Trédaniel, Paris, éditions de la Maisnie, 1983, 171 pp., ill.

24. Soymié, Michel 主 编 , *Catalogue des manuscrits chinois de Touenhouang* （《敦煌汉文手稿目录》）, vol. III, n° 3001-3500 : fonds Pelliot chinois de la Bibliothèque nationale, Paris, Éditions de la Fondation Singer-Polignac, 1983, XX-482 pp. （Index alphabétique et analytique）.

25. Wong, Ming 译 , *Shang-han lun : médecine traditionnelle chinoise* （《伤寒论：中国传统医学》）(de Zhang Zhong-jing) ; traduction et commentaires, Paris-New York-Barcelone, Masson, 1983, VIII-251 pp., ill.

## 三、备注

1. 拉莫特与戴密微并称为法国的"两位佛学研究大师"，是比利时执教的汉学家。拉莫特 1903 年 11 月 21 日出生在布鲁塞尔，1929 年毕业于鲁汶大学东方语言学系，1930 年获得文学博士学位。拉莫特曾从师于烈维和路易·德·拉·瓦利－普桑（Louis de la Vallee-Poussin）。他一生致力于佛学研究，主要著作有《维摩经》（*Vimalakīrti*），戴密微在此书之后附录了《维摩经在中国的影响》、

《首楞严三昧经》（Sūra mgama-Samādhi-sūtra）、《大智度论》（Traité de la Grand Vertu de Sagesse）、《印度佛教史，从起源到 Śaka 时代》（Histoire du Bouddhisme indien, des origines à l'ère Śaka）。①

2. 北京圆明园考察组共有九人，由外交部赞助。该研究组致力于研究圆明园的西洋楼，这是中西两种文化结合的产物。对这些问题的一种新探讨，对从未被做过系统参考的史料（尤其是陈旧照片）的运用，使人得以获取相当数量的成果，自1987年起有多种出版物问世。该研究组于1994年出版了有关圆明园西洋楼的一份总结报告。

3. 《中国研究》由法国国立科研中心资助出版，每年出一卷，共两期，每期250页左右。该刊以中国为中心，同时又具有普遍性。它涵盖了汉学家们研究的所有学科（历史学、社会学、文学、哲学、地理学等），这使其有别于那些或涉及一个地区，或限于某一领域的其他杂志。《中国研究》的文章均为未发表过的、真正的研究成果。所有文章均经编委会审定，以确认其独创性及其学术质量。该刊主编务使每卷都能反映出当年进行的研究课题的多样性，并力求鼓励有才华的青年作者，促进其研究工作。此外，这本以法文、英文两种文字出版的刊物，也刊登由法国汉学机构邀请的外国学者、教授的文章。《中国研究》每期发表3篇至4篇论文，每期刊登评述及研究札记，同时还发表大量最新出版的汉学著作的书评及简介。每年集中登载一次有关中国的法文著作书目及法国学者用不同语言在国外发表的著作书目，论文及某些书评后附有文中所引汉语拼音（专有名词、技术术语等）的汉字表。

---

① 有关戴密微的生平及著作请参阅：André Bareau, « Étienne Lamotte 1903-1983 », T'oung Pao, 2ᵉ série,vol.69,Livr.1/3,1983,pp.i-ii; Hubert Durt, « Étienne Lamotte 1903-1983 », Bulletin de l'Ecole française d'Extrême-Orient，1985, pp.6-28.

# 公元 1984 年

## 一、大事记

1. 4 月 13 日，于儒伯（1921—1984）因车祸去世。

2. 法国第 798 研究组（GDR798）成立。

3. 法国汉语教师协会（Association Française des Professeurs de Chinois）成立，首任会长是艾克斯 - 马赛大学的杜特莱（Noël Dutrait）先生。

4. 梅弘理（Paul Magnin）自本年起在法国高等研究实践学院第四系主持"佛教语言文献学"讲座。

5. 贺碧来于 1984 年出版了博士论文《道教历史中的上清派之启示》（*La Révélation du Shangqing dans l'Histoire du Taoïsme*），受到学界的高度评价，这部巨著对上清派和上清经进行网罗式总体研究，上起汉代方士、方术，下至唐末杜光庭。

## 二、书（文）目录

1. Cheng, Anne, « La Trame et la Chaîne : aux origines de la constitution d'un corpus canonique au sein de la tradition confucéenne »（《经与纬：儒家传统经集的建构源头》），*Extrême-Orient Extrême-Occident*, n° 5 (La Canonisation du Texte : aux origines d'une tradition), 1984, pp. 13-26.

2. Darrobers，Roger, « Le Théâtre du sud (Nanxi) à partir du XII<sup>e</sup> siècle et ses survivances dans l'actuel théâtre du Fujian »（《南戏自 12 世纪的兴起及其在当下福建戏剧中的存留》），Sous la direction de Jacques Pimpaneau. Thèse de 3<sup>e</sup> cycle : Études extrême-orientales : Paris 3 : 1984 (VI-370 ff. : ill. ; 30 cm).

3. Dehergne, Joseph, « Les Sources du *Kiao Yeou Luen* ou *Traité de l'Amitié*, de

Ricci »（《利玛窦〈交友论〉的源头》）, dans *Recherches de Science Religieuse*, t. 72, n° 1, 1984 (Matteo Ricci en Chine, 1582-1610), pp. 51-58.

4. Demiéville, Paul 译, *Poèmes chinois d'avant la mort*（《临终主题的中国诗》）, édition préparée par Jean-Pierre Diény, Paris, L'Asiathèque, 1984, 207 pp.

5. Desroches, Jean-Paul, « À propos d'un bodhisattva de l'époque Yuan »（《元代一位菩萨》）, *Arts asiatiques*, t. XXXIX, 1984, pp. 73-77.

6. Desroches, Jean-Paul, Elisseeff, Danielle, *Zhongshan : tombes des rois oubliés, exposition archéologique chinoise du Royaume de Zhongshan*（《中山：被遗忘的王冢——中国中山国考古展》）, Galeries nationales du Grand Palais (Paris, 10 novembre 1984-4 février 1985, organisée par l'Association française d'action artistique, catalogue par Danielle Elisseeff-Poisle, Jean-Paul Desroches, Paris, Association française d'action artistique, 1984, [92] pp., ill.

7. Deverge，Michel, « Le *Classique des trois caractères* : un compendium du rudiment »（《〈三字经〉：入门概要》）, Sous la direction de Marianne Bastid-Bruguière (1940-    ). Thèse de 3$^e$ cycle : Études extrême-orientales : Paris 7 : 1984.

8. Diény, Jean-Pierre, « Les Caractères de l'impératrice Wu Zetian dans les manuscrits de Dunhuang et Turfan »（《敦煌、吐鲁番手稿中女皇武则天的字体》）, *Bulletin de l'École française d'Extrême-Orient*, t. 73, 1984, pp. 339-354.

9. Drège, Jean-Pierre, « Éléments méthodologiques pour l'étude des documents de Dunhuang »（《敦煌文献研究方法论要素》）, in *Les Peintures murales et les manuscrits de Dunhuang*, Actes du colloque franco-chinois organisé par la Fondation Singer-Polignac à Paris, les 21, 22 et 23 février 1983, Paris, Éditions de la Fondation Singer-Polignac, 1984, pp. 53-57.

10. Drège, Jean-Pierre, « Les Accordéons de Dunhuang »（《敦煌褶状写本》）, in Michel Soymié (sous la direction de), *Contributions aux études de Touen-houang*, Paris, École française d'Extrême-Orient, vol. III, 1984, pp. 195-204.

11. Elisseeff, Danielle, *Zhongshan : tombes des rois oubliés, exposition archéologique chinoise du Royaume de Zhongshan*（《中山：被遗忘的王冢——中国中山国考古展》）, Galeries nationales du Grand Palais (Paris, 10 novembre 1984-4

février 1985, organisée par l'Association française d'action artistique, catalogue par Danielle Elisseeff-Poisle, Jean-Paul Desroches, Paris, Association française d'action artistique, 1984, [92] pp., ill.

12. Gyss-Vermande, Caroline, *La Vie et l'œuvre de Huang Gongwang (1269-1354)* (《黄公望（1269—1354）的生平与作品》), Paris, Collège de France et Institut des hautes études chinoises, Mémoires de l'Institut des hautes études chinoises (vol. 23), 1984, XIII-V-183 pp.-[1] f. de pl. dépl., carte.

13. Ha, Kim-Lan, « Éléments originaux dans les "ci" de Su Dongpo » (《苏东坡词的独特元素》), Thèse d'Université : Lettres : Paris 7 : 1984 (381-VIII ff. ; ill., front ; 30 cm).

14. Hsiung, Ping-Ming, *Zhang Xu et la calligraphie cursive folle* (《张旭与狂草书法》), Paris, Collège de France et Institut des hautes études chinoises, Mémoires de l'Institut des hautes études chinoises (vol. 24), 1984, pp. III-279-XXI pp. de pl.

15. Jullien, François, « Aux origines d'une valorisation possible du statut de l'intellectuel face au pouvoir, la relation du lettré et du prince selon Mencius » (《知识人面对权力自高身价探源：孟子看文士与国君的关系》), *Extrême-Orient Extrême-Occident*, n° 4 (Du lettré à l'intellectuel. La relation au politique), 1984, pp. 11-26.

16. Jullien, François, « Ni écriture sainte ni œuvre classique : du statut du texte confucéen comme texte fondateur vis-à-vis de la civilisation chinoise » (《既非圣文亦非经典：论作为中国文明典籍的儒家文本》), *Extrême-Orient Extrême-Occident*, n° 5 (La Canonisation du Texte : aux origines d'une tradition), 1984, pp. 75-127.

17. Jullien, François 译, « En prenant les textes canoniques comme source (Liu Xie, *Wenxin diaolong*, chap. III, *Zong jing*) » (刘勰《文心雕龙·宗经》), *Extrême-Orient Extrême-Occident*, n° 5 (La Canonisation du Texte : aux origines d'une tradition), 1984, pp. 129-134.

18. Kuo, Li-Ying, « Un texte ancien de vœux et de confession, P. 2189, le *Vœu de la Capitale de l'Est* » (《一个关于愿望与忏悔的古代文本，P. 2189：〈东都

愿〉》），in *Les Peintures murales et les manuscrits de Dunhuang*, Actes du colloque franco-chinois organisé par la Fondation Singer-Polignac à Paris, les 21, 22 et 23 février 1983, Paris, Éditions de la Fondation Singer-Polignac, 1984, pp. 111-120.

19. Lion-Goldsmidt, Daisy, « Les Porcelaines chinoises du palais de Santos » （《里斯本圣人宫的中国瓷器》），*Arts asiatiques*, t. XXXIX, 1984, pp. 5-72. (Tiré à part, nouvelle édition, Paris, 1988, 72 pages dont une page complémentaire à l'occasion de cette réédition, 120 figures dont 16 en couleurs).

20. Robinet, Isabelle, « Polysémisme du texte canonique et syncrétisme des interprétations : étude taxinomique des commentaires du *Daode jing* au sein de la tradition chinoise »（《经典文本的多义性与阐释的综合：中国传统内部〈道德经〉注释的分类研究》），*Extrême-Orient Extrême-Occident*, n° 5 (La Canonisation du Texte : aux origines d'une tradition), 1984, pp. 27-47.

21. Ryckmans, Pierre 译，*Les Propos sur la peinture du moine Citrouille amère* （《苦瓜和尚画语录》），traduction et commentaire de Pierre Ryckmans, préface de Dominique Ponnau, Hermann (Collection Savoir), Paris, 1984, 261 pp. (Texte en français et en chinois. Texte original chinois en annexe. Autres tirages : 1990, 1996).

22. Seidel, Anna, « *Le Sutra merveilleux du Ling-pao Suprême, traitant de Lao tseu qui convertit les barbes* (manuscrit S. 2081) : contribution à l'étude du bouddho-taoïsme des Six Dynasties »［《〈太上灵宝老子化胡妙经〉：六朝佛道教研究（手稿 S. 2081）》］, in Michel Soymié (sous la direction de), *Contributions aux études de Touen-houang*, Paris, École française d'Extrême-Orient, vol. III, 1984, pp. 305-352.

23. Verniau-Pilière, Marie-Christine，« Les Thèmes de la poésie de Du Mu (803-852) »［《杜牧（803—852）的诗歌主题》］, Sous la direction de Jean-Pierre Diény (1927-　). Thèse de 3ᵉ cycle : Études extrême-orientales : Paris 7 : 1984 (2 vol., 373 ff. ; 30 cm + errata).

## 三、备注

1. 于儒伯 1921 年出生于斯特拉斯堡，曾就读于著名的巴黎高等师范学院，同时还在当时的东方语言学校学习，并通过中学教师就业考试，取得在中学担任授课资格的证书。

1947年，于儒伯被保送到北平的法国汉学研究中心当研究生。于儒伯从事有关法中文化交流的研究工作，与罗大冈等人多有往来。于儒伯在北京与一位中国女士结婚，后来一起回法国。

1954年，于儒伯离开北京返回法国，不久即进入东方语言学校任教。1971年，该校改称国立东方语言文化学院，于儒伯担任中文和中国文化课程的教授。

1975年，于儒伯发起创办了"国立东方语言文化学院中国研究中心"。

1980—1981学年（直至1981年年底），于儒伯和上海复旦大学法国文学教授林秀清女士作为交换教授各自到对方的学校讲课一年多，即于儒伯到复旦大学讲授法国文学，林秀清到巴黎第三大学东方语言和文化学院讲授中文和中国文化，为二年级和三年级学生授课。于儒伯教授利用获得的资助经费积极组织在法国的中国学界人士谭雪梅女士等人，于1980年6月16—19日在巴黎召开了主题为"中国抗战文学"的国际讨论会，应邀参加的中国作家有刘白羽、艾青、孔罗荪、吴祖光、马烽和高行健。

1984年4月初，于儒伯先生去联邦德国出席当代中国文学讨论会之后，乘汽车返回法国。4月13日于法国东北部城市圣广旦（Saint Quentin，距离巴黎不到200公里）附近不幸遇到车祸，当场伤重致死，卒年63岁。主要著作有：

*Traditional Heroes in Chinese Popular Fiction*（《中国通俗小说中的传统英雄人物》）1960.①

*On the Great Wall：Some Chinese Views on War，Aggression and Defense as Expressed in the 14th Century Tale*（《论长城：在14世纪的一部中国故事书中表

---

① 该文载于A.F.赖特（A.F.Wright）主编的《儒家的信念》(*Confucian Persuasion*)一书的第141~176页。文章对《三国演义》中的人物刻画进行了研究分析。于儒伯在这篇文章中写道："文学及艺术中的英雄人物，不仅表达作者个人的意见和美梦，体现流行的价值观念和理想，而且也强烈反映出当时社会中各种力量之冲突。这些显赫人物既属超人又有人性，他们启发并鼓励效法、创造或复兴各种作风，因而在历史的形成中担当重要角色。"因此，"研究英雄形象的来龙去脉，颇有助于增进对社会史和思想史的了解。就此而言，故事文学的作用尤其值得重视"。于儒伯这篇文章对于《三国演义》中的关羽写有专节论述，认为关羽是一个"综合型英雄"，他认为关羽既是武士，也是书生，而且具有帝王之相。

述的中国人论战争、侵略和防御的一些观点》）1976.

2. 谢和耐时任法兰西学院教授，曾提议开展一种"有提纲的合作研究"。谢和耐的提议很快获得批准并实施，1984 年正式成立"中国朝鲜日本科学技术研究组"，此研究组在法国国家科研中心（CNRS）备案和众多科研团体中，被称为 GDR798。GDR 是研究组（Groupement de recherche）的缩写，798 是研究组的编号。法国第 798 研究组（GDR798）是一个以研究中国、朝鲜和日本科技史为中心任务的研究组，第一任领导是谢和耐。继谢和耐之后出任 GDR798 负责人的是魏丕信。

GDR798 是一种联合式的研究团体，共有成员 63 名。该团体成员可以同时在其他机构中任职，也可以自愿加入本团体的研究活动之中，包括在 GDR 内部，结成规模更小的课题组从事研究。这类微型课题组的研究课题，如"中国医药史""沈括与《梦溪笔谈》""秦九韶与《数书九章》""日用技术""中日文化相互影响"等。课题经费来源于法国国家科研中心，然而，其具体活动并不直接受科研中心领导，只有每四年一度的总结汇报和预算呈请，以及这类报告的审批，这成为 GDR 隶属于 CNRS 的标志。实际上，GDR 成员都有各自的职业和收入来源，它从 CNRS 获得的经费也颇为有限。

研究组没有设立学术委员会，它的决定，一概由其成员集体讨论通过。组织结构松散和学术空气民主，是 GDR 的第一个特色。GDR 的成员大多都是科学技术史方面的专家，其具体研究领域，包括数学、天文、藏医、医药、动植物、水利、建筑、绘画、地图、因数、数字占卜、烹饪、行政、会计计量、语言等。第二个特色是突出中国科技史研究。GDR 的成员，大致分为两类：第一类是承担本组科研项目的专业研究人员或兼职研究人员，第二类是非专业的研究者和缺乏固定工薪收入的学者。积极网罗人才并仰赖成员们的个人奋斗，是 GDR 的第三个特色。

GDR 成立以来的学术活动和研究成果，主要集中在以下三个方面：其一，参与了国际东方科技医药学会组织的三次国际会议，以及围绕"欧洲计划"的两次会议。其二，举办了数十次组内外学术报告和讲座，开展了微型课题组研究活动。其三，集体出版了三种论文集，个人发表了约 100 余篇学术论文。

由于法国国家科研中心体制所限，GDR798 研究期限最多不能超过 12 年，因此该小组于 1998 年已宣告结束。它是一个非常活跃的学术整体，所有成员都对这种合作方式感到满意，它满足了实际研究的需要，吸引了更多的人参加，具有国际性，影响也很大。①

3. 法国汉语教师协会是法国一个综合高等院校研究与教学于一体的汉学学术团体，它的成立是法国汉学界继"法国汉学协会"成立之后的汉学家另一件大事。其宗旨在于推广中国语言和文化的教学，研讨教学，提高法国中文教学水平，通过召开学术会议、出版书籍和刊物等方式，为会员之间相互交流和传送信息提供方便。法国汉语教师协会在法国汉语教学界具有广泛的群众基础，会员已近 450 名，分别任职于各大、中、小学及协会团体。其首任会长是埃克斯-马赛大学的杜特莱先生，之后，由巴黎第七大学东亚语文系白乐桑先生接任。近年来，协会参与的活动范围越来越广泛，如组织全法国的汉语水平考试，组织并赞助各种文化活动、展览和研讨会、校际交流等，特别是为中法语言年举办的各项活动提供了大力的支持。协会宗旨不仅维护教师权益，促进教师间的交往，而且也参与全法国以及国际上对教学及教学法的整体思考，宣传推广汉语教学。

4. 梅弘理接过法国高等研究实践学院第四系"佛教语言文献学"那古老而辉煌的火炬，自 1984 年起在该系主持讲座。梅弘理从敦煌写本中寻求有关佛教众僧的生活、他们在世俗社会中的地位、与皇权的关系以及僧俗宗教修持的新资料来源。

5. 贺碧来的《道教历史中的上清派之启示》全书共分两卷，第一卷为研究篇，第二卷为上清经典的题解。现据日本山田利明氏著文介绍有关第一卷的内容。该卷分三部十四节，第一部分七节：（1）中国南方的传统及有关教系；（2）中国南方地域的实践和方法；（3）关于《真诰》的过去痕迹；（4）上清派诸师的业绩和传记；（5）上清派与天师道；（6）上清派的新旧要素与三洞说的源流；（7）上清派与佛教。第二部分的内容为上清派在道教史上的意义，分四节：（1）上清派典籍的合成——启示和经典；（2）上清派教义概观；（3）上清派

---

① 韩琦：《法国 GDR 研究组近五年来的研究概况》，《法国汉学》第四辑，北京：中华书局，1999 年，第 384~389 页。

文献的道教意义；（4）上清派的长生不死和救济。第三部分分三节：（1）上清派的源流与古灵宝经；（2）上清经的原形之残卷；（3）其他经典残存于上清经的要素。①

# 公元 1985 年

## 一、大事记

1. 艾田蒲在巴黎第十一届国际比较文学年会上以"中国比较文学的复兴"为题做了总结发言，那也是他退休前的最后一次学术讲演。

2. 巴黎中国城一所小学率先成立中文班，并于 1989 年正式聘请中文教员，从此法国小学的汉语教学引起了社会的广泛关注。

3. 法国社会科学高等学院创建中国社会比较研究中心。

4. 《远东亚洲丛刊》（*Cahiers d'Extrême-Asie*）创刊。

5. 施舟人获本年度儒莲奖。

## 二、书（文）目录

1. *La Chine : porcelaines du musée*(《中国：费康博物馆藏瓷器》),(exposition réalisée par le) musée municipal de Fécamp, 31 mars-30 avril 1984, (catalogue) Marie-Hélène Desjardins-Menegalli, photographies Guy Hersant, Fécamp, Musée municipal, 1985, 24 pp., ill.

2. *Guoyu, Propos sur les principautés*(《国语》), traduction d'André d'Hormon, compléments de Rémi Mathieu, Paris, Collège de France et Institut des hautes études chinoises, Mémoires de l'Institut des hautes études chinoises (vol. 25), 1986, 437 pp.,

---

① 陈耀庭：《法国的道教研究》，http://www.taoist.org.cn/webfront/webfront_viewContents.cgi?id=1341.

1 carte.

3. Billeter, Jean-François, « Essai d'interprétation du chapitre 15 du *Laozi* »（《〈老子〉第 15 章浅释》）, *Asiatische Studien/Études asiatiques*, vol. 39, n° 1-2, 1985, pp. 7-44.

4. Bobot, Marie-Thérèse, *L'Encre des lettrés de T'aiwan : peintures et calligraphies chinoises du XVII$^e$ au XIX$^e$ siècle*（《台湾文墨：17 至 19 世纪中国绘画与书法》）, catalogue de l'exposition organisée au Musée Cernuschi, Paris, décembre 1985-février 1986, Paris, Paris-Musées, 1985, non paginé, 63 ill. en noir et en couleurs.

5. Boisguérin, René (éd.), *Fleurs de printemps et lune d'automne : florilège de poésie lyrique chinoise*（《春花秋月：中国抒情诗选》）, Paris, R. Boisguérin (diffusion l'Asiathèque), 1985, 260 pp. (+ errata 3 pp.).

6. Brouillet, Marie-Thérèse, « Li Yu : théâtre et métathéâtre »（《李渔：戏剧与戏剧论》）, Sous la direction de Jacques Pimpaneau. Thèse de 3$^e$ cycle : Études Extrême-orientales : Paris 3 : 1985 (510 ff. : ill ; 30 cm).

7. Cheng, Anne, *Étude sur le Confucianisme Han : l'élaboration d'une tradition exégétique sur les classiques*（《汉代儒家研究：一种经典注释传统的创立》）, Paris, Collège de France et Institut des hautes études chinoises, Mémoires de l'Institut des hautes études chinoises (vol. 26), 1985, 322 pp.

8. Despeux, Catherine 译, « Nieou-t'eou Fa-jong »（《牛头法融》）, in Marinette Bruno (éd.), *Le Tch'an, Zen : racines et floraisons*, Paris, Les Deux Océans, 1985, pp. 125-136.

9. Despeux, Catherine 译, « Extinction de la contemplation »（《绝观论》）, traduction du *Kue-kuan lun* de Nieou-t'eou, in Marinette Bruno (éd.), *Le Tch'an, Zen : racines et floraisons*, Paris, Les Deux Océans, 1985, pp. 136-155.

10. Despeux, Catherine 译, « L'Inscription de l'esprit »（《心铭》）, traduction du *Sin ming*, in Marinette Bruno (éd.), *Le Tch'an, Zen : racines et floraisons*, Paris, Les Deux Océans, 1985, pp. 156-164.

11. Despeux, Catherine, « Les Lectures alchimiques du *Hsi-yu-chi* »（《〈西游记〉炼金术解读》）, in Gert Naundorf, Karl-Heinz Pohl, and Hans-Hermann Schmidt

(éd.), *Religion und Philosophie in Ostasien : Festschrift für Hans Steininger zum 65. Geburtstag*, Würzburg, Konighausen und Neumann, 1985, pp. 62-75.

12. Despeux, Catherine 译, *Shanghanlun : le Traité des "coups de froid"*（《伤寒论》）, Paris, éditions de la Tisserande, 1985, 203 pp.

13. Drège, Jean-Pierre, « Étude formelle des manuscrits de Dunhuang conservés à Taipei : datation et authenticité »（《台北藏敦煌手稿形式研究：日期与真伪》）, *Bulletin de l'École française d'Extrême-Orient*, vol. 74, 1985, pp. 477-484.

14. Drège, Jean-Pierre, « Notes codicologiques sur les manuscrits de Dunhuang et de Turfan »（《敦煌与吐鲁番手稿的手稿学笔记》）, *Bulletin de l'École française d'Extrême-Orient*, vol. 74, 1985, pp. 485-504.

15. Durt, Hubert, Krishna Riboud, Tung-Hun Lai, « À propos de "stûpa miniatures" votifs du v$^e$ siècle découverts à Tourfan et au Gansu »（《在吐鲁番和甘肃发现的 5 世纪小型许愿卒塔婆》）, *Arts asiatiques*, t. XL, 1985, pp. 92-106.

16. Jacob, Paul 译, *Florilège de Li Bai*（《李白诗选》）, traduit du chinois, présenté et annoté par Paul Jacob, Paris, Gallimard, coll. Connaissance de l'Orient, (58), 1987, 271 pp.

17. Jami Catherine, « Étude du livre *Méthodes rapides pour la trigonométrie et le rapport précis du cercle* de Ming Antu (?-1765) »（《明安图（?—1765）〈割圆密率捷法〉研究》）, Sous la direction de Christian Houzel. Thèse de 3$^e$ cycle : Histoire des mathématiques : Paris XIII, Université de Paris XIII : 1985 (197 ff. ; 30 cm).

18. Javary, Cyrille, *Yi jing jing yi : étude sur l'origine du* Yi-King（《易经精义：〈易经〉源头研究》）, Rennes, Cercle sinologique de l'Ouest, 1985.

19. Jera-Bezard, Robert, et Monique Maillard, « Origine et montage des bannières peintes de Dunhuang »（《敦煌绘制旗帜的源头与制作》）, *Arts asiatiques*, t. XL, 1985, pp. 83-91.

20. Joppert，Riccardo (1941-  )，« Shi Huaisu, le "Kuangcao" et la surconscience créatrice »（《怀素"狂草"与创造性超意识》）, Sous la direction de Nicole Vandier-Nicolas (1906-1987). Thèse de 3$^e$ cycle : Études extrême-orientales : Paris 3 : INALCO : 1985 (3 vol. ; 6-XII-349 ff. ; ill ; 30 cm).

21. Jullien, François, « Essai : "Fonder" la morale, ou comment légitimer la transcendance de la moralité sans le support du dogme ou de la foi (au travers du Mencius) »（《"建立"道德，或如何在没有教义或信仰支持的条件下（通过孟子）论证道德的超验性》）, *Extrême-Orient Extrême-Occident*, n° 5 (Une civilisation sans théologie ?), 1985, pp. 23-81.

22. Jullien, François, *La Valeur allusive : des catégories originales de l'interprétation poétique dans la tradition chinoise, contribution à une réflexion sur l'altérité interculturelle* （《暗示的价值：中国传统中诗学阐释的独特范畴——关于跨文化相异性的思考》）, Paris, École française d'Extrême-Orient, Publications de l'École Française d'Extrême-Orient (vol. 144), 1985, 312 pp. (Thèse de doctorat : Lettres : Université : 1983.)

23. Kwong, Hing-Foon (?-1990), « Wang Zhaojun dans la tradition écrite chinoise »（《中国文学传统中的王昭君》）, Sous la direction de Jean-Pierre Diény (1927- ). Thèse de 3ᵉ cycle : Études extrême-orientales : Paris 7 : 1985 (2 vol., 444 ff. ; ill ; 30 cm).

24. Laloy, Louis 译, *Contes étranges du cabinet Leao* （《聊斋志异》）, de Pou Song-ling（蒲松龄）, traduits du chinois par Louis Laloy, Paris, le Calligraphe, 1985, 175 pp.

25. Lévy, André 译, *Fleur en Fiole d'Or : Jin Ping Mei cihua*（《金瓶梅词话》）, traduit du chinois, présenté et annoté par André Lévy, préface d'Étiemble, Paris, Galimard, Bibliothèque de la Pléiade, 1985, 2 vol., pp. CXLIX-1272 et pp. LIX-1483, ill.

26. Liou, Kia-Hway 译, *L'Œuvre complète de Tchouang-tseu* （《庄子全集》）, traduction, préface et notes, Paris, Gallimard, Unesco (Collection Unesco d'œuvres représentatives, Série chinoise) (Connaissance de l'Orient ; 1), 1985, 388 pp. (Autres tirages : 1989, 1997, 2003, 2005).

27. Magnin，Paul 译, « Un traité de bouddhisme chinois : *sens des deux extrêmes de tous les dharma du Grand Véhicule (Dacheng zhufa erbian yi)* » （《一部中国佛教论：〈大乘诸法二边义〉》）, *Extrême-Orient Extrême-Occident*, n° 6 (Une civilisation sans théologie ?), 1985, pp. 109-111.

28. Ratchnevsky, Paul 译, *Un Code des Yuan*（《元法典》）, t. 1, (éd. et trad.) par Paul Ratchnevsky, nouvelle édition, Paris, Collège de France, Institut des hautes études chinoises (Bibliothèque de l'Institut des hautes études chinoises), 1985, XCIX-348 pp.

29. Ratchnevsky, Paul 译, *Un Code des Yuan*（《元法典》）, t. 4, (éd. et trad.) par Paul Ratchnevsky, Paris, Collège de France, Institut des hautes études chinoises (Bibliothèque de l'Institut des hautes études chinoises), 1985, VII-426 pp.

30. Reding, Jean-Paul，*Les Fondements philosophiques de la rhétorique chez les sophistes grecs et chez les sophistes chinois*（《希腊诡辩派与中国诡辩派修辞学的哲学基础》）, Berne, Peter Lang, coll. Europäische Hochschulschriften Reihe 20, Philosophie (175), 1985, 569 pp. (Thèse : Lettres : Neuchâtel : 1984.)

31. Sissaouri, Vladislav, *Étude sur la musique ancienne de la Chine et du Japon*（《中国及日本古代音乐研究》）, numéro spécial des *Cahiers d'études chinoises* (n° 4), INALCO, 1985, 174 pp.

32. Thomas, Léon, « *La Source aux fleurs de pêcher* de Tao Yuanming : essai d'interprétation »（《试论陶渊明〈桃花源记〉》）, *Revue de l'histoire des religions*, 1/1985, pp. 57-70.

33. Thote，Alain (1949-  ), « Une tombe princière chinoise du 5ᵉ siècle avant notre ère (tombe n° 1 de Leigudun) : recherches anthropologiques et historiques »（《公元前 5 世纪的一座中国太子墓（擂鼓墩一号墓）：人类学及历史学研究》）, Sous la direction de Michèle Pirazzoli. Thèse de 3ᵉ cycle : Études extrême-orientales : Paris 7 : 1985.

## 三、备注

1. 为了与"当代中国资料中心"相对应，1985 年法国社会科学高等学院创建"中国社会比较研究中心"，集中了相当数量的一批以一种长远目光研究中国史的研究人员，重视对物质生活和比较文化所有形式的研究：不仅仅是从中国到欧洲，也包括了从中国到东亚其他文明的地区。

2.《远东亚洲丛刊》是法兰西远东学院京都分部的刊物。它是作为活跃在东亚地区的研究者们的论坛而诞生的,是作为有关特定内容的多学科研究成果的传播工具而发展起来的,而这些内容又始终与东亚的社会、文化,特别是宗教有关。《远东亚洲丛刊》是一种年刊(有时带有连续两年的几个双号),遵循一种严格的法英双语制。由于丛刊是在日本出版的,所以从第 7 期开始,它也附有日文目录。《远东亚洲丛刊》由一位主编和一个编审委员会主持。编审委员会主要是集中了一批活跃在日本—中国—朝鲜研究领域的法兰西远东学院的新老成员,同时还包括法国研究亚洲宗教的代表人物。自第 3 期(1987)开始,《远东亚洲丛刊》每期都要为其第一部分选定一种专刊号,同时又在第二部分中保留了作为其主要宗旨的内容:为正在从事的科研提供一个广泛开放的论坛。第一部分委托给了一位客座编辑,他应是所涉及的档案专家,经常是编委会的一名成员。《远东亚洲丛刊》优先选择宗教论文,其中有些刊号反映了在宗教研究中的尖端成果,主要是中国宗教,但也涉及了朝鲜和日本的宗教。第 3 期(1987)是《敦煌研究》专刊号,由戴仁负责;第 4 期(1988)和第 5 期(1988—1989)是《道教研究》,由劳格文(John Lagerwey)负责,该期是康德谟的纪念文集;第 6 期(1991—1992)是朝鲜萨满教研究专集,其特邀主编是吉耶尔诺兹(Alexandre Guillernoz);第 7 期(1993—1994)是禅宗研究专集,其特邀主编是福尔(Bernard Faure);第 8 期(1995)和第 9 期组合为一套,即《东亚传统宗教研究》,由戴路德主编,以纪念该刊的创始人——伟大的道教女学者石秀娜。①

3. 程艾兰的《汉代儒家研究:一种经典注释传统的创立》关注的是古代儒学传统在汉代的结晶。这部论著不仅是依据语言学的观点,而且还是依据历史学和政治学的观点来理解这个时期的中国思想史:这种历史相当接近起源时期的历史(无论如何也是在它经历了由佛教而引起的彻底动荡之前,又相当成熟而且具有了一种最终形式)。

4. 雷威安翻译出版的《金瓶梅词话》被收入七星书库。译本除雷威安自己

---

① 参看[法]戴路德:《法国的〈远东亚洲丛刊〉》,戴仁编,耿昇译:《法国中国学的历史与现状》,上海:上海辞书出版社,2010 年,第 707—710 页;[法]戴路德:《法兰西远东学院的汉学研究》,戴仁编,耿昇译:《法国中国学的历史与现状》,上海:上海辞书出版社,2010 年,第 637 页。

写的长篇导言外，还有汉学家艾田蒲的序言，艾田蒲在序言中从文化角度对中国这部名著做了多方面的考察。这个全译本是第一部直接从中文译成法文的译本，以万历本《金瓶梅词话》（1617）为蓝本，以明末崇祯年间《新刻绣像批评金瓶梅》的二百幅绣像作为插图，全书用精贵的圣经纸分为上、下两册，是"迄今为止西欧最完备、最忠实的译本"①，使法国读者得以窥见这部在中国位居"四大奇书"之首的文学巨著的本来面目。译著在前言中谈到翻译此书的情况时说："对于用口头叙述方式的传统套语，以及穿插在叙事中用韵文形式表达的评论或回忆，我都完整地给予保留。"对于原书中的诗词部分，他放弃了逐字译出的"直译"的方法，而是更"尊重叙事的自然流畅，同时保持小说的结构和原来的抒情风格一致"。②《金瓶梅》原文开篇有八首韵文辞，译者在译文中尽力保持原状，译为八首法文诗。这一点是以往译文所不及的。译者还注意到："《金瓶梅》这部书无疑是中国文学所提供的最'辛辣'的小说"，由于一部分章节涉及下层社会，因而用语有高雅和粗俗之分，在翻译过程中应注意区分。对于原书中的谚语、成语，他也尽可能保持古色古香的风味。该译本问世后，在法国和西方引起了强烈反响，学界抚今追昔，感慨系之。它不仅满足了西方人的好奇心，使之有机会看到西门庆为他们打开"不断翻新的闺房"，而且更重要的是它能使读者从昨天中国的"这一角"，发现今日西方的"社会风俗的演变过程"。一洗久已落在它身上的"淫书"的恶谥，从而发掘出这部东方"奇书"的真正的文化价值。③

---

① 钱林森：《中国文学在法国》，广州：花城出版社，1990 年，第 193 页。
② 宋柏年主编：《中国古典文学在国外》，北京：北京语言学院出版社，1994 年，第 444 页。
③ 钱林森：《中国文学在法国》，广州：花城出版社，1990 年，第 188 页。

# 公元 1986 年

## 一、大事记

侯思孟于 1986—1989 年担任法国高等汉学研究院院长，负责 ERA586 组（中国历史研究组）。这个研究组曾编辑了英、法、德文的中国文学译本书目。

## 二、书（文）目录

1. Amiot, Joseph-Marie 译，*Éloge de la ville de Moukden et de ses environs, poème composé Par Kien-Long, Empereur de la Chine et de la Tartarie, actuellement régnant. Accompagné de notes curieuses sur la géographie, sur l'histoire naturelle de la Tartarie orientale et sur les anciens usages des Chinois，composées par les éditeurs chinois et tartares : On y a joint une pièce de vers sur le Thé, composé par le même empereur. Traduit en françois par le P. Amiot, et publié par M. Deguignes*（乾隆《盛京赋》），édition sur microfiche, Leiden, IDC, 1986 [5 microfiches (48 images / microfiche) : argentique ; 105×148 mm. Reproduction de l'édition de Paris : Tilliard, 1770, 381 pp.].

2. Brosset, Marie-Félicité, *Essai sur le Chi-King, et sur l'ancienne poésie chinoise*（《〈诗经〉及中国古诗论》），édition sur microfiche, Leiden, IDC, 1986 [1 microfiche (48 images / microfiche) : argentique ; 105×148 mm. Reproduction de l'édition de Paris : Firmin Didot, 1828, 30 pp.].

3. Chen, Chia-Ming Camille, « Le Phénomène de la satire dans le *Liaozhai zhiyi* de Pu Songling »（《蒲松龄〈聊斋志异〉的讽刺现象》），Sous la direction d'Yves Hervouet (1921-1999). Thèse de 3$^e$ cycle : Études extrême-orientales : Paris 7 : 1986 (311 ff. ; 30 cm).

4. Chu, Kun-Liang, « Le Répertoire rituel du théâtre chinois »（《中国戏曲的传统保留剧目》）, Sous la direction de Kristofer Schipper (1934-    ). Thèse : Études extrême-orientales : Paris 7 : 1986.

5. Diény, Jean-Pierre, « Les Inscriptions sur os et sur écaille de l'époque des Zhou »（《周代甲骨文》）, *Journal Asiatique*, vol. 274, n° 3-4, 1986, pp. 455-466.

6. Dinh Dong, Sach, « Cai Yan : une poétesse de la fin des Han. Sa vie et son œuvre »（《蔡琰：一位汉末女诗人——生平与作品》）, Sous la direction de Jean-Pierre Diény (1927-    ). Thèse de 3ᵉ cycle : Études extrême-orientales : Paris 7 : 1986.

7. Drège, Jean-Pierre, « L'Analyse fibreuse des papiers et la datation des manuscrits de Dunhuang »（《纸张纤维分析与敦煌手稿的日期推定》）, *Journal Asiatique*, vol. 274, n° 3-4, 1986, pp. 403-415.

8. Elisseeff, Danielle, *Chine : trésors et splendeurs*（《中国：珍宝与光辉》）, exposition tenue à Montréal, Palais de la Civilisation (18 mai-19 octobre 1986), catalogue établi par Danielle Elisseeff, introduction et notices par Yang Yang, Lei Congyun, Zhao Gushan, Paris, Arthaud, 1986, 199 pp., ill.

9. Fegly, Jean-Marie (1943-    ), « Théâtre chinois : survivance, développement et activités du Kunju au 20ᵉ siècle »（《中国戏剧：昆剧在 20 世纪的生存、发展与活动》）, Sous la direction de Jacques Pimpaneau. Thèse de 3ᵉ cycle : Études extrême-orientales : Paris 7 : 1986.

10. Girard-Geslan, Maud, « La Tombe à linceul de jade du roi de Nanyue à Canton »（《广州南粤王玉质裹尸布坟墓》）, *Arts asiatiques*, t. XLI, 1986, pp. 96-103.

11. Kalinowski, Marc, « Les Traités de Shuihudi et l'hémérologie chinoise à la fin des Royaumes-Combattants »（《睡虎地协约与战国末年的中国编历法》）, *T'oung Pao*, vol. 72, fasc. 4-5, 1986, pp. 175-228.

12. Kontler, Christine, « La notion d'Acintya ou d'inconcevable dans le *Vimalakirtinirdesa* et ses résonances dans les traductions et commentaires chinois »（《〈维摩诘经〉中的 Acintya 或"不可解者"概念及其在中国译注中的反响》）, Thèse de doctorat : Philosophie : Paris 4 : 1986.

13. Lévy, André 译, *Nouvelles Lettres édifiantes et curieuses d'Extrême-Occident, par des voyageurs lettrés chinois à la Belle époque, 1866-1906*（《新远西书信集——美好时代（1866—1906）中国文人旅者所作有益而有趣的书信》）, introduites, commentées et traduites par André Lévy, Paris, Seghers, coll. Étonnants voyageurs, 1986, 252 pp.-8 pp. de pl.

14. Mollier, Christine, « Messianisme taoïste de la Chine médiévale : étude du *Dongyuan shenzhou jing* »（《中古中国的道教弥赛亚主义：〈洞渊神咒经〉研究》）, Sous la direction de Kristofer Schipper. Thèse de doctorat : Études extrême-orientales : Paris 7 : 1986.

15. Picard, François, *De l'accord de quelques carillons de cloches et de pierres de la Chine ancienne*（《论古代中国编钟与石钟的和谐》）, Bulletin du Groupe d'acoustique musicale n° 114, Paris, 1986, 48 pp.

16. Reclus, Jacques 译, *Récits d'une vie fugitive : mémoires d'un lettré pauvre*（《浮生六记：一位穷文人的回忆》）, par Chen Fou（沈复）, traduit du chinois, préface de Paul Demiéville, Paris, Gallimard (Connaissance de l'Orient ; 10. Collection Unesco d'œuvres représentatives, Série chinoise), 1986, 180 pp. (Autres tirages : 1990, 1993, 2001, 2005).

17. Sterk hu, Florence, « Le Miroir dans la poésie française de 1540 à 1715 et dans la poésie chinoise des Tang »（《1540 年至 1715 年法国诗歌及中国唐代诗歌中的镜子》）, Sous la direction de Jacques Lacant (1915-2002). Thèse de 3$^e$ cycle : Littérature et civilisation comparées : Paris 10 : 1986.

18. Tchang, Fou-Jouei 译, *Chronique indiscrète des mandarins*（《儒林外史》）, par Wou King-tseu（吴敬梓）, trad. du chinois, introduction par André Lévy, Paris, Gallimard (Connaissance de l'Orient ; 11-12) (Collection Unesco d'œuvres représentatives, Série chinoise), 1986, 2 vol., XXIII-814 pp.

## 三、备注

无。

# 公元 1987 年

## 一、大事记

无。

## 二、书（文）目录

1. « Textes de moines Ch'an, Tao Yuanming, Han Shan »（《禅僧、陶渊明、寒山文本》）, in « Poésie chinoise & Cie », numéro spécial de la revue *Révolution intérieure*, Massat, n° 5, 1987.

2. A. F. A. [Association française d'acuponcture] 译, *Binhu maixue : traité des pouls*（《濒湖脉学》）, de Li Shi Zhen（李时珍）, Paris, Édition de la Tisserande (Les Classiques de la médecine chinoise), 1987, 232 pp.

3. Bianu, Zéno, Carré, Patrick 译, *La Montagne vide : anthologie de la poésie chinoise (III$^e$-XI$^e$ siècle)*[《空山：中国诗选（3—11 世纪）》], traduction, notes et présentation, Paris, Albin Michel (Spiritualités vivantes ; 63, Série Taoïsme et bouddhisme), 1987, 156 pp.

4. Borel, Henri, *Wu Wei : étude inspirée par la philosophie de Lao-tseu*（《无为：老子哲学研究》）, trad. du hollandais par Félicia Barbier, Paris, G. Trédaniel, 1987, 108 pp., ill. （Autre tirage 1995）.

5. Dars, Jacques 译, *Contes de la Montagne sereine*（《平山堂故事》）, traduction, introduction et notes par Jacques Dars, préface de Jeannine Kohn-Étiemble Paris, Gallimard, coll. Connaissance de l'Orient, 1987, XX-558 pp.

6. Despeux, Catherine 译, *Prescriptions d'acuponcture valant mille onces d'or : traité d'acuponcture de Sun Simiao du VII$^e$ siècle*（《千金方：7 世纪孙思邈针灸论》）,

édition et traduction, Paris, G. Trédaniel, 1987, 492 pp., ill.

7. Desroches, Jean-Paul, *Le Jardin des porcelaines* (《瓷器之园》), Musée Guimet (Paris), 5 novembre 1987-15 février 1988, et Hôtel Pincé, Musée Turpin de Crissé (Angers), 1$^{er}$ mars-30 avril 1988, catalogue réalisé par Jean-Paul Desroches, Éditions de la Réunion des musées nationaux, Paris, 1987, 150 pp., ill.

8. Diény, Jean-Pierre, « Lecture de Wang Can (177-217) » (《读王粲（177—217）》), *Toung Pao*, vol. 73, fasc. 4-5, 1987, pp. 286-312.

9. Drège, Jean-Pierre, « Quelques collections "nouvelles" de manuscrits de Dunhuang » (《敦煌手稿的若干"新"收藏》), *Cahiers d'Extrême-Asie*, n° 3, 1987, p. 113-129.

10. Drège, Jean-Pierre, « Note sur les couleurs des papiers des manuscrits de Dunhuang » (《敦煌手稿纸张颜色笔记》), *Cahiers d'Extrême-Asie*, n° 3, 1987, pp. 147-150.

11. Edde, Gérard, *L'Astrologie chinoise des neuf constellations : astrologie traditionnelle du Yi-King : manuel pratique* (《九个星座的中国星相学：〈易经〉传统星相学——实用教材》), Paris, G. Trédaniel et Éditions Atlas, 1987.

12. Escande, Yolaine, « Problèmes de traduction de la terminologie esthétique chinoise en calligraphie et peinture » (《书法与绘画中的中国美学术语的翻译问题》), Sous la direction de Hsiung Ping-Ming. Mémoire de DEA : INALCO, Paris : 1987.

13. Gernet, Jacques, « Les Débuts de la pensée moderne en Chine : Wang Fuzhi (1619-1692) »[《中国现代思想的开端：王夫之（1619—1692）》] et « Textes du *Dutongjian lun* et du *Songlun* » (《〈读通鉴论〉与〈宋论〉文本》), in *Annuaire du collège de France 1986-1987, résumé des cours et travaux*, Paris, 1987, pp. 547-554. (Repris in Jacques Gernet, *Société et pensée chinoises aux xvi$^e$ et xvii$^e$ siècles,* Paris, Collège de France/Fayard, 2007, pp. 148-158).

14. Hu-Sterk, Florence, « Miroir et Connaissance dans la poésie des Tang »(《唐诗中的镜子与认知》), *Études chinoises*, vol. VI, n° 1, printemps 1987, pp. 29-58.

15. Jacob, Paul 译, *Poètes bouddhistes des Tang* (《唐代佛教诗人》),

traduit du chinois, présenté et annoté par Paul Jacob, Paris, Gallimard, coll. Connaissance de l'Orient, (64), 1987, 105 pp.

16. Jaeger, Georgette 译, *L'Anthologie de trois cent poèmes de la dynastie des Tang*（《唐诗三百首》）, Société des éd. culturelles internationales, Pékin, 1987, VI-247 pp.

17. Kaltenmark, Max 译, *Le Lie-sien tchouan* ou *Lie xian zhuan, biographies légendaires des Immortels taoïstes de l'antiquité*（《列仙传》）, traduit et annoté, édition augmentée d'un nouvel index par Catherine Arbeit, Paris, Collège de France, Institut des hautes études chinoises, 225 pp. (Reproduction en fac-similé de l'édition de Pékin, Centre d'études sinologiques de Pékin de l'Université de Paris, 1953.)

18. Kamenarović, Ivan P. 译, *Xun Zi (Siun Tseu)*（《荀子》）, introduit et traduit du chinois par Ivan P. Kamenarović, préface de Jean-François Di Meglio, Paris, Cerf, coll. Patrimoines (Confucianisme), 1987, 364 pp.

19. Kontler, Christine, *Belle de candeur* : Zhulin yeshi *ou* Histoire non officielle de Zhulin（《纯真丽人：〈株林野史〉》）, roman érotique chinois de la dynastie Ming, Paris, Philippe Picquier, 1987, 173 pp., ill.

20. Lanselle, Rainier 译, *Le Cheval de jade : quatre contes chinois du 17ᵉ siècle*（《玉马：17世纪中国故事四则》）, illustrations de Nathalie Troxler, Paris, Philippe Picquier, 1987, 218 pp., ill.

21. Lanselle, Rainier 译, *Le Poisson de jade et l'épingle au phénix : douze contes chinois du* XVIIᵉ *siècle*（《玉鱼与凤针：17世纪中国故事十二则》）, traduction, introduction, notes et commentaires par Rainier Lanselle, préface d'André Lévy, Gallimard, coll. Connaissance de l'Orient (47), 1987, 457 pp.

22. Lévy, André, Goldman, René 译, *L'Antre aux fantômes des collines de l'Ouest : sept contes chinois anciens (*XIIᵉ-XIVᵉ *siècle)*[《西山一窟鬼：古代中国故事七种（12—14世纪）》], introduction, notes et commentaires d'André Lévy, traduction d'André Lévy et René Goldman, Paris, Gallimard, Unesco (Connaissance de l'Orient ; 21) (Collection Unesco d'œuvres représentatives, Série chinoise), 170 pp.

23. Lui, Fung-Ming, « Étude des traductions anglaise et française d'un roman

chinois du XVIII$^e$ siècle : *Le Rêve dans le Pavillon rouge* »（《一部中国小说〈红楼梦〉的英语、法语翻译研究》）, Sous la direction de Daniel-Henri Pageaux et Jean Lévi. Thèse de 3$^e$ cycle : Littérature comparée: Paris 3 : 1987 (320 p ; 30 cm).

24. Morgan, Carole, « À propos des fiches oraculaires de Huang Daxian »（《黄大仙灵签》）, *Journal Asiatique*, vol. 275, n° 1-2, 1987, pp. 163-191.

25. Morgan, Carole, « La Divination d'après les croassements des corbeaux dans les manuscrits de Dunhuang »（《敦煌写本中的乌鸣占凶吉书》）, *Cahiers d'Extrême-Asie*, vol. 3, 1987, pp. 55-76.

26. Nghiêm, Toan, Ricaud, Louis 译, *Les Trois royaumes*（《三国》）, vol. 1 (Chapitres I-XV), de Louo Kouan-Tchong, traduction, notes et commentaire de Nghiêm Toan et Louis Ricaud, introduction de Jean Lévi, Paris, Flammarion, Unesco (Aspects de l'Asie. Collection Unesco d'œuvres représentatives, Série chinoise), 1987, XLVII-304 pp.

27. Nghiêm, Toan, Ricaud, Louis 译, *Les Trois royaumes*（《三国》）, vol. 2 (Chapitres XVI-XXX), de Louo Kouan-Tchong, traduction, notes et commentaire de Nghiêm Toan et Louis Ricaud, Paris, Flammarion, (Aspects de l'Asie.Collection Unesco d'œuvres représentatives, Série chinoise), 1987, 312 pp.

28. Nodot, Étiennette, « Étude des orchestres et des instruments de musique pendant les Royaumes Combattants »（《战国乐队与乐器研究》）, Sous la direction de Flora Blanchon. Mémoire de DEA : Histoire de l'art : Paris 4 Sorbonne : 1987.

29. Ryckmans, Pierre 译, *Les Entretiens de Confucius*（《论语》）, Paris, Gallimard, coll. Connaissance de l'Orient (62), 1987, IX-168 pp.

30. Vallette-Hémery，Martine 译，*Les Formes du vent : paysages chinois en prose*（《风之形：散文中的中国风景》）, Le Nyctalope (Le sourire d'un arbre ; 1), Amiens, 1987, 161 pp.

31. Sissaouri, Vladislav, « L'Influence chinoise sur la formation du roman japonais au Xe siècle : l'*Utsuho-monogatari* »（《中国对10世纪日本小说形成的影响：〈宇津保物语〉》）, *Études chinoises*, vol. VI, n° 1, 1987, pp. 7-28.

32. Soymié, Michel, « Notes d'iconographie bouddhique-des Vidyārāja et

Vajradhara de Touen-houang »（《佛教肖像学笔记：敦煌的明王与多杰羌佛》），*Cahiers d'Extrême-Asie*, vol. 3, 1987, pp. 9-26.

33. Thomas, Léon, «Les états de conscience inhabituels dans le *Zhuangzi* »（《〈庄子〉里的异常意识状态》），*Revue de l'histoire des religions*, 2/1987, pp. 129-149.

34. Thote，Alain, « Une sculpture en bronze du v$^e$ siècle avant notre ère : essai d'interprétation »（《试论公元前 5 世纪的一座青铜雕像》），*Arts asiatiques*, t. XLII, 1987, pp. 45-58.

35. Verniau-Pilière, Marie-Christine, « Du Mu : comment rendre justice à l'homme et à l'œuvre ? »（《杜牧：如何正确评价其人与其作？》），*Études chinoises*, vol. VI, n° 2, automne 1987, pp. 47-71.

36. Wong, Ming 译，*Ling-Shu : base de l'acupuncture traditionnelle chinoise*（《灵枢：中国传统针灸基础》），avant-propos de J.-F. Borsarello, Paris, Masson, 1987, XIII-397 pp.

37. Xu, Yuanchong 译，*Cent poèmes lyriques des Tang et des Song*（《唐宋抒情诗百首》），1$^{re}$ éd., Éditions en langues étrangères, Pékin, 1987, VIII-193 pp. (Texte en chinois et traduction française en regard).

38. Zhang, Guangda, Rong, Xinjiang, « Sur un manuscrit chinois découvert à Cira près de Khotan »（《在和田附近的质逻发现的一个中文手稿》），*Cahiers d'Extrême-Asie*, vol. 3, 1987, pp. 77-91, cartes.

## 三、备注

比亚尼（Zéno Bianu）、卡雷（Patrick Carré）翻译的《空山：中国诗选（3—11 世纪）》一书中选译了从 3 世纪的庄子到 11 世纪的苏东坡，包括陶渊明、寒山、李白、王维等 34 位诗人的 120 首诗篇。《空山：中国诗选（3—11 世纪）》带有浓厚的道家色彩，让读者似随诗人寄情于山水，领悟宁静致远的境界。卡雷本人还著有《云游诗人寒山作品集》(*Le Mangeur de brumes:l'œuvre de Han-shan, poète et vagabond*)，在法国也有一定影响。

# 公元 1988 年

## 一、大事记

巴黎索邦大学创设汉学讲座教授席,由白莲花(Flora Blanchon)主持。

## 二、书(文)目录

1. Decaux, Jacques, « Le Canon de l'Empereur jaune »(《黄帝内经》), Sous la direction de Léon Vandermeersch. Thèse : Doctorat d'université : Études extrême-orientales: Paris 7 : 1988.

2. Demiéville, Paul 主编, Anthologie de la poésie chinoise classique(《中国古诗选》), Paris, Gallimard (Collection Poésie ; 156) (Collection Unesco d'œuvres représentatives, Série chinoise), 1988, 618 pp.

3. Diény, Jean-Pierre, « La Vitalité de la poésie chinoise médiévale »(《中古中国诗的生命力》), Journal of the American Oriental Society, 108-3, 1988, pp. 449-455.

4. Diény, Jean-Pierre, « À propos de La note sur les couleurs des papiers des manuscrits de Dunhuang »(《关于〈敦煌手稿纸张颜色笔记〉》), Cahiers d'Extême-Asie, vol. 4, 1988, p. 187.

5. Durand, Pierre-Henri, « Mandchous et Chinois : l'empereur Kangxi et le procès du Nanshan ji »(《满洲人与中国人:康熙皇帝与〈南山集〉案》), Études chinoises, vol. VII, n° 1, printemps 1988, pp. 65-108.

6. Gernet, Jacques, « La Philosophie de Wang Fuzhi (1619-1692) »(《王夫之的哲学(1619—1692)》)及 « Textes du Livre à brûler de Li Zhi (1527—1602) »[《李贽(1527-1602)的〈焚书〉》], in Annuaire du collège de France

*1987-1988, résumé des cours et travaux*, Paris, 1988, pp. 597-602. (Repris in Jacques Gernet, *Société et pensée chinoises aux XVI$^e$ et XVII$^e$ siècles*, Paris, Collège de France/Fayard, 2007, pp. 159-167).

7. Gyss-Vermande, Caroline, « Démons et merveilles : vision de la nature dans une peinture liturgique chinoise »（《鬼怪与奇观：一幅中国礼拜仪式绘画中的自然幻象》）, *Arts asiatiques*, t. XLIII, 1988, pp. 106-122.

8. Hsu, Christina C., « L'Étude des statuettes funéraires des Royaumes combattants aux Han occidentaux »（《战国至西汉葬礼塑像研究》）, Sous la direction de Michèle Pirazzoli. Thèse de 3$^e$ cycle : Études extrême-orientales : Paris 7 : 1988.

9. Lee, Choon Ok (1955-  ), « Étude comparative des premiers styles des statues bouddhiques en Inde, Chine et Corée »（《印度、中国、朝鲜佛像初期风格比较研究》）, Sous la direction d'Élodie Vitale. Thèse de 3$^e$ cycle: Arts Plastiques : Paris 8 : 1988 (2 vol., 415 ff. ; 30 cm).

10. Lévy, André 译, *L'Amour de la renarde : marchands et lettrés de la vieille Chine, douze contes du XVII$^e$ siècle*（《雌狐之爱：古代中国的商人与文人，17世纪的十二个故事》，译自凌濛初作品）, de Ling Mong-tch'ou, traduit du chinois, préfacé et annoté, Paris, Gallimard, Unesco (Connaissance de l'Orient ; 24. Collection Unesco d'œuvres représentatives, Série chinoise), 1988, 285 pp., carte. (Autres tirages : 2004, 2006).

11. Li, Ling, « L'art du sceau en Chine »（《中国印章艺术》）, Sous la direction de Flora Blanchon. Mémoire de DEA en Histoire de l'Art : Université Paris-Sorbonne : 1988.

12. Nghiêm, Toan, Ricaud, Louis 译, *Les Trois royaumes*（《三国》）, vol. 3 (Chapitres XXXI-XLV), de Louo Kouan-Tchong, traduction, notes et commentaire de Nghiêm Toan et Louis Ricaud, Paris, Flammarion, (Aspects de l'Asie. Collection Unesco d'œuvres représentatives, Série chinoise) 1988, 292 pp.

13. Nghiêm, Toan, Ricaud, Louis 译, *Les Trois royaumes*（《三国》）, vol. 4 (Chapitres XLVI-LVI), de Louo Kouan-Tchong, traduction, notes et commentaire de Nghiêm Toan et Louis Ricaud, Paris, Flammarion, (Aspects de l'Asie. Collection

Unesco d'œuvres représentatives, Série chinoise) 1988, 189 pp.

14. Niquet, Valérie 译, *L'Art de la guerre*（《孙子兵法》）, de Sun Zi, traduction et édition critique par Valérie Niquet-Cabestan, introduction de Maurice Prestat, Paris, Economica, coll. Bibliothèque Stratégique, 1988, 107 pp. (rééd. : 1990).

15. Meng, Hua, « Voltaire et la Chine »（《伏尔泰与中国》）, Sous la direction de Roger Guichemerre. Thèse de doctorat : Littérature comparée : Paris 4 : 1988 (2 vol. ; 509 ff. ; 30 cm).

16. Métailié, Georges, « Des mots et des plantes (dans le *Bencao gangmu* de Li Shizhen) »[《（李时珍〈本草纲目〉中的）词汇与植物》], *Extrême-Orient Extrême-Occident*, n° 10 (Rangements à l'œuvre, classifications implicites), 1988, pp. 27-43.

17. Shi, Kangqiang 译, *Carnets de notes sur l'Occident*（《西洋杂志》）, de Li Shuchang（黎庶昌）, préface de Michel Cartier, Paris, Maison des Sciences de l'Homme, 1988, XVII-192 pp.

18. Stein, R. A., « Les Serments des traités sino-tibétains (8$^e$-9$^e$ siècles) »[《汉藏誓约（8—9世纪）》], *T'oung Pao*, vol. 74, fasc. 1-3, 1988, pp. 119-138.

19. Wu, Jin-Jin, « Étude sur les zhenmushou de l'époque Tang »（《唐代镇墓兽研究》）, Sous la direction de Michèle Pirazzoli. Thèse de 3$^e$ cycle : Histoire et archéologie des mondes anciens : Paris 7 : 1988.

20. Yu, Liang, « La Vie et les œuvres de Pu Songling... introduction »（《蒲松龄生平与作品导论》）, Sous la direction de Donald Holzman (1926-    ). Thèse de 3$^e$ cycle : Études extrême-orientales : Paris 7 : 1988.

## 三、备注

无。

# 公元 1989 年

## 一、大事记

1. 艾田蒲出版两卷集《中国之欧洲》(*L'Europe chinoise*)。
2. 贝罗贝获本年度儒莲奖。
3. 戴仁被法国高等研究实践学院第四系任命为"中国著作的历史和文明"的研究导师。

## 二、书（文）目录

1. Billeter, Jean-François, *L'Art chinois de l'écriture*（《中国书法艺术》）, Skira, Genève, 1989, 319 pp. (Rééd. : L'Art chinois de l'écriture : essai sur la calligraphie, Skira-Le Seuil, Genève-Paris, 2001, 324 pp).

2. Bui, Duc Tin, *Essai sur le Lûan ngu(Lunyu)ou Entretiens de Confucius*（《〈论语〉论》）, préface de Nguyên Huy Bao, Paris, Sudestasie, 1989, VIII-121 pp.

3. Carré, Patrick, *Les Saisons bleues : l'œuvre de Wang Wei, poète et peintre*（《蓝色季节：诗人画家王维的作品》）, Paris, Phébus, 1989, 374 pp. (Rééd. : 2004).

4. Cheng, François, *Souffle-esprit, textes théoriques chinois sur l'art pictural*（《气—神：关于绘画艺术的中国理论文本》）, Paris, Le Seuil, 1989, 180 pp.-[32] pp. de pl., ill.

5. Cheng, Wing Fun, Collet, Hervé 译, *Le Peintre et le poète, l'art de la contemplation*（《画家与诗人，静观的艺术》）, peintures et poèmes choisis et traduits, Millemont, Moundarren, 1989, 57 pp., 18 pp. de pl., ill.

6. David-Néel, Alexandra, *Deux maîtres chinois, l'amour universel et l'individualisme intégral : les maîtres Mo-Tsé et Yang-Tchou*（《两位中国大师——兼爱与

重己：墨子与杨朱》), Paris, Plon, 1989, 420 pp. (Précédemment paru sous le titre : En Chine.)

7. Détrie, Muriel, « *Le Livre de Jade* de Judith Gautier, un livre pionnier »（《朱迪特·戈蒂耶的〈玉书〉：一部开拓之书》）, in *Revue de littérature comparée*, n° 3, 1989, pp. 301-324.

8. Dong, Chun, Gilbert Soufflet 译, *Les Larmes rouges du bout du monde*（《天涯红泪》）, de Su Manshu（苏曼殊）, traduit du chinois par Dong Chun et Gilbert Soufflet, préface d'Étiemble, Paris, Gallimard, coll. Connaissance de l'Orient (68), 1989, 256 pp.

9. Gernet, Jacques, « La Philosophie de Wang Fuzhi (1619-1692) (suite) »[《王夫之（1619—1692）的哲学（续）》] 及 « Texte de Tang Zhen (1630-1704) »[《唐甄（1630—1704）的文本》], in *Annuaire du collège de France 1988-1989, résumé des cours et travaux*, Paris, 1989, pp. 549-554. (Repris in Jacques Gernet, *Société et pensée chinoises aux XVI$^e$ et XVII$^e$ siècles*, Paris, Collège de France/Fayard, 2007, pp. 168-175).

10. Giraud, Daniel, *Ivre de Tao, Li Po, voyageur, poète et philosophe, en Chine, au VIII$^e$ siècle*（《道之迷醉：8 世纪的中国旅人、诗人、哲人李白》）, Paris, Albin Michel (Spiritualités vivantes, Série Taoïsme ; 73), 1989, 159 pp. (Contient un choix de textes de Li Po).

11. Jaeger, Georgette 译, *Il y a un homme errant, poèmes choisis*（《飘零诗人——杜甫诗选》）, de Du Fu, traduits du chinois et présentés par Georgette Jaeger, calligraphie de Lin Zhywei, Paris, Orphée/La Différence (Orphée ; 31), 1989, 124 pp. (Texte chinois et traduction française en regard).

12. Jami, Catherine, « Classification en mathématiques : la structure de l'encyclopédie *Yu zhi shu li jing yun* »（《数学分类：百科全书〈御制数理精蕴〉的结构》）, *Revue d'Histoire des Sciences*, vol. XLII, 1989, n° 4, pp. 391-406.

13. Jullien, François, « Une vision du monde fondée sur l'appariement : enjeux philosophiques, effets textuels (à partir de Wang Fuzhi) »[《建立在相成之上的世界观：哲学问题与文本阐述（以王夫之为例）》], *Extrême-Orient Extrême-Occident*, n°

11 (Parallélisme et appariement des choses), 1989, pp. 45-52.

14. Kalinowski, Marc, « La Littérature divinatoire dans le *Daozang* »(《〈道藏〉中占卜文学》), *Cahiers d'Extrême-Asie*, n° 5, 1989-1990, pp. 85-114.

15. Kneib, André, « Les Jugements sur la calligraphie : *Shuduan* de Zhang Huai-guan (actif 713-760) »[《书法论：张怀瓘（713—760）的〈书断〉》], Sous la direction de Léon Vandermeersch. Thèse de doctorat : Langue et civilisation chinoises : Paris 7 : 1989.

16. Kuttler, Michel, « Le Poète Bao Zhao »（《诗人鲍照》）, Sous la direction de Donald Holzman (1926-    ). Thèse de doctorat : Études extrême-orientales : EHESS : 1989.

17. Levi, Jean & Angélique 译, *Les Trois royaumes*（《三国》）, vol. 5 (Chapitres LVII-LXXIX), de Louo Kouan-Tchong, traduction originale, notes et commentaires de Jean et Angélique Lévi, Paris, Flammarion, Unesco (Aspects de l'Asie. Collection Unesco d'œuvres représentatives, Série chinoise), 1989, 336 pp.

18. Levi, Jean & Angélique 译, *Les Trois royaumes*（《三国》）, vol. 6 (Chapitres LXXX-XCIX), de Louo Kouan-Tchong, traduction originale, notes et commentaires de Jean et Angélique Lévi, Paris, Flammarion (Aspects de l'Asie. Collection Unesco d'œuvres représentatives, Série chinoise), 1989, 288 pp.

19. Martin, François, « Les Vers couplés de la poésie chinoise classique »（《中国古典诗歌中的对偶句》）, *Extrême-Orient Extrême-Occident*, n° 11 (Parallélisme et appariement des choses), 1989, pp. 81-98.

20. Martin, François, « Théorie du parallélisme littéraire, d'après Liu Xie »(《刘勰的文学对偶理论》）, *Extrême-Orient Extrême-Occident*, n° 11 (Parallélisme et appariement des choses), 1989, pp. 99-108.

21. Martin, François, « Traités Tang sur le parallélisme »（《关于对偶的唐代论文》）, *Extrême-Orient Extrême-Occident*, n° 11 (Parallélisme et appariement des choses), 1989, pp. 109-124.

22. Martin, François, « Travaux pratiques : lecture du parallélisme dans deux huitains de Du Fu »（《实践研究：杜甫两首律诗中的对偶》）, *Extrême-Orient

*Extrême-Occident*, n° 11 (Parallélisme et appariement des choses), 1989, pp. 125-134.

23. Mathieu, Rémi 译, *Anthologie des mythes et légendes de la Chine ancienne* (《古代中国神话传奇选》), textes choisis, présentés, traduits et indexés par Rémi Mathieu, Paris, Gallimard, coll. Connaissance de l'Orient (69), 1989, 262 pp.

24. Pimpaneau, Jacques 译, *Biographie des regrets éternels : biographies de Chinois illustres* (《长恨传：中国名人传》), Arles, Philippe Picquier (Collection Chine), 1989, 205 pp.

25. Ryckmans, Pierre 译, *Les Entretiens de Confucius* (《论语》), traduction du chinois, introduction, notes et index, Paris, Gallimard (Connaissance de l'Orient ; 35) (Collection Unesco d'œuvres représentatives, Série chinoise), 1989, IX-168 pp. (Autres tirages : 1995, 1999, 2003, 2004, 2006).

26. Saad, Ézéchiel, Yi King, *l'oracle chinois : Mythe et Histoire*, essai d'interprétation (《〈易经〉，中国之神谕：神话与历史——阐释的尝试》), préface de Vincent Bardet, Paris-Bruxelles, Sophora, 1989, XXVI-176 pp., ill.

27. Wang, Hsiu-Huei, « YJZ : un outil informatique sur le Yijian zhi de Hong Mai et ses applications à l'étude de la société des Song »(《YJZ：一个关于洪迈〈夷坚志〉的信息学工具及其在宋代社会研究中的应用》), Sous la direction d'Isabelle La Guéronnière-Robinet (1932-2000). Thèse de doctorat : Études extrême-orientales: Paris 7 : 1989.

28. Wang, Hsiu-Huei, « Vingt-sept récits retrouvés du *Yijian Zhi* »(《〈夷坚志〉中发现的 27 个故事》), *T'oung Pao*, vol. 75, fasc. 1-3, 1989, pp. 191-208.

29. Yung, Man-Han (1952-    ), « La Lune dans l'œuvre poétique de Li Po »(《李白诗作中的月亮意象》), Sous la direction de Jean-Pierre Diény. Thèse de 3$^e$ cycle : Études extrême-orientales : Paris 7 : 1989.

## 三、备注

1. 艾田蒲在两卷集《中国之欧洲》中以他特有的深厚学养、宏阔的文化视野，精辟地论证了中国文化对自罗马帝国至法国大革命间欧洲的影响，为西方人重塑了中国形象。此书原名为《哲学之东方》，作者主持巴黎大学比较文学教席时，曾多次给西方学生讲授过。1988年，由伽利玛出版社收入"思想文库"正式出版时，改成现在这个书名。

《中国之欧洲》上卷从西方人对中国的认识，一直写到莱布尼兹同中国哲学以及文化关系的比较分析，写的是这一历史时期欧洲到底接受了中国哪些影响。下卷写欧洲人从对中国的仰慕到排斥的转变过程，并专门考证了《中国孤儿》的起源、传播及其文化意义。

艾田蒲的《中国之欧洲》改变了过去那种从孤立的短时段来研究东西方文化交流的惯例，而代之以一种从全局、从长时段来考察的方法，把中国和欧洲文化的关系考察回溯到中国的先秦时代。他在对丰富的考古资料和大量的词源学分析的基础上，大胆地推测，实际上欧洲和中国的文化交流在罗马时代已经非常充分了，中国和欧洲已经相互进入了对方的视野。

艾田蒲在《中国之欧洲》中通过中西文化历史的考察，着重阐明了人类文明是一个有机体，是一个互相依赖互为补充的整体，他认为任何一个民族、一个地域的文化，无论是欧洲文化还是中国文化，都是人类共同的精神财富，都是人类文明发展中不可缺少的部分，都应当受到平等的对待，而每一个民族的文化都是独特的，都为整个人类文化发展做出了自己的贡献，都应该得到同样的重视。

在《中国之欧洲》中，艾田蒲颇有深度地描述了东西方文化交流的这种哲学进程。交流是双向的、互补的。他在考析了中国哲学对欧洲产生的影响之后，认为西方人对中国文化的输入和吸收，往往伴随着一种明显的政治意图，常持一种实用的价值取向。他在这两卷集的著作中，以第一手的翔实材料，辨析了西方哲学家在分享中国文化时所产生的种种误读现象，以及造成这种误读的内在的和外在的原因。

在书中，艾田蒲表达并提出了另外一个思路，那就是"显性"文化交流的研究和"隐性"文化交流的研究。他认为，"显性"文化交流是指那种表现出热潮、有意识地展开的文化交流，它一般都是以知识分子为主导，从学术的角度切入，以观念的方式展开，是一种积极主动的对其他文化的借鉴和进入，但也因此容易产生对他者文化的误读，如法国启蒙运动时期的中国热、中国五四时期的西学东渐等。而"隐性"文化交流是指文化交流的相对平静的时期，它往往采用间接的、民间的、物质性的形式，在观念的层面人们一般不会注意，它呈现的更多是一种缓慢、细微的脉动。例如，在东西文化关系史上漫长的"史前时期"，即两种文化在意识层面直接接触的 17 世纪以前的近两千年的交流史。但这绝不意味着它们可以忽略不计，相反，这种形式的文化交流可能是一种更深刻、影响更深远的交流。这种文化交流是以一种潜移默化的方式渗透于日常生活当中的，是以体现了另一种文化价值观念的物质为中介传递的，它没有那种显性交流中的观念先导，更容易进入新的文化土壤的深层。

这部凝结着艾田蒲毕生精力的著作表现了他广阔的学术视野、深厚的学术功力和独特的批判精神，一经问世，就轰动了西方，得到西方学术界高度的评价，荣膺巴尔藏比较文学基金奖（Prix de la Fondation Balzan-Comparatisme），成为第一部获此殊荣的比较文化著作，1992 年由钱林森和许钧翻译，1994 年由河南人民出版社出版汉译本。①

2. 戴仁的讲座涉及书籍具体制作的所有方面，以及它在社会中的地位和作用：无论是著作的载体和外形，还是书籍的不同装潢、木刻本和活字排印本的技术、图书馆的分类体系与组织、书籍的插图及其与行文的关系、书籍的发行流通、其商品化过程及这种发展的文化和社会意义。

# 公元 1990 年

## 一、大事记

1. 6 月，荣振华（Joseph Dehergne）神父逝世。
2. 艾乐桐当选法国社会科学高等学院"中国的语言、学问与社会"的研究导师。

---

① 艾田蒲：《中国之欧洲》，许钧、钱林森译，郑州：河南人民出版社，1994 年。

3. 艾田蒲接受中国比较文化研究会的聘请，担任该会名誉会长。

4. 巴黎索邦大学远东研究中心（CREOPS）创设，由白莲花主持。

5. 谢和耐和许理和共同发起一项"欧洲计划"，课题名称为"从17至18世纪东方科学宗教文化的相互影响，看欧洲与中国的关系"。

## 二、书（文）目录

1. Billeter, Jean-François, « Comment lire Wang Fuzhi ? »（《如何读王夫之？》），*Études chinoises*, vol. IX, n° 1, printemps 1990, pp. 95-127.

2. Billeter, Jean-François, « Zhuangzi poète ou philosophe »（《诗人或哲人庄子》），*Études chinoises*, vol. IX, n° 2, automne 1990, pp. 161-170.

3. Carré, Patrick 译, *L'Art de gouverner : le livre des maîtres du Sud-de-Houai*（《治理之术：〈淮南子〉》），traduit de l'anglais et du chinois par Patrick Carré, édition et introduction de Thomas Cleary, Paris, Calmann-Lévy (Collection Sagesse ; Sagesses d'Orient), 1990, 164 pp. (Traduction de : *The Book of Leadership and Strategy*).

4. Chang, Wei-Penn, et Lucien Drivod 译, *Paysages : miroirs du cœur*（《风景：心镜》），de Wang Wei, traduit du chinois par Wei-Penn Chang et Lucien Drivod, Paris, Gallimard, coll. Connaissance de l'Orient (71), 1990, 341 pp.-XXX pp. de pl.

5. Cheng, François, *Entre source et nuage : la poésie chinoise réinventée*（《水云间：中国诗歌新译》），(choix et trad. par) Paris, Albin Michel, 1990, 261 pp., fac-sim. (Contient le texte chinois de certains poèmes).

6. Cheng, Zheng 译, *L'Odyssée de Lao Ts'an*（《老残游记》），par Lieou Ngo（刘鹗），traduit du chinois par Cheng Tcheng, avant-propos de Jacques Reclus, Paris, Gallimard, Unesco (Connaissance de l'Orient ; 41. Collection Unesco d'œuvres représentatives, Série chinoise), 1990, 280 pp. (Traduction de : *Lao can youji*).

7. Corniot, Christine, « *L'Orphelin des Zhao* : les destinées littéraires d'un thème de l'Opéra de Pékin »（《〈赵氏孤儿〉：一个京剧主题的文学命运》），*Cahiers d'études chinoises*, INALCO, n° 9, 1990, pp. 7-31.

8. Franzini, Serge, « Un texte médical disparu en Chine depuis le XVII<sup>e</sup> siècle conservé à la Bibliothèque nationale de Paris : le *Maijue Zhengyi* de Ma Shi »（《巴黎国家图书馆藏 17 世纪中国佚失的一个医学文本：马莳〈脉诀正义〉》）, *T'oung Pao*, vol. 76, fasc. 1-3, 1990, pp. 49-61.

9. Gernet, Jacques, « Quelques notes de Wang Fuzhi sur le droit des Han »（《王夫之关于汉代法律的若干笔记》）, in Wilt L. Idema, et E. Zürcher (éd.), *Thought and Law in Qin and Han China: Studies Dedicated to Anthony Hulsewé on the Occasion of His Eightieth Birthday*, Sinica Leidensia 24, Leiden, E. J. Brill, 1990, pp. 79-88.

10. Gernet, Jacques, « La Philosophie de Wang Fuzhi (1619-1692) (suite et fin) » [《王夫之（1619—1692）的哲学（续，完）》] 及 « Texte de Tang Zhen (1630-1704) (suite) »[《唐甄（1630—1704）的文本（续）》], in *Annuaire du collège de France 1989-1990, résumé des cours et travaux*, Paris, 1990, pp. 641-652. (Repris in Jacques Gernet, *Société et pensée chinoises aux XVI<sup>e</sup> et XVII<sup>e</sup> siècles*, Paris, Collège de France/Fayard, 2007, pp. 176-192).

11. Goormaghtigh, Georges, *L'Art du qin, deux textes d'esthétique musicale chinoise*（《琴艺：中国音乐美学的两个文本》）, Institut des hautes études chinoises, Bruxelles, 1990, 209 pp.

12. Hervouet, Yves 主译, *Contes extraordinaires du Pavillon du loisir*（《聊斋志异》）, par P'ou Song-ling（蒲松龄）; traduit du chinois sous la direction d'Yves Hervouet, introduction d'Yves Hervouet, Paris, Gallimard (Connaissance de l'Orient ; 16. Collection Unesco d'œuvres représentatives, Série chinoise), 1990, 216 pp. (Réimpression : 2003).

13. Hu-Sterk, Florence, « Sémantique musicale et tradition chinoise : une controverse millénaire autour d'un poème de Han Yu »（《音乐语义学与中国传统：围绕韩愈一首诗的千年争论》）, *T'oung Pao*, vol. 76, fasc. 1-3, 1990, pp. 1-15.

14. Jacob, Paul, *Œuvres complètes de Tao Yuan-ming*（《陶渊明全集》）, traduit du chinois, présenté et annoté, Paris, Gallimard (Connaissance de l'Orient ; 70), 1990, 445 pp.

15. Jullien, François, « Lecture ou projection : comment lire (autrement) Wang Fuzhi ? » [《阅读或投射：如何（以另一种方式）读王夫之？》], *Études chinoises*, vol. IX, n° 2, automne 1990, pp. 131-149.

16. Kaser, Pierre, *À mari jaloux, femme fidèle*（《妒夫忠妻》）(contes tirés du *Wushengxi*)（译自《无声戏》）, de Li Yu（李渔）, Philippe Picquier, 1990, 238 pp.（Rééd. : Picquier Poche, n° 95, 1998, 269 pp.）.

17. Kim, Kee-Hong, « L'Influence de la peinture lettrée chinoise des Qing sur la peinture coréenne des XVIII$^e$ et XIX$^e$ siècles »（《清代中国文人画对于18、19世纪朝鲜画的影响》）, Sous la direction de Flora Blanchon. Thèse de doctorat : Art et archéologie : Paris 4 : 1990 (2 vol. ; v, 511 ff. ; ill ; 30 cm).

18. Lauwaert, Françoise, « Comptes des dieux, calculs des hommes : essai sur la notion de rétribution dans les contes en langue vulgaire du 17$^e$ siècle »（《神算，人算：论17世纪话本中的果报观念》）, *T'oung Pao*, vol. 76, fasc. 1-3, 1990, pp. 62-94.

19. Lavier, Jacques-André 译, *Nei tching sou wen*（《内经素问》）, trad. du chinois, Puiseaux, Pardès (Collection La cité des saules), 1990, 449 pp.

20. Liou, Kia-Hway 译, *Tao-tö king*（《道德经》）, par Lao-tseu（老子）, traduit du chinois, préface d'Étiemble, Paris, Gallimard (Connaissance de l'Orient. 42. Collection Unesco d'œuvres représentatives, Série chinoise), 1990, 120 pp.

21. Maurey, Martin 译, *Du rouge au gynécée : roman érotique de la dynastie Ming*（《玉闺红：明代艳情小说》）, trad. du chinois, Paris, Philippe Picquier, 1990, 141 pp. (Attribué à Luo Ping zheng).

22. Mollier, Christine, *Une Apocalypse taoïste du V$^e$ siècle : le Livre des incantations divines des grottes abyssales*（《5世纪道教启示录：深海岩洞的圣咒之书》）, préface de Kristofer Schipper, Paris, Collège de France, Institut des Hautes études chinoises, Mémoires de l'Institut Hautes études chinoises (vol. 31), 1990, 239 pp.

23. Pastor, Jean-Claude 译, *Zhuangzi (Tchouang-Tseu): Les Chapitres intérieurs*（《庄子：内篇》）, introduction d'Isabelle Robinet, Paris, Cerf, coll. Patrimoines (Taoïsme), 1990, 112 pp.

24. Perront, Nadine, « "Récits de voyages aux quatre orients" : étude et tra-

duction d'un recueil de quatre ouvrages de la dynastie des Ming »（《"四游记"：明代一种四部作品合集的研究与翻译》）, Sous la direction de Jacques Pimpaneau (1934- ). Thèse de doctorat : Études extrême-orientales : Paris, INALCO : 1990 (3 vol. ; 911 ff.-[n.p.] ; ill. ; 30 cm). (Contenu : Tome 1, « Récits de voyage à l'Orient » de Wu Yuantai : un exemple de compilation littéraire sous la dynastie des Ming, étude et traduction annotée ; Tome 2, « Récits de voyage au Midi » de Yu Xiangdou, « Récits de voyage à l'Occident » de Yang Zhihe, « Récit de voyage au septentrion » de Yu Xiangdou, étude et traduction annotée ; Tome 3, Texte chinois du « Récits de voyages aux quatre orients ».)

25. Picard, François, « L'Harmonie universelle : les avatars du syllabaire sanskrit dans la musique chinoise »（《普世和谐：梵语音节文字在中国音乐中的变形》）, Thèse de doctorat : Musicologie : Paris 1 : 1990 (2 vol., 554 ff. ; 30 cm + 2 audiocassettes).

26. Quignard, Pascal 译, *Sur le doigt qui montre cela* ou *Tche-wou louen*（《指物论》）, de Kongsouen Long [Gongsun Liong], texte présenté, trad. et annoté, M. Chandeigne, Paris, 1990. (Traduction suivie d'une note portant sur : « Rigveda », Hymne I.152 strophe 5).

27. Ryckmans, Pierre 译, *Les Entretiens de Confucius*（《论语》）, traduction du chinois, introduction, notes et index par Pierre Ryckmans, préface d'Étiemble, Paris, Gallimard, coll. Connaissance de l'Orient (35), IX-168 pp.

28. Zheng, Su 译, *Les Fleurs du cannelier*（《桂花》）, de Li Qingzhao（李清照）, trad. du chinois par Zheng Su, interprété et présenté par Ferdinand Stoces, Paris, La Différence (Orphée ; 68), 1990, 126 pp. (Texte chinois et traduction française en regard).

## 三、备注

1. 荣振华神父于 1903 年出生于法国的旺德（Vandée）。1921 年，荣振华进入耶稣会初学院。在此三年之后，他应征入伍并服兵役十个月，接着于 1925

年6月20日成为巴黎教省的耶稣会士。他按照正常的教规而于1925—1927年经过初修，1927—1929年在拉瓦尔学习文学，1929—1931年在泽西岛学习哲学，1931—1933年在巴黎的中学实习，1933—1934年在里昂学习神学。1934年8月15日，荣振华在蒙特马尔的圣彼得教堂晋铎为神父。

1936年，荣振华出发赴中国传教区，与三名耶稣会士同行。经过一年的中文学习之后，他便开始向初修耶稣会士讲授教会史，1938年在当时设于上海教会大学复旦大学讲授历史和法文课。从此之后在中国生活的15年间，他做了许多教学和科研工作，著述甚丰，尤以对16—18世纪的天主教在华传教史的广泛研究成绩斐然。1946年，他出任《震旦大学学报》编辑部的秘书。

1951年，荣振华离开中国后到达了法国巴黎郊区的耶稣会档案所在地尚蒂伊，先后任该处图书馆馆长和法国教省的耶稣会档案馆的档案员。1959年，他获得了高等研究实践学院经济和社会学系的毕业文凭，发表了《大革命前夕的下普瓦图》的论文。1964年，他通过了国家博士论文：《贝尔坦的两名中国人，1746年的工业调查和法中技术合作的开端》。1965年，他在谢和耐的指导下，发表了有关18世纪中国瓷器和丝绸交流的论文，并获得博士学位。

荣振华曾与裴化行联袂倡议，并主持了三届国际汉学讨论会。他于1974年、1980年、1983年又先后主持了三届尚蒂伊国际汉学讨论会并主持编辑出版了会议论文集。1982年，荣振华主持在中国台北召开的东西文化交流国际学术讨论会。此外，他还参加了在芝加哥罗耀拉大学召开的纪念利玛窦入华传教四百周年的学术讨论会。他从此轮番在故乡旺代、尚蒂伊、罗马和梵蒂冈从事有关16—18世纪中国耶稣会传教区的研究。

1990年6月，荣振华在南特附近的图阿雷去世，享年87岁。荣振华一生中积累了大批中国学的书籍，逝世后全部交给耶稣会档案馆。荣振华留下的中国文化遗产是很丰厚的，他使尚蒂伊一度成为法国一个重要的汉学中心。①

2. 巴黎索邦大学远东研究中心创设，由白莲花主持。90年代共集中了30

---

① 详细的生平及著作介绍参阅耿昇：《法国的入华耶稣会士汉学家荣振华神父（华南）》，戴仁编，耿昇译：《法国中国学的历史与现状》，上海：上海辞书出版社，2010年，第252~260页。

名来自不同专业的人员，其中有国家科研中心的 5 名研究员（程艾兰、玛丽·加特利埃、希尔维·吉夏尔-安吉、雅娜·科比、里达·勒尼埃）、法兰西远东学院的 1 名研究员以及来自大学的一些人员。其工作成果是出版了一份学报，第 1 卷是有关"赠与捐"的，第 2 卷是有关"空间与整治"的。这些都不是学术论文，而是为广大大众读者所写的专题研究普及作品。

3. 谢和耐与荷兰汉学家许理和一起，提出一个研究课题——"从 17 至 18 世纪东西方科学宗教文化的相互影响，看欧洲与中国的关系"，这一研究课题后来被称为"欧洲计划"。计划的实施，势必引导人们重新关注当年天主教士的特殊历史作用，即他们在特定历史条件下推动东西方文化交流的作用。计划的开展，不仅囊括了德、比、荷兰等国的大量研究人员，而且也吸引了其他地区的专家学者。

4. 程抱一出版了一本名为《水云间：中国诗歌新译》(*Entre source et nuage: la poésie chinoise réinventée*) 的著作。该书与 1977 年他出版的《中国诗语言研究》这部作品相比而言，后者偏重理论阐述，前者是其理论的实践成果。《水云间：中国诗歌新译》以张若虚的《春江花月夜》作为开篇，选取了李白、杜甫、王维、孟浩然等 18 位唐宋名家的著名诗篇，还用较大的篇幅介绍了冰心、冯圣、穆旦、艾青等 7 位中国现代诗人的作品。《水云间：中国诗歌新译》只有少量的诗篇附有注解，译文风格清新自由，更适合法国读者对中国古典诗歌的欣赏和理解。令人叫绝的是，书的末尾，身为画家的程抱一分别用汉语和法语手抄了十六首中国古典诗歌的原作和译文。他的中文字体飘逸洒脱，法语译文的圆形体书龙飞凤舞，两者遥相呼应、和谐统一，如同一幅引人遐想的诗书画，使读者读来身临其境，更好地理解和领悟中国古典诗歌的神韵。

## 公元 1991 年

### 一、大事记

1. 9 月 29 日，索安逝世。

2. 魏丕信当选为法兰西公学院讲席教授。他专长于近代中国（明末和清代）经济和行政组织的历史，特别关心人口、衣食生计、江河管制以及中央政权与地方官府之间的关系等问题。他最早的课程涉及官吏系统内部联系以及近代中国为国家动员民众而拥有的手段等重要问题。

### 二、书（文）目录

1. Baudry-Weulersse, Delphine, Levi, Jean, Baudry, Pierre 译, *Dispute sur le sel et le fer, Yantie lun : Chine, an-81*（《盐铁论》）, (un prodigieux document sur l'art de gouverner) présentation par Georges Walter, trad. du chinois par Delphine Baudry-Weulersse, Jean Lévi, Pierre Baudry, collaboration de Georges Walter, Paris, Seghers (Mots), 1991, 271 pp.

2. Che, Philippe, « La Voie des divins immortels : étude du *Baopuzi Neipian* de Ge Hong (283-343) ; avec une analyse et une traduction de dix chapitres »（《神仙路：葛洪（283—343）〈抱朴子·内篇〉研究，附十章分析及翻译》）, Sous la direction de Kristofer Schipper. Thèse de doctorat : Études extrême-orientales: Paris 7 : 1991 (345 ff. ; 30 cm).

3. Chen, Dasheng, Kalus, Ludvik, *Corpus d'inscriptions arabes et persanes en Chine*（《中国阿拉伯文与波斯文铭文集》）, vol. 1 (Province de Fu-jian : Quan-zhou, Fu-zhou, Xia-men), Paris, P. Geuthner (Bibliothèque d'études islamiques ; 8), 1991, 330 pp., 103 pp. de pl.

4. Chu, Kun-Liang, *Les Aspects rituels du théâtre chinois*（《中国戏剧的礼仪方面》）, Paris, Collège de France, Institut des hautes études chinoises, Mémoires de l'Institut des hautes études chinoises (vol. 33), 1991, 197 pp.

5. Colas, Alain-Louis 译, *Poèmes du Zen des Cinq-Montagnes*（《五山禅诗》）, traduits du chinois et commentés, Paris, Maisonneuve et Larose (Bibliothèque de l'Institut des hautes études japonaises), 1991, 428 pp.

6. Desportes, Serge, *Les Signes et les origines : une étude de chronobiologie d'après le* Nei Tching Sou Wen *et le* Yi King（《符号与起源：〈内经素问〉及〈易经〉编年研究》）, Paris, Guy Trédaniel, 1991, 175 pp., ill.

7. Diény, Jean-Pierre, « Les Encyclopédies chinoises »（《中国百科全书》）, in *L'Encyclopédisme*, Paris, Klincksieck, 1991, pp. 195-200. (Actes du colloque de Caen, 12-16 janvier 1987).

8. Doroféiéva-Lichtmann, Viéra, « *Vents des royaumes (Guo feng)* : un schéma géographique »（《〈国风〉：地理图解》）, *Extrême-Orient Extrême-Occident*, n° 13 (Modèles et structures des textes chinois anciens : les formalistes soviétiques en sinologie), 1991, pp. 58-91.

9. Duron, André 译, *Su Wen*（《素问》）, 1$^{re}$ partie, retranscrit par Charles Laville-Méry, Barsarello et Hawawini, Guy Trédaniel, Paris, 1991, 390 pp., ill.

10. Escande, Yolaine, « Chu Suiliang ou la poésie de l'écriture »（《褚遂良或书法之诗》）, Sous la direction de Hsiung Ping-ming (1922-2002). Thèse de doctorat : Études extrême-orientales : Paris 7 : 1991.

11. Gernet, Jacques, « La Sagesse chez Wang Fou-tche, philosophe chinois du XVII$^e$ siècle »（《17世纪中国哲人王夫之的智慧》）, in Gilbert Gadoffre (sous la direction de), *Les Sagesses du monde*, Paris, Institut collégial européen, Éditions universitaires, 1991, pp. 97-104.

12. Gernet, Jacques, « Comment il faut lire l'histoire : une note sur les idées de Wang Fuzhi »（《如何读史：王夫之思想笔记》）, Tokyo, *Nichifutsu Bunka [Maison franco-japonaise]*, vol. 54, 1991, pp. 70-79.

13. Gernet, Jacques, « Les Instructions familiales (jiaxun) »（《家训》）, in

*Annuaire du collège de France 1990-1991, résumé des cours et travaux*, Paris, 1991, pp. 687-690. (Repris in Jacques Gernet, *Société et pensée chinoises aux XVI$^e$ et XVII$^e$ siècles*, Paris, Collège de France/Fayard, 2007, p. 193).

14. Gernet, Jacques 译, *Écrits d'un sage encore inconnu*（《潜书》）, de Tang Zhen（唐甄）, traduit du chinois, présenté et annoté par Jacques Gernet, Paris, Gallimard, coll. Connaissance de l'Orient (73), 1991, 345 pp.-[4] pp. de pl.

15. Gies, Jacques, « Treize estampes chinoises de la série dite "Kaempfer" »（《"Kaempfer"系列的13幅中国版画》）, *Arts asiatiques*, vol. XLVI, 1991, pp. 131-132.

16. Gournay, Antoine, « Jardins chinois en France à la fin du XVIII$^e$ siècle »（《18世纪末法国的中国花园》）, *Bulletin de l'École française d'Extrême-Orient*, vol. 78, 1991, pp. 259-274.

17. Hu-Sterk, Florence, « Esthétique musicale et poésie des Tang »（《音乐美学与唐诗》）, Sous la direction de Francois Jullien. Thèse de doctorat : Études extrême-orientales : Paris 8 : 1991.

18. Isaiéva, Marina V., « *Notes sur les étalons (Lüzhi)* de l'*Histoire des Han antérieurs* : correspondance entre forme et contenu, modes d'élaboration et notions générales, dans la tradition systématisante des Han »（《〈汉书·律志〉笔记：汉代系统化传统中形式与内容、制作模式与一般观念的协调》）, *Extrême-Orient Extrême-Occident*, n° 13 (Modèles et structures des textes chinois anciens : les formalistes soviétiques en sinologie), 1991, pp. 129-154.

19. Kaser, Pierre, « Li Yu : le retour du Vieux Pêcheur au Chapeau de Paille »（《李渔：蓑笠渔翁的回归》）, *Revue bibliographique de sinologie*, vol. IX, 1991, pp. 279-285.

20. Kalinowski, Marc 译, *Cosmologie et divination dans la Chine ancienne : le Compendium des cinq agents (Wuxing dayi) (VI$^e$ siècle)*（《古代中国的宇宙论与占卜术：〈五大行义〉》）, Paris, École française d'Extrême-Orient, Publications de l'École française d'Extrême-Orient (166), 1991, 639 pp.-[4] pp. de pl., ill.

21. Kircher, François 译, *Les Trente-six stratagèmes : traité secret de stratégie*

*chinoise*（《三十六计》）, trad. et commentés, calligr. de M. André Huchant, Paris, J.-C. Lattès, 1991, 271 pp., ill. (En appendice, choix de documents.)

22. Kwong, Hing Foon, « L'Évolution du théâtre populaire depuis les Ming jusqu'à nos jours : le cas de Wang Zhaojun »（《明代以降至今日民间戏剧的演化：以王昭君的形象为例》）, *T'oung Pao*, vol. 77, fasc. 4-5, 1991, pp. 179-225.

23. Lanselle, Rainier 译, *Le Cheval de jade : quatre contes chinois du 17<sup>e</sup> siècle*（《玉马：17世纪中国故事四则》）, Arles, Philippe Picquier, 1991, (réédition) 197 pp. (Contient : *Baihefang jiang wu zuo you* ; *Jue xin keng qiangui cheng caizhu* ; *Qisongyuan nong jia cheng zhen*).

24. Lanselle, Rainier 译, *Le Poisson de jade et l'épingle au phénix : douze contes chinois du XVII<sup>e</sup> siècle*（《玉鱼与凤针：17世纪中国故事十二则》）, traduction, introduction, notes et commentaires par Rainier Lanselle, préface d'André Lévy, Paris, Gallimard (Connaissance de l'Orient, Série chinoise ; 47), 1991 (réédition), 457 pp.

25. Levi, Jean & Angélique 译, *Les Trois royaumes*（《三国》）, vol. 7 (Chapitres C-CXX), de Louo Kouan-Tchong, traduction originale, notes et commentaires de Jean et Angélique Levi, Paris, Flammarion (Aspects de l'Asie. Collection Unesco d'œuvres représentatives, Série chinoise), 1991, 261 pp., cartes.

26. Lévy, André 译, *La Pérégrination vers l'Ouest (Xiyou ji, de Wu Cheng'en)*（吴承恩《西游记》）, texte traduit, présenté et annoté par André Lévy, Paris, Gallimard, Bibliothèque de la Pléiade, 1991, 2 vol., CXLVI-1160 pp. et 1192 pp.

27. Li, Tche-Houa 译, *Le Signe de patience : et autres pièces du théâtre des Yuan*(《忍字记及其他元杂剧》), de Tchen T'ing-yu（郑廷玉）, Ts'in Kien-fou（秦简夫）, trad. du chinois, présenté et annoté, Paris, Gallimard (Connaissance de l'Orient ; 51. Collection Unesco d'œuvres représentatives, Série chinoise), Paris, 1991, 373 pp. (Contenu : *Le Signe de patience* et *L'Avare* de Tcheng T'ing-yu ; *Le Fils prodige* de Ts'in Kien-fou).

28. Li, Zhihua, Alézaïs, Jacqueline 译, Cao Xueqin, *Le Rêve dans le pavillon rouge [Hong lou meng]*（曹雪芹《红楼梦》）, vol. 1 (Récits I-LXII), traduction,

introduction, notes et variantes par Li Tche-Houa et Jacqueline Alézaïs ; révision par André d'Hormon, nouvelle édition, Paris, Gallimard (Collection Unesco d'œuvres représentatives, Série chinoise) (Bibliothèque de la Pléiade ; 293), Paris, 1991, CXLIII-1638 pp., ill.

29. Li, Zhihua, Alézaïs, Jacqueline 译, Cao Xueqin, *Le Rêve dans le pavillon rouge [Hong lou meng]*（曹雪芹《红楼梦》）, vol. 2 (Récits LXIII-CXX), traduction, introduction, notes et variantes par Li Tche-Houa et Jacqueline Alézaïs ; révision par André d'Hormon, nouvelle édition, Paris, Gallimard (Collection Unesco d'œuvres représentatives, Série chinoise) (Bibliothèque de la Pléiade ; 294), Paris, 1991, XLVI-1640 pp., ill. (Autres tirages : 1983, 2003).

30. Lefrançois, Thierry, *Céramiques d'Extrême-Orient du musée d'Orbigny-Bernon*（《Orbigny-Bernon 博物馆藏远东陶瓷器》）, préface par Jean-Paul Desroches, La Rochelle, Éditions des musées d'art et d'histoire de La Rochelle, 1991, 93 pp., ill. (Musée d'Orbigny-Bernon : La Rochelle, Gironde).

31. Lévy, André, *La Littérature chinoise ancienne et classique*（《中国古代与古典文学》）, Paris, Presses universitaires de France, coll. « Que sais-je? » (n° 296), 1991, 125 pp.

32. Lévy, André, Michel Cartier, *Inventaire analytique et critique du conte chinois en langue vulgaire*（《中国话本分析评论性书目》）(tome quatrième), Paris, Collège de France, Institut des hautes études chinoises, Mémoires de l'Institut des hautes études chinoises (vol. 8-4), 1991, VI-378 pp.

33. Leys, Simon 译, « Propos de Huang Binhong sur la peinture »（《黄宾虹画论》）, in Simon Leys, *L'Humeur, l'honneur, l'horreur : essais sur la culture et la politique chinoises*, Paris, Robert Laffont, 1991, pp. 75-84.

34. Perront, Nadine 译, *Mémoires d'un eunuque dans la cité interdite,* Dan shi（丹石《紫禁城太监回忆录》）, (d'après le témoignage de Yu Chunhe) trad. du chinois, Paris, Philippe Picquier, 1991, 197 pp.-[16] pp. de pl. [Titre original : *Yige quinggong taijian de zaoyu*（译自《一个清宫太监的遭遇》）].

35. Picard, François, *La Musique chinoise*（《中国音乐》）, Paris, Minerve,

1991, 215 pp.

36. Roy, Claude 译, *Le Voleur de poèmes : Chine*（《窃诗者：中国诗选》）, Paris, Mercure de France, 1991, 435 pp., ill. (Autre tirage : 1992).

37. Samoyault-Verlef, Colombe, Bayou, Hélène, *Le Musée chinois et les salons de l'impératrice Eugénie*（《欧仁妮皇后的中国博物馆与沙龙》）, (Musée national du Château de Fontainebleau ; (réd. par) Colombe Samoyault-Verlet et Hélène Bayou ; avec la collaboration de Gilles Béguin, Jean-Paul Desroches et Albert Le Bonheur, Paris, Éditions de la Réunion des musées nationaux (Petit guide / Réunion des musées nationaux ; 132), 1991, 24 pp., ill.

38. Sarlandie de la Robertie, Catherine (Catherine Rouquet épouse Sarlandie de la Robertie), « Wang Shuhe et le *Classique du pouls* »（《王叔和与〈脉诀〉》）, Sous la direction de Pierre Trolliet. Thèse de doctorat : Asie-Pacifique. Option Chine : Paris, INALCO : 1991 (2 vol. ; 593 ff. ; ill., cartes ; 30 cm).

39. Situ, Shuang, « De l'influence de la Chine dans la décoration et l'iconographie en France à la fin du $XVII^e$ siècle et au début du $XVIII^e$ »（《论中国对 17 世纪末、18 世纪初法国装饰及肖像的影响》）, Sous la direction de Pierre Chaunu. Thèse de doctorat : Histoire de l'art : Paris 4 : 1991 (2 vol., 588 ff. ; ill. ; 30 cm).

40. Soymié, Michel 主编, *Catalogue des manuscrits chinois de Touen-Houang : fonds Pelliot chinois de la Bibliothèque nationale*（《敦煌汉文手稿目录》）, Volume IV, N° 3501-4000, catalogue rédigé sous la direction de Michel Soymié, par Jean-Pierre Drège, Danielle Éliasberg, Paul Magnin (et *alii*), Équipe de recherche sur les manuscrits de Dunhuang, École pratique des Hautes Études, École française d'Extrême-Orient (Publications hors série de l'École française d'Extrême Orient), Paris, 1991, pp. XX-558 (La couverture porte en plus : « Publié avec le concours de la Fondation Singer-Polignac »).

41. Spirin, Vladimir S., « Composition des textes chinois anciens »（《古代中国文本的结构》）, d'après la première partie (Outils de l'analyse formelle), du livre de Vladimir S. Spirin, dans une présentation de Karine Chemla et A. Volkov, *Extrême-Orient Extrême-Occident*, n ° 13 (Modèles et structures des textes chinois

anciens : les formalistes soviétiques en sinologie), 1991, pp. 31-57.

42. Teboul-Wang, Brigitte, « *Souvenirs rêvés de Tao'an*, Zhang Dai (1597-1681) : un chef-d'œuvre de la prose poétique chinoise »（《张岱（1597—1681）〈陶庵梦忆〉：一部中国散文诗杰作》）, Sous la direction de Jean-Pierre Diény (1927-    ). Thèse de doctorat : Langues et civilisations de l'Asie orientale : Paris 7 : 1991 (204 ff. ; 30 cm).

43. Tkatchiénko, Grigoriï A., « Sur la composition du *Shi'er ji* dans le *Lü shi chunqiu (Printemps et automnes de Lü shi)* »（《〈吕氏春秋·十二纪〉的结构体系》）, *Extrême-Orient Extrême-Occident*, n° 13 (Modèles et structures des textes chinois anciens : les formalistes soviétiques en sinologie), 1991, pp. 121-127.

44. Volkov, Alexeï K., « Recherches sur les structures des textes chinois anciens en URSS »（《苏联的古代中国文本结构研究》）, *Extrême-Orient Extrême-Occident*, n° 13 (Modèles et structures des textes chinois anciens : les formalistes soviétiques en sinologie), 1991, pp. 11-30.

45. Volkov, Alexeï K., « Structure d'un traité mathématique : l'exemple du *Hai dao suan jin* »（《一篇数学论文的结构：以〈海岛算经〉为例》）, *Extrême-Orient Extrême-Occident*, n° 13 (Modèles et structures des textes chinois anciens : les formalistes soviétiques en sinologie), 1991, pp. 93-100.

46. Volkov, Alexeï K., « La Structure des textes chinois anciens : quelques remarques »（《古代中国文本的结构：若干评注》）, *Extrême-Orient Extrême-Occident*, n° 13 (Modèles et structures des textes chinois anciens : les formalistes soviétiques en sinologie), 1991, pp. 155-161.

47. Wang, Chia Yu, « Recherches historiques de la numismatique chinoise »（《中国钱币学历史研究》）, Sous la direction de Léon Vandermeersch. Thèse de doctorat : Études extrême-orientales : Paris 7 : 1991.

## 三、备注

索安，中文名石秀娜，德裔法国著名的道教研究学者，生于德国柏林，

1958—1960 年在慕尼黑大学、1961 年在汉堡大学受到汉学基础教育，后到巴黎专门研究中国宗教史。1961 年到 1967 年师从杰出的汉学家康德谟和石泰安，其博士论文《论汉代道教对老子的神格化》(La divinisation de Lao-tseu dans le taoisme des Han)，1969 年作为法国远东学院出版物第七十一种在巴黎出版，1992 年再版。

1968 年，石秀娜在第一次国际道教研究会议上宣读了《早期道教救世主信仰中理想统治者的形象——老子和李弘》(载《宗教史》1969—1970 年第 9 卷第 2~3 期合刊)。

1969 年她被选为法国远东学院院士并派往日本京都分院，在那里工作长达 22 年。她的工作集中于编辑佛教百科字典《法宝义林》(Hōbōgirin)，与此同时，继续研究道教，成为世界上这方面的权威之一。

石秀娜和美国波士顿人赫尔姆斯·韦尔奇有过持续不久的婚姻，并与他合编过在国际汉学界颇有影响的第二次国际道教研究议文集《道教面面观》。之后她便把她的一生一心一意地献给了自己的学术事业和法宝义林研究所。

1978 年任夏威夷大学的客座教授。

1988 年曾任加利福尼亚大学圣巴巴拉分校的客座教授。

1985 年创办年刊《远东亚洲丛刊》(Cahiers d'Extrême-Asie)，向美国及亚洲各地介绍法国的汉学研究，共出五号，深受欢迎。

1991 年 9 月 29 日在美国旧金山不幸去世，年仅 53 岁。

石秀娜生前发表过不少论文，最能反映她对中国道教看法的是 1974 年她为《大英百科全书》第十五版第十七卷撰写的长篇词条"Taoïsm"。该文把道家和道教结合起来探讨中国宗教—哲学传统，主要内容有：性质和意义、道教的基本概念、哲学的道教、宗教的道教、道教和其他宗教、道教和中国文化。

石秀娜没有大部头的著作留世，她把大部分精力用在编辑和教学工作上，但她还是为我们留下了两部名存百世的小部头著作，一部用德文写成，另一部用英文写成：

*Chronicle of Taoist Studies in the West 1950-1990*[《西方道教研究编年史

(1950—1990 年）》], *Cahiers d'Extrême-Asie*, 1989-1990.①

*Taoismus: Die Inoffizielle Hochreligion Chinas*（《道教：中国的非官方宗教》），1990.

# 公元 1992 年

## 一、大事记

1. 戴仁担任法兰西学院汉学研究所所长兼该院与国家科研中心合办的"中国写本、金石图像研究组"组长。

2. 法国国家科研中心在里昂创建了一个东亚研究所，与里昂三大（即里昂第三大学）合作，成立国立研究中心第 1579 联合研究组（URA1579），重点研究"东亚的城市和都市社会"。

3. 吉美博物馆创设一个中国画研究中心。

4. 联合国教科文组织法国委员会和辛格—波利尼亚基金会在巴黎组织了"丝绸之路，科学与文化问题"研讨会。共集中了贝莱克、戴仁、叶利世夫、冯赫伯、马如丹（François Martin）等一代名流，讨论会的报告《丝绸之路，共同的遗产，多种的成分》由巴黎联合国教科文组织于 1994 年出版。

5. 马如丹被任命为法国高等研究实践学院第四系（史学和语文系）"传统中国的史学和语文学"研究导师。

---

① 该文共分十部分。目次是：序言；I. 导论；II. 道藏中老庄的精神；III. 资料；IV. 道教历史；V. 道教的世界；VI. 中国文化中的道教；VII. 道教和佛教；VIII. 中国域外的道教；IX. 今后展望；X. 参考文献。其中第五部分最长，述及神仙、洞天福地、灵宝五符、河图洛书、内丹、外丹、仪礼、偶像等内容；其次是第六部分，述及皇宫的天崇拜、官场和儒教、艺术、诗歌、书法、绘画、民间宗教和医学。全文综述了西方汉学界所感兴趣的研究范围，而且还是献给中华人民共和国的同行的作品。

## 二、书（文）目录

1. Cheng, Wing fun, Collet, Hervé 译，*Merveilleux le chemin de Han shan : poèmes*（《神奇寒山路：诗》）, traduits du chinois, calligraphie de Cheng Wing fun, Moundarren, Millemont, 1992, non paginé, multigr. (Édition bilingue : français-chinois).

2. Courtot-Thibault, Valérie, « La Représentation de l'espace domestique d'après les contes et romans populaires illustrés chinois des dynasties Ming et Qing (XVI$^e$–XIX$^e$ siècle) : étude analytique de l'image chinoise »[《根据明清两代（16 至 19 世纪）中国民间绘图故事和小说看家庭空间的再现：中国图像分析研究》], Thèse de doctorat : Histoire : Paris EHESS : 1992 (2 vol., foliotation multiple [598] ff. ; ill ; 30 cm).

3. Dars, Jacques 译, « Errances et séjours de poètes chinois : Bai Juyi, Su Zhe, Fan Chengda, Yuan Mei »（《中国诗人的游历：白居易、苏辙、范成大、袁枚》）, *Caravanes*, n° 3, 1992, pp. 32-46.

4. Détrie, Muriel, « Le Mythe du Bouddha dans la littérature occidentale »（《西方文学中佛的神话》）, in *Rencontre avec l'Inde*, New Delhi, Tome 21, n° 3, 1992, pp. 37-48.

5. Hu-Sterk, Florence, « Les "Poèmes de lamentation du palais" sous les Tang : la vie recluse des dames de la Cour »（《唐代"宫怨诗"：宫廷妇人的幽居生活》）, *Études chinoises*, vol. XI, n° 2, automne 1992, pp. 7-33.

6. Huang, He Ging, « Images du silence : de la spiritualité dans la peinture de paysage en Chine de l'époque Yuan (1276-1368) »[《沉默的图像：论元代（1276—1368）中国风景画中的精神性》]. Thèse : Art et archéologie : Paris 1 : 1992 (2 vol., 510 ff. ; 30 cm).

7. Kamenarović, Ivan P. 译, *Propos d'un ermite (Qianfu Lun)*（《潜夫论》）de Wang Fu, introduction et traduction du chinois par Ivan P. Kamenarović, préface de Catherine Despeux, Paris, Cerf, coll. Patrimoines (Confucianisme), 1992, 288 pp.

8. Kwong, Hing Foon, « Wang Zhaojun dans les contes populaires contempo-

rains »（《当代民间故事中的王昭君》）, *Études chinoises*, vol. XI, n° 1, printemps 1992, pp. 7-55 (traduction par Jean-Pierre Diény).

9. Le Blanc, Charles, « Résonance : une interprétation chinoise de la réalité »（《回声：对现实的一种中国式阐释》）, in Charles Le Blanc & Rémi Mathieu (éd.), *Mythe et philosophie à l'aube de la Chine impériale : études sur le Huainan zi*, Montréal, Presses de l'université de Montréal, 1992, pp. 91-111.

10. Le Blanc, Charles, « Histoire du texte et philologie : principes et pratique »（《文本史与语义学：原则与实践》）, in Charles Le Blanc & Rémi Mathieu (éd.), *Mythe et philosophie à l'aube de la Chine impériale : études sur le Huainan zi*, Montréal, Presses de l'université de Montréal, 1992, pp. 161-176.

11. Le Blanc, Charles, « Éditions, traductions et études du *Huainan zi* »（《〈淮南子〉版本、翻译与研究》）, in Charles Le Blanc & Rémi Mathieu (éd.), *Mythe et philosophie à l'aube de la Chine impériale : études sur le Huainan zi*, Montréal, Presses de l'université de Montréal, 1992, pp. 177-208.

12. Le Blanc, Charles, Rémi Mathieu (éd.), *Mythe et philosophie à l'aube de la Chine impériale : études sur le Huainan zi*（《帝制中国黎明期的神话与哲学：〈淮南子〉研究》）, Montréal, Presses de l'université de Montréal, 1992, 240 pp.

13. Lévy, André 译, *Histoires d'amour et de mort de la Chine ancienne*（《古代中国爱情与死亡主题的故事》）, traduites du chinois et présentées par André Lévy, Paris, Aubier, coll. Domaine chinois, 1992, 244 pp. [Autre titre : *Chefs-d'œuvre de la nouvelle, dynastie des Tang* (1)].

14. Mathieu, Rémi, « L'Inquiétante Étrangeté »（《令人不安的特性》）, in Charles Le Blanc & Rémi Mathieu (éd.), *Mythe et philosophie à l'aube de la Chine impériale : études sur le Huainan zi*, Montréal, Presses de l'université de Montréal, 1992, pp. 15-26.

15. Mathieu, Rémi, « Une création du monde »（《世界的创生》）, in Charles Le Blanc & Rémi Mathieu (éd.), *Mythe et philosophie à l'aube de la Chine impériale : études sur le Huainan zi*, Montréal, Presses de l'université de Montréal, 1992, pp. 69-87.

16. Mathieu, Rémi 主编, *À la recherche des esprits : récits tirés du Sou shen ji*

（《搜神记》），par Gan Bao（干宝）; traduit du chinois, présenté et annoté sous la direction de Rémi Mathieu, Paris, Gallimard (Connaissance de l'Orient ; 78. Collection Unesco d'œuvres représentatives, Série chinoise), Paris, 1992, 358 pp.-[8] pp. de pl., ill., cartes. (Traduction de : *Soushenji*.)

17. Pastor-Ferrer, Jean-Claude, « Éléments pour une lecture du Siwenlu Neipian de Wang Fuzhi, 1619-1692 »[《王夫之（1619—1692）〈思问录·内篇〉阅读要素》], Sous la direction d'Isabelle Robinet. Thèse : Études de l'Extrême-Orient : 1992.

18. Philastre, Paul-Louis-Félix 译, *Le Yi King*（《易经》）, trad. du chinois, présenté par François Jullien, Cadeilhan, Zulma, 1992, 876 pp. (La couverture porte aussi : « Le livre des changements »).

19. Schmid, David N., « Yuanqi : la littérature bouddhique de propagande dans la Chine médiévale »（《缘起：中古中国佛教宣传文学》）, Sous la direction de Michel Soymié (1924-2000), Jean-Pierre Drège (1946- ), et Mme Kuo Li-Ying (1948- ). Mémoire de DEA : Lettres : Paris, EPHE : 1992 (114 ff. non brochées; 30 cm).

20. Stein, R. A., « Tibetica Antiqua VI : Maximes confucianistes dans deux manuscrits de Touen-houang »（《古代西藏 VI：敦煌两部手稿中的儒家格言》）, *Bulletin de l'École française d'Extrême-Orient*, t. 79, 1992, pp. 9-17.

21. Tam, Wai-Chun, « Histoire de l'opéra cantonais »（《粤剧史》）, Sous la direction d'Yves Hervouet (1921-1999). Thèse de doctorat : Études extrême-orientales : Paris 7 : 1992 (368 ff., [6] ff. de pl., [1] dépl : ill ; 30 cm).

22. Vigneron, Frank, « Présentation de deux traités de peinture écrits par des peintres chinois et Européens du XVIII$^e$ siècle »（《18 世纪中国与欧洲画家撰写的两篇画论介绍》）, Mémoire de DEA : Histoire de l'art : Université de Bourgogne : 1992.

## 三、备注

马如丹最早的讲座涉及公元 6 世纪时的"艳歌"总集——《玉台新咏》，他从意图上进行探索，以阅读诗文为据，把它放在历史文学范畴内来考虑。另一方面，他的讲座也涉及《诗经》的注释问题。在这种注释问题上，首先根据同一首诗（《驷虞》）的历代注释而做了一次别具一格的尝试，然后通过全面阅读《郑风》的诗歌而对它与历史的关系做了调查，其目的在于严格地分析和判断《毛诗》的注释方法。①

## 公元 1993 年

### 一、大事记

1. 法国高等研究实践学院第五系开设一个有关中国宗教图像学的讲座，由贾珞琳（Caroline Gyss-Vermande）主持。
2. 龙巴尔（Denys Lombard）接替汪德迈出任法兰西远东学院院长。
3. 谭霞客获本年度儒莲奖。
4. 汪德迈退休，马克讲授法国高等研究实践学院有关中国早期宇宙观的课程。

### 二、书（文）目录

1. Billeter, Jean François, « La Phénoménologie de l'activité dans le *Zhuangzi* »（《〈庄子〉中的活动现象学》）, *Asiatische Studien/Études asiatiques*, vol. 47, n° 4, 1993, pp. 545-558.

2. Bobot, Marie-Thérèse, *Musée Cernuschi, guide général : collections chinoises du Musée Cernuschi*（《塞努奇博物馆总体导引：塞努奇博物馆的中国收藏》）, Paris, Paris-Musées, 1993, 47 pp., ill.

3. Chemla, Karine, « Cas d'adéquation entre noms et réalités mathématiques :

---

① ［法］桀溺：《法国高等研究实践学院第四系（史学和语文系）的汉学研究》，戴仁编，耿昇译：《法国中国学的历史与现状》，上海：上海辞书出版社，2010 年，第 629 页。

deux exemples tirés de textes chinois anciens »（《数学名称与事实的相符案例：汲自古代中国文本的两个例子》）, *Extrême-Orient Extrême-Occident*, n° 15 (Le juste nom), 1993, pp. 103-138.

4. Dars, Jacques 译, *Randonnées aux sites sublimes*（《徐霞客游记》）, de Xu Xiake, traduit du chinois, présenté et annoté par Jacques Dars, Paris, Gallimard, coll. Connaissance de l'Orient (80), 1983, XXXIII-391 pp.-[38] pp. de pl. dont [30] de cartes.

5. Diény, Jean-Pierre, *Portrait anecdotique d'un gentilhomme chinois : Xie An (320-385) d'après le* Shishuo xinyu [《根据〈世说新语〉看一位中国贵族谢安（320—385）的逸事形象》], Paris, Collège de France, Institut des hautes études chinoises, Bibliothèque de l'Institut des hautes études chinoises (vol. XXVIII), 1993, 132 pp.

6. Djamouri, Redouane, « Théorie de la "rectification des dénominations" et réflexion linguistique chez Xunzi »（《"正名"理论与荀子的语言学思考》）, *Extrême-Orient Extrême-Occident*, n° 15 (Le juste nom), 1993, pp. 55-74.

7. Esposito, Monica, « La Porte du Dragon : l'école Longmen du mont Jingai et ses pratiques alchimiques d'après le *Daozang Xubian (Suite au canon taoïste)* »（《龙之门：根据〈道藏续编〉看金盖山龙门派及其炼金实践》）, Sous la direction d'Isabelle Robinet (1932-2000). Thèse de doctorat : Langues et civilisations de l'Asie orientale : Paris 7 : 1993 (2 vol., 630 f. ; ill ; 30 cm).

8. Fèvre, Francine, Métailié Georges, « Aperçu des sources chinoises pour l'histoire des animaux »（《动物史中国史料概览》）, *Anthropozoologica*, n° 18 (Les animaux dans la culture chinoise), 1993 [1994], pp. 99-103.

9. Franzini, Serge, « Un manuscrit médical chinois ancien conservé à Saint-Petersbourg »（《圣彼得堡藏的一部古代中国医学手稿》）, *Journal Asiatique*, vol. 281, n° 1-2, pp. 211-224.

10. Guyonvarch, Olivier, « Les Outils agricoles dans la Chine du XIV$^e$ siècle d'après le *Nongshu* de Wang Zhen »（《王祯〈农书〉所载 14 世纪的中国农具》）, *Études chinoises*, vol. XII, n° 2, automne 1993, pp. 9-49.

11. Hubert, Jean-François, « La Constitution des collections de porcelaine

chinoise en France au XVIIᵉ siècle » (《17 世纪法国中国瓷器收藏的建立》), Sous la direction de Mr. Antoine Schnapper. Mémoire de DEA : Université Paris IV Sorbonne : 1993.

12. Jullien, François, *Figures de l'immanence : pour une lecture philosophique du Yi king, le Classique du changement* (《内在之象：对〈易经〉的哲学阅读》), Paris, Grasset, coll. Figures, 1993, 284 pp. (Rééd. : Paris, Librairie générale française, coll. Le Livre de poche-Biblio essais, 1995, 317 pp.).

13. Jullien, François 译, *Zhong Yong ou La régulation à usage ordinaire* (《中庸》), texte traduit, introduit et commenté par François Jullien, Paris, Imprimerie nationale, coll. La salamandre, 1993, 194 pp.

14. Jung, Shu-June Cleo, « Contribution à l'étude comparée des systèmes poétiques chinois et français depuis l'époque Zhou jusqu'à l'aube du XXᵉ siècle » (《周代至 20 世纪初中法诗歌系统比较研究》), Sous la direction de Marc-Mathieu Münch. Thèse de doctorat : Littérature et civilisation comparées : Metz : 1993.

15. Lackner, Michel, « La Portée des événements : réflexions néo-confucéennes sur la "rectification des noms" (*Entretiens* 13.3) »[《事件的影响：新儒家关于"正名"（〈论语〉13.3）的思考》], *Extrême-Orient Extrême-Occident*, n° 15 (Le juste nom), 1993, pp. 75-87.

16. Lara, Anne-Marie, « Recherches sur le *Renwu zhi* de Liu Shao (IIIᵉ siècle) : une démarche plurielle » (《刘劭〈人物志〉（3 世纪）研究：一种多元方法》), Sous la direction de Jean-Pierre Diény (1927-    ). Thèse de doctorat : Études extrême-orientales : Paris 7 : 1993 (2 vol., XVII-742 ff. ; 30 cm).

17. Larre, Claude, Rochat de la Vallée, Élisabeth, *Su Wen : les 11 premiers traités* (《〈素问〉：前十一论》), Moulins-lès-Metz, A. Maisonneuve (*Variétés sinologiques* ; 79), 1993, 400 pp. (Contient le texte chinois de : *Su Wen* attribué à Qin Shihuangdi, sa translittération et la traduction française.)

18. Larre, Claude, Elisabeth Rochat de la Vallée, Isabelle Robinet 译, *Les Grands Traités du Huainan zi* (《淮南子》), Taipei et Paris, Institut Ricci et éditions du Cerf, coll. Patrimoines (Taoïsme) et coll. *Variétés sinologiques* (75), 1993,

254 pp., carte.

19. Lévy, André 译, *Histoires extraordinaires et récits fantastiques de la Chine ancienne*（《古代中国传奇故事》）, traduites du chinois et présentées par André Lévy, Paris, Aubier, coll. Domaine chinois, 1993, 210 pp. [Autre titre : *Chefs-d'œuvre de la nouvelle*, *dynastie des Tang* (2)].

20. Liang, Lian, « Le Costume chinois à l'époque des Tang (618-907) : histoire du costume, de la mode et de la beauté féminine dans les lettres et les arts »[《唐代（618—907）中国服装：文学艺术中的服装、时尚及女性美历史》], Sous la direction de Flora Blanchon. Thèse de doctorat : Art et archéologie : Paris 4 : 1993.

21. Lin, Tong-Yang, « Aperçu sur le mappemonde de Ferdinand Verbiest, le *K'un-yü ch'üan-t'u [Kunyu quantu]* »（《南怀仁〈坤舆全图〉概况》）, in *Succès et échecs de la rencontre Chine et Occident du XVI$^e$ au XX$^e$ siècle*, Actes du V$^e$ Colloque international de Sinologie (Chantilly, 1986), San Francisco (Ricci Institute for Chinese-Western Cultural History), Paris (Institut Ricci), *Variétés sinologiques* (nouvelle série, 74), 1993, pp. 145-173.

22. Martzloff, Jean-Claude, « Note sur les traductions chinoises et mandchoues des éléments d'Euclide effectuées entre 1690-1723 »（《关于1690至1723年间进行的欧几里得元素中满文翻译的笔记》）, in *Succès et échecs de la rencontre Chine et Occident du XVI$^e$ au XX$^e$ siècle*, Actes du V$^e$ Colloque international de Sinologie (Chantilly, 1986), San Francisco (Ricci Institute for Chinese-Western Cultural History), Paris (Institut Ricci), *Variétés sinologiques* (nouvelle série, 74), 1993, pp. 201-212.

23. Métailié, Georges, « Plantes et noms, plantes sans noms dans le *Zhiwu mingshi tukao* »（《植物与名称：〈植物名实图考〉中的无名植物》）, *Extrême-Orient Extrême-Occident*, n° 15 (Le juste nom), 1993, pp. 140-148.

24. Nodot, Étiennette, « Musique profane et musique rituelle en Chine entre le III$^e$ siècle av. J.-C. et le I$^{er}$ siècle de notre ère »（《公元前3世纪至公元1世纪中国的世俗音乐与礼仪音乐》）, Sous la direction de Flora Blanchon. Thèse de doctorat : Histoire de l'art : Paris 4 : 1993.

25. Pasquet, Sylvie, « Un lettré "naturaliste" du XIXᵉ siècle, Huang Han et son *Encyclopédie des chats* »（《19 世纪一位"自然主义"文人黄汉及其〈猫苑〉》），*Anthropozoologica*, n° 18 (Les animaux dans la culture chinoise), 1993 [1994], pp. 67-77.

26. Perront, Nadine 译, *Pérégrination vers l'Est*（《东游记》）, de Wu Yuantai（吴元泰）, traduit du chinois, présenté et annoté par Nadine Perront, Paris, Gallimard, Connaissance de l'Orient (59), 1993, 269 pp.

27. Reclus, Jacques 译, *Récits d'une vie fugitive : mémoires d'un lettré pauvre*（《浮生六记：一位穷文人的回忆》）, par Chen Fou（沈复）, préface de Paul Demiéville, Gallimard/Unesco (Collection Unesco d'œuvres représentatives. Série chinoise) (Connaissance de l'orient [poche] ; 10), 1993, 180 pp.

## 三、备注

于连在《内在的形象：对〈易经〉的哲学阅读》一书序言中说明为什么对此书的解释不可以停留在孔子时期。因为他认为："在两千多年以来的不同时期，这一经典成为巨大的诠释对象。因为，中国人不断依据其特殊的关怀重新思考《易经》，同时将它视作主要的思考工具。从这个角度看，我们甚至可以说通过《易经》的阅读或者更准确地说以这种阅读为起点，中国的思想得到了周期性的更新。3 世纪的王弼以及从 11 世纪开始乃至后几个世纪反对佛教影响的理学家都是如此。因此试图独立于这一历史，或者因为全面考察这一历史过于太漫长而没有起码试图立足于这种沿革，这样来阅读这一经典都是不可能的。因为只有扎根于此，展现某一特定智性世界的文本的解释才有机会获取意义。"作者预设将《易经》与代表某一时代所有症结的决定性问题相对照，在最明确、最连贯的概念环境中考察这一经典，并在此基础上设问："我们是否应该更有能力觉察这一文本究竟有什么用？有什么样的意义？"正是上述构想使得作者选取王夫之作为立足点。因为《易经》使得处在动荡时代的王夫之找到对未来的信心，"《易经》的阅读位于他的思想的中心，他正是基于此来发现属于自然或者历史的过程的理性"。于连选择王夫之的第二个理由是通过他的论理的细腻、大胆、精确、严格，说明中国人并不总是依赖知觉、不重逻辑。于连接着卫德明 (Helmut Wilhelm) 将《易经》的卦的表征与神话模式作对照，两者的相同点在于都旨在显露超过抽象语言理解能力的某种东西，因而求助于一种形象图示；并且，两者都是以序列方式组织的。但是，两者的不同才是关键。神话如历史，将一出出戏搬上舞台，而《易经》的图式表征一种沿革（通过变化）；前者需要表演者，后者则让一些组织因素（如阴阳）参与；前者是解释性的，对应某一原因，而后者则是某一倾向的指示；前者有创意，利用虚构，后者则起"侦探"式的作用（这跟它的第一功能，即占卜功能相吻合）。于连将这种区别上升到更高的层面，于是就有这样的结论：神话跟超越有关，而《易经》的卦的模式则是内在性的显露。于连还进一步探讨这两种不同思维模式的实质："一种关注超越性的思想的特性试图探究他者的他性（即他者何以真正地为他者并得以组成外在性）。与这种对彼岸的开放相反，内在性思想的特性是试图凸现他者内的所有能关联起来的同一性的价值，让它们运作起来。"于连认为，统摄《易经》的思想是两极运作的组合逻辑，从这种逻辑自然可以引出连续的互动性。"因此《易经》这本书的唯一的目的是向我们显示内在与过程的连贯性。"于连《内在的形象：对〈易经〉的哲学解读》这一著作的"唯一的目的就是试图步其后尘而构想何谓内在性逻辑"。①

# 公元 1994 年

## 一、大事记

1. 国立东方语言文化学院 (Institut National des Langues et Civilisations Orientales) 设立了一个汉语语言学讲师席位。

2. 亚洲会馆落成，其地址为巴黎威尔逊总统大道 22 号（22, Avenue du Prés-

---

① 王论跃：《法语儒学研究中的相异性之争》，《中国社会科学报》，2011 年。

ident Wilson, 75116, Paris）。

3. 谢和耐出版《中国人的智慧：社会与心理》。

## 二、书（文）目录

1. Billeter, Jean-François, « Étude sur sept dialogues du *Zhuangzi*» （《〈庄子〉七段对话研究》）, in « Mélanges de sinologie offerts à Jacques Gernet », *Études chinoises*, vol. XIII, n° 1-2, 1994, pp. 295-343.

2. Chemla, Karine, « Nombre et opération, chaîne et trame du réel mathématique : essai sur le commentaire de Liu Hui sur *Les Neuf chapitres sur les procédures mathématiques* » （《数学现实的数与动、经与纬：论刘徽〈九章算术注〉》）, *Extrême-Orient Extrême-Occident*, n° 16 (Sous les nombres, le monde), 1994, pp. 43-70.

3. Cheng, Wing fun, Collet, Hervé 译, *Tao : poèmes* （《道：诗》）, poèmes traduits du chinois, Moundarren, Millemont, 1994, 113 ff. (Texte chinois et traduction française en regard).

4. Corniot, Christine 译, *De la chair à l'extase* （《肉蒲团》）, de Li Yu（李渔）, traduit du chinois, Philippe Picquier (Picquier poche ; 19), Arles, 1994, 285 pp.

5. Dars, Jacques, « Ji Yun et son *Yuewei caotang biji* : les *Notes de la chaumière de la subtile perception* » （《纪昀及其〈阅微草堂笔记〉》）, in « Mélanges de sinologie offerts à Jacques Gernet », *Études chinoises*, vol. XIII, n° 1-2, 1994, pp. 361-377.

6. Despeux, Catherine, *Taoïsme et corps humain : le Xiuzhen tu*（《道教与人体：〈修真图〉》）, Paris, Guy Trédaniel, 1994, 237 pp.

7. Deydier, Christian, *L'Or des Qin (Qin Gold)* （《秦金》）(XVIIe Biennale des Antiquaires, 10 au 24 novembre 1994), London, Oriental Bronzes Ltd., 1994, Paris, pagination multiple, ill. en noir et en coul.

8. Diény, Jean-Pierre, Articles : « Yan Yu » « Liu Yiqing » « Zheng Xie » « Jiagu wenzi » « Mei Sheng » （"严羽""刘义庆""郑燮""甲骨文字""枚乘"条目）, in Béatrice Didier (sous la direction de), *Dictionnaire universel des littératures*, Paris, Presses Universitaires de France, 1994.

9. Dubois, Jean-Claude 等译, *Yi King : sagesse & santé*(《易经: 睿智与健康》),（traduit du chinois par Jean-Claude Dubois et *alii*）, Paris, Guy Trédaniel, éditions de la Maisnie, 1994, 148 pp., ill.

10. Escande, Yolaine 译, *Notes sur ce que j'ai vu et entendu en peinture*（《图画见闻志》）, de Guo Ruoxu（郭若虚）(xi$^e$ siècle), avec présentation et annotations complètes, avant-propos de François Cheng, Bruxelles, La Lettre volée, 1994, 206 pp., ill.

11. Hamilton, J., Niu Ru-Ji, « Deux inscriptions funéraires nestoriennes de la Chine Orientale »(《中国东部两个景教墓葬铭文》), *Journal Asiatique*, vol. 282, n° 1, 1994, pp. 147-164.

12. Haven, Marc, Nazir, Daniel 译, *Tao te king : le livre du Tao et de sa vertu*(《道德经》）, (traduction du chinois par le docteur Marc Haven, revue par Daniel Nazir), suivi d'Aperçus sur les enseignements de Lao Tseu, Paris, éditions Dervy (Bibliothèque de l'initié ; 17), 1994, 240 pp.

13. Hsou, Lien-Tuan, Greslebin, Simone 译, *Contes merveilleux chinois : choix de contes chinois des dynasties Sung, Tang et Ching*（《中国奇异故事：宋、唐、清三代中国故事选》）, Paris-Genève, Slatkine (Fleuron ; 4), 1994, 155 pp., ill.

14. Hureau, Sylvie, « Étude des auteurs du *Hongming ji* : une approche des laïcs bouddhiques des Six Dynasties »（《〈弘明集〉作者研究：六朝俗家佛徒的一种研究取径》）, Sous la direction de Catherine Despeux. Mémoire de DEA : INALCO, Paris, 1994 (101 ff.).

15. Kalinowski, Marc, « La Divination par les nombres dans les manuscrits de Dunhuang »（《敦煌手稿中的数字占卜》）, in Isabelle Ang et Pierre-Étienne Will (éd.), *Nombres, astres, plantes et viscères : sept essais sur l'histoire des sciences et des techniques en Asie orientale*, Paris, Collège de France, Institut des hautes études chinoises, Mémoires de l'Institut Hautes études chinoises (vol. 35), 1994, pp. 37-88.

16. Kaser, Pierre, « L'Œuvre romanesque de Li Yu (1611-1680) : parcours d'un novateur»[《李渔（1611—1680）的小说作品：一位革新者的历程》], Sous la direction d'André Lévy. Thèse de doctorat : Études extrême-orientales : Paris 7 : 1994

(2 vol. ; 588 ff. ; 30 cm).

17. Kuo, Li-Ying, « Divination, jeux de hasard et purification dans le bouddhisme chinois : autour d'un sûtra apocryphe chinois, le *Zhanchajing* »（《偶然性游戏占卜与中国佛教的净化：关于中国伪经〈占察经〉》）, in Fukui Fumimasa & Gérard Fussman (éd.), *Bouddhisme et cultures locales : quelques cas de réciproques adaptations*, actes du colloque franco-japonais sur l'adaptation du bouddhisme aux cultures locales (Paris, 23-27 septembre 1991), Paris, École française d'Extrême-Orient, coll. Études thématique (2), 1994, pp. 145-167.

18. Lafitte, Jean-Jacques 译, *Tchouang-Tseu : le rêve du papillon*（《庄子：梦蝶》）, Paris, Albin Michel, coll. Spiritualités vivantes, 1994, 339 pp. (Rééd. : Albin Michel, coll. Spiritualités vivantes poche, 187, 2002).

19. Laloy, Louis 译, *Contes étranges du cabinet Leao*（《聊斋志异》）, de P'ou Song-ling（蒲松龄）, traduits du chinois par Louis Laloy, Arles, Philippe Picquier, coll. Picquier poche (16), 1994, 173 pp.

20. Larre, Claude 译, *Tao te king : le livre de la Voie et de la Vertu*（《道德经》）, texte traduit et présenté, Paris, Desclée De Brouwer (Les Carnets DDB) et Institut Ricci (Variétés sinologiques ; n° 81), 1994, 108 pp.

21. Larre, Claude, Rochat de la Vallée, Élisabeth 译, *Le Vol inutile : Zhuangzi, la conduite de la vie*（《无用的飞翔：庄子，人生的导向》）, (trad. et commentaires par), Paris, Desclée De Brouwer-Epi, Institut Ricci (*Variété sinologique* ; 80), 1994, 134 pp. (Contient la trad. d'un chapitre du « Zhuangzi », suivie de commentaires).

22. Lévy, André 译, *Les Entretiens de Confucius et de ses disciples*（《论语》）, introduction, traduction, notes et commentaires par André Lévy, Paris, Flammarion, coll. G.F., 1994, 256 pp. (Traduction française et texte chinois à la suite).

23. Lévy, André, « À propos de quatre mots des *Entretiens de Confucius et de ses disciples* »（《〈论语〉中的四个字》）, in « Mélanges de sinologie offerts à Jacques Gernet », *Études chinoises*, vol. XIII, n° 1-2, 1994, pp. 285-293.

24. Lieou, Yi-Ming, *Yi king : texte intégral*[《易经（全本）》], commentaire chinois de Lieou Yi-Ming, trad. du chinois en américain par Thomas Cleary, trad. de

l'américain par Zéno Bianu, Monaco, Éditions du Rocher (Les Grands textes spirituels), 1994, 530 pp., ill. (Traduction de : The Taoist I Ching).

25. Métail, Michèle, « Poétique curieuse dans la Chine ancienne : analyse des poèmes de formes variées » (《古代中国的独特诗学：多种诗体分析》), Sous la direction de Jacques Pimpaneau. Thèse de doctorat : Études sur l'Extrême-Orient et l'Asie Pacifique. Option Chine : Paris, INALCO : 1994 (2 vol. ; 686 ff. ; ill. ; 30 cm).

26. Niquet, Valérie, *Deux commentaires de Sun Zi : Cao Cao, Li Quan*(《〈孙子〉两注：曹操，李筌》), préface d'Alain Joxe, Paris, Institut de stratégie comparée, Economica, coll. Bibliothèque Stratégique, 1994, XXI-119 pp.

27. Salmon, Claudine, « Wang Dahai et sa vision des "Contrées insulaires" (1791) » [《王大海及其对"海岛"（1791）的看法》], in « Mélanges de sinologie offerts à Jacques Gernet », *Études chinoises*, vol. XIII, n° 1-2, 1994, pp. 221-257.

28. Samoyault-Verlef, Colombe, Bayou, Hélène 等, *Le Musée chinois de l'impératrice Eugénie* (《欧仁妮皇后的中国博物馆》), Musée national du Château de Fontainebleau; (réd. par) Colombe Samoyault-Verlet, Jean-Paul Desroches, Gilles Béguin, et Albert Le Bonheur, Éditions de la Réunion des musées nationaux, Paris, 1994, 87 pp., ill.

29. Savigny Kespi, Nicole, « Le Concept de l'homme dans la tradition taoïste chinoise a travers Laozi, Liezi et Zhuangzi » (《通过老子、列子、庄子看中国道家传统中"人"的观念》), Sous la direction de Michel Detilleux. Thèse : Médecine : Paris 5, Cochin : 1994.

30. Tang, Jialong 译, *L'Art de la guerre de Sunzi ; L'Art de la guerre de Sun Bin* (《孙子兵法，孙膑兵法》), présenté et annoté par Michel Jan, traduit par Tang Jialong, avec la collaboration de Véronique Riffaud, Paris, Rivages (Rivages poche), 2004, 179 pp., ill.

31. Triadou, Patrick, « La Pensée médicale dans les œuvres attribuées à Xu Dachun et le Huangdi Neijing Suwen (dynastie des Qing) »[《徐大椿作品中的医学思想与〈黄帝内经素问〉（清代）》], Sous la direction de Catherine Despeux. Thèse de doctorat nouveau régime : Études sur l'Extrême-Orient, Asie et Pacifique.

Spécialisation Chine : Paris, INALCO : 1994 (3 vol. ; 609, 169 ff. ; ill. ; 30 cm).

32. Vallette-Hémery, Martine 译, *Propos sur la racine des légumes*(《菜根谭》), de Hong Zicheng（洪自诚）, Cadeilhan, Zulma, 1994, 135 pp. (Autre tirage : 1995.)

33. Wang, Dongliang, « Les Signes et les mutations : pour une étude sémiotique du grand commentaire du *Yijing* »（《符号与变化：〈易经〉注语义学研究》）, Sous la direction de Jean-Claude Coquet. Thèse de doctorat : Sémiotique : Paris 8 : 1994 (440 f ; 30 cm).

34. Wang, Françoise, « La Quête d'immortalité chez Li Tai-Bo (701-762) » [《李太白（701—762）的长生追求》], Sous la direction de Léon Vandermeersch. Thèse de doctorat : Études extrême-orientales: Paris 7 : 1994 (423 ff. ; 30 cm).

35. Wang-Toutain, Françoise, « Une peinture de Dunhuang conservée à la Bibliothèque Nationale de France »（《法国国家图书馆藏一幅敦煌绘画》）, *Arts asiatiques*, t. XLIX, 1994, pp. 53-69.

## 三、备注

谢和耐的《中国人的智慧：社会与心理》是一部论文集，收入作者1955—1992年已发表的一些文章。此书是由法国巴黎伽利玛出版社1994年出版的。本书分为"导论""政治与社会""人类学与宗教""思维方式""文字"等五部分。其中"政治与社会"部分收有《中国城市考》《关于国家》《历史与农业》《人或文牍》《论责任概念》《儒教改革》《16与17世纪的宴集、社团与交际》《教育》等论文。"人类学与宗教"部分收有《论蛮夷的道德》《他者的形象》《裸葬》《5至10世纪的中国佛教徒的焚身自杀》《基督教在中国的同化问题》《中国与耶稣会传教士第一次接触时的政治与宗教》等论文。"思维模式"部分收有《社会与思想史》《论形神》《冥想的技术、宗教与哲学》《王夫之的哲学与智慧》《怎样读史》《论变化概念》《中国与欧洲碰撞中的时空、科学与宗教（17—18世纪）》等论文。"文字"部分收有《文书与历史》《文字的外形及心理学功能》《灵祐语录》《近海集》等论文。

谢和耐的这本书内容广泛：反映中国农业变化发展；研究唐甄及明末清初思

想；研究唐律；论述宋代及明清思想史；研究明代的集会及结社；研究中国的一系列教育制度；研究佛教徒自焚；论述基督教归化；研究基督教入华时的政治及宗教形势；对中国社会思想史的概述；对基督教与中西文化交流的探讨等。①

# 公元 1995 年

## 一、大事记

1. "学者和政治家徐光启"国际学术讨论会在巴黎召开。
2. 童丕在巴黎汉学研究所出版《敦煌的借贷文书——中世纪中国的物质生活与社会》。

## 二、书（文）目录

1. Arrault, Alain, « Shao Yong (1012-1077) : un philosophe poète dans la Chine prémoderne »[《邵雍（1012—1077）：前近代中国的一位诗人哲学家》], Sous la direction de Kristofer Schipper. Thèse de doctorat : Langues et civilisations d'Asie orientale : Paris 7 : 1995 (2 vol., 761 ff. ; 30 cm).

2. Auger, Agnès, « Chen Chaobao, Fu Jingsheng »（《陈朝宝、傅京生》）, Sous la direction de Flora Blanchon. Mémoire de DEA : 1995.

3. Chan, Hing-Ho, « Un recueil de contes retrouvé après trois cents ans : le *Xing Shi Yan* »（《300 年后发现的一本故事集：〈型世言〉》）, *T'oung Pao*, vol. 81, fasc. 1-3, 1995, pp. 81-107.

4. Chou Ling, Kung-Shin, « L'Étude des paravents en laque kuancai "l'aube vernale au palais des han" à six pans dans la première moitié de l'ère Kangxi : une

---

① 谢和耐：《中国人的智慧：社会与心理》，何高济译，上海：上海古籍出版社，2013 年。

approche de la diffusion de l'art des laques chinois en Occident »(《康熙时代前期"汉宫春晓图"款彩漆六扇屏风研究：中国漆艺术西传的一个研究路径》), Sous la direction de Flora Blanchon. Thèse de doctorat : Art et archéologie : Paris 4 : 1995.

5. Cleary, Thomas F., *Yi-king : le Livre des changements*（《易经》）, texte intégral trad. du chinois par Thomas Cleary, trad. de l'anglais par Gérard Edde et Laurence E. Fritsch, Paris, La Table ronde (Les petits livres de la sagesse), 1995, 175 pp., ill.

6. Dars, Jacques, Shi Nai-An, Luo Guan-Zhong, *Au bord de l'eau (Shui-hu-zhuan)*（施耐庵、罗贯中《水浒传》）, vol. 1, avant-propos par Étiemble, texte traduit, présenté et annoté par Jacques Dars, Paris, Gallimard (Bibliothèque de la Pléiade ; 273), 1995, CLXI-1233 pp., ill., cartes. (Réédition).

7. Dars, Jacques, Shi Nai-An, Luo Guan-Zhong, *Au bord de l'eau (Shui-hu-zhuan)*（施耐庵、罗贯中《水浒传》）, vol. 2, texte traduit, présenté et annoté par Jacques Dars, Paris, Gallimard (Bibliothèque de la Pléiade ; 274), 1995, XVII-1356 pp., ill. (Réédition).

8. Debaine-Francfort, Corinne, *Du Néolithique à l'âge du bronze en Chine du nord-ouest : la culture de Qijia et ses connexions*（《从新石器时代到青铜时代的中国西南：齐家文化及其相关事物》）, Paris, éditions Recherche sur les civilisations, coll. Mémoires de la Mission archéologique française en Asie Centrale (vol. 6), 1995, 435 pp., ill.

9. Despeux, Catherine, « L'Expiration des six souffles d'après les sources du canon taoïque »（《六气：道教经典溯源》）, in Jean-Pierre Diény (éd.), *Hommage à Kwong Hing Foon : études d'histoire culturelle de la Chine*, Paris, Collège de France, Institut des hautes études chinoises, coll. Bibliotheque de l'Institut des hautes études chinoises (vol. 30), 1995, pp. 129-163.

10. Deydier, Christian, *Les Bronzes archaïques chinois (Archaic Chinese bronzes)*（《中国古代青铜器》）, vol. I (Xia & Shang), Paris, ARHIS, 1995, 289 pp., ill.

11. Diény, Jean-Pierre, « Portraits de femmes : le chapitre XIX du *Shishuo Xinyu* »

(《女性形象：〈世说新语〉第十九章》), in Jean-Pierre Diény (éd.), *Hommage à Kwong Hing Foon : études d'histoire culturelle de la Chine*, Paris, Collège de France, Institut des hautes études chinoises, coll. Bibliotheque de l'Institut des hautes études chinoises (vol. 30), 1995, pp. 77-113.

12. Girard-Geslan, Maud, *Bronzes archaïques de Chine*(《中国古代青铜器》), Musée national des arts asiatiques Guimet (Trésors du Musée Guimet), Paris, 1995, XIX-189 pp., ill. (Textes en français, chinois et anglais).

13. Gyss-Vermande, Caroline, « Lettres de Song Huizong au maître du Maoshan Liu Hunkang, ou Le patronage impérial comme pratique de dévotion » (《宋徽宗致茅山刘混康大师的信，或皇权庇护作为信教实践》), in Jean-Pierre Diény (éd.), *Hommage à Kwong Hing Foon : études d'histoire culturelle de la Chine*, Paris, Collège de France, Institut des hautes études chinoises, coll. Bibliothèque de l'Institut des hautes études chinoises (vol. 30), 1995, pp. 239-254.

14. Hervouet, Yves, *Amour et politique dans la Chine ancienne : cent poèmes de Li Shangyin (812-858)*[《古代中国的爱情与政治：李商隐（812—858）诗百首》], préface de Claude Roy, calligraphie des poèmes chinois en hors-texte, Paris, De Boccard, 1995, v + 258 pp.

15. Holzman, Donald, « Xie Lingyun et les paysans de Yongjia » (《谢灵运与永嘉农民》), in Jean-Pierre Diény (éd.), *Hommage à Kwong Hing Foon : études d'histoire culturelle de la Chine*, Paris, Collège de France, Institut des hautes études chinoises, coll. Bibliothèque de l'Institut des hautes études chinoises (vol. 30), 1995, pp. 115-127. [repris in Donald Holzman, *Immortals, Festivals, and Poetry in Medieval China*, Aldershot (Angleterre), Variorum Collected Studies Series, Ashgate/Variorum, 1998, vol. X].

16. Huang, San, Rosenthal, Oreste 译, *Les Écarts du prince Hailing : roman érotique Ming* ) (《金海陵纵欲亡身：明代艳情小说》, trad. du chinois par San Huang et Oreste Rosenthal, Arles, Philippe Picquier (Bibliothèque asiatique ; 61), 1995, 173 pp. (Titre uniforme : *Chuxiang piping Hailing yi shi*).

17. Jullien, François, *Figures de l'immanence : pour une lecture philosophique*

*du Yi king, le classique du changement*（《内在之象：对〈易经〉的哲学阅读》），Paris, Librairie générale française (Le Livre de poche ; 4214. Biblio Essais), 1995, 317 pp.

18. Jullien, François, *Fonder la morale : dialogue de Mencius avec un philosophe des Lumières*（《建立道德：孟子与一位启蒙时代哲人的对话》），Paris, Grasset, 1995, 219 pp.

19. Kao, Jung-Hsi, « La Représentation de la nature dans la peinture lettrée au début des Qing »（《清初文人画对自然的再现》），Sous la direction de Flora Blanchon. Mémoire de DEA en Histoire de l'Art : Université Paris-Sorbonne : 1995.

20. Lackner, Michael, « Citation et éveil : quelques remarques à propos de l'emploi de la citation chez Zhang Zai »（《征引与启蒙：关于张载使用征引的若干评注》），*Extrême-Orient Extrême-Occident*, n° 17 (Le travail de la citation en Chine et au Japon), 1995, pp. 111-130.

21. Lévy, Jean, *La Chine romanesque : fictions d'Orient et d'Occident*（《小说中国：东方与西方小说》），Paris, Le Seuil, coll. La Libraire du xx$^e$ siècle, 1995, 455 pp.

22. Lévy, André, « Du pareil au même : à propos des "trois mots" du *Shishuo Xinyu* IV, 18 »（《从相似到相同：〈世说新语〉4.18节的"三语"》），*T'oung Pao*, vol. 81, fasc. 4-5, 1995, pp. 315-319.

23. Liang, Yang, « Le Processus créatif dans la calligraphie chinoise »（《中国书法的创作手法》），Sous la direction de Jacques Pimpaneau. Thèse de doctorat : Lettres et sciences humaines : Paris, INALCO : 1995 (1 vol. ; 391 ff. ; ill. ; 30 cm).

24. Li, Ling W., « L'Art de la gravure des sceaux de lettrés en Chine »（《中国文士印章篆刻艺术》），Sous la direction de Flora Blanchon. Thèse de doctorat : Histoire de l'art : Paris 4 : 1995 (451 ff. ; ill. ; 30 cm).

25. Marchand, Sandrine, « Du naturel au littéraire : la notion de talent "cai" dans le *Baopuzi waipian* de Ge Hong (283-343) » [《从自然到文学：葛洪（283—343）〈抱朴子·外篇〉中"才"的概念》]，Thèse de doctorat : Études extrême-orientales : Paris 7 : 1995.

26. Martin, François, « Le *Shijing*, de la citation à l'allusion: La disponibilité du sens » (《〈诗经〉：从征引到讽喻——意义的自由性》), *Extrême-Orient Extrême-Occident*, n° 17 (Le travail de la citation en Chine et au Japon), 1995, pp. 5-39.

27. Pauthier, Guillaume 译, *Les Quatre livres : les Sse-chou ou : les Quatre livres de philosophie morale et politique de la Chine* (《四书：中国道德政治哲学》), de Confucius, avertissement, présentation et notes de Guy Rachet, trad. de G. Pauthier, Paris, France Loisirs (Bibliothèque de la sagesse), 1995, 455 pp. (Titre de couverture : Sagesse du Confucianisme. « Bibliothèque de la sagesse » n'est pas une collection, mais une suite fermée en 10 volumes).

28. Pelliot, Paul, *Inventaire sommaire des manuscrits et imprimés chinois de la Bibliothèque vaticane : A Posthumous Work* (《梵蒂冈图书馆藏中国手稿及印刷品要目》), revised and edited by Takata Tokio, Instituto italiano di cultura, scula di studi sull'Asia orientale (1), Kyoto 1995, XIII-113 pp.

29. Perront, Nadine 译, *Mémoires d'un eunuque dans la Cité interdite* (《紫禁城太监回忆录》, d'après le témoignage de Yu Chunhe ; récit recueilli par Dan Shi(丹石), traduit du chinois par Nadine Perront, Arles, Philippe Picquier (Picquier poche ; 35), 1995, 238 p.-[16] pp. de pl. [Traduction de : *Yige qinggong taijian de zaoyu* (译自《一个清宫太监的遭遇》)].

30. Pino, Angel, « Sur les éditions disponibles du *Xing shi yan* et les premières recherches consacrées à l'œuvre de Lu Renlong » (《〈型世言〉的可得版本与陆人龙作品的初步研究》), *Revue bibliographique de sinologie*, éditions de l'EHESS, Paris, vol. XIII, 1995, pp. 375-382.

31. Rachet, Guy, *Sagesse taoïste* (《道家智慧》), avertissement, présentation et notes de Guy Rachet, Paris, France Loisirs (Bibliothèque de la Sagesse), 1995, 470pp. (Contenu : Le Livre de la voie et de la vertu ; Le Vrai Classique du vide parfait ; Traité du maître transcendant de Nan-hoa ; Le Livre des récompenses et des peines).

32. Robinet, Isabelle, *Introduction à l'alchimie intérieure taoïste : de l'unité et de la multiplicité* (《道教炼金术引论：单一性与多样性》) avec une traduction commentée des "Versets de l'éveil à la Vérité" de Zhang Boduan, Paris, Cerf, coll.

Patrimoines (Taoïsme), 1995, 276 pp.

33. Smedt, Marc de, *Paroles du tao*（《道之言》）, textes（choisis, trad. du chinois et）présentés par Marc de Smedt, Paris, Albin Michel (Carnets de sagesse), 1995, 50 pp., ill.

34. Soymié, Michel, *Catalogue des manuscrits chinois de Touen-Houang : fonds Pelliot chinois de la Bibliothèque nationale*（《敦煌汉文手稿目录》）, Volume V, 4001-6040, catalogue rédigé sous la direction de Michel Soymié, par Jean-Pierre Drège, Danielle Éliasberg, Paul Magnin [et *alii*], Équipe de recherche sur les manuscrits de Dunhuang, École pratique des Hautes Études, École française d'Extrême-Orient (Publications hors série de l'École française d'Extrême Orient), Paris, 1995, 2 vol., XXXI-740 pp. (La couverture porte en plus : « Publié avec le concours de la Fondation Singer-Polignac ». Contenu : Tome 1, 4001-4734 ; Tome 2, 4735-6040).

35. Teboul-Wang, Brigitte 译, *Souvenirs rêvés de Tao'an*（《陶庵梦忆》）, de Zhang Dai（张岱）, traduit du chinois, présenté et annoté par Brigitte Teboul-Wang, Paris, Gallimard, coll. Connaissance de l'Orient (88), 1995, 183 pp.

36. Thote, Alain, « De quelques décors au serpent sur les bronzes rituels du royaume de Chu »（《论楚国仪式青铜器的若干蛇状装饰》）, in Jean-Pierre Diény (éd.), *Hommage à Kwong Hing Foon : études d'histoire culturelle de la Chine*, Paris, Collège de France, Institut des hautes études chinoises, coll. Bibliothèque de l'Institut des hautes études chinoises (vol. 30), 1995, pp. 15-42.

37. Vallette-Hémery, Martine 译, *Propos sur la racine des légumes*(《菜根谭》), de Hong Zicheng（洪自诚）, Cadeilhan, Zulma, 1995, 135 pp. (Nouveau tirage.)

38. Wang, Donglinag, Raymond Tartaix 译, *Les Signes et les mutations : une approche nouvelle du* Yi King, *histoire, pratique, et texte*（《符号与变化：通向〈易经〉的新路径——历史、实际与文本》）, adaptation en chinois moderne du texte canonique par Liu Dajun, traduite par Wang Dongliang et Raymond Tartaix, Paris, L'Asiathèque, coll. Divination chinoise, 1995, 333 pp. (Contient le texte chinois du *Yi King* avec la traduction française en regard.)

39. Zhu Yi Starck, « L'Analyse structurale des contes fantastiques de Pu Song-Ling »（《蒲松龄志异故事的结构分析》）, Sous la direction de Claude Brémond. Thèse de doctorat : Sciences du langage : Paris EHESS : 1995 (297 ff. ; 30 cm).

40. Zufferey, Nicolas, *Wang Chong (27-97 ?) : Connaissance, politique et vérité en Chine ancienne*（《王充（27—97？）：古代中国的认识、政治与真理》）, Bern, Peter Lang, coll. Études asiatiques suisses, 1995, 450 pp.

## 三、备注

1. "学者和政治家徐光启"国际学术讨论会在巴黎召开。这次会议聚集了对徐光启有所研究的明史、宗教、科学和技术方面的专家。"他们试图做一次总结，并在明末的政治和文化背景中来理解这个任务。这实际上已经超越了对该人物那些经过大大简化的定性，诸如曾万千遍地重复过的称号——'科学家''爱国者'或'基督教的中坚力量'等，这都是一些具有时代性错误，圣徒式或欧洲中心论的概念。"①

2. 《敦煌的借贷文书——中世纪中国的物质生活与社会》一书的"新奇之处在于使用了迄今已知的所有契约（现今分散在北京、巴黎、伦敦和圣彼得堡的各特藏中），同时也在于用信息化处理引用这些文书的全部资料。这种处理法用于编制一部很有意义的资料集，不仅涉及借贷的机制，而且还涉及了与经济社会史和物质生活（农作物、农活历法、制造和交易各类织物、饮食习惯、旅行方式等）有关的各种问题"。②

3. 《古代中国的爱情与政治：李商隐（812—858）诗百首》是吴德明酝酿多年的呕心力作。这部作品不但译文精美确切，还附有数量惊人的注释和评论。作者以一种深入浅出的方式，阐述了诗文的背景、内涵乃至文学价值，使李商隐的作品读来不再那么令人费解和深奥隐晦，显示出吴德明对中国古典诗歌研

---

① 詹嘉玲：《法国对入华耶稣会士的研究》，戴仁编，耿昇译：《法国中国学的历史与现状》，上海：上海辞书出版社，2010年，第423页。
② [法]童丕、蓝克利：《法国对中国古代经济社会史的研究》，戴仁编，耿昇译：《法国中国学的历史与现状》，上海：上海辞书出版社，2010年，第330页。

究的深厚功力。

# 公元 1996 年

## 一、大事记

1. 近现代中国研究中心成立。
2. 童丕获本年度儒莲奖。

## 二、书（文）目录

1. *Soieries bouddhiques chinoises : XIV<sup>e</sup>-XVIII<sup>e</sup> siècle* ou *Chinese Buddhist silks : 14th-18th century*（《中国佛教丝绸：14—18 世纪》），avant-propos de Krishna Riboud, préface de Jean-Paul Desroches, introductions de Myrna Myers et Jacqueline Simcox, (notices, Myrna Myers, Robert Jera-Bezard, Sachiko Hosoda ; analyses techniques, Alexandra Lorquin avec la collaboration de Marie-Hélène Guelton) Paris, A.E.D.T.A. (Collection A.E.D.T.A ; 2), 1996, 1 portfolio : col. ill. (A.E.D.T.A. ou Association pour l'étude et la documentation des textiles d'Asie).

2. Amiot 译, Sun Tzu, *L'Art de la guerre : les treize articles*（《孙子兵法十三章》），trad. du chinois par le P. Amiot, avec une postface de Gilles Tordjman ; ill. de Laurent Parienty, Paris, Mille et une nuits, 1996, 175 pp.

3. Balliot, Frédérique, « Chinoiseries littéraires : la Chine et la littérature d'imagination en France de 1704 à 1789 »（《文学中国热：中国与 1704 年至 1789 年间的法国想象文学》），Sous la direction d'Annie Rivara. Thèse de doctorat : Université de Lyon III, octobre 1996.

4. Bourgi, May, « Le Fu à l'époque des Trois Royaumes : le fu des Wei du début de l'ère Jian'an à la fin du règne de Cao Pi (196-226) » [《三国时代的赋：自建安

时代开始至曹丕统治末期（196—226）的魏赋》], Sous la direction de François Cheng. Thèse de doctorat : Option Chine : Paris, INALCO : 1996 (448 ff. : ill. ; 30 cm).

5. Bresner, Lisa, Richard, Marie, *Quatremers le céleste : inspiré par trente-trois gouaches chinoises du premier tiers du XIX<sup>e</sup> siècle extraites de la collection réunie par l'armateur Thomas Dobrée, conservée au Musée départemental Dobrée à Nantes*[《四海上天：受启自 19 世纪前三分之一时段的 33 幅中国水粉画（选自南特 Dobrée 省立博物馆藏船主 Thomas Dobrée 的藏品）》], par Lisa Bresner ; suivi du Voyage à la Chine par Marie Richard, Éditions Mémo, Nantes, 1996, non folioté [23] ff.-[33] ff. de pl.

6. Bussotti, Michela, Drège Jean-Pierre, « Essai de bibliographie des travaux sur Dunhuang en langues occidentales »（《以西方语言所作敦煌研究目录》）, in *De Dunhuang au Japon : études chinoises et bouddhiques offertes à Michel Soymié*, Paris-Genève, École pratique des hautes études/Collège de France/Droz, 1996, pp. 411-444.

7. Chemla, Karine, « Positions et changements en mathématiques à partir des textes chinois des dynasties Han à Song-Yuan : quelques remarques »（《自汉代至宋元中文文本中数学的状况与变化：若干评注》）, *Extrême-Orient Extrême-Occident*, n° 18 (Disposer pour dire, placer pour penser, situer pour agir), 1996, pp. 115-147.

8. Cheng, François, *L'Écriture poétique chinoise*（《中国诗语言研究》）, suivi d'une Anthologie des poèmes des Tang, nouvelle édition refondue et corrigée par l'auteur, Paris, Éditions du Seuil (Points, Essais), 1996, 284 pp.

9. Darrobers, Roger 译, *Manifeste à l'Empereur adressé par les candidats au doctorat*（《公车上书》）, de Kang Youwei（康有为）, traduit du chinois, annoté et présenté, Paris, You-Feng, 1996, 197 pp. (En appendice, texte en chinois).

10. Deydier, Christian, *Le Banquet des dieux : bronzes rituels de la Chine ancienne*（《众神之宴：古代中国的礼仪铜器》）, Paris, Oriental Bronzes, Ltd, 1996, 55 pp., ill. (Catalogue de l'exposition Oriental Bronzes, Ltd., organisée à Paris du 11 au

19 janvier 1996, et à Londres du 6 au 20 décembre 1995).

11. Diény, Jean-Pierre 译, *Lettres familiales*(《家书》), de Zheng Banqiao（郑板桥）, traduction et notes de Jean-Pierre Diény, La Versanne, Encre marine, 1996, 175 pp.

12. Dong, Qiang 译, *Mémoires d'une dame de cour dans la Cité interdite*（《宫女谈往录》）, de He Rong Er（何容儿）, (récit recueilli par) Jin Yi, traduit du chinois, Philippe Picquier (Picquier poche ; 54), Arles, 1996, 190 pp.-[12] pp. de pl.

13. Feuillas, Stéphane, « Rejoindre le ciel : nature et morale dans le *Zhengmeng de Zhang Zai (1020-1078)* »[《迎天：张载（1020—1078）〈正蒙〉中的自然与道德》], Sous la direction de François Jullien. Thèse de doctorat : Études indiennes et extrême-orientales : Paris 7 : 1996.

14. Gagnon, Guy, « La Postface personnelle de Liu Zhiji au *Shitong* : un essai d'egohistoire ? »（《刘知幾〈史通〉个人后记：一部个人史？》）, in *De Dunhuang au Japon : études chinoises et bouddhiques offertes à Michel Soymié*, textes réunis par Jean-Pierre Drège, Droz, Genève, 1996, pp. 337-369.

15. He, Qing 译, *L'Eau d'un puits ancien : anthologie de poèmes de paysage en Chine*（《古井之水：中国风景诗选集》）, You Feng, Paris, 1996, 87 pp. (Texte chinois et traduction française).

16. Julien, Stanislas 译, *Tao te king ou Livre de la voie et de la vertu*(《道德经》), trad. du chinois par Stanislas Julien ; révision des notes et postface par Catherine Despeux, Paris, Mille et une nuits, 1996, 110 pp. (Rééd. : 2000).

17. Kneib, André, « Le *Siti shushi* de Wei Heng (252-291) : premier traité chinois de calligraphie »[《卫恒（252—291）〈四体书势〉：第一部中国书法论》], *Cahiers d'Extrême-Asie*, École française d'Extrême-Orient, Section de Kyōto, Kyōto, vol. 9, 1996, pp. 99-129.

18. Kontler, Christine 译, *Nuages et pluie au palais des Han*（《昭阳趣史》）, Philippe Picquier (Picquier poche ; 42), Arles, 1996, 219 pp., ill. (Titre original : *Zhaoyang qushi*).

19. Lanselle, Rainier, *Spectacles curieux d'aujourd'hui et d'autrefois : contes*

*chinois des Ming* ou *Jingu qiguan*（《今古奇观》）, texte traduit, présenté et annoté, Gallimard (Bibliothèque de la Pléiade ; 430), Paris, 1996, LXI-2104 pp.

20. Lévy, André 译, *Tout pour l'amour : récits érotiques*（《一片情》）, traduits du chinois et présentés par André Lévy, Arles, Philippe Picquier, coll. Le Pavillon des corps curieux, 277 pp. (Titre original : *Yipian qing*).

21. Musées, Musée du Petit Palais, *La Cité interdite : vie publique et privée des empereurs de Chine, 1644-1911*[《紫禁城：中国皇帝的公共与私人生活（1644—1911）》], exposition, Paris, Musée du Petit Palais, 9 novembre 1996-23 février 1997, (organisée par) les Musées de la Ville de Paris [et le] Musée du Petit Palais, (catalogue par Pierre Baptiste, Marianne Bastid-Bruguière, Gilles Béguin, et alii), Paris musées, Association française d'action artistique, Paris, 1996, 334 pp., ill.

22. Niquet, Valérie 译, *Le Traité militaire*（《孙膑兵法》）, de Sun Bin, traduction et présentation de Valérie Niquet, préface de Gérard Chaliand, Paris, Economica, coll. Bibliothèque Stratégique, 1996, XXIX-124 pp., carte.

23. Robinet, Isabelle, « Une lecture du *Zhuangzi* »（《〈庄子〉一读》）, *Études chinoises*, vol. XV, n° 1-2, 1996, pp. 109-158.

24. Ryckmans, Pierre 译, *Les Propos sur la peinture du moine citrouille-Amère*（《苦瓜和尚画语录》）, de Shitao（石涛）, traduction et commentaire, préface Dominique Ponnau, Hermann (Collection savoir : sur l'art), 1996, 261 pp.

25. Ryckmans, Pierre 译, *Six récits au fil inconstant des jours*（《浮生六记》）, de Shen Fu（沈复）, trad. du chinois par Pierre Ryckmans, Paris, Éditions 10-18 (10-18. Série Domaine étranger ; 2715), 1996, 207 pp. (Titre original : *Fusheng liuji*).

26. Schneider, Richard, « Les Copies de sutra défectueuses dans les manuscrits de Dunhuang »（《敦煌手稿中的佛经残缺抄本》）, in *De Dunhuang au Japon : études chinoises et bouddhiques offertes à Michel Soymié*, textes réunis par Jean-Pierre Drège, Genève, Droz, 1996, pp. 141-161.

27. Segalen, Victor, *Chine, la grande statuaire, suivi de : Les Origines de la statuaire de Chine*（《中国巨雕艺术，附中国雕塑艺术的起源》）, Paris, Flammarion (Champs ; 631), 1996, 237 pp., ill.

28. Steens, Eulalie 译, *Le Livre de la sagesse de Confucius*（《论语》）, traduit du chinois et présenté par Eulalie Steens, Monaco, éditions du Rocher, coll. Les Grands Textes spirituels, 1996, 239 pp.

29. Vinogradoff, Michel 译, *Yi jing ou La marche du destin*（《易经》）, trad. du chinois et présenté par, préface d'Alice Fano, Paris, Éditions Dervy, 1996, 627 pp., ill.

## 三、备注

近现代中国研究中心，是国家科研中心和社会科学高等学院下属的一个机构。目前的近现代中国研究中心主要由两个机构的人员组成。其中一个成立于1958年，主要开展20世纪中国的研究；另一个机构成立于1985年，贾永吉（Michel Cartier）教授是该机构创始者和领导人。这个机构的成立，旨在推动法国当代中国历史和文明的研究。机构主编有《汉学文献览要》学术刊物，侯思孟是刊物的实际创办者之一。

# 公元 1997 年

## 一、大事记

无。

## 二、书（文）目录

1. Bastid-Bruguière, Marianne, « Aux origines des conceptions modernes de l'État en Chine : la traduction du *Guojia lun* de J.K. Bluntschli »（《中国近代国家观念溯源——伯伦知理〈国家论〉的翻译》）, in *En suivant la Voie Royale :*

*mélanges offerts en hommage à Léon Vandermeersch*, réunis et présentés par Jacques Gernet et Marc Kalinowski avec la collaboration de Jean-Pierre Diény, Paris, École Française d'Extrême-Orient, coll. Études thématiques, 1997, pp. 409-417.

2. Bruyn, Pierre Henry de, « Le Wudang shan : histoire des récits fondateurs » (《武当山：创建故事史》), Sous la direction de John Lagerwey. Thèse de doctorat : Études indiennes et extrême-orientales: Paris 7 : 1997 (2 vol., 716 ff.).

3. Bujard, Marianne, « Le *Traité des Sacrifices* du *Hanshu* et la mise en place de la religion d'État des Han » (《〈汉书·郊祀志〉与汉代国教的建立》), *Bulletin de l'École française d'Extrême-Orient*, vol. 84, 1997, pp. 111-127.

4. Bussotti, Michela, « Gravures de l'école de Hui : étude du livre illustré chinois de la fin du XVI$^e$ siècle au milieu du XVII$^e$ siècle » (《徽派雕刻：16 世纪末叶至 17 世纪中叶中国绘图书研究》), Sous la direction de Jean-Pierre Drège. Thèse de doctorat : Études indiennes et extrême-orientales : EPHE : 1997 (5 vol., 1474 ff.).

5. Chemla, Karine, « Qu'est-ce qu'un problème dans la tradition mathématique de la Chine ancienne ? Quelques indices glanés dans les commentaires rédigés entre le III$^e$ et le VII$^e$ siècles au classique Han *Les Neuf chapitres sur les procédures mathématiques* » (《何谓古代中国数学传统题目？采自 3 至 7 世纪间对汉代经典〈九章算术〉的评注》), *Extrême-Orient Extrême-Occident*, n° 19 (La Valeur de l'exemple. Perspectives chinoises), 1997, pp. 91-126.

6. Chemla, Karine, « Croisements entre pensée du changement dans le *Yijing* et pratiques mathématiques en Chine ancienne » (《〈易经〉中的变化思想与古代中国数学实践的交会》), in *En suivant la Voie Royale : mélanges offerts en hommage à Léon Vandermeersch*, réunis et présentés par Jacques Gernet et Marc Kalinowski avec la collaboration de Jean-Pierre Diény, Paris, École Française d'Extrême-Orient, coll. Études thématiques, 1997, pp. 191-205.

7. Cheng, Anne, « Rites et lois sous les Han: L'apologie de la vengeance dans le *Gongyang zhuan* » (《汉代的礼与法：〈公羊传〉对复仇的辩护》), in *En suivant la Voie Royale : mélanges offerts en hommage à Léon Vandermeersch*, réunis et présentés par Jacques Gernet et Marc Kalinowski avec la collaboration de Jean-Pierre Diény, Paris,

École Française d'Extrême-Orient, coll. Études thématiques, 1997, pp. 85-96.

8. Coyaud, Maurice 译, *Anthologie bilingue de la poésie chinoise classique*（《法汉双语对照中国古诗选》）, présentée et traduite par Maurice Coyaud, Paris, les Belles Lettres, coll. Architecture du verbe (7), 1997, 345 pp., ill. (Titre de jaquette : *Anthologie de la poésie chinoise classique.* Texte chinois et traduction française en regard).

9. Dars, Jacques, *Aux portes de l'enfer : récits fantastiques de la Chine ancienne* （《地狱门前：古代中国神奇故事》）, traduits du chinois et présentés, avant-propos de Paul Martin, Arles, Philippe Picquier (Picquier poche ; 74), 1997, 136 pp., ill.

10. Dupoizat, Marie-France, « La Céramique chinoise de la donation Maspero au musée national des Arts asiatiques-Guimet »（《吉美亚洲艺术国家博物馆马伯乐赠品中的中国瓷器》）, *Arts asiatiques*, t. 52, 1997, pp. 106-122.

11. Duron, André 译, *Su Wen*（《素问》）, 2$^e$ partie, retranscrit par Charles Laville-Méry [et *alii*], Paris, Guy Trédaniel, 1997, 367 pp. [Les commentaires écrits en italique sont de Maître Yanagiya Sohei, élève du Maître Hon Ma (Tokyo 1950)].

12. Escande, Yolaine, « Classements et évaluations à partir du *Shuduan (Critères de la calligraphie)* de Zhang Huaiguan »（《张怀瓘〈书断〉的分类与评价》）, *Études chinoises*, vol. XVI, n° 2, automne 1997, pp. 39-113.

13. Fang, Ling, Vincent Goossaert, Pierre Marsone, « L'Inscription de l'Association pour célébrer les bureaux de 1765 (Pékin, Dongyue miao, 1769) » [《1765年庆司会碑记（北京，东岳庙，1769年）》], *Matériaux pour l'étude de la religion chinoise Sanjiao wenxian*, n° 1, 1997, pp. 47-60.

14. Feng, Yu Cheng, « Étude critique de trois versions commentées du *Xiyou ji : Li Zhuowu xiansheng piping Xiyou ji (Xiyou ji commenté par Maître Li Zhi)* vers *1625 ; Xinjuan chuxiang guben Xiyou zhengdao shu (Nouvelle gravure d'une édition ancienne du "Voyage en Occident" qui démontre la Voie [taoïste])*1662 ; *Xiyou ji zhenquan (La vraie signification du Xiyou ji)* 1694 »[《〈西游记〉三个注本评论：〈李卓吾先生批评西游记〉（约1625）、〈新镌出像古本西游证道书〉（1662）、〈西游记真诠〉（1694）》], Sous la direction de François Jullien. Thèse de doctorat : Études indiennes et extrême-orientales : Paris 7 : 1997 (2 vol., 616 ff.).

15. Gipoulon, Catherine,« L'Image de l'épouse dans le *Lienüzhuan* »(《〈列女传〉中的妻子形象》), in *En suivant la Voie Royale : mélanges offerts en hommage à Léon Vandermeersch*, réunis et présentés par Jacques Gernet et Marc Kalinowski avec la collaboration de Jean-Pierre Diény, Paris, École Française d'Extrême-Orient, coll. Études thématiques, 1997, pp. 97-111.

16. Horng, Moh-Chour, « L'Iconographie bouddhique et le portrait chinois d'après les manuscrits enluminés du sutra des dix rois de Dunhuang » (《佛像与中国肖像：根据敦煌十王佛经上色手稿》), Sous la direction de Flora Blanchon. Thèse de doctorat : Études indiennes et extrême-orientales : Paris 4 : 1997 (3 vol., 431 ff.).

17. Julien, Stanislas 译, *Tao-Te-King : le Livre de la Voie et de la Vertu* (《道德经》), de Lao Tseu（老子）, encres et manières noires de Woda, Nice, Z'éditions, 1997, 59 pp., ill.

18. Julien, Stanislas 译, *Histoire du pavillon d'Occident (Xixiang ji)*(《西厢记》), de Wang Shifu（王实甫）, traduit du chinois par Stanislas Julien, préface d'André Lévy, Genève, Paris, Slatkine, coll. Fleuron (96), 1997, 347 pp.

19. Kaser, Pierre, « Panorama des traductions de littérature chinoise ancienne, 1995-mars 1997 » (《中国古代文学翻译概览，1995 年—1997 年 3 月》), *Revue bibliographique de sinologie*, vol. XV, 1997, pp. 339-350.

20. Lafitte, Jean-Jacques 译, *Traité du vide parfait* (《冲虚经》), attribué à Lie Tseu (Liezi)（列子）, traduit du chinois par Jean-Jacques Lafitte, Paris, Albin Michel, coll. Spiritualités vivantes (149), 1997, 227 pp.

21. Lamouroux, Christian, « Entre symptôme et précédent : notes sur l'œuvre historique de Ouyang Xiu (1007-1072) » [《症候与先例之间：欧阳修（1007—1072）历史著作笔记》], *Extrême-Orient, Extrême-Occident*, vol. 19 (La Valeur de l'exemple. Perspectives chinoises), 1997, pp. 45-72.

22. Lara, Anne-Marie 译, *Traité des caractères* (《人物志》), par Liu Shao（刘劭）, traduit du chinois, présenté et annoté, Paris, Gallimard (Connaissance de l'Orient : série chinoise ; 94), 1997, 191 pp. (Traduction de : *Renwu zhi*).

23. Lévy, André 译, *Histoires d'amour et de mort de la Chine ancienne* (《古代

中国爱情与死亡主题的故事》), trad. du chinois et présenté, Paris, Flammarion (GF ; 985), 1997, 244 pp., cartes.

24. Lévy, André 译, *Cent poèmes d'amour de la Chine ancienne*（《古代中国爱情诗百首》）, traduits du chinois et présentés par André Lévy, Arles, Philippe Picquier, coll. Le Pavillon des corps curieux, 1997, 160 pp.

25. Lévy, André 译, *Épingle de femme sous le bonnet viril : chronique d'un loyal amour*（《男冠下的女针：贞爱史》）, traduit. du chinois par André Lévy, préface de Michel Braudeau, Paris, Mercure de France, 1997, 85 pp. (Traduction de *Bian er chai*. La page de titre porte la mention d'auteur « Anonyme »).

26. Lévy, André, « Brève Note sur un long bâton : à propos de l'arme magique de Sun Wukong dans le *Xiyou ji* »（《金箍棒短注：〈西游记〉孙悟空的神奇武器》）, in *En suivant la Voie Royale : mélanges offerts en hommage à Léon Vandermeersch*, réunis et présentés par Jacques Gernet et Marc Kalinowski avec la collaboration de Jean-Pierre Diény, Paris, École Française d'Extrême-Orient, coll. Études thématiques, 1997, pp. 329-331.

27. Pimpaneau, Jacques 译, *Biographie des regrets éternels : biographies de Chinois illustres*（《长恨传：中国名人传》）, Arles, Philippe Picquier (Picquier poche ; 68), 1997, 227 pp.

28. Pimpaneau, Jacques 译, *Jardin d'anecdotes*（《说苑》）, de Liu Xiang（刘向）, introduction et traduction, Paris, Éditions Kwok on (Culture), 1997, 163 pp.

29. Ryckmans, Pierre 译, *Les Propos sur la peinture du moine citrouille-Amère*（《苦瓜和尚画语录》）, de Shitao（石涛）, traduction et commentaire, préface Dominique Ponnau, Paris, Hermann (Collection savoir : sur l'art), 1996, 261 pp. (Nouveau tirage).

30. Schipper, Kristofer, « Une stèle taoïste des Han orientaux récemment découverte »（《新近发现的一座东汉道教碑》）, in *En suivant la Voie Royale : mélanges offerts en hommage à Léon Vandermeersch*, réunis et présentés par Jacques Gernet et Marc Kalinowski avec la collaboration de Jean-Pierre Diény, Paris, École Française d'Extrême-Orient, coll. Études thématiques, 1997, pp. 239-247.

31. Soulié de Morant, George (adapt.), *La Passion de Yang Kwé-Feï, favorite impériale : d'après les anciens textes chinois*（《皇家宠妃杨贵妃的激情：根据中国古代文本》）, (adaptation de) G. Soulier de Morant, décoration de l'ouvrage spécialement dessinée par Paul Zenker, Paris, You-Feng, 1997, 201 pp., ill.

32. Thierry, François, *Monnaies chinoises : catalogue*（《中国钱币：目录》）, vol. 1 (L'antiquité préimpériale), Paris, Bibliothèque nationale de France, Département des monnaies, médailles et antiques, 1997, 308 pp.-LXXIV pp. de pl.

33. Vallette-Hémery, Martine 译, *La Dame aux pruniers ombreux : récit*（《影梅庵忆语》）, Arles, Philippe Picquier (Picquier poche ; 71), 1997, 97 pp., ill. (En appendice, « Biographie de Dong Xiaowan, concubine de Mao Xiang », par Zhang Mingbi).

34. Vallette-Hémery, Martine, *Nuages et Pierres*（《云与石》), Yuan Hongdao（袁宏道）, traduit du chinois, Arles, Philippe Picquier (Picquier poche ; 62), 1997, 205 pp., ill.

35. Vallette-Hémery, Martine 译, *L'Ombre d'un rêve*（《幽梦影》）, Zhang Chao（张潮）, traduit du chinois, Cadeilhan, éditions Zulma, 1997, 11-[100] pp. (Titre original : *Youmengying*).

36. Zhou, Chuncai, Huangdi Neijing, *Bible médicale de la Chine ancienne : Le classique de la médecine interne de l'Empereur Jaune illustré*（《〈黄帝内经〉：古代中国的医学圣经》）, illustrations et texte : Han Yazhou et Zhou Chuncai, Pékin, Les livres du dauphin, 1997, 209 pp., ill.

37. Zufferey, Nicolas 译, *Discussions critiques*（《论衡》）, de Wang Chong（王充）, Paris, Gallimard, coll. Connaissance de l'Orient (96), 1997, 294 pp. (Traduction, présentation et annotation de 14 chapitres du *Lunheng*).

## 三、备注

《袁宏道:〈云石集〉》是袁宏道的一部散文集的法文译本,标题中"云石集"是赫美丽根据袁宏道描写闲情逸致的题材拟就的法文题目译出的,并非袁宏道原来的集子的标题。这个译本是"异域"丛书的一辑。

# 公元 1998 年

## 一、大事记

1. 1 月 8 日，龙巴尔在巴黎逝世。
2. 程艾兰获本年度儒莲奖。
3. 戴仁担任远东学院院长。

## 二、书（文）目录

1. *Calligraphies chinoises des grottes des Mille Bouddhas*（《千佛洞的中国书法》），présentations de 14 calligraphies chinoises de Dunhuang, réalisée à l'occasion de la venue à Paris de 170 calligraphes japonais pour l'exposition « Les maîtres de l'encre » à l'espace des arts Mitsukoshi-Étoile (19 mai-16 juin 1998), Bibliothèque nationale de France, Paris, 1998, 38 pp.

2. Chavannes, Édouard 译, *Contes et légendes du bouddhisme chinois*（《中国佛教故事与传奇》），trad. du chinois par Édouard Chavannes, préface et vocabulaire de Sylvain Lévi, bois dessinés et gravés par Andrée Karpelès, Saint Michel en l'Herm., Éditions Dharma (Fenêtres du Dharma), 1998, 218 pp., ill. (Cet ouvrage a été publié précédemment par les Éditions Bossard, Paris, 1921, Volume IV de la collection Les classiques de l'Orient).

3. Cheng, François, *Shitao, 1642-1707 : la saveur du monde*（《石涛（1642—1707）：世界之味》），Paris, Phébus, 1998, 156 pp., ill. (Autre tirage : 2002).

4. Coyaud, Maurice 译, *Théâtre chinois des Yuan ou Shui hu hsi ch'ü*（《水浒戏曲集》），traduction par Maurice Coyaud, Paris, PAF, coll. Documents pour l'analyse du folklore (série Chine), 1998, 127 pp. Contient : « Tourbillon Noir rapporte deux tri-

buts », de Gao Wenxiu ; « Tourbillon Noir fait amende honorable » de Kang Jinzhi ; « Li Rongzu sort de prison » de Li Zhiyuan ; « Yan Qing vend du poisson à l'hôtel de la Joie Unanime » de Li Wenwei.

5. Dars, Jacques 译, *Passe-temps d'un été à Luanyang*（《滦阳消夏录》）, de Ji Yun（纪昀）, traduit du chinois, présenté et annoté par Jacques Dars, Paris, Gallimard, coll. Connaissance de l'Orient (99), 1998, XV-562 pp.

6. Durand, Pierre-Henri 译, *Recueil de la montagne du Sud*（《南山集》）, de Dai Mingshi（戴名世）, traduit du chinois, présenté et annoté par Pierre-Henri Durand, Paris, Gallimard, coll. Connaissance de l'Orient (98), 1998, 304 pp. -[8] pp. de pl., ill. Duron, André 译, *Su Wen*（《素问》）, 3$^e$ partie, (trad. du chinois et éd. par) André Duron, retranscrit par Charles Laville-Méry [et *alii*], Guy Trédaniel, Paris, 1998, 342 pp. [Les commentaires écrits en italique sont de Maître Yanagiya Sohei, élève du Maître Hon Ma (Tokyo 1950)].

7. Duron, André 译, *Su Wen*（《素问》）, 3$^e$ partie, (trad. du chinois et éd. par) André Duron, retranscrit par Charles Laville-Méry [et *alii*], Paris, Guy Trédaniel, 1998, 342 pp. [Les commentaires écrits en italique sont de Maître Yanagiya Sohei, élève du Maître Hon Ma (Tokyo 1950)].

8. Goossaert, Vincent, « Portrait épigraphique d'un culte : les inscriptions des dynasties Jin-Yuan des temples du Pic de l'Est »（《一种信仰的碑铭肖像：金元时期东岳庙的碑铭》）, *Matériaux pour l'étude de la religion chinoise Sanjiao wenxian*, n° 2, 1998, pp. 35-82.

9. Gournay, Antoine, « l'Aménagement de l'espace dans le jardin chinois »（《中国园林的空间布局》）, Sous la direction de Flora Blanchon. Thèse de doctorat : Art et archéologie : Paris 4 : 1998 (1 vol., 292 ff.).

10. He, Zhiwu, *La Migration : légende de la genèse des Naxi* ou *renlei qianxi ji*（《迁移：纳西人起源传奇（人类迁徙记）》）, traduit du chinois et présenté par Xiaomin Giafferri-Huang, You-Feng, Paris, 1998, 78 pp., carte.

11. Holzman, Donald, « Xie Lingyun et les paysans de Yongjia »（《谢灵运与永嘉农民》）, in Jean-Pierre Diény (éd.), *Hommage à Kwong Hing Foon : études*

*d'histoire culturelle de la Chine*, Paris, Collège de France, Institut des hautes études chinoises, coll. Bibliothèque de l'Institut des hautes études chinoises (vol. 30), 1995, pp. 115-127 [repris in Donald Holzman, *Immortals, Festivals, and Poetry in Medieval China*, Aldershot (Angleterre), Variorum Collected Studies Series, Ashgate/Variorum, 1998, vol. X].

12. Kamenarović, Ivan P. 译, *Printemps et automnes de Lü Buwei* (《吕氏春秋》), Paris, Cerf, coll. Patrimoine (Confucianisme), 1998, 551 pp.

13. Kuo, Li-Ying, « Autour du Fojiao chuchuan nanfang zhi lu wenwu tulu »(《关于〈佛教初传南方之路文物图录〉》)[Catalogue d'objets (décorés) d'images (venues) par la voie du sud au début de la transmission du bouddhisme (en Chine)], *Arts asiatiques*, t. 53, pp. 102-111.

14. Lavoix, Valérie (1966-    ), « Liu Xie (ca 465-ca 521) : homme de lettres, bouddhiste laïc et juge des poètes » (《刘勰（约 465—约 521）：文人、俗僧、诗论家》), Sous la codirection de Jacques Pimpaneau et de François Martin. Thèse doctorat : Langues, littératures et sociétés. Option Chine : Paris, INALCO : 1998 (2 vol. ; 461 ff. ; ill. ; 30 cm).

15. Lévy, André 译, *Le Pavillon aux pivoines* (*Mudan ting,* de Tang Xianzu)（汤显祖《牡丹亭记》）, traduit du chinois par André Lévy, Paris, Festival d'Automne à Paris, Musica Falsa, 1998, 412 pp., [16] pp. de pl. (Rééd. : 1999).

16. Li, Szu-Hsien, « Le Concept de réalisme appliqué à la peinture des Song, la notion de réalisme comme moyen d'investigation de l'esthétique de la peinture de paysage en Chine du $x^e$ au $xii^e$ siècles » (《用于宋代绘画的现实主义观念：作为 10 至 12 世纪中国风景画美学调查手段的现实主义观念》), Mémoire de DEA en Histoire de l'Art : Université de Besançon : 1998.

17. Maucuer, Michel, « Bronzes chinois antiques et archaïsants dans la collection Cernuschi » (《塞努奇藏古代与拟古的中国青铜器》), *Arts Asiatiques*, t. 53, 1998, pp. 39-48.

18. Maurey, Martin 译, *Du rouge au gynécée* (《玉闺红》), trad. du chinois, Arles, Philippe Picquier (Picquier Poche ; 101), 1998, 170 pp. (Attribué à Luo

Pingzheng.)

19. Mesnil, Évelyne, « La Peinture au royaume de Shu (VIII$^e$-X$^e$ siècles) : une étude du *Yizhou minghua lu* »（《蜀国（8—10世纪）绘画：〈益州名画录〉研究》）, Sous la direction de Jean-Pierre Drège. Thèse de doctorat : Études indiennes et extrême-orientales : EPHE : 1998 (2 vol., 704 ff.).

20. Métailié, Georges, « Un manuscrit en quête d'auteur : Du *Plinius Indicus* de Johan Schreck au *Bencao gangmu* de Li Shizhen et au *Bencao pinhui jingyao* de Liu Wentai »（《一份寻找作者的手稿：从邓玉函〈印度的普林尼〉到李时珍〈本草纲目〉及刘文泰〈本草品汇精要〉》）, *Journal Asiatique*, vol. 286, n° 1, 1998, pp. 211-233.

21. Métailié, Georges, « À propos de quatre manuscrits chinois de dessins de plantes »（《四种中国植物绘图手稿》）, *Arts Asiatiques*, t. 53, 1998, pp. 32-38.

22. Musée Cernuschi, *Rites et festins de la Chine antique : bronzes du Musée de Shanghai*（《古代中国的礼仪与宴会：上海博物馆藏青铜器》）, (exposition, Paris,) Musée Cernuschi, du 23 septembre 1998 au 10 janvier 1999, Robert W. Bagley [et alii], Paris-musées et Findakly, Paris, 1998, 189 pp., ill.

23. Pimpaneau, Jacques, *Morceaux choisis de la prose classique chinoise*（《中国古代散文选》）, Paris, You-Feng, 1998, 2 vol. (179 et 148 pp.). Textes en français et en chinois annoté en pinyin.

24. Philastre, Paul Louis Félix 译, *Le Yi-king : le livre des changements*（《易经》）, traduit du chinois par Paul Louis Félix Philastre, présentation par François Jullien, Cadeilhan, Zulma, 1998, 896 pp.

25. Robinet, Isabelle, « La "Mère" et la "Femelle obscure" de Laozi »（《老子的"母"和"玄牝"》）, in Michel Cazenave (éd.), *La Face féminine de Dieu*, Paris, Noésis, 1998, pp. 137-167.

26. Shi, Bo 译, *Saisons : poèmes des dynasties Tang et Song*（《四季：唐宋诗选》）, traduits du chinois par Shi Bo, calligraphies Shi Bo, Paris, Éditions Alternatives, 1998, 126 pp. (Français et chinois).

27. Tatu, Aloïs [Pierre Kaser], *Le Moine Mèche-de-lampe* (*Dengcao heshang*

*zhuan*)（《灯草和尚传》）, roman érotique du XVIIe siècle, trad. par Aloïs Tatu, Arles, Philippe Picquier, 1998, 169 pp. (Rééd. : Picquier Poche, n° 173, 2002, 166 pp).

28. Vigneron, Frank, « Shen Zongqian : *Jiezhou xuehua bia*n, un traité de peinture chinoise du XVIIIe siècle »（《沈宗骞〈芥舟学画编〉：18世纪中国绘画论著》）. Sous la direction de Ian McMorran. Thèse de doctorat : Études indiennes et extrême-orientales : Paris 7 : 1998 (2 vol., 455 ff.).

## 三、备注

龙巴尔于1938年2月4日出生于马赛。其父莫里斯·龙巴尔（Maurice Lombard）也是一位颇具权威的东方学家，主要研究阿拉伯宗教和文化史及穆斯林世界史。龙巴尔从幼年起就受到了语言学、文献学和历史学诸学科的熏陶。他在接受高等教育时，又先后投师于李嘉乐、谢和耐和戴儒丹（Michel Mollat du Jourdin）等著名汉学家和东方学家的门下，孜孜不倦地学习。他也曾在法国东方语言学院学习汉语和东亚其他语言，如马来 - 印尼语、柬埔寨语、泰语，成为一名通晓多种语言的专家。中法刚刚建立外交关系，龙巴尔先生便作为首批赴中国的公费留学生之一，于1964年携其新婚不久的夫人苏尔梦，远涉重洋，双双进入北京大学历史系学习。他在此期间为法国一套被称为"通俗百科全书"的"我知道什么？"丛书写了一本《帝国时代的中国》（1967），同时又与其夫人联袂为纳盖尔（Nagel）的中国导游手册《中国》撰写了一大批条目。

龙巴尔回国之后，成为法兰西远东学院的成员。1966—1969年，曾被该院派往雅加达从事科研，从而成为法国当代最著名的研究中国南海和南洋历史与文化的专家。

1969年，龙巴尔被任命为法国高等研究实践学院第六系的研究导师，主持"文化区域学"部门的工作。

1974年，龙巴尔与拉丰（P. E. Lafont）合作主编出版了《东南亚的比较文学》一书，这是第二十九届国际东方学家代表大会的论文集之一。

1980年，龙巴尔与其夫人合作出版了《雅加达的华人，庙宇与社团生活》。

1988年，龙巴尔与奥班（Jean Aubin）共同主编了《13—20世纪印度洋与中国海上的亚洲商贾》一书。

1993年，龙巴尔与尚贝尔-卢瓦尔（H.Chambert-Loir）、尚皮庸（L.Champion）合作主编出版了《梦想中的亚洲，英国-印度、印度支那和印尼-荷兰的殖民地文学研究》。

1994年，龙巴尔来华访问，商议由中国社会科学院历史研究所、清华大学国际汉学研究所和北京大学中法比较文化研究中心，与法兰西远东学院协作，共同推出一套"法国汉学"丛刊，由龙巴尔与当时中国社会科学院历史研究所所长李学勤共同任主编。1996年，《法国汉学》第一辑出版。

此外，龙巴尔还发表了很多与中国有关的论文：《与16世纪末另外两种世界观相比较的〈卢济塔尼亚人之歌〉、〈西洋记〉和亚历山大时代的马来文小说》《19世纪末叶—20世纪初叶印尼华人社团中的儒家文化与改革思想》等。

龙巴尔是一位涉猎广泛的历史学家，非常注重贸易交换和文化影响的网络。他与其夫人苏尔梦共同创办并一直主持的《群岛》杂志是法国唯一一家研究中国南海和南洋的学报，它近三十年来成了一个国际中心和史学思想研究的"圣地"。龙巴尔精明能干、善于组织、诲人不倦，著述甚丰，他的逝世是法国学界和整个东方学界的一大损失，也使远东，特别是中国学术界失去了一位真挚的朋友和尊敬的同事。①

# 公元1999年

## 一、大事记

1. 1月29日，吴德明（1921—1999）逝世。
2. 石泰安（1911—1999）逝世。

---

① 耿昇：《法国的中国南海与南洋史专家龙巴尔教师》，戴仁编，耿昇译：《法国中国学的历史与现状》，上海：上海辞书出版社，2010年，第289~293页。

## 二、书（文）目录

1. *Le Parfum de l'encre : peintures chinoises de la collection Roy et Marilyn Papp*（《墨香：Roy 和 Marilyn Papp 藏中国绘画》）, (exposition, Paris) Musée Cernuschi, 23 septembre-30 décembre 1999, (organisée par) Phoenix Art museum, Musée Cernuschi,（trad. de l'anglais par）Anne Kerlan-Stephens, Paris, Paris-Musées et éditions Findakly, 1999, 189 pp., ill.

2. *Lotus d'or ou La merveilleuse histoire de Hsi Men avec ses six femmes*（《金莲花或西门及其六个女人的神奇故事》）, Paris, Jean de Bonnot, 1999, 519 pp., ill. (Traduction du Jin Ping Mei. D'après la version anglaise de John Lane).

3. Billeter, Jean-François, « Un fragment philosophique du IV$^e$ siècle avant notre ère : le faisan de *Zhuangzi* »（《公元前 4 世纪的一个哲学片段：〈庄子〉的雉》）, in « Mélanges de sinologie offerts à Jean-Pierre Diény (I) », *Études chinoises*, vol. XVIII, n° 1-2, 1999, pp. 59-79.

4. Bourgon, Jérôme, « Le Rôle des schémas divinatoires dans la codification du droit chinois : à propos du *Commentaire du code des Jin* par Zhang Fei »（《中国法律典籍化过程中占卜性图表的作用：关于张斐〈晋律注〉》）, *Extrême-Orient Extrême Occident*, n° 21 (« Divination et rationalité en Chine ancienne »), 1999, pp. 131-145.

5. Che, Philippe 译, *La Voie des divins immortels : les chapitres discursifs du Baopuzi neipian*（《抱朴子内篇·论仙卷》）, de Ge Hong（葛洪）, traduit du chinois, présenté et annoté par Philippe Che, Paris, Gallimard, coll. Connaissance de l'Orient (100), 1999, 226 pp.

6. Cheng, Anne, « Un classique qui n'en finit pas de faire parler de lui : les *Entretiens* de Confucius, un aperçu des traductions du XX$^e$ siècle en langues européennes »（《一部经久不衰的典籍：孔子〈论语〉20 世纪欧洲语言翻译概况》）, *Revue bibliographique de sinologie*, nouvelle série, vol. XVIII, 1999, pp. 471-480.

7. Cheng, Anne, « Émotions et sagesse dans la Chine ancienne : l'élaboration de la notion de "qing" dans les textes philosophiques des Royaumes combattants

jusqu'aux Han » （《古代中国的情感与智慧：从战国到汉代哲学文本中"情"的概念的制定》）, in « Mélanges de sinologie offerts à Jean-Pierre Diény (I) », *Études chinoises*, vol. XVIII, n° 1-2, 1999, pp. 31-58.

8. Cheng, Anne, « Si c'était à refaire...Ou : De la difficulté de traduire ce que Confucius n'a pas dit » （《若能重来……或论翻译孔子未言之物的困难》）, in Viviane Alleton & Michael Lackner (sous la direction de), *De l'un au multiple: traductions du chinois vers les langues européennes*, Paris, éditions de la Maison des Sciences de l'Homme, 1999, pp. 203-217.

9. Couvreur, Séraphin 译, *Chou king* ou *les annales de la Chine* （《书经》）, You-Feng, Paris, 1999, 464 pp. (Texte chinois, transcription, traductions française et latine. Titre original : *Shujing*).

10. Détrie, Muriel, « Présentation critique des premières traductions européennes des classiques taoïstes » （《道家经典早期欧洲翻译评论》）, in *Littérature et Extrême-Orient*, textes réunis et présentés par Muriel Détrie, Champion, Paris, 1999, pp. 147-162.

11. Diény, Jean-Pierre, « Contre Guo Maoqian : À propos des deux versions de certains poèmes des Han et des Wei » （《驳郭茂倩：汉魏若干诗作的两种版本》）, *T'oung Pao*, vol. 85, fasc. 1-3, 1999, pp. 65-113.

12. Dzo, Ching-Chuan, *Sseu-ma Ts'ien et l'historiographie chinoise* （《司马迁与中国史学》）, préface de René Étiemble, nouvelle édition, Paris, You-Feng, 1999, V-356 pp. (Contient des annotations en chinois).

13. Fris-Larrouy, Violette, *Arts de Chine : la collection chinoise du musée Georges-Labit* （《中国艺术：Georges-Labit 博物馆中国藏品》）, (édité à l'occasion de l'exposition, Toulouse, musée Georges-Labit, 15 avril-18 octobre 1999), Musée Georges-Labit, (catalogue rédigé par) Violette Fris-Larrouy, A. Biro (Paris) et Musée Georges-Labit (Toulouse), 1999, 175 pp., ill.

14. Saint-Denys, Hervey de, Marquis d' 译, *Six nouvelles chinoises* （《中国短篇小说六种》）, traduites pour la première fois par le marquis Hervey de Saint-Denys, texte édité par Angel Pino, Paris, Bleu de Chine, 1999, 256 pp.

15. Saint-Denys, Hervey de, Marquis d'译, *Six nouvelles nouvelles chinoises* (《中国短篇小说六种新集》), traduites pour la première fois par le marquis Hervey de Saint-Denys, texte édité par Angel Pino et postface du même (« Le Marquis Hervey de Saint-Denys et le *Kin-kou k'ikouan* », pp. 199-215), Bleu de Chine, Paris, 1999, 224 pp.

16. Kalinowski, Marc, « La Rhétorique oraculaire dans les chroniques anciennes de la Chine : une étude des discours prédictifs dans le *Zuozhuan* » (《中国古代编年史的神谕修辞学：〈左传〉中预言性话语研究》), *Extrême-Orient Extrême Occident*, n° 21 (« Divination et rationalité en Chine ancienne »), 1999, pp. 37-65.

17. Kamenarović, Ivan P. 译, *Printemps et automnes de Lü Buwei* (《吕氏春秋》), traduit du chinois, Paris, Éditions du Cerf (Patrimoines, Confucianisme), 1998, 551 pp.

18. Krahl, Régina, *L'Âge d'or de la céramique chinoise : vi$^e$-xiv$^e$ siècles : collection Meiyintang* (《中国陶瓷的黄金时代：6—14世纪——玫茵堂藏品》), exposition, Paris, Musée Cernuschi, du 4 mars au 27 juin 1999, catalogue par Régina Krahl, trad. par Jeanne Bouniort, Paris, Paris musées, Findakly, 1999, 141 pp., ill. (Sélection de 99 pièces qui mettent en lumière l'évolution des matériaux et des techniques au cours de ces 7 siècles).

19. Lanselle, Rainier, « Jin Shengtan (1608-1661) et le commentaire du *Pavillon de l'Ouest*, lecture et interprétation dans une poétique de l'indirect »〖《金圣叹（1608—1661）与〈西厢记〉注：间接诗学的阅读与阐释》〗, Sous la direction de François Jullien. Thèse de doctorat : Études indiennes et extrême-orientales : Paris 7 : 1999 (838 ff.).

20. Lavier, Jacques-André 译, *Nei tching sou wen* (《内经素问》) [Qin Shihuangdi], traduit du chinois, Puiseaux, Pardès, Bibliothèque de la tradition chinoise, 1999, 449 pp.

21. Lesbre, Emmanuelle, « La Conversion de Hârîtî, mère des démons, dans l'iconographie chinoise » (《中国图像学中群魔之母诃梨帝的皈依》), Sous la direction de Catherine Despeux. Thèse de doctorat : Département de chinois : Paris,

INALCO : 1999 (2 vol. ; 336, 40 ff. de pl. : ill. ; 30 cm).

22. Lévi, Jean 译, *Han-Fei-tse ou le Tao du Prince : la stratégie de la domination absolue*（《韩非子》）, Paris, Le Seuil, coll. Points (Sagesses, 141), 1999, 616 pp.

23. Levi, Jean, *Le Tao du Prince*（《君道》）, trad. annotée et commentée de Han Fei, Paris, Le Seuil, coll. Points- sagesse, 1999, 616 pp.

24. Lévi, Jean, « Problèmes d'indéterminations sémantiques dans la traduction de textes philosophiques »（《哲学文本翻译的语义不确定性问题》）, in Viviane Alleton & Michael Lackner (sous la direction de), *De l'un au multiple : traductions du chinois vers les langues européennes*, Paris, éditions de la Maison des Sciences de l'Homme, 1999, pp. 257-273.

25. Lévy, André 译, *Les miroirs du désir : amour et rancune (récits érotique)*（《欲望之镜：爱与恨（艳情故事）》）, traduits du chinois et présentés par André Lévy, Arles, Philippe Picquier, coll. Le Pavillon des corps curieux, 1999, 314 pp.

26. Lévy, André 译, *Histoires extraordinaires et récits fantastiques de la Chine ancienne*（《古代中国传奇故事》）, présentation et trad., Paris, Flammarion [Chefs-d'œuvre de la nouvelle (dynastie des Tang, 618-907) ; vol. 2], 1998, 210 pp.

27. Li, Xiaohong, « Le Dragon dans la Chine antique : étude iconographique des origines à la dynastie Shang (env. xv$^e$-env. xi$^e$ siècles av. J.-C.) »（《古代中国的龙：从初始至商代（约公元前15世纪—约公元前11世纪）图像学研究》）, Sous la direction de Flora Blanchon. Thèse de doctorat : Histoire de l'art : Paris 4 : 1999.

28. Lin, Chih Hung, « L'Intention de la représentation du paysage : étude des jades de style paysager de l'ère Qianlong (1736-1795) »（《再现风景的意图：乾隆时代（1736—1795）风景风格玉器研究》）, Sous la direction de Flora Blanchon. Thèse de doctorat : Art et archéologie : Paris 4 : 1999 (408 ff.).

29. Long, Laurent (1962- ), « Les Sept classiques militaires dans la pensée stratégique chinoise contemporaine : Wujing qishu jin yong kao »（《当代中国战略思想中的七部经典：武经七书今用考》）, Sous la direction de François Joyaux. Thèse de doctorat : Langue, littératures et société (Chine) : Paris, INALCO : 1999 (311

ff. : ill., cartes ; 30 cm).

30. Maugars, Cédricia 译, *L'Éducation musicale sous la Chine ancienne : d'après le Mémorial de la musique [Yueji]*（《古代中国的音乐教育：根据〈乐记〉》）, trad. et commentaire supervisés par Monsieur le Professeur François Picard, Université de Paris-Sorbonne, Observatoire musical français, coll. Documents de recherche OMF (Série Didactique de la musique), Paris, 1999, 20 pp.

31. Mesnil, Evelyne, « Les Seize Arhat dans la peinture chinoise (VIII$^e$-X$^e$ s.) et les collections japonaises : prémices iconographiques et stylistiques »（《中国绘画（8—10世纪）中的十六罗汉与日本藏品：肖像学与风格学的发端》）, *Arts asiatiques*, t. 54, 1999, pp. 66-84.

32. Métailié, Georges, « Fermentation en Chine au VI$^e$ siècle, d'après le *Qimin yaoshu* »（《6世纪的中国发酵术：根据〈齐民要术〉》）, in Nicole Staüble Tercier & Isabelle Raboud-Schüle (éd.), *Ferments en folie*, Vevey, Fondation Alimentarium-Nestlé, 1999, pp. 85-88.

33. Ryckmans, Pierre 译, *Les Entretiens de Confucius*（《论语》）, édition et traduction, préface d'Étiemble, Paris, Gallimard (Connaissance de l'Orient poche ; 35), 1999, 180 pp.

34. Shi Bo, *Trente-six stratagèmes chinois: comment vivre invincible*（《三十六计》）, trad. du chinois, ill. par Zhang Lei, Paris, Quimétao (Culture et coutumes chinoises), 1999, 220 pp., ill. (Réimpression : 2006).

35. Situ, Shuang, *L'Influence de la Chine sur la décoration et l'iconographie en France aux XVII$^e$ et XVIII$^e$ siècles*（《17、18世纪中国对法国装饰及肖像的影响》）, préface de Danielle Elisseeff, Maroc, sans mention d'éditeur, 1999, 456 pp., ill. (Texte remanié de : Thèse de doctorat : Histoire de l'art : Paris 4 : 1991).

36. Steens, Eulalie 译, *Méditations de la Chine ancienne*（《古代中国的沉思》）, traduit du chinois et présenté par Eulalie Steens, Monaco, éditions du Rocher, Jean-Paul Bertrand, 1999, 75 pp., ill.

37. Sun, Yu-Der, « La Révolution intérieure : la femme adultère dans les littératures chinoise (Pan Jinlian) et occidentale (Emma Bovary, Anna Karenine, Effi Briest

et Edna Pontellier) »[《内部革命：中国（潘金莲）和西方（Emma Bovary, Anna Karenine, Effi Briest, Edna Pontellier）文学中的淫妇形象》], Sous la direction de Jean-Marie Grassin. Thèse de doctorat : Littérature comparée : Limoges : 1999 (392 ff. ; 30 cm).

38. Vandermeersch, Léon, « Entre divination et écriture : essai de clonage d'un texte des *Annales sur bambou* »(《占卜与书写之间：论〈竹书纪年〉文本的复制》), in « Mélanges de sinologie offerts à Jean-Pierre Diény (I) », *Études chinoises*, vol. XVIII, n° 1-2, 1999, pp. 123-135.

39. Venture, Olivier, « Nouvelles Sources pour l'histoire de la Chine ancienne : les publications de manuscrits depuis 1972 »（《中国古代史的新源头：1972 年以来的手稿出版》），*Revue bibliographique de sinologie*, vol. XVII, 1999, pp. 285-298.

40. Will, Pierre-Étienne, « La Vertu administrative au théâtre : Huang Xieqing (1805-1864) et *Le miroir du fonctionnaire* »[《戏剧中的行政道德：黄燮清（1805—1864）与〈居官鉴〉》], in « Mélanges de sinologie offerts à Jean-Pierre Diény (I) », *Études chinoises*, vol. XVIII, n° 1-2, 1999, pp. 289-367.

## 三、备注

1. 吴德明，原名保尔·莫里斯（Paul Maurice），1921 年 4 月 30 日出生于法国下卢瓦尔的勒穆耶（Remouillé），曾就读于盖朗德（Guérande）的教会学校，后又入格勒诺布尔大学（Université Grenoble Alpes）文学院读书，后来毕业于国立东方语言文化学院中文系，获文学博士学位。

1947—1949 年间，吴德明作为奖学金学生，在北平从事有关法中文化往来方面的研究工作。

1950—1954 年间，吴德明担任法兰西远东学院研究员；1954—1955 年间，他领取洛克菲勒基金会津贴从事研究工作，参观访问欧洲各国的中国图书馆。利用这次访问所收集的资料，撰写了《欧洲图书馆中国方志目录》和《欧洲图书馆中国期刊目录》，并做了有关 20 世纪 50 年代欧洲图书馆中国图书资料的报告。

1955—1959 年间，吴德明担任法国巴黎高等汉学研究所图书馆管理员。

1959 年，吴德明被派往波尔多大学中文系①担任系主任职务。

1964 年，吴德明在东方语言学校通过博士考试。也是从这一年开始，他接受由白乐日先生提出的"宋史计划"的书录工作。

1969 年，巴黎第八大学成立中文系，吴德明被调回第八大学。

1973 年 7 月 16—22 日，巴黎举行第二十九届国际东方学家大会，吴德明担任大会的秘书长。

吴德明自 1974 年即担任巴黎高等汉学研究所所长职务。从 1976 年起，他担任巴黎第七大学中文教授，后又兼任巴黎第七大学东亚语言文化系主任职务。

1980 年 4 月 26 日在巴黎召开法国汉学协会成立大会时，吴德明和毕仰高共同担任大会主席。在这次大会上，吴德明当选为该协会主席，至今已担任此项领导职务多年，并自该会刊物《中国研究》创刊时即担任该刊出版负责人。吴德明还曾担任法国前总统顾问。他还是法国骑士勋章获得者和法兰西学院棕榈叶勋章获得者。

吴德明以专攻中国古典文学著称，著有：

« Notes sur trois peintures chinoises »（《关于三幅中国绘画的笔记》），*Bulletin de la Société des Études indochinoises*, nouvelle série, vol. XXVII, n° 3, 1952, pp. 343-354.

« Les manuscrits chinois de l'école Française d'Extrême-Orient »（《法国远东学院的中文手稿》），*Bulletin de l' École française d'Extrême-Orient* .t. 47, n° 2, 1955, pp. 435-455.

*Catalogue des monographies locales chinoises dans les bibliothèques d'Europe*（《欧洲图书馆藏中国当地专题研究目录》），Paris et La Haye, Mouton & Co, 1957.

*Catalogue des périodiques chinois dans les bibliothèques d'Europe*（《欧洲图

---

① 波尔多大学在 20 世纪 70 年代里已分为波尔多第一大学、波尔多第二大学和波尔多第三大学。原来波尔多大学的中文教学由中文系负责，中文系设在波尔多第三大学。

书馆藏中国期刊目录》）, Paris et La Haye, Mouton & Co, 1958.

*La Littérature des Han*（《汉代文学》）, in *Aspects de la Chine : Langue, histoire, religions, philosophie, littérature, arts*, Paris, Presses universitaires de France, Publications du Musée Guimet (LXIII), 1959, vol. II, pp. 237-241.

*La Poésie de l'Antiquité*（《古代诗歌》）, in *Aspects de la Chine : Langue, histoire, religions, philosophie, littérature, arts*, Paris, Presses universitaires de France, Publications du Musée Guimet (LXIII), 1959, vol. II, pp. 228-232.

*Les Poèmes de Tch'ou*（《周代诗歌》）, in *Aspects de la Chine : Langue, histoire, religions, philosophie, littérature, arts*, Paris, Presses universitaires de France, Publications du Musée Guimet (LXIII), 1959, vol. II, pp. 233-237.

*Un poète de cour sous les Han : Sseu-ma Siang-jou*（《汉代一位宫廷诗人：司马相如》）, Bibliothèque de l'Institut des Hautes Études Chinoises, vol. XIX, Paris, Presses universitaires de France, 1964.

*Bibliographie des travaux en langues occidentales sur les Song parus de 1946 à 1965*（《1946 至 1965 年以西方语言出版的宋代研究著作目录》）, Collection sinologique de l'Université de Bordeaux, vol. 1, Bordeaux, SOBODI, 1969.

*Contes extraordinaires du Pavillon du loisir*（《聊斋志异》）, Paris, Gallimard, Connaissance de l'Orient, 1969.

*Le Chapit re 117 du* Che-ki: *la vie de Sseu-ma Siang-jou*（《〈史记〉第 117 章：司马相如传》）, Paris, PUF, 1972.

*La Valeur relative des textes du* Che-ki *et du* Han chou（《〈史记〉与〈汉书〉文本的相对价值》）, in *Mélanges de sinologie offerts à Monsieur Paul Demiéville*, Paris, Presses universitaires de France, 1974.

« Avant-propos »（《前言》）et « L'Autobiographie dans la Chine traditionnelle »（《传统中国的自传》）, in *Études d'histoire et de littérature chinoises offertes au Professeur Jaroslav Prusek*, Bibliothèque de l'Institut des Hautes Études Chinoises, vol. XXIV, Paris, PUF, 1976, pp. 9-12, et 107-141.

*Quelques poèmes de Li Shangyin*（《李商隐的几首诗》）, *La Revue française de Pékin*, n° 2, 1983, pp. 130-149.

*A Song Bibliography*（《宋代书目》），1978.

*Bibliographie des Sung*（《宋代书目》），1979.

*Contes extraordinaires du Pavillon du loisir*（《聊斋志异》），Paris, 1990.

*Amour et politique dans la Chine ancienne : cent poèmes de Li Shangyin (812-858)*（《古代中国的爱情与政治：李商隐诗百首》），Paris, 1995.

2. 石泰安，法国藏学家，生于德国施韦茨的一个犹太人家庭，毕业于柏林大学汉语专业，1933年为逃避德国法西斯对犹太人的迫害迁居法国，1934年获得法国国立东方语言文化学院汉语专业文凭，接着进入高等汉学研究所学习。1939年获法国国籍，跟随葛兰言工作。1940—1946年在河内的法兰西远东学院工作，收集资料，研究微型花园。后来院长以他是犹太人为由把他赶走。

在第二次世界大战期间，石泰安曾在印度支那参加抗日战争，先后为山炮炮兵和法军司令部翻译，一度成为日本侵略军的俘虏。1946年，石泰安作为法国远东学院成员的身份得到恢复，并被法兰西远东学院派往中国昆明、成都、北京和内蒙古等地考察，后又在北京汉学研究所工作，在中国一直待到1949年。他没有忘记葛兰言和梅斯特尔的劝告，继续从事藏学和蒙古学的研究，以及汉藏交界地带土著民族文化的研究。在北京期间，他曾多次到内蒙古、藏区边界地方旅行，并在罗克的陪同下去了一趟云南。

1949年，石泰安返回法国，担任国立东方语言文化学院中文教授。这时，他能够充分利用近十年来在东亚收集到的全部材料。回国后他发表的第一篇著述是研究西夏的。

1951年，石泰安继葛兰言负责巴黎高等汉学研究所第五分部宗教科学部"中国及远东亚洲宗教"（1957年改为"远东与中国比较宗教学和藏学"）教授，并于1954年和1966年两次对包括锡金在内的喜马拉雅山麓进行了考察。

20世纪50年代，石泰安全身心投入藏族史诗的研究工作。他早在若干年前就对藏族史诗《格萨尔王传》产生了兴趣，那是在1940年5月，他在河内的印度支那研究院宣读了他的一篇与之有关的文章《一部藏族民间史诗》。1956年，他发表了史诗中的三章内容，这是他过去从打箭炉（今四川甘孜藏族自治州的康定市）的木刻版抄录下来的，发表时附上了他用法文撰写的一篇富有价值的评价文章，还有一个罕见用语和方言术语词汇表。在格萨尔肖像学研究之后，石泰安紧接着发表了他关于藏族史诗和吟游诗人的名著。这部600页的著作作为石泰安博士学位论文的重要论题，总结了他二十年的研究成果，并成功地改变了藏族文化史研究的面貌。与此同时，他的附属产品是关于汉藏交界土著民族的论文，文中娴熟地将历史、地理与传说精练地融为一体，此时这种方法已经成为他的学术特点。

石泰安在高等汉学研究所开设的学术讲座延续了藏族史诗的研究，最终出版了研究成果《一份有关藏族史诗历史的古代史料》和《格萨尔王评注》，并启发其学生在这方面做出了重要贡献。1962年，他发表了后来影响最大、流行最广的著作《西藏文明史》，此书至今仍然是这一领域最具原则性和最全面的导论。石泰安过去有些忽视宗教方面的研究，而主要注重民间传统的研究。然而，20世纪60年代，他逐渐转向了道教和佛教文献的研究，1963年发表著作《公元二世纪道教政治宗教运动评述》，在该书中他重建了公元2世纪道教团体乌托邦似的理想和教会的组织结构，仔细地考察了外域文化及土著文化影响的复杂问题。

1966年石泰安开始任法兰西学院教授，以继承加斯帕尔多纳（Émile Gaspardone）空出的职位，主持讲座"中国社会研究：制度和观念"。石泰安开始研究国家图书馆藏伯希和敦煌藏文写本，并利用它们写成了非常重要的文章，第一篇是《一份与吐蕃本孝丧葬仪轨有关的古代文献》，主要研究了关于吐蕃王朝时期本教徒所主持的王室丧葬仪式；第二篇是《论敦煌吐蕃写本中仪轨》，研究了关于本教治病和护持仪式中神话和民间传说因素与死亡和葬礼也有关系；第三篇是《本教语言——象雄语》。与此同时，他发表了最引人注目的两篇比较研究论文，其中一篇为《中国炉灶的起源传说》，这篇文章是神话与研究方面运用结构主义方法的典范，它吸收了大量石泰安熟悉的亚洲文化材料。另一篇是《顿悟或渐悟：汉藏文术语注记》，在研究中国内地和西藏早期禅宗"顿悟"派术语的文章中，石泰安阅读并梳理了大量的汉藏文宗教资料，证明这些语汇实际含义是"同时"领悟，即在"轮回"中对"涅槃"的领悟。石泰安对比较方法的纯熟运用，使晦涩的佛教语文学变得明白易懂。

石泰安任法兰西公学院教授一直到1981年10月退休。他在研究藏族史诗和藏族文化史、道教和中国民间宗教的同时，还培养了一批学生，继续从事这方面的研究。

主要著作有：

« Leao-Tche »（《辽志》）, *T'oung Pao*, vol. 35, fasc. 1-5, 1939, pp. 1-154.

« Trente-trois fiches de divination tibétaines »（《三十三根西藏古占卜签》）, *Harvard Journal of Asiatic Studies* ( IV): 297-372.

« Mi-nag et Si-hia, géographie historique et légendes ancestrales »（《弭药与西夏：历史地理与古代传说》）, *Bulletin de l'École française d'Extrême-Orient*, Hanoi, Paris, XLIV ,1947-1950.

« Chronique bibliographique: récentes études tibétaines »（《藏学研究近作》）, *Journal Asiatique*, 1952, pp.79-106.

« Présentation de l'œuvre posthume de Marcel Granet: *Le Roi boit* »（《葛兰言遗作简介》）, *Année Sociologique*, 3e série, 1952, pp.9-105.

*L'Épopée tibétaine de Gesar dans sa version lamaïque de Ling*（《岭地藏传佛教版本的西藏格萨尔史诗》）, Paris, Annales du musée Guimet, Bibliothèque d'études,1956.

« L'Habitat, le monde et le corps humain »（《住宅、社会和人类集团》）, *Journal Asiatique*, 1957,pp. 37-74.

« Architecture et pensée religieuse en Extrême-Orient »（《远东的建筑与宗教思想》）, *Arts Asiatiques*,1957,pp.163-186.

*Les Religions de la Chine*（《中国宗教》）, *Encyclopédie française*, Paris, tome 19,1957.

*Le Linga des danses masquées lamaïques et la theorie des âmes*（《喇嘛教蒙面舞与灵魂论》）, *Lieberthal Festschrift, Sino-Indian Studies*,1957.

« Peintures tibétaines de la vie de Gesar »（《格萨尔史诗中的西藏绘画》）, *Ars Asiatique*,1958,pp. 243-271.

*Recherches sur l'épopée et le barde au Tibet*（《西藏史诗与说唱艺人的研究》）, Paris, Bibliothèque de l'Institut des Hautes Études chinoises , 1959.

*Les Tribus anciennes des marches sino-tibétaines*（《汉藏走廊古部族》）, Paris, Bibliothèque de l'Institut des Hautes Études chinoises , 1959.

*Lamaïsme*（《喇嘛教》）, Paris,Éditions des Musees nationaux,1959.

« Le Théâtre au Tibet »（《西藏戏剧》）, *Les théâtre d'Asie*,1961.

*La Civilisation tibétaine*（《西藏的文明》）, 1ᵉ édit., Paris , Dunod (Coll. Sigma),1962,pp.xiv + 269 ; 2ᵉ édit. revue et augmentée, Paris,L'Asiathèque, 1981, pp.307 ; 3ᵉ édit.,Paris, L'Asiathèque, 1987, pp.ix+307 .

« Une source ancienne pour l'histoire de l'épopée tibetaine, le Rlans Po-ti bse-ru »（《西藏史诗的古文献：〈朗氏家族史·灵犀宝卷〉》）, *Journal Asiatique*,1962.pp.77-106.

«Deux notules d'histoire ancienne du Tibet »（《有关西藏古代史的两条注释》）, *Journal Asiatique*,1963,pp.327-333.

« Une saint poète tibétain »（《西藏的一位诗圣》）, *Mercure de France*,1964,pp.485-501.

« Un exemple de relations entre taoïsme et religion populaire »（《道教与民间宗教关系的一个例子》）, *Fukui hakase shôju kinen Tôyô bunka ronshû*. Tôkyô,1969,pp.79-90.

« Les conteurs au Tibet »（《西藏的说唱艺人》）, *France-Asie*,1969,pp.135-146.

« Un document ancien relatif aux rites funéraires des Bon-po tibétains »（《有关西藏本教殡葬仪轨的一卷古文献》）, *Journal Asiatique*,pp. 155-185.

« Vie et chants de Brug-pa Kun-legs »（《珠巴衮雷的生平与歌曲》）, Paris: G.-P. Maisoneuve et Larose,1972.

« Le texte tibétain de Brug-pa Kun-legs »（《珠巴衮雷的藏文著作》）, *Zentralasiatische Studien*,1973,pp.9-219.

« Vocabulaire tibetain de la biographie de Brug-pa Kun-legs »（《珠巴衮雷传中的藏文词汇》）, *Zentralasiatische Studien*,1974,pp.129-178.

« La gueule du makara: un trait inexpliqué de certains objets rituels »（《未经诠释过的摩羯罗嘴》）, *Essais sur l'art du Tibet*,1977,pp. 53-62.

« Une mention du manichéisme dans le choix du bouddhisme comme religion d'État par le roi Khri-sron lde-bstan »（《吐蕃赞普墀松德赞在选择佛教为国教时有关摩尼教的记载》）, *Indianisme et Bouddhisme*,1980,pp.329-338.

« Tibetica Antiqua I: Les deux vocabulaires des traductions indo-tibétaines et sino-tibétaines dans les manuscrits Touen-Houang »（《古代西藏（一）：敦煌写本中的印度文 - 藏文和藏文 - 汉文翻译的两种辞书》），*Bulletin de l'École Française d'Extreme Orient*,1983,pp.149-236.

« Tibetica Antiqua II: L'usage de métaphores pour des distinctions honorifiques à l'époque des rois tibétains »（《古代西藏（二）：吐蕃赞普时代的告身中使用譬喻的习惯》），*Bulletin de l'École Française d'Extreme Orient*,1984,pp.257-272.

« Tibetica Antiqua III : À propos du mot gcug-lag et de la religion indigène »《古代西藏（三）：论祖拉及吐蕃巫教》），*Bulletin de l'École Française d'Extreme Orient*,1985,pp.83-133.

« Tibetica Antiqua IV : La tradition relative au début du bouddhisme au Tibet »（《古代西藏（四）：有关吐蕃早期佛教的传说》），*Bulletin de l'École Française d'Extreme Orient*,1986,pp.169-196.

« Tibetica Antiqua V : La religion indigène et les bon-po dans les manuscrits de Touen-Houang »（《古代西藏（五）：敦煌手稿中的土著宗教和好婆》），*Bulletin de l'École Française d'Extreme Orient*,1986,pp.27-56.

« Les Serments des traités sino-tibétains (8$^e$-9$^e$ siècles) »（《汉藏誓约（8—9世纪）》），*T'oung Pao*, vol. 74, fasc. 1-3, 1988, pp. 119-138.

« Tibetica Antiqua VI : Maximes confucianistes dans deux manuscrits de Touen-houang »（《古代西藏（六）：敦煌两部手稿中的儒家格言》），*Bulletin de l'École française d'Extrême-Orient*, t. 79, 1992, pp. 9-17.

# 附录 I

## 20 世纪法兰西公学院所开课程
## （自二战结束起）

### 常设讲席、任教者名录[①]

| 开始时间（年） | 截止时间（年） | 任教者姓名 | 讲席名称 | 开课时间 |
|---|---|---|---|---|
| 1893 | 1918 | 沙畹<br>(1865—1918) | 汉语及鞑靼-满洲语言与文学 | 1893 年 12 月 5 日 |
| 1919 | 1945 | 马伯乐<br>(1883—1945) | 中国语言文学 | |
| 1946 | 1964 | 戴密微<br>(1894—1979) | 中国语言文学 | |
| 1966 | 1981 | 石泰安<br>(1911—1999) | 中国研究：体制与观念 | 1966 年 11 月 17 日 |
| 1975 | 1992 | 谢和耐<br>(1921—　) | 中国社会与知识史 | 1975 年 12 月 4 日 |
| 1992 | — | 魏丕信<br>(1944—　) | 现代中国史 | 1992 年 4 月 3 日 |

---

[①] 此表只是罗列了"20 世纪法兰西公学院所开课程（自二战结束起）"中的主要任教者及其讲席名称。此表后正文分别介绍的各位任教者及其讲席名称（或具体所开设的课程名称）则更详细和全面。下表亦同，不再注明。

## 国际讲席、任教者名录

| 开始时间（年）| 截止时间（年）| 任教者姓名 | 讲席名称 | 开课时间 |
|---|---|---|---|---|
| 1993 | 1994 | 张广达（Zhang Guangda）（1931—　） | 7 至 11 世纪中国与中亚文明 | 1994 年 1 月 14 日 |

## 沙畹先生课程

（汉语与鞑靼 - 满洲语言与文学）

**开始课程：1893 年 12 月 5 日** "论中国文学的社会功用"（« Du rôle social de la littérature chinoise »）。

**1893—1894** "司马迁生平与作品"（« La vie et l'œuvre de Se-ma-Ts'ien »）；"《司马迁〈史记〉》讲解"（« Explication des Mémoires historiques de Se-ma-Ts'ien »）。

**1894—1895** "中国古典文学"（« La littérature classique de la Chine »）；"《司马迁〈史记〉》讲解：第 4 章"（« Explication des Mémoires historiques de Se-ma-Ts'ien, chap. VI »）。

**1895—1896** "司马迁八篇论述讲解"（« Explication des huit Traités de Se-ma-Ts'ien »）；"唐代主要碑铭古迹"（« Principaux monuments épigraphiques à l'époque des T'ang »）。

**1896—1897** "满洲史"（« Histoire des Mandchous »）；"《司马迁〈史记·孔子世家〉》讲解"（« Explication de la Biographie de Confucius dans les Mémoires historiques de Se-ma-Ts'ien »）。

**1897—1898** 由古恒代替。

**1898—1899** 由古恒代替。

**1899—1900** "中国史"（« Histoire de la Chine »）；"公元 776 年的一个碑铭的讲解"（« Explication d'une inscription de l'année 766 après J.-C. »）。

**1900—1901** "中国史：自汉至唐"（« Histoire de la Chine : des Han aux

T'ang »）；"《司马迁〈史记〉》第 123 章讲解"（« Explication du chapitre CXXIII des *Mémoires historiques* de Se-ma-Ts'ien »）。

**1901—1902** "中国史概略"（« Esquisse d'une histoire de Chine »）；"Song Yun Oudyâna 及 Gandhâra 游记讲解"（« Explication de la relation du voyage de Song Yun dans l'Oudyâna et le Gandhâra »）。

**1902—1903** "西安府考古博物馆古迹"（« Monuments du Musée archéologique de Si-ngan-fou »）；"《司马迁〈史记〉》第 110 章讲解"（« Explication du chapitre CX des *Mémoires historiques* de Se-ma-Ts'ien »）。

**1903—1904** "中国大旅行家"（« Les grands voyageurs chinois »）；"印度教故事翻译"（« Traduction de contes hindous »）。

**1904—1905** "中国史的最古来源：《竹书纪年》真实性研究"（« Les plus anciennes sources de l'histoire de Chine ; étude de l'authenticité du *Tchou-chou-ki-nien* »；"《司马迁〈史记〉》第 113—116 章讲解"（« Explication des chapitres CXIII-CXVI des *Mémoires historiques* de Sseu-ma-Ts'ien »）。

**1905—1906** "孔子及其弟子"（« Confucius et ses disciples »）；"《后汉书》第 118 章讲解（公元 2 世纪的中亚）"[« Explication du chapitre CXVIII du *Héou-Han-chou* (l'Asie centrale du II$^e$ siècle de notre ère) »]。

**1906—1907** "中国考古地理"（« Géographie archéologique de la Chine »）；"对关于泰山的文本的讲解"（« Explication de textes relatifs au T'ai chan »）。

**1907—1908** 在满洲及中国北部出差十月之后，沙畹于 2 月重启课程，讨论在此行期间所游历和研究的古迹；"对孔子、颜子和孟子庙宇多种铭文的讲解"（« Explication de diverses inscriptions des temples de Confucius, de Yen-tseu et de Mencius »）。

**1908—1909** "古代中国史"（« Histoire de la Chine antique »）；"《司马迁〈史记〉》第 63—67 章讲解"（« Explication de chapitres LXIII et LXVII des *Mémoires historiques* de Sseu-ma-Ts'ien »）。

**1909—1910** "两汉中国画（约公元前 200 年至公元 200 年）"（« Tableau de la Chine sous les deux dynasties Han (environ de 200 avant J.-C. à 200 après J.-C.) »）；"《魏书》第 114 章前半部分讲解"（« Explication de la première moitié du chapitre CXIV du *Wei chou* »）。

**1910—1911** "从中国铭文获取的历史记录"（« Les résultats historiques obtenus par l'épigraphie chinoise »）；"《汉书》第 6 章讲解"（« Explication du chapitre VI du *Tsi'en Han chou* »）。

**1911—1912** "中国著名女人"（« Les femmes illustres de la Chine »）；"旨在给出中国文学大意的对多种文本的讲解（经典著作除外）"（« Explication de divers textes propres à donner une idée générale de la littérature chinoise (à l'exclusion de livres classiques) »）。

**1912—1913** "中国的伟人崇拜"（« Le culte des grands hommes en Chine »）；"旨在使人了解宋代文学、哲学及社会运动的文本讲解"（« Explication de textes permettant de suivre le mouvement littéraire, philosophique et social à l'époque de la dynastie Song »）。

**1913—1914** "中国经典作为史料的价值"（« La valeur des classiques chinois considérés comme sources historiques »）；"刘向《列女传》讲解"（« Explication des *Biographies des femmes éminentes* par Lieou Hiang »）。

**1914—1915** "佛教研究"（« Étude du Bouddhisme »）；"《北史》第 97 章讲解"（« Explication du chapitre XCVII du *Pei che* »）。

**1915—1916** "宋代中国研究：从 960 至 1279 年"（« Étude de la Chine sous les Song, de 960 à 1279 »）；"《汉书·刑法志》讲解"（« Explication du chapitre du *Tsi'en Han chou* consacré aux châtiments »）。

**1916—1917** "古代中国礼仪"（« Les rites dans la Chine antique »）；"《魏书》第 94 章涉及 5 世纪中叶之道教部分选讲"（« Explication de la partie du chapitre CXIV du *Wei chou* qui nous renseigne sur le taoïsme jusqu'au milieu du v$^e$ siècle de notre ère »）。

**1917—1918** "唐代中国史概况"（« Esquisse de l'histoire de la Chine sous les T'ang »）；"道教相关文本讲解"（« Explication de textes relatifs au Taoïsme »）。沙畹先生于 1918 年 1 月 29 日去世。

## 马伯乐先生课程

**开始课程：1920—1921** "中国原初历史的构成因素"（« Les éléments de formation de l'histoire primitive de la Chine »）；"周代若干历史文本批评研究"（« Étude critique de quelques textes historiques de l'époque des Tchéou »）。

**1921—1922** "道教起源"（« Les origines de la religion taoïste »）；"《书经》与《左传》：批评研究"（« Le *Chou King* et le *Tsotchouang*, étude critique »）。

**1922—1923** "从发端至秦朝建立的中国史"（« Histoire de la Chine depuis ses origines jusqu'à la fondation de l'unité impériale par les Tsin »）；"江苏南部现代民间宗教中的轿神"（« La déesse de la chaise à porteurs dans la religion populaire moderne du Kiang-sou méridional »）。

**1923—1924** "周代中国哲学"（« Philosophie chinoise au temps des Tcheou »）；"古代汉语重构：语言学研究"[« Reconstitution de la langue chinoise archaïque (étude linguistique) »]。

**1924—1925** "古代中国王权"（« La royauté chinoise antique »）；"《左传》中的小说与历史"（« Le roman et l'histoire dans le *Tsotchuan* »）。

**1925—1926** "天神、日神与古代中国人及现代傣族人的祖先"（« Le Dieu du ciel, le Dieu du sol et les ancêtres chez les Chinois anciens et chez les Thai modernes »）；"K'iu Yuan 的 T'ien-wen"（« Le T'ien-wen du K'iu Yuan »）。

**1926—1927** "K'iu Yuan T'ien-wen 研究（续）"（« Continuation de l'étude du T'ien-wen de K'iu Yuan »）；"唐代之前关于老子的传奇的形成"（« La formation des légendes relatives à Lao-Tseu avant les T'ang »）。

**1927—1928** "公元最初几世纪道教的若干方面"（« Quelques aspects du Taoïsme des premiers siècles de notre ère »）；"汉代中国的财政组织"（« L'organisation financière de la Chine sous les Han »）。

**1928—1929** 因出差，未开课。

**1929—1930** 开课情况不详。

**1930—1931** "秦代、唐代中亚的中国行政机构：根据考古文献"（« L'administration chinoise en Asie centrale sous les Tsin et les T'ang d'après les documents archéologiques »）；"汉代日常生活：根据新近的考古文献"（« La vie courante au temps des Han, d'après des documents archéologiques récents »）。

**1931—1932** "明堂理论的发展与战国时期宗教理念的演进"（« Le développement de la théorie du Temple royal (Ming-t'ang) et l'évolution des idées religieuses au temps des royaumes combattants »）；"汉代日常生活：根据新近的考古文献（续）"[« La vie courante au temps des Han, d'après les documents archéologiques et les textes (suite) »]。

**1932—1933** "前汉时期中国经典的重构"（« La reconstitution des classiques chinois sous les Han Antérieurs »）；"后汉时期中国经典的注释"（« Les commentaires des classiques chinois au temps des Han Postérieurs »）。

**1933—1934** "汉代时中国经典的重构"（« La reconstitution des classiques chinois sous les Han »）；"公元6世纪的道教：根据一篇反道教檄文"（« Le Taoïsme au vi$^e$ siècle de notre ère d'après un pamphlet anti-taoïste »）。

**1934—1935** "自汉至唐经典及儒家的演进与学说"（« L'évolution et la doctrine des classiques et du confucianisme des Han aux T'ang »）；"6世纪檄文中的道教：Siao Tao louen 翻译（续）"（« Le Taoïsme dans les pamphlets bouddhiques du vi$^e$ siècle. Suite de la traduction du Siao Tao louen »）。

**1935—1936** "周末至唐代道教史概览"（« Aperçu d'histoire du Taoïsme de la fin des Tcheou jusqu'aux T'ang »）；"6、7世纪佛教檄文中的道教"（« Le Taoïsme dans les pamphlets bouddhiques du vi$^e$ et du vii$^e$ siècle »）。

**1936—1937** "唐前中国佛教史研究"（« Recherches sur l'histoire du bouddhisme en Chine avant les T'ang »）；"六朝道教文本研究"（« Étude des textes taoïstes des Six Dynasties »）。

**1937—1938** "唐前佛教与道教关系史"（« Histoire du Bouddhisme dans ses rapports avec le Taoïsme avant les T'ang »）；"与佛教及道教相关的中国文本讲解"（Explication des textes chinois relatifs à l'histoire du Bouddhisme et du Taoïsme »）。

**1938—1939** "唐前中国的道佛争论"（« Querelles entre Taoïstes et

Bouddhistes en Chine avant les T'ang »）；"关于道教的佛教文本"（« Textes bouddhiques relatifs au Taoïsme »）。

**1939—1940** "六朝时期的道佛争论"（« Querelles entre Taoïstes et Bouddhistes au temps des Six Dynasties »）；"唐前中国文本讲解"（« Explication de textes chinois antérieurs aux T'ang »），未开课。

**1940—1941** "唐前的道教与佛教"（« Taoïsme et Bouddhisme avant les T'ang »）；"唐前关于佛教与道教史的中国文本讲解"（« Explication de textes chinois relatifs à l'histoire du Bouddhisme et du Taoïsme avant les T'ang »）。

**1941—1942** "六朝及唐中国佛教教义与大乘宗派"（« Les doctrines bouddhiques dans la Chine des Six Dynasties et des T'ang, les écoles du Mahâyâna »）；"与道教相关的中国文本讲解：法琳《破邪论》"（« Explication de textes chinois bouddhiques relatifs au Taoïsme : le *P'o-sie louen* de Fa-lin »）。

**1942—1943** "宋前道教寻求得救过程中饮食制度中谷物食品的废止、餐风、炼丹及静观的各自功用"（« Le rôle respectif de l'abstention des céréales des régimes diététiques, de la nourriture des souffles, de l'alchimie et de la méditation par la recherche du salut dans le Taoïsme antérieur aux Song »）；"法琳《破邪论》译注（续）：7世纪反道教檄文"（« Continuation de la traduction et commentaire du *P'o-sie louen* de Fa-lin, pamphlet anti-taoïque du vii$^e$ siècle »）。

**1943—1944** "截至唐代道观的组织和崇奉"（« L'organisation et le culte de l'église taoïque jusqu'aux T'ang »）；"关于道教的佛教文本讲解"（« Explication de textes bouddhiques relatifs au Taoïsme »）。

**1944—1945** "道教万神殿"（« Le Panthéon taoïque »）；"反道教的佛教檄文讲解（续）"（« Continuation de l'explication de Pamphlets bouddhiques anti-taoïques »）。该课程未得开设。马伯乐教授于1944年7月被盖世太保逮捕并囚禁于Buchenwald集中营。

## 戴密微先生课程

教授

**开始课程**：1945 年 4 月 2 日："马伯乐与汉学研究的未来"（« Henri Maspero et l'avenir des études chinoises »）。

**1945—1946** "《庄子》及中国注释传统对其的阐释"（« Tchouang-tseu et ses interprétations dans l'exégèse chinoise »）；"《庄子》第一章解说"（« Explication du premier chapitre de *Tchouang-tseu* »）。

**1946—1947** "中国哲学词汇形成研究"（« Étude sur la formation du vocabulaire philosophique chinois »）；"《庄子》第一章解说（续）"[« Explication du premier chapitre de *Tchouang-tseu* (suite) »]。

**1947—1948** "中国哲学词汇形成研究"（« Étude sur la formation du vocabulaire philosophique chinois »）；"《庄子》第二章解说"（« Explication du deuxième chapitre de *Tchouang-tseu* »）。

**1948—1949** "顿与渐"[« Le touen et le tsien (le subit et le graduel) »]；"《庄子》第二章解说（续）"[« Explication du deuxième chapitre de *Tchouang-tseu* (suite) »]。

**1949—1950** "满洲时代的若干思想者"（« Quelques penseurs de l'époque mandchoue »）；"关于《庄子》的新近出版物，第二章解说（续，完）"（« Publications récentes sur *Tchouang-tseu*, et suite et fin de l'explication du deuxième chapitre »）。

**1950—1951** "章学诚及其史学理论"（« Tchang Hiue-tch'eng et ses théories historiographiques »）；"《庄子》第十七章（续）"[« Le XVII<sup>e</sup> chapitre de *Tchouang-tseu* (suite) »]。

**1951—1952** "唐代佛教"（« Le bouddhisme sous les T'ang »）；"中国白话文学的发端"（« Les débuts de la littérature chinoise en langue vulgaire »）。

**1952—1953** "武后治下的佛教"（« Le bouddhisme sous l'impératrice Wou »）；"敦煌俗文学文本"（« Textes de littérature vulgaire de Touen-houang »）。

**1953—1954** "中国佛教伪书"（« Apocryphes bouddhiques en Chine »）；

"敦煌俗文学文本"（« Textes de littérature vulgaire de Touen-houang »）。

**1954—1955** "中国佛教伪书"（« Apocryphes bouddhiques en Chine »）；"敦煌俗文学文本"（« Textes de littérature vulgaire de Touen-houang »）。

**1955—1956** "禅宗"（« L'École du Tch'an »）；"敦煌俗文学文本"（« Textes de littérature vulgaire de Touen-houang »）。

**1956—1957** "禅宗"（« L'École du Tch'an »）；"敦煌俗文学文本：王梵志，I" [« Textes de littérature vulgaire de Touen-houang (Wang Fan-tche, I) »]。

**1957—1958** "临济语录"（« Entretiens de Lin-tsi »）；"敦煌俗文学文本：王梵志，II" [« Textes de littérature vulgaire de Touen-houang (Wang Fan-tche, II) »]。

**1958—1959** "临济语录"（« Entretiens de Lin-tsi »）；"敦煌俗文学文本：王梵志，III" [« Textes de littérature vulgaire de Touen-houang (Wang Fan-tche, III) »]。

**1959—1960** "9 世纪的禅"（« Le Tch'an au $IX^e$ siècle »）；"敦煌俗文学文本"（« Textes de littérature vulgaire de Touen-houang »）。

**1960—1961** "禅与诗"（« Tch'an et poésie »）；"敦煌俗文学文本"（« Textes de littérature vulgaire de Touen-houang »）。

**1961—1962** "禅与诗"（« Tch'an et poésie »）；"敦煌俗文学文本"（« Textes de littérature vulgaire de Touen-houang »）。

**1962—1963** "谢灵运生平与著作"（« La vie et l'œuvre de Sie Ling-yun »）；"唐代禅师文集中的诗"（« La poésie dans les recueils des maîtres de Tch'an des T'ang »）。

**1963—1964** "谢灵运生平与著作"（« La vie et l'œuvre de Sie Ling-yun »）。

## 石泰安先生课程

教授

**开始课程：1966—1967** "中国宣誓信仰的诸方面"（« Aspects de la foi jurée en Chine »）；"西藏本教及莫索人的宇宙生成论"（« Les cosmogonies bonpo au Tibet et chez les Mosso »）。

**1967—1968** "关于已披露书籍的传递问题的道教文本"（« Textes

taoïstes relatifs à la transmission des livres révélés »）；"关于文化发端的本教故事"（« Les récits bonpo sur les débuts de la culture »）。

**1968—1969** "关于最初人类的本教叙述"（« Récits bonpo sur les premiers hommes »）；"道教教区的若干方面"（« Quelques aspects des paroisses taoïstes »）。

**1969—1970** "组织化佛教的民间崇拜"（« Les cultes populaires dans la taoïsme organisé »）；"本教文学的构成元素"（« Éléments constitutifs de la littérature bonpo »）。

**1970—1971** "道教烹饪节日"（« Les fêtes de cuisine du taoïsme religieux »）；"敦煌手稿中的西藏文学问题"（« Problèmes de littérature tibétaine dans les manuscrits de Touen-houang »）。

**1971—1972** "神秘主义思辨和道教'烹饪'相关主题"（« Spéculations mystiques et thèmes relatifs aux cuisines du taoïsme »）；"西藏密教的若干表现（叙述与仪轨）"[« Quelques représentations du tantrisme tibétain (récits et rituels) »]。

**1972—1973** "与饮食相关的概念（中国）"[« Conceptions relatives à la nourriture (Chine) »]；"神话问题与密教仪轨（西藏）"[« Problèmes de mythologie et de rituels tantriques (Tibet) »]。

**1973—1974** "中国密教的若干表现"（« Quelques représentations du tantrisme chinois »）；"关于楼陀罗故事的叙述（西藏）"[« Récits autour du récit de Rudra (Tibet) »]。

**1974—1975** "汉日密教新问题"（« Nouveaux problèmes du tantrisme sino-japonais »）；"西藏密教演变中的礼仪器物"（« Les objets rituels de transmutation dans la tantrisme tibétain »）。

**1975—1976** "汉日密教的两大曼陀罗"（« Les deux grands mandala du tantrisme sino-japonais »）；"论西藏密教的若干器物"（« De quelques objets du tantrisme tibétain »）。

**1976—1977** "汉日密教神殿里的诸神"（« Divinités du panthéon tantrique sino-japonais »）；"西藏密教的 Phur-bu"（« Les Phur-bu du tantrisme tibétain »）。

**1977—1978** "观音的女性形式"（« Les formes féminines de Kouan-yin »）；"关于 Phur-bu 的研究（续）"[« Recherches sur le phur-bu (suite) »]。

**1978—1979** "中国：关于宗教在人类命运中作用的观念"（« Chine : Conceptions relatives au rôle de la religion dans le sort de l'humanité »）；"喇嘛教发端研究（西藏）"[« Recherches relatives aux débuts du lamaïsme (Tibet) »]。

**1979—1980** "'四天子图'与宇宙论"（« Le "schéma des Quatre Fils du Ciel" et la cosmographie »）；"佛法持久性理论"（« Théories sur la durée de la Loi bouddhique »）；"关于神从天降至地上的文件"（« Documents concernant la descente des divinités du ciel sur la terre »）；"两组七佛研究（药师佛系列）"[« Recherche sur deux groupes de Sept Buddha (Cycle de Bhaisajyaguru) »]；"敦煌汉藏环境中观念的实践（9—10世纪）"（« Mise en pratique de ces conceptions dans le milieu chinois et tibétain à Touen-houang (IX$^e$-X$^e$ s.) »）。

**1980—1981** "若干伪书研究"（« Recherches sur quelques apocryphes »）；"喇嘛教古代元素"（« Éléments anciens du lamaïsme »）。

## 谢和耐先生课程

教授

**开始课程：1975—1976** "唐甄（1630—1704）绝对主义批评"（« La Critique de l'absolutisme chez T'ang Tchen (1630-1704) »）；"16世纪的中国物质主义"（« Le Matérialisme chinois au XVI$^e$ siècle »）。

**1976—1977** "17世纪的一位中国现代主义者：刘继庄（1648—1695）"[« Un moderniste chinois du XVII$^e$ siècle : Lieou Ki-tchouang (1648-1695) »]；"中国对基督教的最初反应"（« Les Premières réactions chinoises au christianisme »）。

**1977—1978** "中国对基督教的反应（续）"[« Réactions chinoises au christianisme (suite) »]；"源自传教士的早期中国作品"（« Premiers Ouvrages en chinois d'origine missionnaire »）。

**1978—1979** "王夫之（1619—1692）的历史与政治观"（« Histoire et politique chez Wang Fou-tche (1619-1692) »）；"中国自然哲学：张载《正蒙》"（« Philosophie de la nature en Chine : le *Tcheng-meng* de Tchang Tsai »）。

**1979—1980** "王夫之（1619—1692）的历史与政治观（续）"[« Histoire

et politique chez Wang Fou-tche (1619-1692) (suite) »] ；"中国自然哲学：张载《正蒙》（续）"[« Philosophie de la nature en Chine : le *Tcheng-meng* de Tchang Tsai (suite) »]。

**1980—1981** "王夫之（1619—1692）的历史与政治观（续，完）"[« Histoire et politique chez Wang Fou-tche (1619-1692) (suite et fin) »]；"中国基督教道德与哲学批评"（« Critique morale et philosophique du christianisme en Chine »）。

**1981—1982** "中国的学会与学院"（« Associations et académies en Chine »）；"通过多种笔记集看明代社会"（« La Société de l'époque des Ming à travers les recueils de notes diverses »）。

**1982—1983** "中国学院研究"（« Recherches sur les académies en Chine »）；"明代多种笔记集"（« Recueils de notes diverses d'époque Ming »）。

**1983—1984** "中国教育与社会"（« Éducation et société en Chine »）；"17世纪中国政治文本"（« Textes politiques chinois du XVII$^e$ siècle »）。

**1984—1985** "中国教育与社会（续）"[« Éducation et société en Chine (suite) »]；"顾炎武（1613—1682）经济与政治文本"[« Textes économiques et politiques de Gu Yanwu (1613-1682) »]。

**1985—1986** "中国教育与社会（续，完）"（« Éducation et société en Chine (suite et fin) »）；"顾炎武（1613—1682）经济与政治文本（续）"[« Textes économiques et politiques de Gu Yanwu (1613-1682) (suite) »]。

**1986—1987** "中国现代思想的发端：王夫之（1619—1692）"[« Les Débuts de la pensée moderne en Chine : Wang Fuzhi (1619-1692) »]；"《读通鉴论》与《宋论》文本"（« Textes du *Dutongjian lun* et du *Songlun* »）。

**1987—1988** "王夫之（1619—1692）的哲学"（« La Philosophie de Wang Fuzhi (1619-1692) »）；"李贽（1527—1602）《焚书》文本"（« Textes du *Livre à brûler* de Li Zhi (1527-1602) »）。

**1988—1989** "王夫之（1619—1692）的哲学（续）"[« La Philosophie de Wang Fuzhi (1619-1692) (suite) »]；"唐甄（1630—1704）的文本"（« Texte de Tang Zhen (1630-1704) »）。

**1989—1990** "王夫之（1619—1692）的哲学（续，完）"[« La Philosophie de Wang Fuzhi (1619-1692) (suite et fin) »]；"唐甄（1630—1704）的文本（续）"

[« Texte de Tang Zhen (1630-1704) (suite) »]。

**1990—1991** "《家训》"[« Les Instructions familiales (*jiaxun*) »]。本年度课程未开。

**1991—1992** "16 及 17 世纪中国思想的若干主题"（« Quelques thèmes de la pensée chinoise aux XVI$^e$ et XVII$^e$ siècles »）；"颜元《存人编》"[« Le *Cunren bian* (*De la préservation de l'homme*) de Yan Yuan »]。

## 魏丕信先生课程

教授

开始课程：1992 年 4 月 3 日 "现代中国史讲席"。

**1992—1993** "帝国晚期的国家与社会：交流与流通问题"（« État et société à la fin de l'empire : problèmes de communication et de mobilisation »）。

**1993—1994** "帝国晚期的官僚主义与社会（续）"[« Bureaucratie et société à la fin de l'empire : problèmes de communication et de mobilisation (suite) »]；讨论会：1. "18 世纪陕西省的灌溉与政治（续）"[« Irrigation et politique dans la province du Shaanxi au XVIII$^e$ siècle (suite) »]；2. "20 世纪以前中国发展的经济思想与问题"（« Pensée économique et problèmes de développement en Chine avant le XX$^e$ siècle »）。

**1994—1995** "帝国晚期的国家与社会：交流问题（续，完）"[« État et société à la fin de l'empire : problèmes de communication (suite et fin) »]；讨论会：1. "陕西省的灌溉与政治（续）"[« Irrigation et politique dans la province du Shaanxi (suite) »]；2. "20 世纪以前中国发展的经济思想与问题"（« Pensée économique et problèmes de développement en Chine avant le XX$^e$ siècle »）。

**1995—1996** "中国的经济思想与市场：从宋代至西化时代"（« La pensée économique et le marché en Chine, des Song à l'occidentalisation »）；讨论会：与课程主题相关的文本讨论及检验。

**1996—1997** "中国的经济思想与市场：从宋代至西化时代（续）"[« La pensée économique et le marché en Chine, des Song à la fin de l'empire (suite) »]；研讨

会：" 中国合法医学手册的历史与演变（13—19 世纪）"（« Histoire et métamorphoses d'un manuel de médecine légale en Chine (XIIIᵉ-XIXᵉ siècles) »）。

**1997—1998**　未开课。

**1998—1999**　"中国执政者的形象（1600—1930）"[« Les figures de l'administrateur en Chine (1600-1930) »]；讨论会："沈括（1031—1095）《梦溪笔谈》研究"[« Recherches sur le *Mengqi bitan* de Shen Gua (1031-1095) »]。

**1999—2000**　"中国执政者的形象（1600—1930）：腐败（续）"[« Les figures de l'administrateur en Chine (1600-1930) : corruption(suite) »]；讨论会："11 世纪中国科学与社会：沈括（1031—1095）《梦溪笔谈》研究（续）"[« Sciences et société en Chine au XIᵉ siècle : Recherches sur le *Mengqi bitan* de Shen Gua(suite) »]。

## 张广达先生课程

**开始课程：1994 年 1 月 14 日** "7 至 11 世纪中国与中亚文明"（« La Chine et les civilisations de l'Asie centrale du VIIᵉ au XIᵉ siècle »）。

**课程规划（1994）**："中国与中亚的交流方式"（« Les moyens de communication entre la Chine et l'Asie centrale »）（1 月 20 日）；"高昌国（443—600）及其与突厥人的关系"（« Le royaume de Qoco (443-600) et ses rapports avec les Turcs »）（1 月 27 日）；"高昌国及其与琐罗亚斯德教（拜火教）的关系"[« Le royaume de Qoco et ses rapports avec les Sogdiens (le Mazdéisme) »]（2 月 3 日）；"唐与西域（640—792）"（« Les Tang et la préfecture de l'Ouest (640-792) »）（2 月 10 日、17 日）；"唐代与于阗国"（« Les Tang et le Royaume de Khotan »）（2 月 24 日）；"于阗行政制度：唐代西部四大驻地之一"（« Le régime administratif de Khotan, l'une des quatre Garnisons de l'Ouest, sous les Tang »）（3 月 3 日）；"9、10 世纪敦煌与于阗的联系"（« Les liens entre Dunhuang et Khotan aux IXᵉ et Xᵉ siècles »）（3 月 10 日）；"9、10 世纪中亚与中国人民的相互影响（根据非中文手稿）"[« Les influences mutuelles entre les peuples d'Asie centrale et la Chine aux IXᵉ et Xᵉ siècles (d'après les manuscrits non chinois) »]（3 月 17 日）；"9、10 世纪中亚与中国人民的相互影响（续）：藏文合同及书信体文件中的中文借词"

（« Les influences mutuelles entre les peuples d'Asie centrale et la Chine (suite) : les emprunts chinois dans les contrats et documents épistolaires en langue tibétaine » )（3月24日、31日）；"阿拔斯王朝与阿拉伯人"（« Les Abbasides et la présence arabe »）（4月28日）；"中国对中亚文明影响衰落的原因"（« Les causes de la décadence de l'influence chinoise sur les civilisations de l'Asie Centrale »）（5月6日）。讨论会：用于检验课上提及的中文文献。

## 孔飞力（Philip A. Kuhn）先生课程

1994年1月，关于"现代中国国家的起源"（« Les origines de l'État chinois moderne »）主题的四门课程："魏源思想中的权威与参与"（« Autorité et participation dans la pensée de Wei Yuan »）；"被起诉的改革（1898）"（« La réforme en procès (1898) »）；"maoïste 农业与古代制度（1949—1958）"（« L'agriculture maoïste et l'ancien régime (1949-1958) »）；"宪法大纲的演化（1800—1978）"［« Les transformations du programme constitutionnel (1800-1978) »］。

# 附录 II

## 20 世纪高等研究实践学院所开课程
## （自二战结束起）

### 常设讲席、任教者名录[①]

| 开始时间（年） | 截止时间（年） | 任教者姓名 | 讲席名称 |
| --- | --- | --- | --- |
| 1913 | 1940 | 葛兰言（1884—1940） | 远东宗教（Religions de l'Extrême-Orient） |
| 1945 | 1956 | 戴密微 | 佛教语文学（Philologie bouddhiste）（第四组，语文学） |
| 1952 | 1964？ | 韩百诗(1906—1978) | 高地亚洲的文明与语言（Civilisation et langue de la haute Asie）（第四组，历史） |
| 1966 | 1992 | 苏远鸣(1924—2002) | 中古及现代中国的历史与语文学（Histoire et philologie de la Chine médiévale et Moderne）（第四组） |

---

[①] 此表只是罗列了"20 世纪高等研究实践学院所开课程（自二战结束起）"中的主要任教者及其讲席名称。此表后正文分别介绍的各位任教者及其讲席名称（或具体所开设的课程名称）则更详细和全面。

续表

| 开始时间（年） | 截止时间（年） | 任教者姓名 | 讲席名称 |
|---|---|---|---|
| 1985 | 1997 | 桀溺<br>(1927— ) | 古代中国的历史与语文学（Histoire et philologie de la Chine classique）（第四组） |
| 1957 | 1979 | 康德谟<br>(1910—2002) | 中国宗教（Religions chinoises）（第五组） |
| 1951 | 1975 | 石泰安 | 远东及高地亚洲的比较宗教研究（Religions comparées d'Extrême-Orient et de Haute Asie）（第五组） |
| 1973 | — | 施舟人<br>(1934— ) | 中国宗教（Religions de la Chine）（第五组） |
| 1978 | — | 毕梅雪 | 中国考古学（Archéologie de la Chine）（第四组） |
| 1979 | 1993 | 汪德迈<br>(1928— ) | 中国宗教（Religions de la Chine）（第五组） |
| 2000 | — | 劳格文<br>(1946— ) | 道教及中国宗教史（Histoire du taoïsme et des religions chinoises） |
| 1992 | — | 马如丹 | 古代中国的历史与语文学（Histoire et philologie de la Chine classique） |
| 1993 | — | 马克（Marc Kalinowski）(1946— ) | 信仰系统与中国化世界的思想（Systèmes de croyances et de pensée du monde sinisé） |
| 1996 | — | 杜德兰（Alain Thote） | 中国前帝国时期艺术与考古（Art et archéologie de la Chine pré-impériale） |
| 1976 | — | 戴仁<br>(1946— ) | 中国书写历史与文明（Histoire et civilisation de l'écrit en Chine）（第四组） |

## 沙畹先生课程

非正式任职教授（Chargé de cours 远东宗教）

**1907—1908** "佛教在中国的引入与传播"（« Introduction et propagation du bouddhisme en Chine »）；"印度僧侣金刚智传记中文文本讲解"（« Explication du texte chinois de la biographie du religieux hindou Vajrabodhi »）。

**1908—1909** "古代中国的宗教理念"（« Les idées religieuses de la Chine antique »）。

**1909—1910** "孔子"（« Confucius »）。

**1910—1911** "根据《礼记》看中国礼仪"（« Les rites en Chine d'après le Li Ki »）.

**1911—1912** "中国佛教史"（« Histoire du bouddhisme en Chine »）；"旨在揭示道教多个方面及其演进的历史文本翻译"（« Traduction de textes historiques et religieux propres à faire connaître le Taoïsme sous ses divers aspects et dans son évolution »）。

## 葛兰言先生课程

（远东宗教）

**1913—1914** 因唯一的注册学生赴中国，课程未开。

**1914—1915** 因葛兰言先生服兵役，课程未开。

**1915—1916** 因葛兰言先生服兵役，课程未开。

**1916—1917** 因葛兰言先生服兵役，课程未开。

**1917—1918** 因葛兰言先生服兵役，课程未开。

**1918—1919** 因葛兰言先生服兵役，课程未开。

**1920—1921** "关于出生、童年、成年的古代中国风俗讲解"（« Explication de ce qu'on peut connaître des usages chinois anciens relatifs à la naissance, l'enfance et la majorité »）；"《仪礼》关于成年一章译注"（« Traduction et commentaire du chapitre sur *Yi-Li* sur la majorité »）。

**1921—1922** "古代中国的丧事"（« Le deuil dans l'ancienne Chine »）；"《礼记》选段研究"（« Étude de textes extraits du *Li Ki* »）。

**1922—1923** "《仪礼》所描述的丧仪"（« Le rituel du deuil tel qu'il est décrit dans le *Yi-Li* »）；"《仪礼》关于家庭丧事时长一章翻译"（« Traduction du chapitre du *Yi-Li* relatif à la durée du deuil dans la famille »）。

**1923—1924** "《仪礼》关于丧事文本研究"（« Étude du texte du *Yi-Li* sur le deuil »）；"临时埋葬期丧仪研究"（« Étude des rites du deuil pendant la période de l'enterrement provisoire »）。

**1924—1925** "丧事第一部分礼仪研究"（« L'étude des rites de la première partie du deuil »）；"根据《仪礼》看婚仪"（« Les rites du mariages d'après le *Yi-Li* »）。

**1925—1926** "《仪礼》关于出使一章翻译"（« Traduction du chapitre sur *Yi-Li* sur les ambassades »）；"道教研究（文本选自《列子》第五章）"[« Études sur la taoïsme (texte choisi : le 5$^e$ chapitre de *Lie tseu*) »]。

**1926—1927** "《仪礼》关于出使一章研究"（« Étude du chapitre sur *Yi-Li* sur les ambassades »）；"道教古代文献研究（《列子》及《庄子》）[« Étude des textes anciens taoïstes (*Lie tseu* et *Tchouang tseu*) »]。

**1927—1928** "《庄子》末章研究"（« Étude du dernier chapitre de *Tchouang tseu* »）；"《King Tch'ou 历》（一年最初几月）讲解"[« Explication du *calendrier de King Tch'ou* (premiers mois de l'année) »]。

**1928—1929** "《淮南子》第 7 章讲解"（« Explication du chapitre 7 du *Houai-nan-tseu* »）；"《King Tch'ou 历》末章译注"（« Dernière partie du *calendrier de King Tch'ou* traduite et commentée »）。

**1929—1930** "两课程被用于道教苦行研究"（« Les deux conférences ont été consacrées à l'étude de l'ascèse taoïste »）。

**1930—1931** "两课程被用于译注《抱朴子》第 3、15 章"（« Les deux conférences ont été employées à traduire et à commenter les chapitres 15 et 3 du *Pao p'o tseu* »）。

**1931—1932** "道教教义与关于长生的多个主题"（« Les doctrines taoïstes et les divers thèmes qui se rapportent à la longue vie »）；"王充《论衡》一章研究"（« Étude d'un chapitre de *Louen-heng* de Wang Tch'ong »）。

**1932—1933** "王充《论衡》批评道教长生理念段落研究"（« Étude des passages du *Louen-heng* où Wang Tch'ong critique les idées taoïstes sur la longue vie »）；"《淮南子》第 7 章研究"（« Étude du chapitre 7 du *Houai-nan-tseu* »）。

**1933—1934** "术语及主题导论，以便得出结论：长生学说及方式关联于一种宗教守则，被称道教派的最古老的哲学家受其启发"（« Travail de rapprochement de termes et de thèmes qui permet d'induire que les doctrines et arts de la longue vie se rattachent à une discipline religieuse dont se sont inspirés les plus anciens philosophes dits taoïstes »）；"《淮南子》第 7 章翻译及分析"（« Traduction et analyse du chapitre 7 du *Houai-nan-tseu* »）。

**1934—1935** "旨在揭示道教哲学论文与长生宗教仪式关系的概览"（« Exposé d'ensemble destiné à mettre en lumière les rapports des thèses philosophiques du Taoïsme ancien et des pratiques de la longue vie »）；"《淮南子》第 1 章阅读、翻译及注释"（« Lecture, traduction et commentaire du chapitre 1 du *Houai-nan-tseu* »）。

**1935—1936** "《淮南子》提及的长生主题"（« Thèmes de la longue vie évoqués par *Houai-nan-tseu* »）；"《淮南子》所使用的阐述方式（第 1 章）"[« Procédés d'exposition utilisés par *Houai-nan-tseu* (dans son premier chapitre) »]。

**1936—1937** "《春秋繁露》第 16 章研究"（« Étude du chapitre XVI du *Tch'ouen ts'ieou fan lou* »）；"汉晋时期不同传记的翻译"（« Traduction des différentes biographies de l'époque des Han et des Tsin »）。

**1937—1938** 课程一部分用于翻译道教杰出人物传记，另一部分用于学生陈述。

**1938—1939** "《后汉书》第 112 章研究"（« Étude du chapitre 112 du *Heo Han chou* »）。

**1939—1940** "《山海经》（第 2 章）对昆仑及其周边的描述阅读"[« Lecture dans le *Chan hai king* (chapitre II) de la descritption du *Kouen-louen* et de ses abords »]；"唐代两史选文研究"（« Étude des textes empruntés aux deux histoires des T'ang »）。

**1940—1941** "Lei-tcheou 的雷神"（« Le Dieu du Tonnerre de Lei-tcheou »）；"海神"（« Les divinités de la mer »）。

## 戴密微先生课程

教授

**1944—1945** "无著《菩萨地持经》"（« La *Bodhisattva-bhûmi* d'Asanga »）；"慧能《坛经》（敦煌手稿）"[« Le *Sûtra de l'Estrade* (*T'an-king*) de Houei-neng (manuscrit de Touen-houang) »]。

**1945—1946** "无著《菩萨地持经》'禅品'章"（« Le chapitre sur le Dhyâna de la *Bodhisattva-bhûmi* d'Asanga »）；"慧能《坛经》（敦煌手稿）"[« Le *Sûtra de l'Estrade* (*T'an-king*) de Houei-neng (manuscrit de Touen-houang) »]。

**1946—1947** "维摩经"（« Le *Vimalakîrti-nirdeça* »）；"慧能《坛经》（续）"[« Le *Sûtra de l'Estrade* de Houei-neng (suite) »]。

**1947—1948** "异部宗轮论"[« Le Traité des sectes attribué à Vasumitra (Samayabhedoparacanacakra) »]；"慧能《坛经》（完）"[« Le *Sûtra de l'Estrade* de Houei-neng (fin) »]。

**1948—1949** "异部宗轮论（续）"[« Le Traité des sectes de Vasumitra (suite) »]；"僧护、佛大仙《瑜伽师地论》"（« Les *Yogâcârabhûmi* de Sangharaksa et de Buddhasena »）。

**1949—1950** "《巴利藏经》与《阿含经》汉译比较研究：《增一部》与《法句譬喻经》。《根本说一切有部昆奈耶》的迦絺那衣法"（« Examen comparatif des *Nikâya pâlis* et des *Âgama* traduits en chinois : *l'Anguttara nikâya* et *l'Ekottarâgama*. Le Kathinavastu du Vinaya des *Mûlasarvâstivâdin* »）；"佛大仙《瑜伽师地论》（续）"[« Le *Yogâcârabhûmi* de Buddhasena (suite) »]。

**1950—1951** "《巴利藏经》与《阿含经》汉译比较研究（续）：中部与中阿含经，长部与长阿含经"[« Étude comparative des *Nikâya pâlis* et des *Âgama* traduits en chinois (suite) : Le Majjhimanikâya et le Madhyamâgama, le Dîghanikâya et le Dîrghâgama »]；"坐禅三昧经"（« Le Tso tch'an san-mei king »）。

**1951—1952** "《阿含经》梵汉文本比较研究与《巴利藏经》（续）：《相应部》与《杂阿含经》；朱熹文本阅读"[« Étude comparative des *Âgama sanskrits* et chinois et des *Nikâya pâlis* (suite) : le *Samyutta nikâya* et le *Samyuktâgama*. Lecture de textes de Tchou Hi »]；"《禅法要解》"（« Le Tch'an fa yao kiai »）。

**1952—1953** "《圆觉经》"[« *Le Yuan-kiue king, (Sûtra de l'Éveil complet)* »]；无著"《阿毗达磨集论》"（« *L'Abhidharmasamuccaya* d'Asanga »）。

**1953—1954** "朱熹文本解说"（« Explication de textes de Tchou Hi »）；无著"《阿毗达磨集论》"（« *L'Abhidharmasamuccaya* d'Asanga »）。

**1954—1955** "《巴利戒律》文本及汉译比较研究，关于卷二导致被驱逐的大错（他胜）"[« Étude comparative des textes de *Vinaya pâlis* et chinois se rapportant au vol. deuxième des Fautes majeures qui entraînent déchéance (pârajika), c'est-à dire exclusion de la communauté »]；"无著《阿毗达磨集论》（续）"[*L'Abhidharmasamuccaya* d'Asanga (suite)»]。

**1955—1956** "《楞伽经》梵文原本与汉文版本比较阅读"（« Lecture comparée de l'original sanscrit et des versions chinoises du *Lankâvatâra-sûtra* »）；"无著《阿毗达磨集论》（续）"[« *L'Abhidharmasamuccaya* d'Asanga (suite) »]。

## 石泰安先生课程

教授

**1950—1951** "与中国北部及高地亚洲居所相关的神话与宗教观念"（« Mythes et concepts religieux relatifs à l'habitation en Chine du Nord et en Haute Asie »）。

**1951—1952** "塔与地窖的建造，王家或皇家作品"（« Construction de tours et de caves, œuvre royale ou impériale »）。

**1952—1953** "语言或人种方面相类民众的调查"（« Enquête des peuples linguistiquement ou ethnologiquement apparentés »）；"居住点的治理，西藏；gCan-ma Klu-'bum 调查"（« Aménagement du site habité, le Tibet ; Examen du gCan-ma Klu-'bum »）。

**1953—1954** "关帝：传奇与崇拜（中国）"[« Kouan-ti:légendes et cultes (en Chine）]；"西藏的类似崇拜"（« Cultes analogues au Tibet »）。

**1954—1955** "（现代）中国神庙的多个保护神"[« Divers dieux gardiens du panthéon chinois （moderne) »]；"西藏相应情形"（« Faits tibétains parallèles »）。

**1955—1956** "藏蒙神话"（« Les mystères tibéto-mongols »）。

**1956—1957** "中国舞蹈与面具"（« Danses et masques en Chine »）；"喇嘛面具舞"（« Danses masquées lamaïques »）。

**1957—1958** "中国舞蹈与面具（续）"[« Danses et masques en Chine (suite) »]；"格萨尔王传"（« Épopée de Gesar »）。

**1958—1959** "中国：小丑故事"（« Chine : Historiettes concernant des bouffons »）；"西藏：吸血鬼故事"（« Tibet : Contes du vampire »）。

**1959—1960** "中国：秘密社会"（« Chine : Sociétés secrètes »）；"西藏：古王宗教政策编年史"（« Tibet:Chroniques relatives à la politique religieuse des rois anciens »）。

**1960—1961** "中国：秘密社会（续）"[« Chine : Sociétés secrètes (suite) »]；"西藏：gčod 系统的发明者"（« Tibet : Inventeurs du système gčod »）。

**1961—1962** "中国：西行的当地人及其与中国人的密切联系；2 世纪四川的道教组织"（« Chine:Aborigènes des marches de l'Ouest et leurs relations étroites avec les Chinois ; organisation taoïste du ɪɪ^e siècle au Sseu-tch'ouan »）；"西藏：《朗氏宗谱》"（« Tibet : *Rlans Po-ti bse-ru* »）。

**1962—1963** "中国与越南：越南通灵者崇拜；中国通灵者的源头"（« Chine et Viêtnam : Cultes des médiums vietnamiens ; origine des médiums en Chine »）；"西藏：通灵者塑像"（« Tibet : Statut des médiums »）。

**1963—1964** "中国：1. 何仙姑崇拜；2. 通灵论与诗意消遣；3. 道教的神秘启示传统"[« Chine : 1) Le culte de la déesse des latrines ; 2) le spiritisme et le passetemps poétique ; 3) la tradition des révélations de mystères dans le milieu taoïste »]；"西藏：诗意启发与神秘启示的关联；密宗的意念语言"（« Tibet : Lien entre inspiration poétique et révélation mystique ; langage intentionnel dans le tantrisme »）。

**1964—1965** "中国：陶弘景《真诰》（约公元 500 年）"（« Chine : *Tchen-kao* de T'ao Hong-king (vers 500 A.D.) »）；"西藏：《珠巴哀来自传》"（« Tibet : L'autobiographie de *Brug-pa Kun-legs* »）。

**1965—1966** "周子良 (497—516)《周氏冥通记》翻译与分析"[« Chine La traduction et l'analyse du *Tcheou-tseu ming-t'ong ki* de Tcheou Tseu-leang (497-516) »]；"西藏：*rGya-nag chos-'byung*；*Grub-mtha' çel-gyi me-long*（18 世纪）"[« (Tch'an au) Tibet : Le *rGya-nag chos-'byung* ; le *Grub-mtha' çel-gyi me-long* du XVIII$^e$ s »]。

**1966—1967** "中国：与太阳神的联系"（« Chine : Contrats avec le dieu du sol »）；"西藏: 格鲁派 *Byastong snyan-sgron*（19 世纪）；敦煌一种藏文手稿,《楞伽师资记》译本"[«(Tch'an au) Tibet : Le *Byastong snyan-sgron* (XIX$^e$ s.) de l'école de Ge-lugs-pa ; un manuscrit tibétain de Touen-houang, traduction du *Leng-k'ie che-tseu ki* (T. 2837) »]。

**1967—1968** "远东：灶神"（« Extrême-Orient : Le foyer et sa divinité »）；"西藏：本教文本及其可能的印度原型"（« Tibet : Textes bonpo et leurs modèles indiens probables »）。

**1968—1969** "西藏：*Legs-par bçad-pa rin-po-ihe'i gter-gyi 'grel-pa*（13 世纪）"[« Tibet : Le *Legs-par bçad-pa rin-po-ihe'i gter-gyi 'grel-pa* (XIII$^e$ s.) »]；"宗教史文献中心图像分类"（« Classement des images au Centre documentaire d'histoire des religions »）。

**1969—1970** "西藏：《格萨尔王传》"（« Tibet : *L'épopée de Gesar* »）；"中国：宗教史文献中心日本文献讨论"（« Chine : Discussion des documents rapportés du Japon au Centre documentaire d'histoire des religions »）。

**1970—1971** "中国：文献中心，方法问题"（« Chine : Centre de documentation, problèmes de méthodes »）；"西藏：安多版《格萨尔王传》"（« Tibet : *L'épopée de Gesar dans sa version de l'Amdo* »）。

**1971—1972** "中国：民间宗教分类及分析问题"（« Chine : Problèmes de la classification et de l'analyse de la religion populaire »）；"西藏：不同版本的史诗"（« Tibet : L'épopée dans ses différentes versions »）；"中国：灶神"（« Chine :

Dieu du Foyer »）；"西藏：《史诗·北魔章》"[« Tibet : *Épopée* : *chapitre du Démon du Nord* (*Klu-bcan*) »]。

**1972—1973** "中国：佛寺入口守护神"（« Chine : Divinités qui gardent l'entrée des monastères bouddhiques »）；"西藏：北魔屈服章"[« Tibet : Chapitre sur la soumission du Démon du Nord (Bdud-gling) »]。

## 苏远鸣先生课程

教授

**1967—1968** "民间文学研究"（« Recherches sur la littérature populaire»）；"佛教伪经研究"（« Recherches sur des sutras bouddhiques apocryphes »）。

**1968—1969** "佛教伪经研究"（« Recherches sur des sutras bouddhiques apocryphes »）；"民间文学与宗教研究"（« Recherches sur la littérature et la religion populaires »）。

## 桀溺先生课程

教授（第四组，古代中国历史与语文学）

**1970—1971** "历史修辞学与主题学研究：根据《三国志》"（« Étude sur la rhétorique et la thématique de l'histoire d'après le *Sankouo tche* »）；"曹操诗学作品的传统与现实"（« Tradition et actualité dans l'œuvre poétique de Ts'ao Ts'ao »）。

**1971—1972** "三国时代的历史与性格学"（« Histoire et caractérologie à l'époque des Trois Royaumes »）；"曹操（155—220）的诗学观照"[« Les méditations poétiques de Cao Cao (155-220) »]。

**1972—1973** "三国时代的历史与性格学"（« Histoire et caractérologie à l'époque des Trois Royaumes »）；"如何读曹植（192—232）的诗学作品？"[« Comment lire l'œuvre poétique de Cao Zhi (192-232)?»]。

**1973—1974** "'清议'与汉末性格学的进展"（« Les "jugements purs" et l'évolution de la caractérologie à la fin des Han »）；"曹植（192—232）作品主题学研究"[« Étude thématique de l'œuvre de Cao Zhi (192-232) »]。

**1974—1975** "刘劭《人物志》（3世纪）"[« Les Carcatères Renwu Zhi de Liu Shi (IIIᵉ siècle) »]；"曹植（192—232）的文学作品"[« L'œuvre littéraire de Cao Zhi (192-232) »]。

**1975—1976** "古诗主题学研究"（« Recherches sur la thématique de la poésie classique »）；"历史文学研究指导"（« Direction de travaux d'histoire et de littérature »）。

**1976—1977** "古诗意象系统"（« Le système des images dans la poésie classique »）；"历史文学研究指导：研究工具介绍"（« Direction de travaux d'histoire et de littérature:présentation d'instruments de travail »）。

**1977—1978** "古诗意象系统"（« Le système des images dans la poésie classique »）；"历史文学研究指导"（« Direction de travaux d'histoire et de littérature »）。

**1978—1979** "上古至三国时期太阳形象的象征意义"（« Le symbolisme de l'image du soleil depuis la haute antiquité jusqu'à la période des Trois Royaumes »）；"《说文解字》导读"（« Initiation à la lecture du *Shuowen jiezi* »）。

**1979—1980** "与鸟的世界相关联的文学意象"（« Les images littéraires associées au monde des oiseaux »）；"最早中文目录学作品研究：《汉书·艺文志》与《隋书·经籍志》"（« Étude des premiers ouvrages chinois de bibliographie, le *Han shu yiwen zhi* et le *Sui shu jingji zhi* »）。

**1980—1981** "凤凰的象征意义"（« Le symbolisme du phénix (fenghuang) »）；"司马光《资治通鉴》"（« Le *Zizhi tongjian* de Sima Guang »）。

**1981—1982** "古代文学中的龙"（« Le dragon dans la littérature antique »）；"顾炎武（1613—1682）《日知录》解读：历史与批评"[« Lecture du *Rizhilu* de Gu Yanwu (1613-1682) : histoire et critique »]。

**1982—1983** "传统象征：龙（续）"[« La symbolique traditionnelle : le dragon (suite) »]；"甲骨文与金文：铭文研究导论"（« Inscriptions sur os et sur bronze : initiation aux études épigraphiques »）。

**1983—1984** "中国象征体系的新研究"（« Les nouvelles recherches sur la symbolique chinoise »）；"商代神谕铭文：铭文研究导论"（« Les inscriptions oraculaires des Shang : Initiation à l'épigraphie »）；翻译讨论会：《世

说新语》（« Séminaire de traduction : le *Shishuo xinyu* »）。

**1984—1985** "中国象征体系的新研究：色彩"（« Nouvelles recherches sur la symbolique chinoise : les couleurs »）；"古诗研究论：方法问题"（« De l'étude de la poésie classique : Questions de méthode »）。

**1985—1986** "古代中国色彩的象征意义"（« Le symbolisme des couleurs dans la Chine ancienne »）；"古诗研究：关于多种阅读方法的思考"（« L'étude de la poésie classique : réflexions sur diverses méthodes de lecture »）。

**1986—1987** "《世说新语》（5世纪）解读"[« Lecture du *Shishuo xinyu* (v$^e$ siècle) »]；"古代中国象征体系的新研究"（« Nouvelles recherches sur la symbolique dans la Chine ancienne »）。

**1987—1988** "古代中国的神话与象征"[« Mythes et symboles dans la Chine ancienne »]；"《世说新语》（5世纪）：从历史到文学"[« Le *Shishuo xinyu* (v$^e$ siècle) : de l'histoire à la littérature »]。

**1988—1989** "历史与文学背景中的《世说新语》"（« Le *Shishuo xinyu* dans son contexte historique et littéraire »）；"神话与象征问题"（« Questions de mythologie et de symbolique »）。

**1989—1990** "《世说新语》的后代"（« La postérité du *Shishuo xinyu* »）；"古代中国的色彩与文学"（« Couleur et littérature dans la Chine antique »）。

**1990—1991** "关于《世说新语》：杰作的后代"（« Autour du *Shishuo Xinyu* : la postérité du chef-d'œuvre »）；"崔述（1740—1816）与传统史学批评"（« Cui Shu (1740-1816) et la critique de l'historiographie traditionnelle »）。

**1991—1992** "历史与语文学：崔述（1740—1816）的批评作品"[« Histoire et philologie : l'œuvre critique de Cui Shu (1740-1816) »]；"历史与文学：唐代逸事集"（« Histoire et littérature : recueils d'anecdotes de l'époque des Tang »）。

**1992—1993** "《唐语林》（11世纪）：唐代杂著选集"（« Le *Tang Yulin* (xi$^e$ siècle) : une anthologie des varia de l'époque des Tang »）；"古代社会与文化中色彩的功用"（« Fonctions de la couleur dans la société et la culture antiques »）。

**1993—1994** "古代中国的色彩、文学与社会（续）"[« Couleur, littérature et société dans la Chine antique (suite) »]；"唐宋随笔逸事集"（« Recueils d'essais et d'anecdotes des Tang et des Song »）。

**1994—1995** "唐玄宗皇帝：历史与逸事文本平行研究"（« L'empereur Xuanzong des Tang : étude parallèle de textes historiques et anecdotiques »）；"段成式（803—863）《酉阳杂俎》" [« Lecture du *Youyang zazu* de Duan Chengshi (803-863) »]。

**1995—1996** "唐代笔记逸事集"（« Richesses des recueils de notes et anecdotes de l'époque des Tang »）。

**1996—1997** "古代中国的梦"（« Le rêve dans la Chine ancienne »）。

## 戴仁先生课程

历任研讨会负责人、教授（第四组，中国书写历史与文明）

**1985—1986** "汉代（前206—220）至8、9世纪中国手稿书形式与内容的关系" [« Les rapports de la forme et de la matière du livre manuscrit en Chine depuis la dynastie des Han (206 A.C.-220 P.C.) jusqu'au $\text{VIII}^e$-$\text{IX}^e$ siècles »]。

**1986—1987** "汉代至宋初图书馆史"（« L'histoire des bibliothèques depuis la dynastie des Han jusqu'au début de celle des Song »）。

**1987—1988** "中国传记的分类系统"（« Les systèmes classificatoires dans la biographie chinoise »）。

**1988—1989** "书籍整理：文献分类与知识分类"（« L'arrangement des livres : classification documentaire et classification des savoirs »）。

**1989—1990** "印刷的诞生"（« La naissance de l'imprimerie »）；"敦煌手稿中的教育材料"（« Les matériaux d'enseignement dans les manuscrits de Dunhuang »）。

**1990—1991** "木刻与排版"（« Xylographie et typographie »）；"中国印刷与西方人"（« L'imprimerie chinoise et les Occidentaux »）。

**1991—1992** "敦煌手稿中的百科全书"（« Les encyclopédies dans les manuscrits de Dunhuang »）；"印刷品文化"（« La culture de l'imprimé »）。

**1992—1993** "敦煌手稿百科全书（续）" [« Les encyclopédies dans les

manuscrits de Dunhuang (suite) »]；"印刷文化（续）"[« La culture de l'imprimé (suite) »]；"敦煌手稿若干类型的形式研究"（« Étude formelle de quelques types de manuscrits de Dunhuang »）。

**1993—1994** "文本与形象"（« Le texte et l'image »）；"石刻书"（« Les livres gravés sur pierre »）。

**1994—1995** "纸张及其历史"（« Le papier et son histoire »）；"铭文问题"（« Questions d'épigraphie »）。

**1995—1996** "绘图印制书的诞生"（« Naissance du livre imprimé illustré »）；"铭文问题（续）"[« Questions d'épigraphie (suite) »]；"中国中古文本中的中亚"（« L'Asie centrale dans les textes médiévaux chinois »）。

**1996—1997** "宋代铭文"（« L'épigraphie sous la dynastie des Song »）；"唐代中亚行纪"（« Récits de voyage en Asie centrale à l'époque des Tang »）。

**1997—1998** "碑铭中的游记"（« Les récits de voyages épigraphiques »）；"宋代藏书爱好"（« La bibliophilie à l'époque des Song »）。

**1998—1999** "敦煌历史地理"（« Géographie historique de Dunhuang »）。

**1999—2000** "西方的领土：根据《北史》"（« Les territoires d'Occident d'après l'*Histoire des dynasties du Nord* (*Beishi*) »）。与童丕合作。

## 郭丽英（Kuo Li-Ying）女士课程

讲师（第四组，中国佛教语文学；第五组，中国宗教）

**1989—1990** "中国佛教"（« Bouddhisme chinois »）。

**1990—1991** "中国佛教：图像与调解"（« Bouddhisme chinois : images et médiation »）。

**1991—1992** "中国佛教：伪经"（« Bouddhisme chinois : sûtra apocryphes »）。

**1999—2000** "'伪作'定义与'真经'结构"（« Définition d'un "apocryphe" et structure d'un "vrai sûtra" »）；"真实性的奇迹与证据；伪作文本的流播"（« Miracles et preuves d'authenticité ; diffusion des textes apocryphes »）。

## 倪雅玲（Valérie Niquet）女士课程

讲师（第四组，亚洲战略思想史）

**1999—2000** "亚洲战略思想基本观念介绍及古典文本分析"（« Présentation des concepts fondamentaux de la pensée stratégique en Asie et analyse des textes classiques »）。

## 马如丹先生课程

教授（第四组，古代中国历史与语文学）

**1992—1993** "《玉台新咏》：一部6世纪情诗选集"（« Le *Yutai xinyong*, une anthologie de poésie galante au vi$^e$ siècle »）；"关于《诗经》的中国注释传统的运作方式"（« Modes de fonctionnement de la tradition exégétique chinoise sur le *Shijing* »）。

**1993—1994** "《玉台新咏》：一部6世纪情诗选集（续）"[« Le *Yutai xinyong*, une anthologie de poésie galante au vi$^e$ siècle (suite) »]；"《诗经》古代注释的历史制订：《左传》与《正风》平行解读"（« L'élaboration historique dans l'exégèse ancienne du *Shijing* : lecture parallèle du *Zuozhuan* et des *Zhengfeng* »）。

**1994—1995** "中古中国（齐梁）文学社团、集会与游戏"[« Groupes, réunions et jeux littéraires dans la Chine médiévale (Qi et Liang) »]；"《诗经》注释的源头研究：《左传》中的诗歌酬唱实践"（« Recherches sur les origines de l'exégèse du *Shijing* : la pratique des échanges de poèmes dans le *Zuozhuan* »）。

**1995—1996** "六朝文学社团、集会与游戏"（« Groupes, réunions et jeux littéraires sous les Six Dynasties »）；"《诗经》研究：《左传》对《诗经》的引用；文集的构成"（« Recherches sur le *Shijing* : les citations du *Shijing* dans le *Zuozhuan* ; la composition du recueil »）。

**1996—1997** "六朝文学社团、集会与游戏（续）"[« Groupes, réunions et jeux littéraires sous les Six Dynasties (suite) »]；"《诗经》研究"（« Recherches sur le *Shijing* »）。

**1997—1998** "寻找古代中国的一个伟大形象：郑子产"（« À la recherche d'une grande figure de la Chine antique, Zichan de Zheng »）；"六朝文学与社会"（« Littérature et société sous les Six Dynasties »）。

**1998—1999** "寻找古代中国的一个伟大形象：郑子产（续）"（« À la recherche d'une grande figure de la Chine antique, Zichan de Zheng (suite) »）；"Cangure 王死因调查（477）：《葬书》与《南齐书》解读"（« Enquête sur la mort du prince Cangure (477 apr. J.-C.) : lecture du *Sang shu* et du *Nan Qi shu* »）。

**1999—2000** "萧道成的掌权（477—479）"（« La prise du pouvoir par Xiao Daocheng (477 à 479) »）；"六朝多种历史文本解读"（« Lecture de textes historiques variés des Six Dynasties »）。

## 毕梅雪女士课程

教授（第四组，中国考古）

**1978—1979** "中国考古学"（« Archéologie de la Chine »）。

**1979—1980** "中国考古学"（« Archéologie de la Chine »）。

**1980—1981** "中国考古学"（« Archéologie de la Chine »）。

**1981—1982** "东汉（25—200）时期的绘画与社会"[« Peinture et société à l'époque des Han orientaux (25-200 ap. J.-C.) »]；"文献学导向与方法论问题"（« Orientations bibliographiques et problèmes de méthodologie »）。

**1982—1983** "中国陶瓷贸易（9—14 世纪）：问题的状态"[« Le commerce de la céramique chinoise (IX$^e$-XIV$^e$ siècle) : état de la question »]；"云南青铜时代研究"（« Recherches sur l'âge du bronze au Yunnan »）。

**1983—1984** "汉代宗教仪式与食物容器"（« Pratiques et contenants alimentaires à l'époque Han »）；"工作展示与研究指导"（« Présentation de travaux et directions de recherches »）。

**1984—1985** "汉代食品消耗、储存容器与桌上餐具"（« Consommation alimentaire, récipients de stockage et vaisselle de table à l'époque Han »）；"今日中国考古学的边界与视角"（« Limites et perspectives de l'archéologie chinoise aujourd'hui »）。

**1985—1986** "青铜时代末期的四川西部"（« Le Sichuan occidental à la fin de l'âge du bronze : peuplement et échanges culturels »）；"中国的丧葬陶瓷与日用陶瓷：公元前 3 世纪—公元 6 世纪"（« Céramique funéraire et céramique d'usage en Chine, III$^e$ s. av. J.-C.-VI$^e$ s. apr. J.-C. »）。

**1986—1987** "乾隆皇帝（1736—1795）的欧式宫殿"[« Les palais européens de l'empereur Qianlong (1736-1795) »]；"郎世宁（1688—1766）与乾隆宫廷绘画"[« Giuseppe Castiglione (1688-1766) et la peinture à la cour de Qianlong »]。

**1992—1993** "新客户群对 17 世纪景德镇瓷器生产的冲击"（« L'impact des clientèles nouvelles sur la production céramique de Jingdezhen au XVII$^e$ siècle »）；"收藏概念及其对中国艺术的作用"（« La notion de collection et son rôle dans l'art chinois »）。

**1993—1994** "公元 3 世纪的扬子江下游：瓷器生产的延续与断裂"（« Le bas Yangzi au III$^e$ siècle de notre ère : continuité et rupture dans la production céramique »）；"中国的同化与文化适应问题：考古学的贡献"（« Problèmes d'assimilation et d'acculturation en Chine : l'apport de l'archéologie »）。

**1994—1995** "公元 3、4 世纪江南物质文化中本地传统的重要性"（« L'importance des traditions locales dans la culture matérielle du Jiangnan aux III$^e$ et IV$^e$ siècles de notre ère »）。

**1995—1996** "魂瓶：公元 3 世纪江南葬礼信仰与佛像"（« Les hunping, croyances funéraires et images bouddhiques au Jiangnan au III$^e$ siècle de notre ère »）；"中国艺术传统模型的流播与接受：实例研究"（« Diffusion et réception des modèles de la tradition artistique chinoise : étude de cas »）。

**1996—1997** "汉代艺术中的仙人形象"（« L'image de l'immortel dans l'art Han »）；"在 Julfar 发现的中国瓷器"（« La porcelaine chinoise trouvée sur le site de Julfar »）。

**1997—1998** "乾隆（1736—1795）宫廷耶稣会士艺术贡献的新研究"[« Nouvelles recherches sur l'apport artistique des Jésuites à la cour de Qianlong (1736-1795) »]；"13 至 16 世纪欧洲的中国陶瓷"（« La céramique chinoise en Europe du XIII$^e$ siècle au XVI$^e$ siècle »）。

**1998—1999** "乾隆宫廷欧洲人的艺术贡献（续）"[« Apports artistiques européens à la cour de Qianlong (suite) »]；"区域考古论：公元前 3 世纪至公元 3 世纪"（« Essai d'archéologie régionale : III$^e$ s. av. J.-C.- III$^e$ s. apr. J.-C. »）。

**1999—2000** "汉代（公元前 206 年—公元 220 年）艺术的宴会主题"[« Le thème du banquet dans l'art Han (206 av. J.-C.-220 apr. J.-C.) »]。

## 杜德兰先生课程

讲师，后任教授（中国前帝国时代的艺术与考古）

**1996—1997** "公元前 6 世纪、公元前 5 世纪的贵族生活场景：根据刻饰历史事件的青铜器"（« Scènes de la vie aristocratique aux VI$^e$-V$^e$ s. av. J.-C. d'après les bronzes historiés »）。

**1997—1998** "公元前 6 世纪、公元前 5 世纪的贵族生活场景：根据刻饰历史事件的青铜器"（« Scènes de la vie aristocratique aux VI$^e$-V$^e$ s. av. J.-C. d'après les bronzes historiés »）；"带有艺术家记号的最早漆器（公元前 4—公元前 3 世纪）"[« Premiers laqués avec marques d'artisans (IV$^e$-III$^e$ s. av. J.-C.) »]。

**1998—1999** "公元前 6 世纪、公元前 5 世纪的贵族生活场景：总论"（« Scènes de la vie aristocratique aux VI$^e$-V$^e$ s. av. J.-C. : essai de synthèse »）；"中南地区的礼仪青铜器：碑铭学与风格学研究"（« Les bronzes rituels du Centre-Sud : recherches épigraphiques et stylistiques »）。

## 梅弘理先生课程

讲师，国家科学研究中心（CNRS）教授（第四组，中古及现代中国的历史与语文学）

**1992—1993** "中国佛教：天台宗起源时慧思作品中'定'和'慧'的各自作用"[« Bouddhisme chinois : les rôles respectifs de la concentration (ding) et de la sagesse (hui) dans l'œuvre de Huisi, aux origines de l'école Tiantai »]。

**1993—1994** "中国佛教：天台宗起源时惠施作品中'定'和'慧'的各自作用"[« Bouddhisme chinois : les rôles respectifs de la concentration (ding) et de la sagesse (hui) dans l'œuvre de Huishi, aux origines de l'école Tiantai »].

**1994—1995** "中国佛教传播过程中在俗教徒中的作用：理论与实际方面"（« Le rôle des laïcs dans l'expansion du bouddhisme chinois : aspects théoriques et pratiques »）。

## 汪德迈先生的课程

教授（第五组，中国宗教）

**1979—1980** "中国宗教"（« Religions de la Chīne»）。

**1980—1981** "中国宗教"（« Religions de la Chīne»）。

**1984—1985** "汉代儒家经院哲学教育：新经典主义与考古经典主义"（« La scholastique confucianiste sous les Han : Néo-canonisme et Archéo-canonisme »）。

**1985—1986** "后汉时期的儒家"（« Le confucianisme à l'époque des Han postérieurs »）。

**1986—1987** "三国至西晋的儒家"（« Le confucianisme des Trois-Royaumes aux Jin occidentaux »）；"道教影响的深入"（« Pénétration de l'influence taoïste »）。

**1987—1988** "南北朝（4—6世纪）儒家的消退"[« L'éclipse du confucianisme sous les dynasties du Nord et du Sud de la Chine désunifiée (IV$^e$-VI$^e$ siècles) »]。

**1988—1989** "韩愈周围新儒家的先驱"（« Les premiers précurseurs du néoconfucianisme autour de Han Yu »）。

**1990—1991** "唐末宋初的儒家"（« Le confucianisme de la fin des Tang au début des Song »）。

**1991—1992** "北宋儒家第一时期：从邢昺（933—1010）到范仲淹（989—1052）"[« Le confucianisme des Song du Nord, 1$^{re}$ période : de Xing Bing (933-1010) à Fan Zhongyan (989-1052) »]。

**1992—1993** "北宋儒家第二期：从欧阳修（1007—1072）到王安石（1021—1086）"[« Le confucianisme des Song du Nord, 2$^e$ période : d'Ouyang Xiu (1007-1072) à Wang Anshi (1021-1086) »]。

# 施舟人先生课程

教授（第五组，中国宗教）

**1973—1974** "中国宗教"（« Religions de la Chīne »）。

**1974—1975** "天师史研究"（« Recherches sur l'histoire des maîtres célestes »）。

**1975—1976** "天师史研究（续）"[« Recherches sur l'histoire des maîtres célestes (suite) »]。

**1976—1977** "道教身体研究"（« Recherches sur le corps taoïste »）。

**1977—1978** "道教身体研究"（« Recherches sur le corps taoïste »）。

**1978—1979** "中国宗教"（« Religions de la Chīne »）。

**1979—1980** "中国宗教"（« Religions de la Chīne »）。

**1980—1981** "中国宗教"（« Religions de la Chīne »）。

**1982—1983** "宋代天师"（« Les maîtres célestes à l'époque Song »）。

**1983—1984** "道教礼仪研究"（« Recherches sur le rituel taoïste »）。

**1984—1985** "道教礼仪研究"（« Recherches sur le rituel taoïste »）。

**1985—1986** "道教礼仪研究"（« Recherches sur le rituel taoïste »）；"道教礼仪研究：结构"（« Recherches sur le rituel taoïste : la structure »）。

**1986—1987** "道教礼仪研究：结构"（« Recherches sur le rituel taoïste : la structure »）。

**1987—1988** "古代道教研究"（« Recherches sur le taoïsme ancien »）

**1988—1989** "文字祭品"（« Le sacrifice des écritures »）。

**1989—1990** "陈垣编《道家金石略》所集铭文读解（1880—1970）"[« Lecture et analyse des inscriptions réunies dans le *Daojia jinshi lüe*, corpus d'épigraphie taoïste compilé par Chen Yuan (1880-1970) »]。

**1990—1991** "陈垣编《道家金石略》所集铭文读解（1880—1970）"[« Lecture et analyse des inscriptions réunies dans le *Daojia jinshi lüe*, corpus d'épigraphie taoïste compilé par Chen Yuan (1880-1970) »]。

**1992—1993** "北京寺庙：历史与活动"（« Les temples de Pékin, leur histoire, leurs activités »）；"现代崇拜的碑铭"（« Épigraphie des cultes modernes »）。

**1993—1994** "想象与身体：根据古代文本看内部风景的视界（2至4世纪）" [« L'imaginaire et le corps : visions du paysage intérieur d'après les textes anciens (II$^e$ au IV$^e$ siècles) »]；"北京寺庙史（续）" [« Histoire des temples de Pékin (suite) »]。

**1994—1995** "《庄子》中的道家基本观念"（« Les concepts fondamentaux du taoïsme dans le *Zhuangzi* »）；"北京寺庙：碑铭的源头"（« Les temples de Pékin : sources épigraphiques »）；"中国种族精神病学讨论会"（« Séminaires d'ethnopsychiatrie chinoise »）。

**1995—1996** "现代中国的崇拜与礼仪：北京寺庙"（« Cultes et rites de la Chine moderne : les temples de Pékin »）；"种族精神病学导论"（« Introduction à l'ethnopsychiatrie »）。

**1996—1997** "北京城宗教史：寺与碑"（« Histoire religieuse de la ville de Pékin : temples et stèles »）；"种族精神病学研究"（« Travaux d'ethnopsychiatrie »）。

**1997—1998** "通过碑铭看北京寺庙"（« Les temples de Pékin à travers leur épigraphie »）；"正一法文：天师庙经典"（« Le Zhengyi fawen, canon de l'église du Maître céleste »）。

**1998—1999** "通过碑铭看北京寺庙"（« Les temples de Pékin à travers leur épigraphie »）；"'圣城北京'研究规划"（« Travaux du programme de recherche "Pékin ville sainte" »）。

**1999—2000** "19世纪北京的宗教生活"（« La vie religieuse à Pékin au XIX$^e$ siècle »）；"现代道教礼拜仪式"（« La liturgie taoïste aux Temps Modernes »）；"'圣城北京'研究规划"（« Travaux du programme de recherche "Pékin ville sainte" »）。

## 贾珞琳女士课程

讲师（第五组，中国宗教史）

**1993—1994** "中国道教、佛教的宗教肖像学"（« Iconographie religieuse

taoïste et bouddhique de la Chine »）。

**1995—1996**　"现代中国神庙肖像学：起源与进展"（« Iconographie du panthéon de la Chine moderne : origines et évolution »）；"东方主义史"（« Histoire de l'orientalisme »）。

## 马克先生课程

教授（第五组，信仰系统与中国化世界的思想）

**1993—1994**　"古代中国的神像（1）：殷国至汉代'帝'崇拜的演变"[« Figures du divin dans la Chine antique (1) : Les métamorphoses du culte des Di entre la royauté Yin et la dynastie des Han »]。

**1994—1995**　"古代中国的神像（2）：周代宗教的'天'与'上帝'"[« Figures du divin dans la Chine antique (2) : Tian (le ciel) et Shangdi (le Seigneur d'En-haut) dans la religion des Zhou »]；"占卜批评展望：自战国至汉代文本解读"（« Perspectives critiques sur la divination : lecture de textes des Royaumes Combattants et des Han »）。

**1995—1996**　马克另有任务，法国远东学院（EFEO）成员傅飞岚暂代教授。"蜀国：四川宗教史"（« Le royaume de Shu : l'histoire religieuse du Sichuan »）。

**1996—1997**　"哲人与占卜：前帝国时期及汉代文本解读"（« Les philosophes et la divination : lectures de textes pré-impériaux et des Han »）；"宋代传统知识与批评思想：沈括（1029—1093）《梦溪笔谈》关于形与数的章节的解读"[« Savoirs traditionnels et pensée critique sous les Song : lecture des chapitres sur les Figures et les Nombres dans le *Mengxi bitan* de Shan Gua (1029-1093) »]。

**1997—1998**　"战国末年、汉代初年的卜者与哲人：《易经·系辞》互文性解读"[« Devins et philosophes à la fin des Royaumes combattants et au début des Han : lecture contextualisée du *Grand Commentaire* (*Xici*) du *Livre des mutations* »]。

**1998—1999**　"《易经·系辞大传》：经典文本与马王堆手稿比较阅读（续）"[« Le *Grand Commentaire du Livre des mutations* (*Xici dazhuan*) : lecture comparée du texte canonique et du manuscrit du Mawangdui (suite) »]；"孔子时代的辩论技术：

鲁昭公（公元前 540—公元前 510 年）治下的占卜者与建议者；《春秋左传》解读" [« Techniques d'argumentation à l'époque de Confucius : devins et conceillers sous le règne du Duc Zhao de Lu (540-510 av. notre ère) ; lectures du *Chunqiu Zuozhuan* »]。

**1999—2000** "借助马王堆手稿（公元前 2 世纪）对《易经·系辞大传》的批评分析" [« Analyse critique du *Grand Commentaire du Livre des mutations* (*Xici dazhuan*) à la lumière des manuscrits de Mawangdui (II<sup>e</sup> siècle avant notre ère) »]；"古代中国的占星术、占卜者、医生和乐师：《春秋左传》（公元前 4 世纪）解读" [« Astrologie, devins, médecins et musiciens dans la Chine antique : lecture du *Commentaire de Zuo aux Annales des Printemps et Automnes* (*Chunqiu Zuozhuan*, IV<sup>e</sup> siècle avant notre ère) »]。

## 傅飞岚（Franciscus Verellen）先生课程

讲师（第五组，中国宗教）

**1986—1987** "导论讲座"（« Conférence d'introduction »）。

**1996—1997** "张道陵与天师运动（2 至 5 世纪）"（« Zhang Daoling et le mouvement du maître céleste (II<sup>e</sup> au V<sup>e</sup> siècle) »）（与施舟人合作）。

**1997—1998** "天师庙"（« Les sanctuaires du Maître céleste : diocèses (zhi), oratoires (jing), logis (she) »）。

## 乔迅（Jonathan Hay）先生课程

助教，纽约大学艺术学院（« Institute of Fine Arts New York University »），高等研究实践学院（EPHE）副教授（研讨会）

**1994—1995** "绘画与 18 世纪中国意识形态论争"（« La peinture et la contestation idéologique en Chine au XVIII<sup>e</sup> siècle »）。

## 童丕先生课程

讲师，国家科学研究中心（CNRS）教授（第四组，中古中国物质文化（1995—

1996）；中古中国经济与社会）

**1995—1996** "敦煌和吐鲁番日常生活的物质基础"（« Les bases matérielles de la vie quotidienne à Dunhuang et à Turfan »）。

**1996—1997** "敦煌和吐鲁番日常生活的物质基础"（« Les bases matérielles de la vie quotidienne à Dunhuang et à Turfan »）。

**1997—1998** "敦煌和吐鲁番日常生活的物质基础（5—10世纪）"（« Les bases matérielles de la vie quotidienne à Dunhuang et à Turfan, $v^e$- $x^e$ siècle »）。

**1998—1999** "5至10世纪的敦煌与吐鲁番：I. 日常生活（续）；II. 当地史与区域地理问题" [« Dunhuang et Turfan du $v^e$ au $x^e$ siècle : I. La vie quotidienne (suite) ; II. Questions d'histoire locale et de géographie régionale »]。

## 奥林热（Frédéric Obringer）先生课程

讲师（第四组，中国医学与自然观念史）

**1996—1997** "宋代医学文学中的自然物质与文人笔记"（« Les substances naturelles dans la littérature médicale et les notes de lettrés sous les Song »）。

**1997—1998** "宋代以降的芳香物质及产品"（« Substances et produits aromatiques, à partir des Song »）。

**1998—1999** "宋代以降的芳香物质及产品"（« Substances et produits aromatiques, à partir des Song »）。

**1999—2000** "16、19世纪欧洲的中国医学材料"（« La matière médicale chinoise en Europe, $XVI^e$ et $XIX^e$ s. »）。

## 克勒尔（Anne Kroell）女士课程

讲师（第四组，欧洲与东方的关系）

**1997—1999** "16、17、18世纪亚洲的欧洲人及其例证"（« Les Européens en Asie aux $XVI^e$, $XVII^e$ et $XVIII^e$ siècles et leurs témoignages »）。

## 专名索引（以汉语拼音为序）*

### A

阿维尼翁（Avignon）[法] 51

埃纳（Aisne）[法] 163

奥拜（Aubais）[法] 154

### B

巴尔藏比较文学基金奖（Prix de la Fondation Balzan-Comparatisme） 301

巴黎大学（Université de Paris） 66, 67, 95, 112, 120, 122, 123, 124, 125, 137, 143, 148, 157, 165, 211, 231, 244, 250, 256, 300

巴黎大学北京汉学研究所（Centre d'études sinologiques de l'Université de Paris à Pékin） 122, 143, 148, 157

巴黎高等汉学研究所（Institut des hautes études chinoises） 66, 67, 95, 360, 362

---

\* 在本书的翻译过程中一些华人人名、汉语专名暂无法觅得原名，姑且保留西文转写的方式，而不以近音汉字妄译，留待日后补正。"中文人名索引（以汉译姓氏拼音字母为序）""西文人名索引（以西文姓氏字母为序）"皆是按照此原则，以下不再说明。

专名索引（以汉语拼音为序）    407

巴黎高等师范学校（École normale supérieure de Paris） 119

巴黎路易大帝中学（Collège Louis-le-Grand） 119

巴黎斯坦尼斯学院（Collège Stanislas de Paris） 135

巴黎索邦大学远东研究中心（CREOPS） 302, 306

巴黎音乐学院（Conservatoire de Paris） 129

碑铭与美文学院（Académie des Inscriptions et Belles-Lettres） 4, 18, 20, 31, 69, 85, 113, 127, 133, 137, 140

《碑铭与美文学院公报》（*Comptes rendus de l'Académie des inscriptions et belles-lettres*） 31, 85

博睿出版社（E. J. Brill） 165

《博学者报》（*Journal des Savants*） 31, 85

## D

大不列颠研究院（British Academy） 69, 86

当代中国研究文献中心（Centre de recherche et de documentation sur la Chine contemporaine） 170, 177

地理学会（La Société Géographique） 193, 194

东方语言学院（École des langues orientales） 47, 84, 85, 98, 99, 119, 132, 178, 250, 256, 352

东京湾（Tonkin） 84

东亚语言研究中心（Centre de Recherches Linguistiques-Asie Orientale） 180, 218, 239

## E

俄罗斯科学院东方学研究所（Institute of Oriental Studies of the Russian Academy of Sciences） 8

## F

法国高等研究实践学院（École pratique des hautes études） 44, 46, 53, 89,

130, 162, 167, 195, 199, 205, 212, 214, 217, 218, 223, 226, 229, 237, 244, 246, 252, 271, 277, 296, 316, 320, 352

法国国家科研中心（Centre National de la Recherche Scientifique） 27, 150, 180, 276, 316

法国国家政治基金会国际调查研究中心"中国与远东部"（Fondation nationale des sciences politiques-Centre d'études et de recherches internationales, Section Chine-Extrême-Orient） 199

法国汉学协会（Association française d'études chinoises） 253, 256, 266, 277, 360

法国汉语教师协会（Association Française des Professeurs de Chinois） 271, 277

法国美术局（Direction des Beaux-arts） 154

法国民族志学学会（Société d'ethnographie） 48

法国社会科学高等学院（École des hautes études en sciences sociales） 180, 229, 278, 282, 301

法兰西公学院（Collège de France） 27, 28, 39, 53, 59, 69, 115, 142, 188, 195, 250, 308, 363, 367

法兰西远东学院（École française d'Extrême-Orient） 2, 3, 4, 5, 11, 12, 13, 14, 24, 29, 31, 39, 49, 62, 95, 123, 136, 150, 162, 165, 171, 203, 244, 250, 283, 307, 320, 352, 353, 359, 362

《法兰西远东学院学报》（Bulletin de l'École française d'Extrême-Orient） 11, 12, 14, 29, 136

《佛学书目》（Bibliographie bouddhique） 93, 94

## G

尕哈炮台（Qaqha Tim） 22

盖朗德（Guérande） 359

伽利玛出版社（Gallimard） 163, 218, 245, 262, 300, 330

古城（Eski-chahr） 22

国际东方学家大会（Congrès International des Orientalistes） 14, 16, 17, 48, 224, 360

国际亚洲和北非人文科学大会（International Congress of Asian and North African Studies） 17

国立东方现代语言学院（École Nationale des Langues Orientales Vivantes） 5, 53, 59, 81, 89, 122, 250

国立东方语言文化学院（Institut National des Langues et Civilisations Orientales） 203, 229, 253, 275, 325, 359, 362

国立科学研究中心（Centre national de la recherche scientifique） 117, 161, 177

## H

《汉学论丛》（Mélanges sinologiques） 130

《汉学杂纂》（Variétés sinologiques） 11, 12

河内（Hanoi）[越南] 4, 5, 14, 15, 16, 35, 49, 66, 132, 133, 135, 166, 171, 250, 362

## J

吉美博物馆（Musée Guimet） 10, 23, 27, 37, 41, 80, 115, 130, 140, 145, 154, 211, 221, 229, 316

## K

科摩林角（Cap Cormorin）[印度] 20

克孜尔炮台（Qyzrl-Tim） 22

## L

拉瓦尔（Laval）[法] 61, 306

勒穆耶（Remouiué） 359

雷恩（Rennes） 186

里尔（Lille） 256

利氏学社（Insititut Ricci） 195, 197, 198

卢浮宫学院 (École du Louvre) 154

罗浮宫博物馆（Musée du Louvre） 35, 73, 82, 94, 139

## M

玛喇尔巴什（Maral-Bachi, 今巴楚） 22

迈松纳弗出版社（Maisonneuve） 85, 213

《蒙古和西伯利亚研究》（Études Mongoles et Sibériennes） 233, 236

蒙古和西伯利亚研究中心（Centre d'études Mongoles et Sibériennes） 214, 217

蒙日洪（Montgeron）中学 168

蒙田中学（Lycée Montaigne） 132

蒙托邦（Montauban）[法] 188

默东-贝尔维尤（Meudon-Bellevue）[法] 211

## N

南特（Nantes） 15, 306, 339

## O

欧洲科学基金会（Fondation Européenne de la Science） 232, 236

欧洲中国研究协会（Association européenne d'études chinoises） 229, 232

## P

普罗旺斯中学（Lycée d'Aix-en-Provence） 119

## R

人种志学会（Société d'Ethnographie） 48

日佛会馆（Maison franco-japonaise） 89, 94, 250, 252

《日佛会馆报》（Bulletin de la Maison franco-japonaise） 89

儒莲奖（Prix Stanislas Julien） 2, 5, 11, 14, 18, 19, 20, 21, 29, 35, 41, 44, 49, 61, 66, 69, 89, 94, 98, 104, 112, 117, 120, 140, 159, 183, 218, 220, 252, 253, 262, 266, 278, 296, 320, 338, 348

## S

塞努奇博物馆（Musée Cernuschi） 4, 44, 46, 266, 320

沙隆（Châlon-Sur-Marne）[法] 231

圣图尔奖（Prix Saintour） 222

《史学杂志》（Revue historique） 222

宋史研究计划（Project Song） 159, 160, 161, 188, 189

索邦大学（Sorbonne） 53, 66, 67, 129, 214, 293, 302, 306, 407

## T

塔尔迪克达坂（Taldyq Dawan） 22

梯也尔基金会（Fondation Thiers） 119

《通报》（T'oung Pao） 12, 18, 41, 43, 53, 66, 83, 85, 119, 137, 189, 250

图古曼（Tegurman） 22

图木舒克（Toumchouq） 22, 23, 26, 28

## W

瓦尔斯（Vals）[法] 61

瓦雷纳（Varennes）[法] 61

旺德（Vendée）[法] 305

## X

锡兰（Caylan，今斯里兰卡） 20

徐家汇博物馆（Sikowei Museum） 15

## Y

亚眠神学院（Séminaire d'Amiens） 61

《亚细亚学报》（*Journal Asiatique*） 25, 55, 71, 212

亚细亚学会（Société Asiatique） 10, 27, 35, 52, 53, 54, 85, 94, 110, 137, 194, 244

《亚洲艺术杂志》（*Revue des Arts asiatiques*） 79, 80

伊尔凯什坦（Irkechtan） 22

印度支那考古团（Mission archéologique d'Indochine） 2, 3, 4

英国伦敦大学东方和非洲研究学院（School of Oriental and African Studies University of London） 25, 251

《远东、远西》（*Extrême-Orient, Extrême-Occident*） 257

《远东亚洲丛刊》（*Cahiers d'Extrême-Asie*） 278, 283, 315

玉代克利克（Ordeklik, 野鸭池） 22

## Z

震旦大学（Université L'Aurore） 15, 306

中法大学（Institut franco-chinois） 66, 68, 69, 71, 112, 123, 193

中法实业银行（Banque industrielle de Chine） 99

《中国研究》（*Études chinoises*） 266, 270, 360

中国研究中心（Centre d'Études chinoises） 229, 232, 253, 275, 338, 342

中国语言文学讲席（La Chaire de langue et littérature chinoises） 59

中央研究院历史语言研究所（Academia Sinica, Institute of History and Archaeology） 7, 117, 137 've# 中文人名索引（以汉译姓氏拼音字母为序）

## A

阿弗诺尔，路易（Louis Avenol） 167

埃梅里克，R. E.（R. E. Emmerik） 26

埃斯基罗尔，约瑟夫（Joseph Esquirol） 6

艾蒂安（Étienne Zi） 6

艾乐桐（Viviane Alleton） 237, 301

艾丽白（Danielle Eliasberg） 228

艾莫涅，艾蒂安（Étienne Aymonier） 6, 29

艾田蒲（René Étiemble） 183, 245, 261, 278, 284, 296, 299, 300, 301, 302

安特生（Johan Gunnar Andersson） 7

安邺（François Garnier） 84

奥班，让（Jean Aubin） 352

奥林热，弗雷德里克（Frédéric Obringer） 405

奥龙，亨利（Henry d'Ollone） 32, 33, 35, 36

## B

巴科，雅克（Jacques Bacot） 116, 192, 193, 194, 211, 212

巴罗，安德烈（André Bareau） 9, 95, 143, 165

白晋（Joachim Bouvet） 88

白乐日（Étienne Balázs） 8, 67, 104, 106, 158, 159, 160, 161, 162, 163, 164, 169, 186, 188, 189, 360

白立中（Marie-Ina Bergeron） 197

白莲花（Flora Blanchon） 293, 302, 306

邦弗尼斯特，埃米尔（Émile Benveniste） 25

鲍迪安（Archimandrite Palladius） 83

鲍来思（Guy Boulais） 7

鲍思颂（R. de Boissezon） 123

保罗-大卫，马德莱娜（Madeleine Paul-David） 416

贝法，M. L.（M. L. Beffa） 213, 217, 233

贝莱，H. W.（H. W. Beilley） 26, 316

贝罗贝（Alain Peyraube） 9, 237, 296

比亚尼，泽诺（Zéno Bianu） 292

毕来德（Jean-François Billeter） 9

毕梅雪（Michèle Pirazzoli-t'Serstevens） 81, 237, 239, 266, 383, 397

毕仰高（Lucien Bianco） 205, 237, 256, 360

波科拉，蒂莫泰乌斯（Timoteus Pokora） 213

波利，B.（B. Pauly） 25

伯希和（Paul Pelliot） 11, 14, 17, 20, 21, 22, 23, 24, 25, 26, 27, 28, 29, 35, 39, 40, 41, 43, 59, 66, 67, 69, 71, 94, 107, 110, 117, 123, 130, 131, 135, 136, 137, 140, 143, 156, 194, 212, 215, 226, 228, 244, 245, 246, 256, 257, 259, 363

博内，让（Jean Bonet） 6, 11

薄乃德（Emil Bretschneider） 5

## C

晁德莅（Angelo Zottoli） 5

程艾兰（Anne Cheng） 9, 283, 307, 348

程抱一（Cheng Chi-Hsien）[Cheng Jixian; François Cheng] 217, 240, 307

## D

达迈，路易-夏尔（Louis-Charles Damais） 8

达蒙，弗朗西斯-伊夫（Francis-Yves Damon） 180

戴何都（Robert des Rotours） 7, 67, 104, 253, 256, 257

戴路德（Hubert Durt） 5, 95, 283

戴密微（Paul Demiéville） 59, 62, 67, 91, 95, 99, 124, 130, 135, 137, 140, 142, 143, 153, 155, 157, 158, 161, 165, 180, 181, 183, 193, 213, 218, 226, 228, 232, 246, 249, 250, 251, 252, 256, 269, 270, 367, 374, 382, 387

戴仁（Jean-Pierre Drège） 19, 59, 67, 68, 81, 89, 135, 137, 142, 155, 167, 188, 194, 198, 199, 213, 218, 226, 228, 232, 245, 252, 283, 296, 301, 306, 316, 320, 337, 348, 353, 383, 394

戴儒丹（Michel Mollat du Jourdin） 352

戴遂良（Léon Wieger） 6, 21, 104, 105

戴望舒（Tai Wang-Chou） 130

德·巴克尔，路易（Louis de Backer） 84

德·拉·瓦莱-普桑，路易（Louis de La Vallé-Poussin） 7

德·罗尼，莱昂（Léon de Rosny） 5, 6, 16

德·米歇尔，阿贝尔（Abel Des Michels） 5

德·维塞，马里努斯·威廉（Marinus Willem de Visser） 6

德理文（Hervey de Saint-Denys） 5, 53

德韦里亚，让-加布里埃尔（Jean-Gabriel Devéria） 5

德效骞（Homer H. Dubs） 7

邓明德（Paul Vial） 6, 35, 51

迪·萨尔特尔，奥克塔夫（Octave du Sartel） 5

杜柏秋（Jean-Pierre Dubosc） 123

杜德兰（Alain Thote） 383, 399

杜尔凯姆，埃米尔（Émile Durkheim） 119

杜见（Robert Duguenne） 95

杜特莱，诺埃尔（Nöel Dutrait） 271, 277

杜瓦尔，卡伦（Karen Duval） 264

多梅纳克，让 - 吕克（Jean-Luc Domenach） 256

铎尔孟（André d'Hormon） 68, 119, 120, 123, 192, 193, 261

E

鄂法兰（Françoise Aubin） 161, 217

F

法尔热纳尔，费尔南（Fernand Farjenel） 39

方殿华（Louis Gaillard） 6, 19

菲拉斯特尔，保罗 - 路易 - 费利克斯（Paul-Louis-Félix Philastre） 5

菲利奥札，让（Jean Filliozat） 25

菲诺，路易（Louis Finot） 25

菲什曼，奥尔加·拉扎雷夫娜（Olga Lazarevna Fishman） 8

费赖之（Aloys Pfister） 14, 83

冯·费许尔，夏洛特（Charlotte von Verschuer） 9

冯秉正（Joseph Anne Marie de Moyriac de Mailla） 71, 213, 214

冯友兰 7

伏尔泰（Voltaire） 219, 233, 295

福安敦（Antoine Forte） 95

福尔，贝尔纳（Bernard Faure） 283

福克，阿尔弗雷德（Alfred Forke） 6

福兰阁（Otto Franke） 188

傅飞岚（Franciscus Verellen） 403, 404

傅海波（Herbert Franke） 8, 161

傅路德（Luther Carrington Goodrich） 8

G

钢和泰（Alexander von Stel-Holstein） 135

高本汉（Bernard Karlgren） 6

高更，保罗（Paul Gauguin） 60

高楠顺次郎（Takakusu Junjirō） 7

高延（Jan Jakob Maria de Groot） 6, 14

戈蒂奥，罗贝尔（Robert Gauthiot） 25

戈蒂耶，朱迪特（Judith Gautier） 78, 163, 297

戈思默（Henry Cosme） 123

格勒奈，F.（F. Grenet） 26

格鲁塞，勒内（René Grousset） 7, 98, 117, 118, 122, 140, 153, 154

格罗茨，古斯塔夫（Gustave Glotz），122

葛兰言（Marcel Granet） 7, 41, 44, 46, 64, 65, 66, 67, 71, 74, 75, 81, 89, 91, 92, 95, 97, 104, 106, 107, 109, 110, 118, 119, 120, 121, 167, 240, 241, 249, 362, 364, 382, 384

葛瑞汉（A. C. Graham） 8

宫崎市定（Miyazaki Ichisada） 8

古恒（Maurice Courant） 2, 6, 18, 30, 44, 49, 110, 112, 113, 368

顾从义（Claude Larre） 197

顾赛芬（Séraphin Couvreur） 5, 6, 59, 61, 62, 64

关野贞（Sekino Tadashi） 6

管宜穆（Jérôme Tobar） 6

郭丽英（Kuo Li-Ying） 9, 167, 226, 252, 395

## H

哈尔布瓦克斯，莫里斯（Maurice Halbwachs） 119

哈金，约瑟夫（Joseph Hackin） 89

哈密顿，詹姆斯（James Hamilton） 25, 26

韩百诗（Louis Hambis） 27, 28, 67, 140, 143, 192, 241, 244, 245, 382

韩伯禄（Pierre Heude） 14, 15, 16

贺碧来（Isabelle Robinet） 240, 252, 271, 277

赫美丽（Martine Vallette-Hémery） 9, 252, 347

赫茨，罗伯特（Robert Hertz） 106, 107

亨宁斯，W. B.（W. B. Hennines） 25

洪业/洪煨莲（William Hung） 7, 183

侯绿曦（Lucie Rault） 9

侯思孟（Donald Holzman） 67, 164, 165, 169, 229, 236, 237, 285

黄伯禄（Pierre Hoang） 6, 12, 32, 33

霍克思，戴维（David Hawkes） 8

## J

吉川幸次郎（Kôjirô Yoshikawa） 8

吉耶尔马兹，帕特里西亚（Patricia Guillermaz） 181

吉耶尔诺兹，亚历山大（Alexandre Guillernoz） 283

吉耶斯，雅克（Jacques Giès） 229

加斯帕尔多纳，埃米尔（Émile Gaspardone） 363

贾立基（Jean-François Jarrige） 27

贾珞琳（Caroline Gyss-Vermande） 236, 320, 402

贾永吉（Michel Cartier） 169, 342

桀溺（Jean-Pierre Diény） 180, 199, 214, 217, 218, 252, 320, 382, 391

## K

卡昂，加斯东（Gaston Cahen） 6, 44

卡巴通，安托万（Antoine Cabaton） 6

卡雷，帕特里克（Patrick Carré） 292

康德谟（Maxime/Max Kaltenmark） 124, 148, 158, 163, 166, 167, 195, 213, 283, 315, 382

考狄，亨利（Henri Cordier） 5, 11, 12, 13, 14, 18, 19, 20, 31, 37, 46, 52, 53, 59, 69, 71, 81, 83, 84, 85, 86, 89, 212

科尔迪耶，帕尔米尔（Palmyr Cordier） 46, 48

柯立夫（Francis Cleaves） 8

柯支尼，克里斯蒂安（Christian Cochini） 161

克勒尔，安娜（Anne Kroell） 405

克罗岱尔，保罗（Paul Claudel） 162, 163

克瑙尔，埃尔弗里德·雷吉娜（Elfriede Regina Knauer） 9

孔飞力（Philip A. Kuhn） 381

库寿龄（Samuel Couling） 7

## L

拉盖，埃米尔（Émile Raguet） 6

拉克鲁瓦，德西蕾（Désiré Lacroix） 6, 14

拉卢瓦，路易（Louis Laloy） 113, 128, 129

拉露，玛塞勒（Marcelle Lalou） 24, 94, 116, 194, 205, 211, 212, 213

拉马斯，亨利（Henri Lamass） 7

拉莫特，艾蒂安（Étienne Lamotte） 7, 140, 155, 266, 269

拉契涅夫斯基，保罗（Paul Ratchnevsky） 7

拉绍，弗朗索瓦（François Lachaud） 9

拉西斯，埃内斯特（Ernest Lacisse） 84

莱茵，M. D.（M. D. Rhein） 123

赖世和（Edwin O. Reischauer） 8

蓝克利（Christian Lamouroux） 9, 337

朗博，阿尔弗雷德（Alfred Rambaud） 84

劳格文（John Lagerwey） 283, 383

勒努，路易（Louis Renou） 89

勒普兰斯-兰盖（Leprince-Ringuet） 17

雷威安（André Lévy） 170, 218, 256, 283

李嘉乐（Alexis Rygaloff） 178, 180, 218, 352

李克曼（Pierre Ryckmans） 8, 218

李约瑟（Joseph Needham） 8

李治华（Li Tche-Houa） 180, 193, 261

里布，克丽媞娜（Krishna Riboud） 27

里科，路易（Louis Ricaud） 183

理雅各（James Legge） 5

利玛窦（Matteo Ricci） 197, 198, 264, 265, 272, 306

利耶塔尔，阿尔弗雷德（Alfred Liétard） 42

廖伯源 9

烈维（Sylvain Lévi） 55, 89, 94, 95, 106, 135, 136, 143, 194, 195, 211, 250, 269

林藜光（Lin Li-Kouang） 130, 135, 143, 250

凌叔华（Ling Shuhua） 185

龙巴尔，德尼（Denys Lombard） 320, 348, 352, 353

龙巴尔，莫里斯（Mauyice Lombard） 352

龙彼得（Piet van der Loon） 169

陆威仪（Mark Edward Lewis） 9

禄是遒（Henri Doré） 6, 125

路易十四（Louis XIV） 36, 214, 221

罗柏松（James Robson） 9

罗姞（Elisabeth Rochat de la Vallée） 197

罗大冈 275

罗克，约瑟夫·弗朗茨·卡尔（Josef Franz Karl Rock） 7, 362

罗谢（Émile Rocher） 5

洛蒂，皮埃尔（Pierre Loti） 75, 78

吕敏（Marianne Bujard） 9

# M

马伯乐（Henri Maspero） 7, 31, 39, 43, 46, 54, 66, 68, 69, 92, 93, 94, 113, 127, 130, 132, 133, 135, 140, 158, 188, 218, 240, 250, 344, 367, 371, 373, 374

马古烈（Georges Margouliès） 89, 146

中文人名索引（以汉译姓氏拼音字母为序） 421

马克（Marc Kalinowski） 320, 383, 403

马如丹（François Martin） 316, 319, 383, 396

马若安（Jean-Claude Martzloff） 8, 262

马颂仁（Pierre Marsone） 10

马亚尔，莫妮克（Monique Maillard） 26, 27, 28

梅弘理（Paul Magnin） 229, 271, 277, 399

梅李景英（Ching-Ying Lee Mei） 161

米盖拉（Michela Bussotti） 9

米约，斯坦尼斯拉斯（Stanislas Millot） 6

莫斯，马塞尔（Marcel Mauss） 119, 120

慕阿德（Arthur Christopher Moule） 7

穆瑞明（Christine Mollier） 9, 229

## N

倪德卫（David Nivison） 8

倪雅玲（Valérie Niquet） 395

努埃特，夏尔（Charles Nouette） 22, 23, 27

诺戈罗多娃，埃莱奥诺拉（Eleonora Nowgorodowa） 8

## P

帕特，科莱特（Colette Patte） 161

潘重规 8

潘金（Panking） 359

潘勒韦（Paul Painlevé） 67

裴化行（Henri Bernard） 229, 231, 232, 306

佩初兹（Raphaël Petrucci） 6, 7, 41, 69

佩利西耶，罗歇（Roger Pélissier） 178

佩柔，乔治（Georges Perrot） 53

皮诺，乔治（Georges Pinault） 26, 28

蒲芳莎（Françoise Bottéro） 9

蒲立本（Edwin George Pulleyblank） 156

普祖鲁斯基，让（Jean Przyluski） 89, 91, 94, 130, 212

## Q

乔迅（Jonathan Hay） 404

秋山光和（Akiyama Terukazu） 27

## R

冉默德（Maurice Jametel） 5

饶宗颐（Jao Tsung-I） 8, 27, 183, 237

热尔奈，路易（Louis Gernet） 119

日意格（Prosper Giquel） 84

荣振华（Joseph Dehergne） 232, 301, 305, 306

儒莲（Stanislas Julien） 5, 47

芮沃寿（Arthur Frederick Wright） 156, 189

## S

萨维纳，F. M.（F. M. Savina） 6

沙尔丹，帕西菲克-玛丽（Pacifique-Marie Chardin） 41

沙里亚，西尔万（Sylvain Charria） 29, 57

沙畹（Édouard Chavannes） 6, 10, 17, 18, 19, 29, 30, 32, 34, 35, 36, 38, 40, 41, 44, 45, 47, 52, 53, 54, 55, 59, 66, 67, 69, 119, 132, 133, 135, 136, 167, 213, 249, 250, 256, 367, 368, 369, 370, 383

施舟人（Kristofer Schipper） 9, 67, 223, 225, 226, 233, 236, 262, 264, 278, 383, 400, 404

石泰安（Rolf Alfred Stein） 67, 150, 152, 189, 195, 197, 315, 353, 362, 363, 367, 375, 383, 388

石秀娜（Anna Seidel） 95, 161, 283, 314, 315

史浪沫（Schlemer） 123

斯坦因（Aurel Stein） 6, 44, 47, 54, 58, 136, 149, 158

宋嘉铭（Camille Auguste Jean Sainson） 2, 6

宋君荣（Antoine Gaubil） 85

苏尔梦（Claudine Salmon） 352, 353

苏利耶·德·莫朗，乔治（George Soulié de Morant） 40

苏远鸣（Michel Soymié） 24, 68, 195, 198, 199, 226, 228, 229, 382, 391

隋丽玟 24

## T

太史文（Stephen Teiser） 9

泰拉斯（Terrasse） 51

泰里安·德·拉库贝里，阿尔贝（Albert Terrien de Lacouperie） 6

谭微道（Armand David） 83

谭霞客（Jacques Dars） 9, 245, 320

藤枝晃（Fujieda Akira） 8

童丕（Éric Trombert） 9, 228, 331, 337, 338, 395, 404

图桑，乔治-夏尔（Georges-Charles Toussaint） 29

土田丰（Tsuchida） 123

托马，莱昂（Léon Thomas） 120

## W

瓦扬，路易（Louis Vaillant） 22

万嘉德（Anastasius Van den Wyngaert） 7

汪德迈（Léon Vandermeersch） 8, 195, 237, 240, 246, 252, 253, 320, 383, 400

王静如 7

旺迪耶-尼古拉，妮科尔（Nicole Vandier-Nicolas） 214

微席叶，阿诺尔德（Arnold Vissière） 98, 99, 100, 101

韦利，阿瑟（Arthur Waley） 7, 158

维利亚特，古斯塔夫（Gustave Williatte） 6

伟烈亚力（Alexander Wylie） 83, 84, 86

卫德明（Helmut Wilhelm） 325

卫三畏（Samuel Well Williams） 83

卫斯林，威廉（Willem Vissering） 5

魏丕信（Pierre-Étienne Will） 67, 177, 276, 308, 367, 379

魏普贤 24

文林士（C. A. S. Williams） 7

吴德明（Yves Hervouet） 67, 161, 163, 170, 180, 185, 186, 203, 232, 256, 337, 353, 359, 360

吴其昱（Wu Chi-Yu） 24

## X

西姆斯-威廉姆斯，尼古拉斯（Nicholas Sims-Williams） 25

喜仁龙（Osvald Siren） 81

夏鸣雷（Henri Havret） 10, 11, 12

小野藤太（Ono Tota） 6

谢阁兰（Victor Segalen） 49, 59, 60, 61, 258

谢和耐（Jacques Gernet） 8, 24, 68, 95, 135, 142, 150, 153, 156, 158, 164, 165, 177, 220, 221, 222, 226, 228, 229, 232, 252, 262, 264, 265, 276, 302, 306, 307, 326, 330, 331, 352, 367, 377

谢诺（Jean Chesneaux） 164

熊秉明（Hsiung Ping-Ming）[Xiong Bingming] 256

徐仲年（Hsu Sung-Nien） 107

薛爱国（Charles Schefer） 84

薛力赫（Custave Schelgel，又名施古德） 5, 85

## Y

雅歌（Jacqueline Alézaïs） 261

严全（Nghiêm Toan） 183

杨保筠　9

叶利世夫，瓦迪姆（Vadime Elisseeff）　162, 164, 316

伊懋可（Mark Elvin）　9

游悲黎（Dupré）　84

于贝，爱德华（Édouard Huber）　6, 46, 47

于儒伯（Robert Ruhlmann）　163, 180, 183, 229, 232, 271, 274, 275

羽田亨（Haneda Toru）　7

裕尔，亨利（Henry Yule）　85

## Z

泽克尔，迪特里希（Dietrich Seckel）　9

曾仲鸣（Tsen Tsongming）　163

曾祖森（Tjan Tjoe Som）　7

翟理斯（Herbert Giles）　6, 236

詹嘉玲（Catherine Jami）　337

张复蕊（Tchang Fou-Jouei）　252

张广达（Zhang Guangda）　228, 368, 380

张磊夫（Rafe de Crespigny）　9

张心沧　8

# 西文人名索引（以西文姓氏字母为序）

## A

Ai, Durk-Ming　214

Alekseev, Vasilij Mihajlovič（瓦西里·米哈伊洛维奇·阿列克谢耶夫）　115

Alézaïs, Jacqueline（雅歌）　259, 260, 261, 267, 268, 311, 312, 338

Alleton, Viviane（艾乐桐）　237, 355, 357

Amiot, Joseph-Marie（钱德明）　285

Andersson, Johan Gunnar（安特生）　7

Arlington, Lewis Charles（刘易斯·查尔斯·阿灵顿）　110

Arnaiz, G.（G. 阿尔奈兹）　39

Arrault, Alain（华澜）　331

Arthur, Frederick Wright（芮沃寿）　156

Arthur, Waley（阿瑟·韦利）　7, 171

Aubin, Françoise（鄂法兰）　161, 239, 254

Auger, Agnès（阿涅丝·奥格）　331

Aurousseau, L.（L. 奥鲁索）　82

Avenol, Louis（路易·阿弗诺尔）　203

Aymonier, Étienne（艾蒂安·艾莫涅）　6

## B

Backer, Louis de（路易·德·巴克尔）　84

Bacot, Jacques（雅克·巴科）　44

Bagchi, Prabodh Chandra（师觉月）　90

Balazs, Étienne（白乐日）　8, 104, 157, 188, 189, 254

Baldrian Hussein, Farzeen（法尔森·巴德里安·胡赛因）　246

Balliot, Frédérique（弗雷德里克·巴利奥）　338

Bareau, André（安德烈·巴罗）　9, 225, 270

Bastid-Bruguière, Marianne（巴斯蒂）　272, 341

Baudry, Pierre（皮埃尔·博德里）　242, 308

Baudry-Weulersse, Delphine（德尔菲娜·博德里-沃莱尔斯）　308

Bayou, Hélène（埃莱娜·巴尤）　313, 329

Bazin, Louis（路易·巴赞）　220

Beffa, M. L.（M. L. 贝法）　213

Beilley, H. W.（H. W. 贝莱）　26

Belevitch-Stankevitch, Hélène（埃莱娜·贝莱维奇-斯坦科维奇）　36, 214

Belpaire, Bruno（布律诺·贝尔佩尔）　70, 96, 101, 108, 145, 159, 166, 170, 178, 184, 187, 226

Benveniste, Émile（埃米尔·邦弗尼斯特）　25

Bergeret, Annie（安妮·贝热雷）　237

Bergeron, Marie-Ina（白立中）　197

Bernard, Henri（裴化行）　118, 128, 141

Bianco, Lucien（毕仰高）　205

Bianu, Zéno（泽诺·比亚尼）　288, 292, 329

Billeter, Jean-François（毕来德）　9, 246, 279, 296, 302, 320, 326, 354

Biot, Édouard（爱德华·毕欧）　205

Bischoff, Frédéric A.（弗雷德里克·A. 比朔夫）　170, 187

Blanchon, Flora（白莲花）　197, 291, 293, 294, 304, 323, 331, 332, 334, 345,

349, 357

    Bobot, Marie-Thérèse（玛丽-泰蕾兹·博博） 170, 199, 223, 266, 279, 320

    Boisguérin, René（勒内·布瓦格兰） 279

    Bonet, Jean（让·博内） 6

    Bonifacy, Auguste（奥古斯特·博尼法西） 102

    Bonmarchand, G.（G. 邦马尔尚） 148, 171

    Bontemps, Patrick（帕特里克·邦当） 266

    Borel, Henri（亨利·博雷尔） 41, 288

    Bottéro, Françoise（蒲芳莎） 9

    Boulais, Guy（鲍来思） 7

    Bourgi, May（梅·布尔吉） 338

    Bresner, Lisa（丽萨·布雷斯纳） 339

    Bretschneider, Emil（薄乃德） 5

    Bridgman, Robert F.（罗伯特·F. 布里奇曼） 153

    Brosset, Marie-Félicité（玛丽-费利西泰·布罗塞） 285

    Brouillet, Marie-Thérèse（玛丽-泰蕾兹·布鲁耶） 279

    Brusselaars, Gilbert（吉尔贝·布鲁塞拉尔斯） 242

    Bruyn, Pierre Henry de（德保仁） 343

    Bui, Duc Tin 296

    Bujard, Marianne（吕敏） 9, 343

    Bussotti, Michela（米盖拉） 9, 339, 343

## C

    Cabaton, Antoine（安托万·卡巴通） 6

    Cahen, Gaston（加斯东·卡昂） 6

    Calmann, M.（M. 卡尔曼） 159

    Carré, Patrick（帕特里克·卡雷） 258, 288, 292, 296, 302

    Cartier, Michel（贾永吉） 203, 234, 295, 312, 342

    Chan, Hing-Ho（陈庆浩） 242, 262, 331

Chang, Chen-To（郑振铎） 171

Chang, Kuang-Tsu 115

Chang, Léon Lung-Yen 219

Chang, Wei-Penn 302

Chardin, Pacifique-Marie（帕西菲克-玛丽·沙尔丹） 41

Charria, Sylvain（西尔万·沙里亚） 21, 29, 57

Chavannes, Édouard（沙畹） 2, 3, 15, 18, 19, 20, 21, 29, 30, 31, 32, 33, 36, 38, 39, 44, 45, 46, 47, 49, 51, 55, 70, 108, 184, 190, 206, 348

Che, Philippe 308, 354

Chédel, André（安德烈·谢代尔） 230

Chemla, Karine（林力娜） 313, 320, 326, 339, 343

Chen, Chia-Ming Camille 285

Chen, Dasheng 308

Chen, Pao-Ki（沈宝基） 108

Chen, Tsu-Lung（陈祚龙） 178, 190, 195, 214

Chen-Andro, Chantal（尚德兰） 220

Cheng, Anne（程艾兰） 262, 271, 279, 343, 354, 355

Cheng, Chi-Hsien（程抱一）[Cheng, Jixian; Cheng, François] 215

Cheng, Tcheng（盛成） 191

Cheng, Wing Fun 296, 317, 326

Cheng, Zheng 302

Chesneaux, Jean（谢诺） 164

Choain, Jean（绍安） 267, 269

Chou Ling, Kung-Shin（周功鑫） 331

Chow, Yih-Ching 153

Chu, Kun-Liang 286, 309

Claudel, Paul（保罗·克罗岱尔） 60, 162

Cleary, Thomas F.（托马斯·F. 克利里） 302, 328, 332

Cleaves, Francis（柯立夫） 8

Cochini, Christian（克里斯蒂安·柯支尼） 161, 203

Colas, Alain-Louis（阿兰-路易·科拉） 309

Collet, Hervé（埃尔韦·科莱） 296, 317, 326

Constant-Lounsbery, Grace（格拉斯·贡斯当-劳恩斯伯里） 128

Cordier, Henri（亨利·考狄） 12, 16, 21, 31, 34, 35, 48, 59, 64, 89

Cordier, Palmyr（帕尔米尔·科尔迪耶） 46, 49

Corniot, Christine（克里斯蒂娜·科尔尼奥） 302, 326

Corswant, W.（W. 科斯万特） 141

Cosme, Henry（戈思默） 123

Couling, Samuel（库寿龄） 7

Courant, Maurice（古恒） 2, 15, 36, 41, 42

Courtot-Thibault, Valérie（瓦莱丽·库尔托-蒂博） 317

Couvreur, Séraphin（顾赛芬） 45, 46, 50, 64, 148, 149, 150, 151, 192, 200, 220, 355

Coyaud, Maurice（郭幽） 230, 254, 267, 344, 348

Crespigny, Rafe de（张磊夫） 9

# D

Damais, Louis-Charles（路易-夏尔·达迈） 8

Damon, Francis-Yves（弗朗西斯-伊夫·达蒙） 180

Darrobers, Roger（戴鹤白） 271, 339

Dars, Jacques（谭霞客） 9, 192, 242, 288, 317, 321, 326, 332, 344, 349

Daudin, P.（P. 多丹） 110, 122, 221

David, Armand（谭微道） 83, 92, 108

David, Marianne（玛丽安娜·大卫） 145

David-Néel, Alexandra（亚历山德拉·大卫-内尔） 296, 338

Debaine-Francfort, Corinne（戴寇琳） 332

Decaux, Jacques（雅克·戴固） 293

Dehergne, Joseph（荣振华） 168, 191, 264, 271, 301

Delahaye, Hubert（德罗绘） 246, 263

Delemarle-Charton, Michel（米歇尔·德勒马尔勒-查顿） 247

Demiéville, Paul（戴密微） 43, 64, 78, 89, 104, 112, 126, 131, 135, 141, 143, 145, 147, 148, 149, 151, 153, 155, 157, 159, 162, 164, 166, 168, 171, 179, 181, 182, 184, 185, 187, 188, 189, 191, 204, 206, 207, 215, 223, 225, 226, 227, 228, 241, 243, 252, 263, 272, 287, 293, 324, 361

Des Michels, Abel（阿贝尔·德·米歇尔） 5, 223

Despeux, Catherine（戴思博） 215, 247, 254, 279, 280, 288, 317, 326, 327, 329, 332, 340, 356

Desportes, Serge（塞尔日·德波特） 309

Desroches, Jean-Paul（戴浩石） 272, 273, 289, 312, 313, 329, 338

Détrie, Muriel（米里埃尔·德特里） 297, 317, 355

Deverge, Michel（戴文治） 272

Devéria, Jean-Gabriel（让-加布里埃尔·德韦里亚） 5

Devèze, Michel（米歇尔·德韦兹） 234

Deydier, Christian（克里斯蒂安·戴迪耶） 254, 326, 332, 339

Diény, Jean-Pierre（桀溺） 179, 180, 184, 187, 200, 204, 226, 238, 247, 249, 272, 274, 281, 286, 289, 293, 299, 309, 318, 321, 322, 326, 332, 333, 336, 340, 343, 345, 346, 349, 354, 355, 359

Dinh Dong, Sach 286

Djamouri, Redouane（罗端） 321

Domenach, Jean-Luc（让-吕克·多梅纳克） 256

Dong, Chun（董纯） 297

Dong, Qiang（董强） 340

Doré, Henri（禄是遒） 6

Doroféiéva-Lichtmann, Viéra（维耶拉·多罗费耶娃-利希特曼） 309

Drège, Jean-Pierre（戴仁） 67, 247, 258, 272, 280, 286, 289, 313, 319, 336, 339, 340, 341, 343, 351

Drivod, Lucien（吕西安·德里沃） 302

du Sartel, Octave（奥克塔夫·迪·萨尔特尔） 5

Dubois, Jean-Claude（让-克洛德·迪布瓦） 327

Dubosc, Jean-Pierre（杜柏秋） 123, 182, 196

Duboscq, André（安德烈·迪博斯克） 117

Dubs, Homer H.（德效骞） 7

Dumas, Danielle（达妮埃勒·迪马） 267

Duong, Nhu Hoan 254

Dupoizat, Marie-France（玛丽-弗朗斯·迪普瓦扎） 344

Dupré（游悲黎） 84

Durand, Maurice（莫里斯·杜朗） 166, 171

Durand, Pierre-Henri（皮埃尔-亨利·杜朗） 293, 349

Durkheim, Émile（埃米尔·杜尔凯姆） 119

Duron, André（安德烈·迪龙） 309, 344, 349

Durt, Hubert（戴路德） 95, 270, 280

Dutrait, Nöel（诺埃尔·杜特莱） 271

Duval, Jean（让·迪瓦尔） 230

Dzo, Ching-Chuan（左景权） 243, 355

## E

Edde, Gérard（热拉尔·埃德） 196, 289, 328, 332, 341

Eliasberg, Danielle（艾丽白） 227, 229, 234, 243, 313, 336

Elisseeff, Danielle（艾丹妮） 258, 267, 272, 286

Elisseeff, Vadim（瓦迪姆·叶利世夫） 162

Elvin, Mark（伊懋可） 9

Emmerik, R. E.（R. E. 埃梅里克） 26

Escarra, Jean（让·埃斯卡拉） 90

Esposito, Monica（莫妮卡·埃斯波西托） 321

Esquirol, Joseph（约瑟夫·埃斯基罗尔） 6

Étiemble, René（艾田蒲） 185, 204, 214, 243, 245, 256

## F

Fang, Ling（方玲） 334

Farjenel, Fernand（费尔南·法尔热纳尔） 36

Faure, Bernard（贝尔纳·福尔） 283

Fegly, Jean-Marie（让-玛丽·费利） 286

Feng, Yu Cheng 344

Feuillas, Stéphane（费扬） 340

Fèvre, Francine（弗朗辛·费夫尔） 321

Filliozat, Jean（让·菲利奥札） 25

Finbert, Elian J.（埃利安·J. 芬伯特） 147

Finot, Louis（路易·菲诺） 25, 47

Fishman, Olga Lazarevna（奥尔加·拉扎雷夫娜·菲什曼） 8

Forke, Alfred（阿尔弗雷德·福克） 6

Forte, Antoine（福安敦） 95

Fou, Yun-Tseu（傅芸子） 144

Fourcade, François（弗朗索瓦·富尔卡德） 184

Franke, Herbert（傅海波） 8, 161, 247

Franke, Otto（福兰阁） 188

Franzini, Serge（塞尔日·弗朗齐尼） 303, 321

Fris-Larrouy, Violette（维奥莱特·弗里-拉鲁伊） 355

Fujieda, Akira（藤枝晃） 8, 258

## G

Gagnon, Guy（季佳宁） 340

Gaillard, Louis（方殿华） 6

Gall, Michel（米歇尔·加尔） 254

Gandon, Armand（阿尔芒·冈东） 108

Garnier, François（安邺） 84

Gaspardone, Émile（埃米尔·加斯帕尔多纳） 363

Gaubil, Antoine（宋君荣） 85

Gauguin, Paul（保罗·高更） 60

Gauthiot, Robert（罗贝尔·戈蒂奥） 25, 66

Gautier, Judith（朱迪特·戈蒂耶） 78, 94, 297

Germain, Robert（罗贝尔·热尔曼） 90

Gernet, Jacques（谢和耐） 8, 145, 151, 166, 215, 224, 225, 227, 234, 243, 244, 247, 248, 252, 254, 257, 289, 293, 294, 297, 303, 309, 310, 326, 328, 329, 345, 346

Ghéon, Henri（亨利·盖龙） 91, 108

Giès, Jacques（雅克·吉耶斯） 229, 310

Giles, Herbert（翟理斯） 6

Gipoulon, Catherine（卡特琳·吉普隆） 230, 345

Giquel, Prosper（日意格） 84

Girard-Geslan, Maud（任淑兰） 286, 333

Giraud, Daniel（达尼埃尔·吉罗） 297

Glotz, Gustave（古斯塔夫·格罗茨） 122

Goldman, René（勒内·戈德曼） 221, 248, 290

Goo, Beng Shew 243

Goodrich, Luther Carrington（傅路德） 8

Goormaghtigh, Georges（郭茂基） 303

Goossaert, Vincent（高万桑） 344, 349

Gournay, Antoine（安托万·古尔奈） 310, 349

Graham, A. C.（葛瑞汉） 8

Granet, Marcel（葛兰言） 7, 59, 60, 90, 92, 96, 97, 119, 263, 364

Grenet, F.（F. 格勒奈） 26

Groot, Jan Jakob Maria de（高延） 6, 125

Grootaers, W.（贺登崧） 131

Grousset, René（勒内·格鲁塞） 7, 115

Grynpas, Benedykt（贝内迪克特·格林巴斯） 182

Guerne, Armel（阿梅尔·盖尔纳） 187

Guignard, Marie-Roberte（杜乃扬） 172, 215

Guillermaz, Patricia（帕特里西亚·吉耶尔马兹） 179, 181, 196

Guillernoz, Alexandre（亚历山大·吉耶尔诺兹） 283

Guillot, M.（M. 吉若） 147

Guyonvarch, Olivier（贵永华） 321

Gyss-Vermande, Caroline（贾珞琳） 236, 258, 273, 294, 320, 333

## H

Ha, Kim-Lan 273

Hackin, Joseph（约瑟夫·哈金） 89

Hagerty, Michael J.（迈克尔·J. 哈格蒂） 75

Halbwachs, Maurice（莫里斯·哈尔布瓦克斯） 119

Halphen, Jules（朱尔·阿尔方） 3, 75

Hambis, Louis（韩百诗） 131, 140, 151, 160

Hamilton, James（詹姆斯·哈密顿） 25, 220, 237

Haneda, Toru（羽田亨） 7

Harlez, Charles de（夏尔·德·阿尔莱兹） 215, 216

Haven, Marc（马克·黑文） 327

Havret, Henri（夏鸣雷） 10, 12

Hawkes, David（戴维·霍克思） 8

Hay, Jonathan（乔迅） 404

He, Qing 340

He, Zhiwu 349

Hegel, Robert（何谷理） 9

Hennines, W. B.（W. B. 亨宁斯） 25

Hertz, Robert（罗伯特·赫茨） 106

Hervouet, Yves（吴德明） 154, 161, 162, 166, 168, 172, 173, 185, 191, 196, 206, 214, 215, 219, 220, 221, 224, 227, 231, 234, 238, 242, 249, 267, 268, 285, 303,

319, 333

Heude, Pierre（韩伯禄） 14, 16

Ho, Agnès 108

Ho, Kin Chung 258

Ho, Shih-Chun 104

Hoa, King-Chan 70, 72, 73, 75, 76

Hoang, Pierre（黄伯禄） 6, 32, 34

Hoang, Tsen-Yue（黄曾樾） 82

Hoe, Jack（杰克·侯） 234

Hoe, John（约翰·侯） 238

Holzman, Donald（侯思孟） 164, 165, 166, 196, 227, 247, 254, 295, 298, 333, 349, 350

Horng, Moh-Chour（洪莫愁） 345

Hou, Ching-Lang（侯锦郎） 225, 248, 258

Houang, François[Houang Kia-tcheng]（黄家城） 145, 238

Hsien, K'ang（谢康） 115

Hsiung, Ping-Ming[Xiong Bingming]（熊秉明） 258, 273, 289, 309

Hsou, Lien-Tuan 327

Hsu, Christina C.（徐纯） 294

Hsu, Sung-Nien（徐仲年） 105, 110

Hu, Liang-Chen（胡良珍） 166

Huang, He Ging 317

Huang, San 333

Huang, Sheng-Fa 227, 238

Huard, Pierre（皮埃尔·于阿尔） 185

Huart, Cl.（Cl. 于阿尔） 22

Huber, Édouard（爱德华·于贝） 6, 47

Hubert, Jean-François（让-弗朗索瓦·于贝尔） 321

Hung, Cheng Fu 108

Hung, William（洪业） 7, 183

Hureau, Sylvie（河玉维） 327

## I

Imbert, Henri（亨利·安贝尔） 70, 73

Isaiéva, Marina V.（马里娜·V. 伊萨耶娃） 310

## J

Jablonski, Witold（夏白龙） 151

Jacob, Paul（保罗·雅各布） 267, 280, 289, 290, 303

Jaeger, Georgette（若尔热特·耶格尔） 290, 297

Jametel, Maurice（冉默德） 5

Jami, Catherine（詹嘉玲） 280, 297

Jao, Tsung-I（饶宗颐） 27, 227

Jarrige, Jean-François（贾立基） 27

Jarry, Madeleine（马德莱娜·雅里） 175, 255, 259

Javary, Cyrille（西里尔·雅瓦里） 280

Jera-Bezard, Robert（罗贝尔·热拉-贝扎尔） 27, 280, 338

Joppert, Riccardo（里卡多·若贝尔） 280

Jourdin, Michel Mollat du（戴儒丹） 352

Julien, Stanislas（儒莲） 5, 340, 345

Jullien, François（朱利安） 267, 273, 281, 297, 304, 310, 319, 322, 333, 334, 340, 344, 351, 356

Jung, Shu-June Cleo 322

## K

Kalinowski, Marc（马克） 243, 255, 263, 286, 297, 310, 327, 343, 345, 346, 356, 383

Kaltenmark, Maxime/Max（康德谟） 124, 162, 205, 224, 235, 246, 290

Kaltenmark-Ghéquier, Odile（奥迪勒·卡尔滕马克-盖基埃） 146, 173, 182, 200, 238

Kalus, Ludvik（路德维克·卡卢斯） 308

Kamenarović, Ivan P.（伊万·P. 卡梅纳罗维奇） 290, 317, 350, 356

Kao, Jung-Hsi（高荣禧） 334

Karlgren, Bernard（高本汉） 6

Kaser, Pierre（皮埃尔·卡泽尔） 304, 310, 327, 344, 351,

Kim, Kee-Hong 304

Kircher, François（弗朗索瓦·基歇尔） 310

Klossowski, Pierre（皮埃尔·克罗索夫斯基） 185, 204

Knauer, Elfriede Regina（埃尔弗里德·雷吉娜·克瑙尔） 9

Kneib, André（柯乃柏） 267, 298, 340

Kôjirô, Yoshikawa（吉川幸次郎） 8

Kontler, Christine（克里斯蒂娜·康特勒） 286, 290, 340

Kou, Lin-Ke（郭麟阁） 111

Kou, Pao-Koh Ignace（顾保鹄） 151, 157, 158

Krahl, Régina（康蕊君） 356

Kroell, Anne（安娜·克勒尔） 405

Kuhn, Philip A.（孔飞力） 381

Künstler, Mieczysław Jerzy（金思德） 185, 259

Kuo, Li-Ying（郭丽英） 9, 273, 319, 328, 350, 395

Kuttler, Michel（米歇尔·库特勒） 298

Kwong, Hing-foon 281, 311, 317, 332, 333, 336, 349

# L

La Guéronnière, Isabelle de（伊莎贝尔·德·拉·盖罗尼耶尔） 224

Lachaud, François（弗朗索瓦·拉绍） 9

Lacisse（埃内斯特·拉西斯） 84

Lacroix, Désiré（德西蕾·拉克鲁瓦） 6

Lafitte, Jean-Jacques（让 - 雅克·拉菲特） 328, 345

Lagerwey, John（劳格文） 259, 283, 343

Lai, Tung-Hun 280

Lalou, Marcelle（玛塞勒·拉露） 24, 213

Laloy, Louis（路易·拉卢瓦） 36, 47, 70, 71, 82, 111, 113, 128, 129, 144, 280, 328

Lamass, Henri（亨利·拉马斯） 7

Lamotte, Étienne（艾蒂安·拉莫特） 7, 129, 224, 270

Lamouroux, Christian（蓝克利） 9, 345

Lanselle, Rainier（兰尼埃·朗塞勒） 290, 311, 340, 356

Lara, Anne-Marie（罗安莉） 322, 345

Larre, Claude（顾从义） 197, 234, 263, 322, 328

Lauwaert, Françoise（陆芳怡） 304

Lavayssière, Mme（拉韦谢尔夫人） 158

Lavier, Jacques-André（雅克 - 安德烈·拉维耶） 304, 356

Lavoix, Valérie（瓦莱丽·拉瓦） 350

Le Blanc, Charles（夏尔·勒·布朗） 318

Lee, Chen Tong 108

Lee, Choon Ok（李春玉） 294

Lee-You, Ya-Oui 115

Lefeuvre, J. A.（雷焕章） 231

Lefrançois, Thierry（蒂埃里·勒弗朗索瓦） 312

Legendre, A. F.（吕真达） 33

Legge, James（理雅各） 5

Legrand, Jacques（雅克·勒格朗） 224, 235

Lepage（勒帕热） 36, 101

Leplae, Charles（夏尔·勒普莱） 131

Leprince-Ringuet（勒普兰斯 - 兰盖） 17

Leroy, Jérôme（热罗姆·勒鲁瓦） 5

Lesbre, Emmanuelle（乐愕玛） 356

Leslie, Daniel（达尼埃尔·莱斯利） 227

Leung, Angela K.（梁其姿） 230, 267

Lévi, Angélique（安热莉克·莱维） 298, 311

Lévi, Jean（让·莱维） 255, 259, 291, 298, 308, 311, 334, 357

Lévi, Sylvain（烈维） 32, 89, 134, 348

Lévy, André（雷威安） 170, 187, 192, 195, 200, 204, 206, 207, 216, 218, 221, 227, 231, 235, 243, 248, 255, 259, 281, 287, 290, 294, 311, 312, 318, 323, 327, 328, 334, 341, 346, 350, 357

Lévy, Roger（罗歇·莱维） 182

Lewis, Mark Edward（陆威仪） 9

Leyris, Pierre（皮埃尔·莱里斯） 145

Leys, Simon [Pierre Ryckmans]（西蒙·莱斯） 61, 312

Li, Chen Sheng [Danielle]（李尘生） 248

Li, Szu-Hsien（李思贤） 350

Li, Tche-Houa（李治华） 173, 174, 182, 187, 259, 260, 261, 268, 311, 312

Li, Xiaohong 9, 357

Liang, Lian 323

Liang, Paitchin 239

Liang, Yang 323

Liebmann, K.（K. 利普曼） 111

Lieou, Yi-Ming 328

Liétard, Alfred（阿尔弗雷德·利耶塔尔） 33, 39, 40, 42, 144

Lin, Chih Hung（林志宏） 357

Lin, Li-Kouang（林黎光） 130, 141, 147, 207, 224, 225

Lin, Li-Wei 146

Lin, Tong-Yang 323

Ling, Shuhua（凌叔华） 185

Lion-Goldsmidt, Daisy（黛西·利翁-戈尔德施密特） 274

Liou, Ho　92

Liou, Houa Yan　207

Liou, Kia-Hway（刘家槐）　182, 200, 207, 219, 225, 268, 281, 304

Liou, Kin-Ling　122

Loehr, George（乔治·勒尔）　235

Lombard, Denys（德尼·龙巴尔）　320, 355, 356

Long, Laurent（洛朗·朗）　338, 357

Loon, Piet van der（龙彼得）　169

Loti, Pierre（皮埃尔·洛蒂）　75

Louis XIV（路易十四）　36, 214, 221

Lu, Yueh Hwa　115

Lui, Fung-Ming　290

Lui, Man-Hsi (Louisa)　268

Lundbaek, Knud（龙伯格）　268

## M

Ma, Hiao-Ts'iun　122

Magnin, Paul（梅弘理）　243, 271, 281, 313, 336

Mailla, Joseph Anne Marie de Moyriac de（冯秉正）　200, 201, 207, 208, 209, 210

Maillard, Monique（莫妮克·马亚尔）　26, 280

Marchand, Sandrine（马尔尚）　334

Margouliès, Georges（马古烈）　82, 90, 96, 113, 146, 148, 151

Marsone, Pierre（马颂仁）　10, 344

Martin, François（马如丹）　228, 248, 298, 316, 335, 350

Martzloff, Jean-Claude（马若安）　8, 249, 260, 323

Maspero, Gaston（加斯东·马斯佩罗）　132

Maspero, Henri（马伯乐）　7, 38, 42, 59, 79, 82, 102, 118, 135

Masson-Oursel, P.（P. 马松-乌尔塞尔）　47, 158

Mathieu, Rémi（马蒂厄） 225, 243, 278, 299, 318, 319

Maucuer, Michel（米歇尔·莫屈埃） 350

Maugars, Cédricia（塞德里西亚·莫加尔） 358

Maurey, Martin（马丁·莫雷） 304, 350

Mauss, Marcel（马塞尔·莫斯） 119

May, Jacques（雅克·梅） 95

Mei, Ching-Ying Lee（梅李景英） 161

Meng, Hua（孟华） 295

Mensikov, L. N.（孟列夫） 255

Mesnil, Evelyne（埃弗利娜·梅尼尔） 351, 358

Métail, Michèle（谜诗） 329

Métailié, Georges（梅泰理） 295, 321, 323, 351, 358

Meybon, Charles M.（夏尔·M.迈邦） 30

Migeon, G.（G.米容） 73

Millot, Stanislas（斯坦尼斯拉斯·米约） 6

Milsky, Marie-Françoise（玛丽-弗朗索瓦丝·米尔斯基） 244

Miyazaki, Ichisada（宫崎市定） 8

Mollier, Christine（穆瑞明） 9, 287, 304

Montuclat（蒙蒂克拉） 73

Morant, Henry de（亨利·德·莫朗） 196

Morgan, Carole（卡罗勒·摩根） 244, 255, 291

Moule, Arthur Christopher（慕阿德） 7

Mullie, J.（J.米利） 146

# N

Nachin, Lucien（吕西安·纳尚） 146

Nazir, Daniel（达尼埃尔·纳齐尔） 327

Needham, Joseph（李约瑟） 8

Nghiêm, Toan 183, 291, 294

Ngo, Van Xuyet（吴文雪）　235

Niquet, Valérie（倪雅玲）　295, 329, 341, 395

Niu, Ru-Ji（牛汝极）　327

Nivison, David（倪德卫）　8

Nodot, Étiennette（艾蒂安内特·诺多）　291, 323

Nouette, Charles（夏尔·努埃特）　22

Nowgorodowa, Eleonora（埃莱奥诺拉·诺戈罗多娃）　8

## O

Obringer, Frédéric（弗雷德里克·奥林热）　405

Ono, Tota（小野藤太）　6

Ou, Itaï（吴益泰）　105

## P

Painlevé, Paul（潘勒韦）　67

Palladius, Archimandrite（鲍迪安）　83

Pang, Ching-Jen　126

Panking（潘金）　79

Park, Young-Hai　219

Parmentier, Henri（亨利·帕尔芒捷）　52

Pasquet, Sylvie（白诗薇）　324

Pastor, Jean-Claude（牧柯）　305

Patte, Colette（科莱特·帕特）　161

Paul-David, Madeleine（马德莱娜·保罗-大卫）　174, 175

Pauthier, Guillaume（纪尧姆·波蒂耶）　187, 335

Pélissier, Roger（罗歇·佩利西耶）　169, 178

Pelliot, Paul（伯希和）　14, 18, 32, 39, 42, 45, 50, 53, 66, 75, 79, 83, 89, 96, 101, 102, 105, 114, 115, 131, 137, 151, 257, 335

Perrez, F.-X.（佩雷斯）　96, 102

Perront, Nadine（纳迪娜·佩龙）　304, 312, 324, 335

Perrot, Étienne（艾蒂安·佩罗）　205, 221, 225

Perrot , Georges（乔治·佩柔）　53

Petrucci, Raphaël（佩初兹）　6, 42, 46, 51

Peyraube, Alain（贝罗贝）　9, 230, 267

Pfister, Aloys（费赖之）　83

Philastre, Paul-Louis-Félix（保罗-路易-费利克斯·菲拉斯特尔）　5, 319, 351

Picard, François（弗朗索瓦·皮卡尔）　287, 305, 312, 358

Pimpaneau, Jacques（班文干）　185, 258, 268, 271, 279, 286, 299, 305, 329, 334, 346, 350, 351

Pinault, Georges（乔治·皮诺）　26

Pino, Angel（安必诺）　355, 356

Pirazzoli-t'Serstevens, Michèle（毕梅雪）　201, 211, 221, 225, 228, 266

Pokora, Timoteus（蒂莫泰乌斯·波科拉）　213

Porkert, Manfred（满晰博）　167, 249

Průšek, Jaroslav（普实克）　227, 234

Przyluski, Jean（让·普祖鲁斯基）　79, 89

Puech, Henri-Charles（亨利-夏尔·普维什）　149

Pulleyblank, Edwin George（蒲立本）　156

## Q

Quignard, Pascal（帕斯夸尔·基尼亚尔）　305

## R

Rachet, Guy（居伊·拉谢）　335

Raguet, Gmile（埃米尔·拉盖）　6

Rambaud（阿尔弗雷德·朗博）　84

Ratchnevsky, Paul（保罗·拉契涅夫斯基）　7, 115, 221, 239, 282

Rault, Lucie（侯绿曦） 9, 225

Reclus, Jacques（雅克·勒克吕） 191, 204, 287, 302, 324

Reding, Jean-Paul（让-保罗·雷丁） 282

Reidemeister, L.（L. 赖德麦斯特） 96

Reischauer, Edwin O.（赖世和） 8, 182

Renou, Louis（路易·勒努） 89, 137

Rhein, M. D.（M. D. 莱茵） 123

Riboud, Krishna（克丽媞娜·里布） 27, 204, 280, 338

Ricaud, Louis（路易·里科） 183, 291, 294

Ricci, Matteo（利玛窦） 264, 272

Richard, Marie（玛丽·里夏尔） 339

Robinet, Isabelle（贺碧来） 239, 249, 252, 268, 274, 304, 319, 321, 322, 335, 341, 351

Robson, James（罗柏松） 9

Rochat de la Vallée, Elisabeth（罗姹） 197, 263, 269, 322, 328

Rocher, Émile（罗谢） 5

Rock, Josef Franz Karl（约瑟夫·弗朗茨·卡尔·罗克） 7

Rong, Xinjiang（荣新江） 292

Rosenthal, Oreste（奥雷斯特·罗森塔尔） 333

Rosny, Léon de（莱昂·德·罗尼） 5, 48

Rotours, Robert des（戴何都） 7, 103, 144, 170, 184, 203, 204, 230, 247, 257, 258

Roux, Claudius（克洛迪于斯·鲁） 92

Roy, Claude（克洛德·鲁瓦） 206, 313, 333, 428

Ruhlmann, Robert（于儒伯） 163, 175, 176

Ryckmans, Pierre（李克曼） 8, 183, 196, 216, 241, 274, 291, 299, 305, 341, 346, 358

Rygaloff, Alexis（李嘉乐） 178, 215

## S

Saad, Ézéchiel（埃策希尔·扎特） 299

Sainson, Camille Auguste Jean（宋嘉铭） 2, 20

Saint-Denys, Hervey de（德理文） 5, 172, 179, 238, 255, 356

Salle, G.（G. 萨尔） 94

Salmon, Claudine（苏尔梦） 329

Samoyault-Verlet, Colombe（萨莫佑） 313, 329

Sargent, Galen Eugène（加朗·欧仁·萨尔让） 165

Sarlandie de la Robertie, Catherine（胡嘉麟） 313

Saussure, Léopold de（利奥波德·德·索绪尔） 30, 47, 71, 73

Savina, F. M.（F. M. 萨维纳） 6

Schefer, Charles（薛爱国） 84

Schipper, Kristofer（施舟人） 9, 192, 286, 287, 304, 308, 331, 346

Schlegel, Gustave（薛力赫，又名施古德） 5

Schlemer（史浪沫） 123

Schmid, David N.（大卫·N. 施密特） 319

Schneider, Richard（石内德） 341

Schrimpf, Robert（罗贝尔·施里姆普夫） 186

Schyns, J.（善秉仁） 141

Seckel, Dietrich（迪特里希·泽克尔） 9

Segalen, Victor（谢阁兰） 49, 258, 341

Seidel, Anna（石秀娜） 95, 203, 205, 249, 274

Sekino, Tadashi（关野贞） 6

Séménoff, Marc（马克·塞梅诺夫） 111

Serruys, Henri（司律义） 131

Shafer, Robert（罗贝尔·沙费尔） 154

Shi, Bo 351, 358

Shi, Kangqiang（施康强） 295

Shu, Kuangchun Joseph 269

Simonet, Jean-Marie(史蒙年) 211

Siren, Osvald(喜仁龙) 81, 90, 94

Sissaouri, Vladislav(弗拉基斯拉夫·西萨乌里) 282, 291

Situ, Shuang(司徒双) 313, 358

Smedt, Marc de(马克·德·斯梅德) 336

Soufflet, Gilbert(吉尔贝·苏夫莱) 297

Soulié de Morant, George(乔治·苏利耶·德·莫朗) 43, 77, 80, 83, 90, 91, 94, 96, 103, 269, 347

Soymié, Michel(苏远鸣) 24, 160, 185, 196, 201, 243, 244, 247, 248, 260, 269, 272, 274, 291, 313, 319, 336, 339, 340, 341

Spirin, Vladimir S.(弗拉基米尔·S. 斯皮林) 313

Steens, Eulalie(厄拉利·斯廷斯) 342, 358

Stein, Aurel(斯坦因) 6, 44, 47, 58

Stein, Rolf Alfred(石泰安) 67, 117, 160, 213, 269, 295, 319

Stel-Holstein, Alexander von(钢和泰) 135

Stern, Philippe(菲利普·斯特恩) 176

Sun, Yu-Der(孙毓德) 358

## T

Tai, Wang-Chou(戴望舒) 151

Takakusu, Junjirō(高楠顺次郎) 7, 102

Takeuchi, Yoshio(武内义雄) 111

Tam, Wai-Chun 319

Tang, Jialong 329

Tatu, Aloïs[Pierre Kaser](阿洛伊斯·塔蒂) 351, 352

Tchang, Fong 80

Tchang, Fou-Jouei(张复蕊) 161, 235, 287

Tchang, Tcheng-Ming(张正明) 111, 115

Tchang, Yi-Tchou 37

Tchen, Ysia（陈艳霞） 146

Tchou, Kia-Kien（朱家健） 47, 92

Teboul-Wang, Brigitte 314, 336

Teiser, Stephen（太史文） 9

Tenaille, Marie（玛丽·特纳耶） 237

Terrasse（泰拉斯） 51, 127

Terukazu, Akiyama（秋山光和） 28

Terrien de Lacouperie, Albert（阿尔贝·泰里安·德·拉库贝里） 6

Thierry, François（弗朗索瓦·蒂埃里） 347

Thomas, Léon（莱昂·托马） 244, 282, 292

Thomaz de Bossierre, Isabelle de（伊莎贝尔·德·托马·德·博西埃） 264

Thote, Alain（杜德兰） 282, 292, 336, 383

Tjan, Tjoe Som（曾祖森） 7

Tkatchiénko, Grigoriï A.（格里高利·A. 特卡琴科） 314

Toan, Nghiêm（严全） 183, 291, 294

Tobar, Jérôme（管宜穆） 6

Tökei, Ferenc（杜克义） 167, 169, 202

Tosten, Henri（亨利·托斯唐） 80, 83

Toussaint, Georges-Charles（乔治-夏尔·图桑） 29

Triadou, Patrick（帕特里克·特里亚杜） 329

Trombert, Éric（童丕） 9, 225

Tsao, Chang-Ling 66, 73, 216

Tsen, Tsonming（曾仲鸣） 74, 77, 80, 93, 114

Tsiang, Ngen-Kai 103, 105

Tsing, Pann Yang [Gandon, Yves] 127

Tsuchida（土田丰） 123

## V

Vaillant, Louis（路易·瓦扬） 22

Vallette-Hémery, Martine（赫美丽） 9, 249, 264, 291, 330, 336, 347

Van Berchem, Max（马克斯·范·贝尔歇姆） 39

Van Den Broeck, José（若瑟·范·德·布勒克） 239

Van Hee, L.（范·黑） 67

Vandermeersch, Léon（汪德迈） 8, 221, 228, 238, 243, 244, 250, 255, 262, 293, 298, 314, 330, 343, 345, 346, 359

Vandier-Nicolas, Nicole（妮科尔·旺迪耶-尼古拉） 26, 169, 176, 191, 197, 280

Vanhée, Louis（路易·瓦内） 103

Verdeille, Maurice（莫里斯·韦尔代耶） 77, 91

Verellen, Franciscus（傅飞岚） 404

Verniau-Pilière, Marie-Christine（玛丽-克里斯蒂娜·韦尔尼奥-皮利埃） 274, 292

Verschuer, Charlotte von（夏洛特·冯·费许尔） 9

Vial, Gabriel（加布里埃尔·维亚尔） 27, 205

Vial, Paul（邓明德） 6

Vigner, C.（C. 维涅） 97

Vigneron, Frank（韦一空） 319, 352

Vinogradoff, Michel（米歇尔·维诺格拉多夫） 342

Visser, Marinus Willem de（马里努斯·威廉·德·维塞） 6

Vissering, Willem（威廉·卫斯林） 5

Vissière, Arnold（阿诺尔德·微席叶） 3, 11, 101

Volkov, AlexeïK.（阿列克谢·K. 沃尔科夫） 314

Voltaire（伏尔泰） 219, 233, 295

# W

Wang, Chia Yu 314

Wang, Dongliang（王东亮） 330, 336

Wang, Hsiu Huei 299

Wang, Tch'ang-Tche　114, 122

Wang-Toutain, Françoise（王薇）　330

Watanabe, Kaigyoku（渡边海旭）　102

Weber, Victor Frédéric（维克托·弗雷德里克·韦伯）　77

Wekté, M.（M. 韦克泰）　146

Wieger, Léon（戴遂良）　37, 98, 152

Wilhelm, Helmut（卫德明）　325

Wilhelm, Richard（卫礼贤）　204, 221, 225

Will, Pierre-Étienne（魏丕信）　67, 260, 327, 359

Williams, C. A. S.（文林士）　7

Williams, Samuel Well（卫三畏）　83

Williatte, Gustave（古斯塔夫·维利亚特）　6

Wong, Hao-hsiang　122

Wong, Ming　185, 289, 292

Wong, T'ong-Wen（翁同文）　191

Wou, Tchong-Hong　167

Wou, Ti-Fen　103

Wright, Arthur Frederick（芮沃寿）　156

Wu, Chi-Yu（吴其昱）　24, 169, 176, 211, 215

Wu, Jin-Jin　295

Wu, Wei　41, 288

Wylie, Alexander（伟烈亚力）　83, 86

Wyngaert, Anastasius Van den（万嘉德）　7

# X

Xu, Yuanchong（许渊冲）　291

# Y

Yang, Yu-Hsun　105, 116

Yo, You-Sya    145

Yoshida, Atsuhiko（吉田敦彦）    185

Young, Ching-Chi（杨成志）    111, 112, 114

Yu, Liang    295

Yule, Henry（亨利·裕尔）    85

Yung, Man-Han    299

## Z

Zen, S.（S. 藏）    149

Zhang, Guangda（张广达）    292, 368

Zheng, Chantal（郑尚德）    250

Zheng, Su    305

Zhou, Chuncai（周春才）    347

Zhu, Yi Starck    337

Zi, Étienne（艾蒂安）    6

Zottoli, Angelo（晁德莅）    5

Zufferey, Nicolas（左飞）    237, 347

# 中文参考文献

[1] 艾田蒲. 中国之欧洲 [M]. 许钧，钱林森，译. 郑州：河南人民出版社，1994.

[2] 安娜·塞德尔. 西方道教研究史 [M]. 蒋见元，刘凌，译. 上海：上海古籍出版社，2000.

[3] 戴密微. 吐蕃僧诤记 [M]. 耿昇，译. 兰州：甘肃人民出版社，1984.

[4] 戴密微. 法国汉学研究史概述 [M]. 胡书经，译 // 阎纯德. 汉学研究：第一集. 北京：中国和平出版社，1996.

[5] 戴仁. 法国中国学的历史与现状 [M]. 耿昇，译. 上海：上海辞书出版社，2010.

[6] 《法国汉学》丛书编辑委员会. 法国汉学：第六辑 [M]. 北京：中华书局，2002.

[7] 《法国汉学》丛书编辑委员会. 法国汉学：第七辑 [M]. 北京：中华书局，2002.

[8] 《法国汉学》丛书编辑委员会. 法国汉学：第四辑 [M]. 北京：中华书局，1999.

[9] 《法国汉学》丛书编辑委员会. 法国汉学：第五辑 [M]. 北京：中华书局，2000.

[10] 格鲁塞. 草原帝国 [M]. 李德谋, 曾令先, 译. 南京：江苏人民出版社，2011.

[11] 葛兰言. 古代中国的节庆与歌谣 [M]. 赵丙祥, 张宏明, 译. 桂林：广西师范大学出版社，2005.

[12] 葛兰言. 中国人的宗教信仰 [M]. 程门, 译. 贵阳：贵州人民出版社，2010.

[13] 何寅, 许光华. 国外汉学史 [M]. 上海：上海外语教育出版社，2002.

[14] 黄长著, 孙越生, 王祖望. 欧洲中国学 [M]. 北京：社会科学文献出版社，2005.

[15] 乐黛云, 阿兰·李比雄. 跨文化对话：第四辑 [M]. 上海：上海文化出版社，2000.

[16] 李学勤. 国际汉学漫步 [M]. 石家庄：河北教育出版社，1997.

[17] 龙巴尔, 李学勤. 法国汉学：第二辑 [M]. 北京：清华大学出版社，1997.

[18] 龙巴尔, 李学勤. 法国汉学：第三辑 [M]. 北京：清华大学出版社，1998.

[19] 龙巴尔, 李学勤. 法国汉学：第一辑 [M]. 北京：清华大学出版社，1996.

[20] 钱林森. 法国汉学家论中国文学：古典戏剧和小说 [M]. 北京：外语教学与研究出版社，2007.

[21] 钱林森. 法国作家与中国 [M]. 福州：福建教育出版社，1995.

[22] 钱林森. 牧女与蚕娘：法国汉学家论中国古诗 [M]. 上海：上海古籍出版社，1990.

[23] 钱林森. 中国文学在法国 [M]. 广州：花城出版社，1990.

[24] 任继愈. 国际汉学：第三辑 [M]. 郑州：大象出版社，1999.

[25] 荣新江. 学术训练与学术规范：中国古代史研究入门 [M]. 北京：北京大学出版社，2011.

[26] 宋柏年. 中国古典文学在国外 [M]. 北京：北京语言学院出版社，1994.

[27] 谢和耐. 中国人的智慧：社会与心理 [M]. 何高济, 译. 上海：上海古籍

出版社，2013.

[28] 谢和耐. 中国社会史 [M]. 耿昇，译. 南京：江苏人民出版社，1992.

[29] 谢和耐. 中国与基督教：中西文化的首次撞击 [M]. 耿昇，译. 北京：商务印书馆，2013.

[30] 许光华. 法国汉学史 [M]. 北京：学苑出版社，2009.

[31] 中国社会科学院文献信息中心，外事局. 世界中国学家名录 [M]. 北京：社会科学文献出版社，1994.

[32] 朱玉麒. 西域文史：第五辑 [M]. 北京：科学出版社，2010.

[33] 陈友冰. 法国"汉学三杰"之戴密微：海外汉学家见知录之十 [OL]. http://www.guoxue.com/?p=8593.

[34] 方维规. 语言与思辨：西方思想家和汉学家对汉语结构的早期思考 [J]. 学术研究，2011(4):128-136.

[35] 葛夫平. 巴黎中国学院述略 [R]. 中国社会科学院近代史研究所青年学术论坛 2002 年卷，2002:425-444.

[36] 葛夫平. 北京中法汉学研究所的学术活动及其影响 [R]. 中国社会科学院近代史研究所青年学术论坛 2004 年卷，2004:396-414.

[37] 葛永海. 营建"金学"巴比塔：域外《金瓶梅》研究的学术理路与发展走向 [J]. 文艺研究，2008(7)：67-76.

[38] 郭丽娜. 法国彝学研究述评 [J]. 民族研究，2012（2）:97-107.

[39] 何志娟. 论法国汉学家侯思孟之嵇康、阮籍研究 [D]. 华东师范大学硕士学位论文，2007.

[40] 冀青. 戴密微教授的学术生涯述略 [J]. 敦煌学辑刊，1987（1）:144-145.

[41] 蒋向艳. 程抱一的汉学研究之路 [J]. 法国研究，2007（2）:12-17.

[42] 李华川，考狄.《十七、十八世纪西人在华所刻中文书目录》跋 [J]. 清史论丛，2006:278-280.

[43] 钱林森，刘小荣. 谢阁兰与中国文化：法国作家与中国文化系列之五 [J]. 中国比较文学，1996（4）：52-63.

[44] 秦海鹰. 中西文化交流史上的丰碑：谢阁兰和他的《碑》[J]. 法国研究，1992（2）：73-80.

[45] 谭伯鲁. 法国汉学铎尔孟 [J]. 世纪，2007（4）：63.

[46] 王论跃. 当前法国儒学研究现状 [J]. 湖南大学学报（社会科学版），2008，22（4）：25-32.

[47] 王论跃. 法语儒学研究中的相异性之争 [J]. 中国社会科学报，2011-11.23.

[48] 温利燕. 微席叶汉语词类研究 [J]. 语文学刊，2009（17）：81-83.

[49] 吴银玲. 葛兰言《中国人的宗教》研究 [D]. 中央民族大学硕士论文，2011.

[50] 杨宝玉. 中法汉学研究所业绩 [J]. 国家图书馆学刊，1999（2）：126-133.

[51] 杨宝玉. 中法汉学研究所与巴黎大学汉学研究所所处通检丛刊述评 [J]. 北京大学学报（哲学社会科学版），1987，24（4）：48-58.

[52] 张爱秀，吴翼飞，王庆林. 花开两朵 文化传承 [N]. 北京青年报，2014-04-09.

[53] 张祝基. 里昂有个中法大学 [N]. 环球时报，2004-04-14.

[54] 赵晓星. 法国敦煌学史 [DB/OL].[2017-04-01].http://public.dha.ac.cn/content.aspx?id=729589034111.

[55] 周发祥. 试论西方汉学界的"西论中用"现象 [J]. 文学评论,1997(6)：132-140.

# 法文参考文献

[1]Guillermaz(Patricia). La poésie chinoies[M]. Paris: Seghers, 1957.

[2]Henri Cordier. Bibliotheca Sinica[M].Paris: Librairie Orientale & Américane, 1904.

[3]Henri Maspero. Le Taoïsme et les religions chinoises[M]. Paris:Gallimard, 1971.

[4]Marcel Granet. La pensée chinoise[M]. Bruxelles: La renaissance du livre, 1934.

[5]Marcel Granet. La civilisation chinoise[M]. Paris: Albin Michel, 1948.

[6]Paul Demiéville. Choix d'étude sinologiques[M]. Leiden:E. J. Brill, 1973.

[7]Paul Demiéville. Anthologie de la poésie chinoise classique[M]. Paris:Gallimard, 1962.

[8]René Etiemble. L'Euope chinoise[M]. Paris: Gallimard, 1988 et 1989.

[9]Séraphin Couvreur. Dictionnaire classique de la langue Chinoise[M].Taipei: Kuangchi Cultural Group, 1987.

[10]André Bareau. Etienne Lamotte 1903-1983[J]. T'oung Pao,Second Series, 1983，69（1/3）：i-ii.

[11]Ed. Chavannes. Edouard Huber[J]. T'oung Pao, Second Series, 1914，15

（1）：281.

[12]Ed. Chavannes. Le Dr. Palmyr Cordier[J]. T'oung Pao, Second Series, 1914，15（4）：551-552.

[13]Henri Cordier. Le R. P. Henri Havret, 夏鸣雷 [J]. T'oung Pao, Second Series, 1901，2（5）：386-387.

[14]Henri Cordier. Les études chinoises(1895-1898)[J]. T'oung Pao, 1898，9（Supplément）：1+3-141.

[15]Henri Cordier. Pierre Heude 韩伯禄 Han Pé-lo[J]. T'oung Pao, Second Series, 1902，3（1）：38-39.

[16]Henri Cordier. Pierre Hoang[J]. T'oung Pao, Second Series, 1910, 11（1）：139.

[17]Henri Cordier. Séraphin Couvreur, S. J., 顾赛芬 , Kou Saî-fen[J]. T'oung Pao, Second Series, Jul., 1918 - Oct., 1919, 19（3/4）：253-254.

[18]Henri Cordier. Léon de Rosny[J]. T'oung Pao, Second Series, 1914, 15（4）：553.

[19]Henri Cordier. Edouard Chavannes[J]. T'oung Pao, Second Series, Mar. - May, 1917, 18（1/2）：114-147.

[20]Henri Maspero. Edouard Chavannes[J]. T'oung Pao, Second Series, 1922，21（1/2）：43-56.

[21]Hubert Durt. Etienne Lamotte 1903-1983[J]. Bulletin de l'École française d'Extrême-Orient，1985：1-28.

[22]J. J. L. Duyvendak. Paul Pelliot (May 28th 1878-October 26th 1945)[J]. T'oung Pao, Second Series, 1947, 38（1）：1-15.

[23]Jacques Gernet. Paul Demiéville (1894-1979)[J]. T'oung Pao, Second Series, 1979，65（1/3）：1-9.

[24]Jacques Gernet. Robert des Rotours (1891-1980)[J]. T'oung Pao, Second Series, 1981，67（1/2）：1-3.

[25]Paul Demiéville. René Grousset (1885-1952)[J]. T'oung Pao, Second Series, 1954，42（5）：411-415.

[26]Paul Demiéville. Henri Maspero et l'avenir des études chinoises[J]. T'oung Pao, Second Series, 1947, 38（1）: 16-42.

[27]Paul Pelliot. Arnold Vissière[J]. T'oung Pao, Second Series, 1930, 27（4/5）: 407-420.

[28]Paul Pelliot. Henri Cordier (1849-1925)[J]. T'oung Pao, Second Series, 1925-1926, 24（1）: 16.

[29]Paul Demiéville. Étienne Balazs (1905-1963)[J]. T'oung Pao, Second Series, 1964，51（2/3）: 247-261.

[30]R. A. Stein. Marcelle Lalou (1890-1967)[J]. T'oung Pao, Second Series, 1969，55（1/3）: 138-140.

# 后　记

本书系教育部重大攻关项目"20世纪中国古代文化经典在域外的传播与影响"的结项成果，由法国汉学家安必诺、何碧玉同中国青年学者刘国敏、张明明合作完成。具体分工如下：

1. "导言""书（文）目录"，由安必诺、何碧玉编撰，由张明明从法文译成中文，后经作者校阅。

2. "大事记""备注""中文参考文献""法文参考文献"由刘国敏编撰。

3. "中文人名索引""西文人名索引""专名索引"由张明明、刘国敏编写。

4. "凡例""后记"由张明明执笔。

感谢项目总负责人张西平教授促成本次合作。对于刘国敏和张明明两位后学而言，从事该工作也正是向资深汉学家安必诺教授、何碧玉教授请益的过程。在这个意义上，两位后学更应感谢张西平教授给予如此宝贵的机会。本书初稿完成后，承蒙北京外国语大学车琳教授教正良多，谨此致谢。大象出版社为此稿辛苦付出，作为编撰者，我们尤其要向专司其事的李爽编辑致敬。

Sinology（今多译为"汉学"）是一门以国别划分领域的学问，实则囊括了外国对于中国（而非仅仅"汉"族）历史、哲学、宗教、文学等方方面面的研究。进行某一国汉学史的整理，严格来说，除通晓相应国语言之外，作者还应具备以上诸多领域的知识，这实在是极高的要求，从事者只得勉力为之。

2014年,法国暨西方专业汉学迎来200周年华诞。两百年间,法国是汉学研究的大国,人才辈出,成就斐然,值得书写之处浩如烟海。尽管有当代汉学名家执笔完成了主体部分,但碍于学力、精力所限,本书在信息的丰富度和准确性上都难免漏误,我们真诚希望得到方家指导,从而得以对自己的知识不断修正。如此,本书就不再只是一部"结项"之作,而能成为我们学术生命的延续。

2018 年 4 月